U0513952

西域历史语言研究译丛

中国人民大学国学院西域历史语言研究所　编

成吉思汗的继承者

《史集》第二卷

[波斯] 剌失德丁　原著　　　周良霄　译注

上海古籍出版社

中国人民大学国学院西域历史语言研究所 编

西域历史语言研究译丛

主 编

沈卫荣　乌云毕力格

《西域历史语言研究译丛》编辑缘起

　　近年来我国学术界非常重视对国学，即中华民族传统文化的研究，并以中国学术要与国际学术接轨为号召。西域研究，尤其是对曾经生活于中国西部地区诸民族传统文化的研究，是中国多民族国家传统文化研究的一个不可分割的组成部分。由于古代的西域是一个民族迁徙、融合十分频繁的地带，亦是东西文化交流的一个中心枢纽，对西域历史、语言、宗教和文化的研究是一门关涉多种学科的非常国际化的学问。是故重视吸收海外西域研究的成果，不但有利于提高中国学者之西域研究的水准，而且亦有助于促进我国学术研究的国际化。有鉴于此，中国人民大学国学院、吐鲁番学研究院和上海古籍出版社决定联合编辑、出版《西域历史语言研究译丛》。

　　西域研究在中国的开展，曾与近代中国的形成密不可分。清末中国受西方殖民主义势力的侵略，出现了前所未有的边疆危机。当时相当数量的爱国学者积极投身于"西北舆地之学"的研究，其成果对于中国领土不受瓜分和中国作为一个民族国家的地位的确立和边疆疆域的界定发挥了积极的作用。但是，中国的"西北舆地之学"自清嘉、道以后，就因缺乏新资料、新方法而渐趋衰落，而西方的西域历史语言研究却因另辟蹊径而成绩斐然。以法国学者伯希和为代表的一批在西方学术界享有盛誉的汉学、西域研究学者在中国的西北地区，特别是敦煌和吐鲁番劫走了大量珍贵的西域古文献，他们利用历史语言学的方法，用汉语古音和民族、异国语言互相勘同、比对等方法来处理、解释这些多种语言的古文献资料，其成就超出了中国传统的"西北舆地之学"，在西方中国研究史上写下了辉煌的篇章。尽管今日世界的中国研究从方法到内容均已日趋多样化，但西域研究依然是具有相当大的影响力、能够凝聚世界各国学者的一个跨学科的学术领域。

从事西域历史语言研究对于中国学者来说具有西方学者不可企及的天然优势，不但数量庞大的有关西域的汉文古文献是西域历史、文化研究的坚实基础，而且西域语言中的大多数是中国国内诸多少数民族同胞依然在使用的活语言。中国学者本应在这个领域大有作为。令人遗憾的是，中国的西域研究虽然于上个世纪三四十年代在王国维、陈寅恪、陈垣等一代杰出学者的倡导下有过短期的辉煌，但这个传统并没有得到很好的继承和发展。当王国维、陈寅恪今天被国人推为数一数二的国学大师时，中国的西域研究还没有走在世界的最前列。这样的局面将阻碍中国学术赶超世界一流水平的进程，更不利于多元文化在中国的同存共荣与和谐发展。我们编辑《西域历史语言研究译丛》，意在激励中国学者在这个特殊的领域内充分吸收国际学术界的优秀成果，然后发挥我们潜在的优势，扬长避短，冀在较短的时间内，缩短与国际一流学术水平间的距离，重兴绝学！

沈卫荣 李 肖
二〇〇七年五月

汉译注者弁言

这本书，在某种意义上讲，是我对邵心恒循正先生遗命的执行。

邵先生早在抗日战争前就翻译过这本书，不幸在南走时稿子丢失。1948年顷，他又根据布洛歇 Blochet 刊本翻译和注释了忽必烈汗纪的一部分，发表在第一期的《清华学报》上；铁穆耳汗纪也完成了前一半，没有发表。1959年，当时我在北京大学历史系任助教，正从先生学蒙古史、元史。他让我用俄译本把这两部分译全，打算再由他校正、注释，作单行本出版；并进一步完成全书的译释工作。他翻出了自己颇显陈旧的旧稿，即忽必烈汗纪第一部分和铁穆耳汗纪开头的几页给我作样品，让我作成这一工作。我遵教完成了前述的两个部分。稿子交先生之后，形势已有了很大的变化，我被调往内蒙古历史研究所工作；他也一直没有机会来理落这件事情。这样一拖就是十数年。1973年四月，先生不幸离开人世，我的那份稿子也就永远不可能向他就正了。

关于剌失德丁《史集》一书的巨大价值，大家都是很清楚的，用不着我再费辞。这本书长期来在我国都不能见到它的全貌。清朝末年的洪钧，作《元史译文证补》，利用过贝烈津 Berezin 和埃德曼 Erdmamn 所翻译的《史集》第一卷部族志与成吉思汗纪部分。1933年冯承钧翻译了多桑的名著《蒙古史》，这部书主要便是大量利用《史集》和其他中亚的原始资料写成的。同一时期，张星烺辑

《中西交通史料汇编》，也翻译了玉耳 Yule 在《东域纪程录丛》Cathay and The Way Thither 里所译的忽必烈汗纪片断。这些翻译，都只是一些片断，音读上讹错很多。尽管它们的刊出对中国的元史、蒙古史学界，确曾大大开拓了当时人的眼界，但是在这样一个基础上来搞研究当然是困难的。因此，长时期来，大家都热望把这部重要的波斯史籍，完整地、较准确地翻译过来。

当然，这绝不是一件轻而易举的工作。《史集》是用古波斯文、阿拉伯文写成的。由于它在内容、语言、文字、版本以及收藏等方面特殊的复杂性，给我们对这部书的校刊、整理、翻译、注释等工作，都带来许多实际困难。一个人如果不是在客观的物质条件基本具备的情况下，自己又广通汉、蒙和中亚、西欧的多种语言，并具备必要的元史与蒙古史素养，是很难于胜任这一工作的。这无疑便是百多年来，这部书在世界各国里翻译和研究进展迟缓的原因。我清楚地知道自己在许多方面都不具备翻译、整理这部书的必要素养和条件；也清楚地知道转译这一类的工作是往往费力而又难于讨好的事。但由我们自己直接来整理、校勘、翻译《史集》这一名著还必不可免地需过一段时间。因此为了满足当前的急需，转译它无疑还是很有必要的。

如前所述，最早我是根据俄译本转译的。1971 年波义耳 John. A. Boyle 的英译本《成吉思汗的继承者》出版后，我又改用英译本转译。英译本是取布洛歇本作底本的，不能尽如人意。俄译本所依据底本（塔什干本与伊斯坦布尔本）则是公认的较好稿本，此外它又参考了列宁格勒萨尔特科夫谢德林图书馆藏本、不列颠本、德黑兰本、巴黎抄本、东方研究所抄本以及布洛歇本等多种版本，作为汇校本翻译出版。它的出版本身无疑是蒙古史学界的一个很大的成绩。然而，问题也仍然大量存在。在所保存的内容上，塔什干本记载有关于窝阔台的葬地，特别是它较好的保存了一些蒙古和突厥的人、地名，这是布洛歇本所没有和欠缺的。但是，反过来也有布洛歇本有，而俄译本却是阙漏的。察合台有八个儿子，俄译本除长子木秃干 Мутугэн 这一枝的子孙世系有详细记载外，其他七子：Муджяя（当作莫赤也别，因波斯文的音点讹误所致）、Белекеши（别勒格失）、Сарабан（撒儿班）、Есу-Мункэ（也速蒙哥）、Пайдар（拜答儿）、＿＿、＿＿（阙，布洛歇本作合答海 QDATY 与拜住 BAYCW）则都没有叙及，而这在布洛歇本里却可得到完满的补足。有些地方，是俄文翻译时的问题。波义耳在《克烈部的冬夏营地》一文中，曾经指出：在俄译本第一卷第一册第 126 页里，赫塔古洛夫 Khetagurov 的译文是：王罕的夏营地凡三处：Талан-Гусэур，Дабан 与 Hayp。波义耳则认为，原稿本此处的三名本应竖读，而不是横读。它们实际上指的是两处，即 Талан-Дабан 与 Гусзур-Hayp。前者即《元史·太宗纪》六年之达兰达葩，其义为"七十山口"。后者即《元朝秘史》第 151 和 177 节之"古泄兀儿海子"，蒙古语 Hayp 海子（湖），汉语音译为"脑儿"或"纳兀儿"。克烈部左翼之冬营地，俄译本列了八个地名，波义耳则认为，实为四处。如Айджцэ 与 Кутукэн 二词，显应连读，实即 Abji'a-Köteger 之讹。此名见于《元朝秘史》第 187 和 191 节，作"阿卜只阿阔迭格儿"。① 有关蒙古、突厥的人名、地名保存较好，本是塔什干本的最大优点。但是在俄译本中，对于大量疑而难决的词，译者多数是采正文中付阙，而用脚注的形式，详列诸本异同。在我们所涉及的第二卷维尔霍夫斯基 Верховский 的译本中尤多这类现象。俄译本的前言中，苏联学者们已申明，这些脚注"除异读和音读之外，一般只提供了正文所必需的解释"，"并非代替考释"，注释的工作要等到三卷出完后再行刊出。② 这种详列异同的脚注方式表现了译者的谨慎，为不能接触各种稿本的读者提供了极大的方便。这是值

① 波义耳《蒙古世界帝国》*The Mongol World Empire*。
② 听说这一卷前半部的注释本已经出版，遗憾的是我尚未能得到。

得赞扬的。但是，也有不少地方，抄胥致误，鱼鲁亥豕，而且有的地方明显的是俄译者取舍无方，这就不能不大大限制了俄译本的水平。

波义耳的这个译本，与俄译第二卷的译本比较起来，有它的一些优点。第一，在内容上比较全。它虽然以布洛歇本为底本，但把塔什干本具有的段落以注的形式采译了过来。在人名、地名的音读方面充分利用了俄译本的成果。第二，他在翻译术外尼《世界征服者史》的基础上，充分地利用了西方学者关于蒙古史研究的丰富成果，写出了许多卓具水平的注释。因此，可以说，如同他翻译过的名著《世界征服者史》一样，这本《成吉思汗的继承者》也完全可以视为一个有成效的研究成果。波义耳也有其缺点和问题。其中最大的一点便是他不懂汉文，不能够直接利用丰富的汉文史料。而在这一方面，我们当然可以作大量的补、证、考、释的工作，发挥自己的优势。在波义耳所长的基础上，以我所长，补其所短，把研究工作推进一步，这就是我翻译英译本的理由和愿望。

由于我的译稿有遵行邵先生遗命的缘由，所以在文字上我仍沿用邵译稿所使用的浅近文言文。这种文体对于《史集》这种著作原有的文风是切近的。在注释的形式上也仿用他所使用的办法，在翻译的同时，逐字逐句地进行补和证的工作。对波义耳的注释，凡是于我们有参考价值的，我都尽可能移译过来，以"原注"来进行标示。我所作的注释，则以"周按"来标明。还有少部分的注释，是邵先生译稿中的（包括《忽必烈汗纪》前半部分及未发表的《铁穆耳汗纪》的前半部分），我也尽可能地恭录过来，以"邵按"标示，一以丰富本书的内容，再则也算作纪念。遗憾的是因译文有不同的地方，体例受限制，我无法把它全部照录；抄录的地方也作了某些文字上的删节修改。原书附录有《难字表》，我都把它们分别收在按语中，不再保留。纪年表、世系表、汗位承袭表则是我根据需要编制的。

从我翻译这本书开始到现在,总共已二十四年了。中间停停改改,四易其稿。今年年底才得空最后定稿誊清。有两件事情我必须在这里特别申明:

第一,近年来,尤外尼的《世界征服者史》与剌失德丁的《史集》第一卷第一册,已分别由何高济、余大钧同志翻译出版。对这两位波斯原作者的名字,他们译为"志费尼"与"拉施特"。我在这次定稿时则仍决定沿用自己习惯的译法,译文也仍用自己的旧译,不再根据他们的译本来改正,这是因为译名问题究竟哪样更好,我仍感犹豫;译文则是因为它还涉及到一些具体的内容,牵一发而动全身,改动会太大。在这里我向两位同志深表歉意,也希望读者能够谅解。

第二,本书在译文上承中国社会科学院语言研究所林书武同志校正,受益良多。我谨向他深致谢意。

在《史集》第一卷第一册汉译本的序言里,翁独健先生特别提出:在对这部名著进行汉译的同时,"我们还要积极开展波斯文史料与汉文和蒙古文史料的互校互证,更科学地继续和发展洪钧所开创的'补证'工作"。像《史集》这样的著作,没有必要的校和证的工作,的确是很难为一般研究者所利用的。我所作的工作,也便是翁先生所指示的互校互证工作,水平虽然甚低,但总算是一个开始吧!

今年是邵循正先生逝世十周年。十年前的初夏,我们正在中华书局标点《元史》,一间小房里,对床而卧。他已经多年病喘了,白天不停,夜深尤甚,往往是彻夜不眠,而第二天却仍坚持工作。整整一个星期,我和衣而睡,在他喘急的时候起身给他捶捶背,送口水。四月底的星期六他被送回家去,谁料四天之后便突然去世。回首当年的情景,历历在目。十年一瞬,作学生的我,少善堪告慰先生之灵,谨以这本书的完成,作为永远的纪念。

1983.12.12

又　记

　　此稿完成于 1983 年末，迁延周折，几难免覆瓿之厄。幸得中央民族学院及王钟翰教授之资助、推荐，始由天津古籍出版社惠允出版，私心感激，难以形容，非仅为拙稿之得面世，亦庆学术风气之终未泯也。负责此书的编辑林雄同志，不惮繁琐，为此付出了很大的劳动，并此致谢。这里，我还要特别提到原中央民族学院历史系教授贾敬颜先生，他对本书的出版也曾做过热心的帮助，然不幸已归道山，致无由请教，思之怆然。谨致哀思，聊充纪念。

1990.7.25

于中国社会科学院

近代史研究所

再　记

　　1993 年顷，此稿在天津古籍出版社已完成三校，准备付印。突然出版社通知我，因赔累太甚，不愿再出（闻是中央民院已取消补贴）。但他们仍好心地愿将三校稿无偿赠我，任作处理。我当时真是束手无策。幸有素昧平生的林雄先生仗义施援，教我自筹四千元为资，而他则个人无偿为我操办所有联系印刷及代售一切事务，终使此稿得以面世。两年后，所印 1,000 册书售完，林雄先生又退我二千元，侠义可感。今承上海古籍出版社厚意，将此书改动版式后重新出版，责任编辑蒋维崧先生、胡文波先生不惮繁劳，辛勤从事，俾此稿得以更广泛流布，或能于蒙元史研究少所推进。感激之余，何快如之，何幸如之。

周良霄

2017 年 10 月于北京

英译者前言

　　这本书是计划作为我翻译的朮外尼 Juvainī 著《世界征服者史》*History of The World Conqueror* 的一个补充。朮外尼书止于蒙哥统治时期（1251—1259 年），而剌失德丁 Rashidal-Dīn 的《史集》*Jāmi'al Tavārīkh* 一书的这一部分则续记蒙古帝国的历史，一直到蒙哥的侄孙铁穆耳完泽笃 Temür Öljeitü 统治时期（1294—1307 年）。我翻译的底本是 1911 年出版的《吉布纪念丛书》Gibb Memorial Series 所收的布洛歇 Edger Blochet 刊本。1960 年的维尔霍夫斯基 Verkhovsky 俄译本是利用了两个迄今仍未出版，而布洛歇所不知道的稿本而成的。一个稿本存塔什干 Tashkent 国立公共图书馆，不署年月，但明显地成于十四世纪初。① 另一个稿本存伊斯坦布尔 Istanbul 的 Topkapī Sarayī 图书馆，署 1317 年，即剌失德丁死前的一年。② 这个刊本在一些方面要较布洛歇本完满。譬如：它包括有大汗窝阔台的葬地，这是后者所没有的。这些段落我们已从俄译本采纳进来，加以翻译，作为脚注收入。然而，维尔霍夫斯基刊本主要的重要性还在于它较好地保存了突厥和蒙古的

---

① 周按：塔什干乌兹别克共和国国立公共图书馆 Джурабек 藏书中的一个抄本。存 264 页，约成于 14 世纪。它在一些专用名词方面保存比较精确，但一些字母上却音点脱落。

② 周按：此本所署日期为 717 年沙班月（1317.10—11），与塔什干本近似，但书写草率，脱讹较多。

人名和地名，而这点在布洛歇所据的后来的稿本中是颇呈讹乱的。维尔霍夫斯基不常采用这些音读，但是它们却被谨慎地著录在他的注解之中。这些对解决剌失德丁著作中呈现如此混乱的名字问题，最终地有着极大的帮助。

　　关于这一类的问题，其中的许多当然早已在韩百诗 Louis Hambis 所译《元史》第一〇七卷①附伯希和 Pelliot 的注解里面解决了。在那个著作中，其丰富的世系资料，不单源自中国的史料，同时也来自剌失德丁的著作——这个世系表包括在维尔霍夫斯基译本上而为布洛歇刊本所无，已无需在此复述。因之，我代之以提供一个包括各王朝统治者的简表。多厄费尔 Gerhord Doerfer 在 1963—1967 年问世的前三卷不朽的著作《在新波斯语中的突厥语和蒙古语成份》Türkische und Mongolische Elemente in Neupersischen 同样使我们没有必要来为《史集》中丰富的突厥语和蒙古语作详细的注解，因为读者在多厄费尔的著作中已可以对这些辞语找到完满的说明。而一部分在英译本中使用的突厥语与蒙古语则在附录的《难字表》里作了解释，表中还包括了一些源于波斯或阿拉伯语的伊斯兰辞语。没有一个作品比起伯希和的遗著《马可波罗注》Notes on Marco Polo 对我的研究帮助更大。这个作品中经常涉及到布洛歇的剌失德丁书刊本，对两位作者共有的历史与地理问题发表了很多新见解。对于这样一些问题，正如在处理我早先的翻译一样，我能再次商之于哈佛大学远东语言教授克利夫斯 Francis W.Cleaves；我也同样从堪培拉的澳大利亚国立大学远东历史部的高级研究员罗依果 Igor de Rachewiltz 博士得到很大的帮助，他为我好心地解说了《元史》中的几处段落。我深切地感激这两位学者，因为他们给了我接触那些除汉学家外，迄今大部仍是覆而未发的资料的便利。

---

① 　周按：即《元史·宗室世系表》。

　　阿拉伯语和波斯语的名字,在翻译中是依据皇家亚细亚学会 Royal Asiatic Society 的系统拼写的。另一方面,突厥语和蒙古语的拼写则尽可能地依据这些有更为纷繁的韵母的语言的发音规律。ö 与 ü 同于德文的拼音(法文的 eu 和 u),i 如同俄文的 ы(波兰文的 y)。剌失德丁的汉文名字和语辞的拼音是作为蒙古语拼写的十三世纪中国官话而被保存在原本中。我们采用 Wade-Giles 的正字法作了注解;但常见的邮政转写的现代地名则除外。譬如:用 Siangyang,而不用 Hsiang-yang;用 Fukieu,而不用 Fu-Chien。凡是拼写有错误的,如同在《世界征服者史》一书中一样,也用大写的字母在注释里注明。也如同在那个著作中一样,阿拉伯文的句子和段落原文,都以斜体来表示。

　　关于参考资料书名的缩写,我一般用两种办法中的一种。或者是在作者的名字后面写出书或论文出版的年代。如克里夫斯 1952;约翰 1969。或者,特别是对那些经常引用的作品,都采用了标题的缩写形式,如《亲征录》、《金帐史》。这些缩写的图书单详见附录部分。

　　剌失德丁随蒙古史料以十二属相纪年,虽然大部分时候均附以相应的回历年代。在所有情况下,我在注脚中都提供了相应的儒略历年代,并且认为备置一个 A.D.1168—1371 年间相应的生肖周回年代表,作为附录,是有益处的。应该指出,它们所示的相应年代只是近似的。生肖纪年的年初始于太阳进入宝瓶座十五度,其时在儒略历纪年大约是一月二十七日(现为二月四日)。

　　最后,我对 Leverhulme Trust 给予我准备《成吉思汗的继承者》一书的资助致以谢意。感谢纽约哥伦比亚大学中东语言文化部主任厄森牙尔萨特尔 Ehsan Yar-Shater 教授把此书列入《波斯遗产丛书》Persian Heritage Series。德黑兰大学阿巴思扎尔亚布 Abbas Zaryab 教授根据联合国教科文组织 UNESCO 的要求修改译文;哥伦比亚大学出版社执行编辑布尔纳德格罗涅尔特 Bernard

Gronert 先生和负责我稿件的巴尔巴剌佐喀瓦失 Barbara-Jo Kawash 女士在出版过程中的指导和帮助；我的朋友东方与非洲研究所近东与中亚部负责人伯金翰 Charles F.Beckingham 教授及伦敦大学阿拉伯文教授约翰斯敦 Thomas M.Johnstone 教授为我校对，并此志谢。

波义耳 John A.Boyle
曼彻斯特，12，1970.

关于作者和作品

——关于作者

剌失德丁 Rashīd al Dīn Faḍl Allāh，经常被他的同时代人称之为剌失德塔比 Rashīd Ṭabīb（剌失德医师），1247 年生于哈马丹 Hamadan，即古之厄克巴塔那 Ecbatana。关于他早年的情况，我们一无所知。作为一个犹太医药房主的儿子，他在三十岁时转奉伊斯兰教。可以推想：他早先曾是本城犹太社会中忠诚的成员。当时这个重要的犹太文化中心和组织得很好的 Yeshivah 或犹太法师学院的所在环境，使他稔熟犹太教的习惯和传统，以及希伯来语的知识。[①] 他的改奉宗教可能与他以医术进侍蒙古在伊朗的第二个统治者、伊利汗阿八哈 Abaqa（1265—1281 年）相联系的。他可能与被称作剌失德杜拉 Rashīd al-Daula 的犹太人同为一人（他

---

① 　原注：关于剌失德丁的犹太族属问题，见 B.Spuler：《在伊朗的蒙古人》1939，第 247—249 页。W.J.Fischel：《犹太历史上的阿塞拜疆》1953，第 15—18 页。

的名字的别一形式）。依据巴尔黑布鲁斯 Barhebraeus 的续编者所述，他被任为伊利汗乞合都 Geikhatu（1291—1295 年）的侍膳官，"随时备办各种需用之食物……"我们得知，当仿行中国的纸币钞而发生经济暴乱时，甚至连伊利汗的餐桌上也得不到一只绵羊。刺失德杜拉"在这一事件中顽强坚持，花费了自己巨额的钱财，购买大量牛羊，指派屠夫和厨师。因为国库空虚，缺乏金钱，库里甚至连最小的铜币也找不到。他决心以最奇特的方式为理财长官 Ṣāḥib-dīwān 每月征收白银。他写信致送各地区，但是犹太人不能征收到任何东西。这样，他的全部赏财告罄，他已不能再继续担负他所作的工作。他便逃跑了"。①

　　如果这个刺失德杜拉不是后来的政治家和历史学家，那么，具有这样才能的一个人，竟然不是进事阿八哈，而到近二十年之后，即 1298 年春，却作为阿八哈之孙合赞 Ghazan（1295—1304 年）的维昔儿 Vizier 沙的儿丁 Ṣadr al-Din Janjānī 的代理人出现，就是件奇怪的事了。刺失德丁本人详述了导使沙的儿丁死刑的情况，可能就是这个伊利汗维昔儿极不忠实与毫无原则的表现。纪事中显示出来他已大得伊利汗的宠幸，且与伊利汗的总司令、蒙古人忽都黑沙 Qutlugh-Shāh 缔交。1298 年秋，沙德丁 Sa'd al-Dīn Sāvajī 被任为沙的儿丁的继任者，且引刺失德丁为其助手。接着我们就听到刺失德丁作为合赞最后一次远征马木鲁克 Mamlūks 的同行者。1303 年三月，在导致刺黑巴塔瞻 Raḥbat al-Shams，即今幼发拉底河西岸的叙利亚城市梅亚丁 Meyadin 投降的谈判中，他扮演了卓越的角色。在合赞短暂的统治期内，他着手财政改革。这个改革是在君主的名义下进行的，而刺失德丁本人才是其真正的作者。改革希望保护定居民免遭蒙古游牧贵族的劫掠。这时，合赞还委

4

---

① 原注：Gregory Abû'l Faraj 编年，E.A.Wallis Budge 编译，牛津与伦敦，1932。周按：参见多桑《蒙古史》下册，第 247 页，注③。

任他写一本蒙古及其征服地区的历史，这就是延续至合赞的继位者完者都 Öljieitu(1304—1316 年)时期始完成的《史集》。它是"一本历史的百科全书"，用巴托尔德 Barthold 的话说："在中世纪，不论是亚洲或欧洲，没有哪一个人能完成的。"

在完者都时期，剌失德丁仍大受宠幸。他已成为遍及伊利汗国境内每一角落的大产业的所有者。在阿塞拜疆有果园和葡萄园，南伊拉克有椰枣农场，在西阿那托利亚 Anatolia 有耕地。国家的行政部门多为他私家所垄断。他的十四个儿子中，八个为省的长官，包括全西部伊朗 Iran、格鲁吉亚 Georgia、伊拉克 Iraq 和今土耳其的大部分。在他的管理下，大宗款项用为公私事业的支出。在完者都的新都城算端尼亚 Sulṭānīya，他修建了一所有大伊斯兰寺院、学院 madrasa 和医院的优美郊区。在大不里士 Tabriz，他建造一个同样的郊区，沿用他的名字称作剌比剌失德 Rab'-i Rashīdī。在他各种著作的缮本、封面、地图和说明中，说他投资的总额为 60,000 的纳尔 dinār，相当于英币的 36,000 镑。

1312 年，他的同僚沙德丁失宠，被处死。一个短时期内，剌失德丁也有陷于同一命运的危险。一封声称为剌失德丁写的希伯来文字的信件被发现，送达完者都之前。信中促使他的通讯人、一位蒙古异密 emirs 的犹太家臣对伊利汗投放毒剂。剌失德丁能够证明这封信是出于伪造。迄完者都统治时期，他继续受到宠幸和信任；然而，与他的同僚塔扎丁阿里沙 Tāj al-Dīn ʿAlī-Shāh 间的裂痕却有了发展。伊利汗用分划其国土为两个行政区的办法来弥缝其事：由剌失德丁负责中部与南部伊朗；阿里沙任西北伊朗、美索不达米亚和小亚细亚。尽管权责分开，两维昔儿之间的敌对仍然继续存在。1317 年，在完者都的儿子不赛音 Abū Saʿid（1316—1335 年）统治时期，阿里沙通过阴谋活动成功地迫使他的对手失去其职务。由于他被劝说违反自己的本意重新为伊利汗服务，剌失德丁再一次受到阿里沙及其党羽的攻击，被控为曾毒害不赛音的父亲。据马木鲁克的资料，①他承认曾违反完者都的医生的劝告，因其小病而开给泻剂。显示的征象与金属毒剂相符合。根据这一承服，他被残酷地处死。据同一作者的报导，他的首级被带至大不里士，在城中示众数日，并呼云："此为毁真主名字的犹太人的首级，愿真主加他以天罚。"在大不里士他所建立、并以他的名字命名的剌比剌失德被暴徒抢劫。他所有的产业和财物被没收。甚至他为敬神者捐赠的基金也被剥夺。他自己修造以供长眠的坟墓在近一个世纪后也被帖木儿 Tīmūr 的疯病儿子米兰沙 Mīrān-Shāh 所毁。米兰沙命令挖出剌失德丁的尸体，重葬在犹太人的墓地。

百科全书学者伊本哈扎儿 Ibn Ḥajar of Ascalon（死于 1449 年）所重述的无疑是剌失德丁的同时代人对他的评价：一个犹太医药房主的儿子转奉穆斯林，事伊利汗而升任维昔儿之职。他支持并保护他所改宗的信仰的追随者。他在大不里士建有美好的公共建筑。他对敌人毫不怜惜；同时，对学者与敬神者极其慷慨。他为《古兰经》写下了理性的注解。以此，他被控告为亦勒哈忒 ilḥād，即属于亦思马因 Ismā'īlīs 或阿珊新 Assassins 这类被逐出教门的外道。但对他名垂于今日的《史集》一书，伊本哈扎儿却根本没有提及。

——他 的 著 作

剌失德丁本人已极尽苦心孤诣，采取措施来保存他的著作，使能传诸后世。包括把他所有阿拉伯文的作品译成波斯文，把波斯文译成阿拉伯文；同时，分派一笔特别的年金来准备两种完满的译本，每种皆用两方的语言，"以清楚的书法，写在最好的巴格达 Baghdad 纸上"，送往穆斯林世界的主要城市之一。嘉特梅尔

---

① 　周按：参见多桑《蒙古史》第二册，第 406 页，注①。

Quatremère 认为：尽管有这些措施和其他的预防办法，"但这位有学识的历史家著作的大部分已经失传了。他所采取的全部措施，并没有比塔西佗 Tacitus 皇帝为保存他著名的亲族的著作的预防办法更取得成功或运气更好"。时间的流逝表明，嘉特梅尔是过分悲观了。对波斯、土耳其和中亚各图书馆的勤奋搜寻，已经填补了某些空白。对其著作迄今未见的任何部分，想象为无可挽回的遗佚是为时过早的。

关于他的神学著作，已经叙及他对《古兰经》的注解，书名为《注解之钥》*Miftāḥ al Tafāsīr*。此书与基于同完者都谈论宗教与哲学问题的《王的推论》*Favā'id-i Sulṭānīya*，以及包括作者与穆斯林，甚至拜占庭学者的通讯《问题与回答》*As'ilau Ajviba* 均未曾出版。他的《动物与遗迹》*Kitāb al-Aḥyā wa-'l-Āthār* 是一本有关植物、农业和建筑的著作，据布朗 Browne 说"不慎失传了"。然而，1905 年其中数章在德黑兰出版，这是从一个至今可能尚存的抄本中得到的。最后，一部不为嘉特梅尔所知的、剌失德丁与其诸子及其他伊利汗官员的通信集 *Mukātabāt-i Rashīdī*，其中主要是讨论政治与财政事务，在 1947 年由拉合尔 Lahore 的莎菲 Shafi 教授出版。最近已有了俄文译本。

关于他的杰作《史集》一书，似乎有两种文本。较早的一种（1306—1307 年）包括三卷；较晚的（约 1310 年）包括四卷。卷一《合赞汗纪》*Ta'rīkh-i Ghāzānī*，叙述自蒙古之始兴至于合赞统治时期的历史。在第二卷中，剌失德丁受合赞的继位者完者都的委任，着手一个庞大的计划，编辑所有与蒙古人发生关系的欧亚民族的历史，始自亚当 Adam 和亚伯拉罕 Abraham、以撒 Isaac 与雅各布 Jacob 及他们的祖先。这一卷中记述了伊斯兰以前波斯诸王，直至 1258 年为蒙古所灭之摩诃末与哈里发。波斯的摩诃末以后诸朝、乌古思 Oghuz 及其后裔、突厥、中国、犹太、法兰克 Frank，以及他们的皇帝与教皇、印度并详记佛和佛教。第二卷实际上是第一本世界史。约翰 John 教授说："人们在这以前和以后的很长时期里都找不到在大胆方面，堪与匹敌，及与之并驾齐驱的成功事业。这种最初企图把可信的记载编为世界历史的作法，迄今还没有当作巨大的成就而给予应得的表彰。"从完者都之生至 706 年/1306—1307 的历史原是置于卷二的前面。这部分手稿由多根 A.Z.V Togan 教授在迈谢德 Meshed 发现，但从此失踪。原第三卷标题为《诸地之形状》*Ṣuwar al-Aqālīm*，是一个地理的概述，包括"不单是当时所知的地球地理和地形的描述……同时载有蒙古的驿站制度，列有帝国命令建立的里程石的说明和驿站表"。这一卷的稿本迄今仍未见到。另一方面，第二种文本的第三卷（其中 Ṣuwar al Aqālīm 成了第四卷）标题为《五种谱系》*Shu'ab i-panjgāna*，却保存在一个独特的稿本中，1927 年为多根教授发现于伊斯坦布尔之 Topkapi Sarayi 图书馆。正如其标题所示，它包括五个民族的统治家族：即阿拉伯、犹太、蒙古、法兰克和中国的谱系。

　　第一卷的文本一个多世纪以来，已在不同的国家片断地出版，现在，它的全文已经可以利用了。另一方面，第二卷的大部分却仍然只有稿本可供利用。哥疾宁 Ghazna（今阿富汗的加兹尼）的算端摩诃末 Sultan Maḥmūd 和塞尔柱朝 Seljuqs 部分已分别于1957 年和 1960 年由已故的阿迭思 Ateṣ 教授出版。关于亦思马因部分由达比尔西雅奇先生 Mr Dabīr Siyāqī 出版（1958 年），继又为达尼失拔祖黑女士 Messrs Dānish-Pazhūh 和木达里西 Mudarrisī 出版（1960 年）。同时，约翰教授编译了《法兰克的历史》（1951年），波斯与阿拉伯文本模写的《印度的历史》（1965 年）和《乌古思与突厥的历史》的翻译与模写本（1969 年）。此卷的其余部分，如第三卷 Shu'ab-i Panjgāna 一样，仍未出版过。

　　当然，第二卷以其包有各种非穆斯林民族的历史部分而给这一著作以巨大的特性，成为"一部最早的东西方历史"。然而，作为历史资料,它却无法与第一卷《合赞汗纪》相比拟。后者基本上是根据许多现在已经失传的第一手材料写成的,它对我们来说是关于蒙古民族的起源和蒙古世界帝国的兴起的主要权威之作。按照其原先的安排,这一卷包括长短不等的两个部分。前面较短的部分包括不同的突厥与蒙古部族的历史,它们的区分、族系、传说等等,共有一个前言与四章。第二部分很长,记述成吉思汗的历史,他的祖先和他的后继者们,迄于伊利汗的合赞。1908 年布朗 E.G. Browne 提议,分为独立的三卷。苏联人最近编辑翻译波斯文本时采用了这种方便的区分法。按照这一安排,刺失德丁的原来的第一卷再分如下:

第一卷　第一部分　突厥与蒙古诸部族

第二部分　成吉思汗及其祖先

第二卷　成吉思汗的继承者

第三卷　波斯的伊利汗

新的俄译本外,还有一个也是如此分卷的旧的俄文译本。其第三卷的开头部分(旭烈兀统治时期),早在 1836 年就由嘉特梅尔译成了法文。第二卷的译本则还是第一次用英文出版。①

本卷始自成吉思汗的第三子与第一个继位者窝阔台立为大汗(1229—1241 年)的历史。次述成吉思汗的其他三子:长子朮赤(死于 1227 年),兼及奠基于其子拔都(1237—1256 年)迄于脱脱统治时期(1291—1312 年)的金帐汗国的历史。第二子察合台,是得名为中亚察合台王朝的创建者(1227—1242 年),兼及此王朝下迄笃哇统治时期(1282—1307 年)的历史。幼子拖雷(死于 1233 年),是两个大汗:蒙哥与忽必烈及波斯伊利汗朝的创建者旭烈兀的父亲。其后则为窝阔台的继位者诸大汗的统治:其子贵由(1246—

——————————

① 原注:布洛歇本的最初 136 页的法文翻译,已在已故的伯希和的遗稿中发现。

1248年),其侄蒙哥(1251—1259年)与忽必烈(1260—1294年),最后为忽必烈孙铁穆耳完泽笃(1294—1307年)。正如所叙成吉思汗纪一样,每一汗之本纪分成为三部分。首先是列叙他的诸妻、诸子及其后嗣;第二部分详述其一生与统治;第三部分按理是包括说明统治者性格的轶事、他的格言与言论的选录,以及其他各色各样的材料。但是实际上,这后一部分往往缺佚。稿本中在斜体字后留有空白,以备将来插入有关的材料。第一部分在原稿中包括一幅汗的画像和他的后嗣的世系表。第二部分有一张他临位的图画,还有有关这些和其他的说明。在第二部分里,仅在大汗的记述中插入与他同时代的中国与穆斯林统治者的名字及其统治区内一些发生的事件。这里,稿本中也时有空白,那里是写作时没有查明的那些统治者的名字。

《成吉思汗的继承者》一书,正如其英文的标题所示,它从蒙古帝国的创建者死后开始,记叙了对俄罗斯与东欧的战争(1236—1242年)。这场战争导致了金帐汗国的建立。它记叙了对南部中国的征服(1268—1279年),这一事件使忽必烈的家族变成中国的王朝——元朝。全书止于忽必烈的孙子铁穆耳统治时期(1294—1307年)。这一时期里,铁穆耳在名义上一直保有领地从朝鲜向西伸展,直至巴尔干之地的宗主权。只有旭烈兀的西征、亦思马因的摧败(1256年)、哈里发的推翻(1258年)及与埃及马木鲁克统治者的长期争战(1259—1313年),没有叙及。它们将记载在下一卷波斯的伊利汗之中。在《成吉思汗的继承者》中,正如《马可波罗行纪》一样,我们得到了一个蒙古治下和平时期 pax Mongolica 的鸟瞰图。但剌失德丁较之威尼斯人接触到远为多的丰富而具有权威的资料,在这一点上,却又有所区别。马可波罗对忽必烈帝国的报导,虽然详细得令人惊异,然而却是必定局限于他所耳闻目睹的事实的。

《史集》的最先部分几乎完全根据蒙古的编年史《金册》Altan

11

Debter。正如剌失德丁本人告诉我们的,它保存在伊利汗国的国库里,由某些高官要员掌管。历史家不可能直接接触到这一被视为神圣的史料。它的内容可能是由孛罗丞相 Bolad chingsang 口头详细叙说给他的。① 孛罗丞相是大汗在波斯汗廷的代表。但也有可能是通过合赞本人。按照蒙古人的传统合赞的权威仅次于孛罗。② 《金册》的原本没有流传下来。但作于 1285 年以前的它的汉文译本《圣武亲征录》迄今仍存。这一著作也为编纂于 1369 年的《元史》所利用。有关成吉思汗西征的记载,剌失德丁的绝大部分内容是采取某种压缩的形式,转述了术外尼《世界征服者史》中的记述;但其中间常也插入蒙古编年史的材料,甚至采纳了其中年代的错误,依据它而把战争中发生的事件错置在后一年中去。在这一卷中,由术外尼续写的、迄于蒙哥时期(1251—1259 年)的记载,也是剌失德丁的主要依据,但又利用了其他来源的大量材料。因此,那位较他稍早的历史家关于入侵东欧(1241—1242 年)的记述,几乎是逐字逐句地被重述,然后,在后一章中,接着又详细叙述同样的事件。这个叙述像前述的关于征俄战役(1237—1240 年)一样,基于“原始的蒙古记录”。这从一些专有名词的正字法中明白地显示出来。对北部中国的统治者的最后战争(1231—1234 年)的记载也有同样的情况。剌失德丁混合了术外尼源自远东——蒙古的报导,并在某种程度上利用了中国史料。至于忽必烈与铁穆耳统治时期,他必定是主要依据与伊利汗的官方通信;无疑也利用了对来自东亚的使臣与商贾的询访作为补充。③ 大汗的代表、剌失德

---

① 周按:在《史集》的序言中,作者说:孛罗丞相,“他在通晓各种技艺,稔熟突厥诸部起源及其历史,尤其是蒙古史方面,举世无与伦匹”(第一卷,第一册,第 67 页)。

② 指熟悉蒙古先世史料这一方面。

③ 周按:据《史集》序言,书中的中国史部分,剌失德丁主要依靠名为 Li-ta-chi 与 Maksun 二人,其事迹无考。

丁与之讨论过蒙古人早期历史的孛罗丞相,显然也是他关于同时代中国的资料的主要来源。

关于忽必烈征战的记载,明白地是基于蒙古而不是中国的材料。它们缺乏《元史》所有的地形学与年代学的准确性,包含有大量明显的传说与民间说法的成份。即使如此,它们仍然还有表明蒙古的观点的价值,还为叙述简洁的中国编年史增加了相当多的细节和色调。我们读到忽必烈在横渡扬子江进围湖北武昌时,使用过一种特别方式的咒符。这是依靠萨满的巫术,明显地是图使镇抚大江的水神。这一情节是中国史家所沉默放过了的。通过它,我们可以确信,蒙古在转奉佛教与保护孔学后,内心仍然是原始的万物有灵崇拜者。还有,二万名罪囚根据大汗的命令释放而参加南征的事,按照情况推测,也没有多少事实根据。[1] 许多传说必定是围绕长期而著名的襄阳之围而编织成的(1268—1273 年)。可能在某些民间故事中就有有关高平章(历史上的高和尚,卷入了刺杀费纳干的阿合马丞相,亦即波罗之 Bailo Acmat 的事件)参与了最后攻破这一要塞的传说。剌失德丁至少在说到攻城的投石机是穆斯林制造这一点上是正确的。它们很难如马可波罗所断言的那样,是在围城过程中,在他的父亲、叔父和他自己的监督下,由基督教徒工程师造成的。这一过程在老波罗第一次来访后离开中国时尚未开始,而当马可本人进入中国前二年已经结束。然而,在总体上,波罗和剌失德丁都有助于确证和补充彼此的叙述。由此,威尼斯人和波斯人提供了一幅令人震异的鲜明与详尽的蒙古中国画卷,这就是《成吉思汗的继承者》一书的这些章节或许将要引起一般读者最大注意的原因。

对于历史学家,剌失德丁的著作首先是历史传说、信仰和12—

────────

[1]　周按:简罪因充军,在当时应是事实,考见后。

13世纪蒙古生活方式的资料宝库。① 此外再没有比它更为丰富的。《合赞汗纪》的最前部分,如我们所见到的,几乎无例外的都是本之于本土的传说。在我们这一卷中,关于金帐汗国的资料、忽必烈幼弟阿里不哥的叛乱和忽必烈与海都之间迁延持久的战事,都是得之于同样的书面或口头材料。我们也了解到这些资料是如何保存下来的。"在那些时候,逐日把统治者讲过的话记录下来是他们的习惯。"为此而任命一个特别的宫臣。这些格言和话常常包含在"韵文和隐晦的语言之中",②在宴会中由被拥立的人物如大汗窝阔台和他的兄弟察合台背诵。铁穆耳完泽笃被选而继承其祖忽必烈,就是因为他知道成吉思汗的格言较之其竞争者更好些,朗诵得"清晰而铿锵"。记录在《成吉思汗的继承者》一书中的格言,我们可以引用献给一个"极其勇敢的人和神射手"的话,他是成吉思汗幼子拖雷之孙,名叫脱黑帖木儿。

> 在打仗时他骑灰白色的马。他常说:人们选择粟色或其他颜色的马,以使血不会显现在它上面,使敌人不受到鼓舞。至于我,则宁选择灰白色的马。因为正如用红色妆饰的妇女一样,染在骑士和马上的血,滴在人的衣服和马的腿上,很远就可见着。这是男子的盛装。

---

① 周按:剌失德丁在《史集》序言中说过:"此番议论,旨在说明,作者受命编纂《史集》之时,在书中所述,未作任何更动窜改,妄自增删,而悉为各族著名典籍中之所载,出之于他们中家喻户晓的口头传说,和出自他们中之权威学者、贤达按其观点之所述者。"

② 周按:胡祇遹《紫山先生大全文集》卷一五《纳林居准神道碑》:"我朝语言精密,典故极多。"《元史·拜住传》:"每议大政,必问曰:'合典故否?'同官有异见者曰:'大朝止说典故耶?'拜住微笑曰:'公试言之,国朝何事不依典故?'同官不能对。"

在保存蒙古传说和记录他们的世界帝国之外，剌失德丁也是他自己国家的历史家。第三卷《合赞汗纪》是我们关于伊利汗时代波斯史料的主要来源。它包括合赞汗财政改革的诏旨或法令，彼得鲁赫夫斯基 Petrushevsky 教授把这些称为"无价的汇集"。对于这场改革，剌失德丁是热忱的支持者，可能还是发起者。然而这位政治家——历史家的声誉，在这些实有的成就上，小于他在作品的第二部分中企图编写整个欧洲大陆的历史的尝试。在威尔斯 Wells 的《世界史纲要》*Outline of History* 出现六百年前，他的书肯定可称为是见诸文字的第一部真正的世界史。

目　　录

汉译注者弁言 ·· 001

英译者前言 ·· 001

第一章　窝阔台合罕纪 ·· 001

　窝阔台合罕纪第一部分 ·· 002

　　纪其世系；叙其诸妻；详叙其诸子、诸孙分衍及于今日之
　　各枝派；其圣容；其后裔之世系表

　窝阔台合罕纪第二部分 ·· 017

　　纪其在位之〔一般〕历史与〔特殊〕行事，关于其统治；其登
　　位时之王位与诸妻、诸宗王及诸异密之图画，其所历之
　　战争及其所取得之胜利

　窝阔台合罕纪第三部分 ·· 065

　　彼可称颂之美德懿行；彼所发布之格言与嘉言圣训；得之
　　于个人与书籍之个别报导之事件而为前二部分所未
　　具者

第二章　尤赤汗纪 ·· 081

　尤赤汗纪第一部分 ·· 081

　　纪尤赤汗之世系；其诸妻、诸子孙分衍及于今日之枝派；
　　其圣容；其后嗣之谱系

术赤汗纪第二部分 ·· 103

其在位之〔一般〕历史与〔特殊〕行事;其在位及登位时之
诸妻、诸王与诸异密之图画;其冬夏之驻地;彼所经历
之战事与所取得之胜利;其临位之时间

术赤汗纪第三部分 ·· 115

彼可称颂之美德懿行;所发布之高贵教令与格言;散见于
诸人及诸书之报导而为前二部分所不及者

第三章 察合台汗纪 ·· 116

察合台汗纪第一部分 ·· 116

纪其诸妻、诸子及诸孙繁衍迄今之枝系;其圣容;其子孙
之谱系表

察合台汗纪第二部分 ·· 127

彼在位时期之〔一般〕历史与〔特殊〕行事;其王位与诸妻、
诸宗王之画图;记彼之兀鲁思及彼所历之战事与所取
得之胜利;其在位之年代;其后嗣迄于今日之历史

第四章 拖雷汗纪 ·· 138

拖雷汗纪第一部分 ·· 138

纪其世系;纪其诸妻、诸子及诸孙所分衍迄于今日之后
裔;其圣容;其诸子孙之世系表,惟诸孙之成为统治者
除外,彼等之历史将分别叙述之

拖雷汗纪第二部分 ·· 143

纪其一生之〔一般〕历史与〔特殊〕行事,惟有关其父母者
除外,此等事件则仅作概略之叙述;其在位时之王位、
诸妻、诸宗王与诸异密之图画;其所经历之战争与所取
得之胜利;其在位之时间

第五章 贵由汗纪 ·· 152

贵由汗纪第一部分 ·· 152

叙其世系；详述其诸妻及诸子孙分衍迄于今日之枝系（其
世系表已具于其父本纪）

贵由汗纪第二部分 ……………………………………… 153
其在位之〔一般〕历史与〔特殊〕行事；其在位时之王位及
其诸妻、诸宗王与诸异密之图画；叙其所经历之战争及
其获之胜利

贵由汗纪第三部分 ……………………………………… 163
彼可称颂之品格与德行；其发布之嘉言圣训；其在位时所
发生之事件、散见于诸人及诸书之报导而为前二部分
所不及者

第六章　蒙哥合罕纪 ……………………………………… 169
蒙哥合罕纪第一部分 …………………………………… 169
叙其世系；详叙其诸妻及其分衍迄于今日之诸子孙枝派；
其圣容；其后嗣之谱系表

蒙哥合罕纪第二部分 …………………………………… 172

蒙哥合罕纪第三部分 …………………………………… 207
其可称颂之品格与道德；其所发布之嘉言圣训；其在位时
所发生之事件，散见于诸人诸书之报导，而为前二部分
所不及者

第七章　忽必烈合罕纪 …………………………………… 208
忽必烈合罕纪第一部分 ………………………………… 208
纪其世系；详叙其诸妻、诸子及其分衍及于今日之枝派；
其圣容；其世系表

忽必烈合罕纪第二部分 ………………………………… 214
纪其登大位以前事件；其御位时之王位、诸妻、诸宗王、诸
异密之图画；其在位时之大事；纪阿里不哥及党附于彼
之诸宗王之历史；忽必烈合罕所历之战役及彼所取得

之胜利;其遣往四境之统军诸将帅;纪在朝诸宗王及彼
之诸异密之姓名

忽必烈合罕纪第三部分 ……………………………………… 294
纪彼可称颂之品德;其所发布之优秀格言及嘉言懿训;其
在位时发生之事件,得之于个人或书籍而为前二部分
所不及者

第八章 铁穆耳合罕纪 …………………………………… 302
忽必烈合罕孙铁穆耳合罕纪第一部分 ……………………… 302
叙其世系;详叙其诸妻及其诸子分衍至今之枝派;其圣
容;及其世系表

铁穆耳合罕纪第二部分 …………………………………… 303
纪其即位前之情况;其御位时之皇位、诸妻、诸宗王及诸
异密之图画;叙自其临御之吉庆时日(愿藉神助,垂于
无疆!)之初迄于今所发生之若干事件,纪其为人所周
知之战争与胜利

附　录 …………………………………………………… 318

纪年表 …………………………………………………… 318

Hejira 历月份名称 ……………………………………… 321

世系表 …………………………………………………… 322

汗位承袭表 ……………………………………………… 339

索　引 …………………………………………………… 341

第一章　窝阔台合罕纪

成吉思汗 Chingiz Khan 子窝阔台合罕
Ögetei Qa'an 纪之始

窝阔台合罕纪共分三部分

　　所纪之史实限于其本人之事业、行为与言语之关系于王政、正义与仁爱者。已包括于其父、诸兄弟及族属之历史中的部分除外。今将予以叙述，以使读者览此而立予赞颂。所以先于较其年长之兄尤赤 Jochi 与察合台 Chaghatai 而叙其历史者，缘彼系成吉思汗之继承人，时为合罕。彼继成吉思汗之后御极，故此处所纪，乃按大汗之次序也。

　　第一部分：纪其世系；详纪其诸妻及其后裔之分衍及于今日之枝派；其御容；其后嗣之世系表。

　　第二部分：其在位之〔一般〕历史与〔特殊〕行事；彼御汗位时之王位及诸妻、诸宗王与诸异密之图画；彼所历之战事与所取得之胜利。

　　第三部分：其可称颂之美德懿行；彼所发布之格言 biligs[①] 与嘉言圣训；其在位时所发生之事件，得之于个人与书籍之个别报导，而为前两部分所未具者。

---

①　周按：蒙语必力格 bilig，义为格言、箴言、圣训。

窝阔台合罕纪第一部分

17

纪其世系；叙其诸妻；详叙其诸子、诸孙分衍及于今日之各枝派；其圣容；其后裔之世系表

窝阔台合罕者，[原注]蒙语 Ögedei 或 Ögödei，加儿宾 Carpini 作 Occoday。穆斯林史料中之 ögetei 明系畏兀儿字母之误读所致，在畏兀儿字母中，t 与 d 无所区别。① 成吉思汗与其妻孛儿台兀真 Börte Fujin② 之第三子也。孛儿台兀真为成吉思汗之五主要之子③与五主要之女之母，属弘吉剌部 Qonqirat，特那颜 Dei noyan 之女也。④ 有关窝阔台之诸兄弟、姊妹之记事，已具见成吉思汗本纪。窝阔台原名____。[原注]原稿阙。彼不之喜，后乃更名窝阔台，此语义为"高升"[原注]蒙语 ögede 义为上升，向上。彼以聪明、能干、识略、睿智、坚定、威严与公正而著称。然耽乐嗜酒，成吉思汗常以此斥责而教戒之。当成吉思汗既已验诸子之器质，识其各自之所长后，于汗位之处置颇费

① 周按：王恽《秋涧先生大全文集》卷四四《杂著》："太宗英文皇帝，天容睟表，一类释迦真像，仁厚有余，言辞极寡，服御俭素，不尚华饰。委任大臣，略无疑贰。性颇乐饮，及御下听政，不易常度。当时政归台阁，朝野欢娱，前后十年，号称廓廓无事。"

② 周按：《元史》卷一〇六《后妃表》："太祖孛儿台旭真太皇后，弘吉烈氏。"卷一一四有传。旭真、兀真，皆汉语夫人之音转。

③ 周按："五"字误，当做"四"。俄译本作"四"。此四子即尤赤、察合台、窝阔台与拖雷。

④ 周按：那颜，蒙语义为官人。《元史》卷一一八《特薛禅传》："特薛禅，姓孛思忽儿，弘吉剌氏，世居朔漠。本名特，因从太祖起兵有功，赐名薛禅，故兼称曰特薛禅。女曰孛儿台，太祖光献翼圣皇后。"弘吉剌部，据《蒙古秘史》，此部居捕鱼儿海（今贝尔湖）附近，《金史》称广吉剌，与蒙古部世通婚姻。

踌躇。时则属意于窝阔台合罕，时则在其幼子拖雷汗 Tolui Khan。虽则照依蒙古古来旧俗，父亲之禹儿惕 yurt① 或原来之居地、营帐，皆应属幼子管理。彼其后乃言："王国之事务，乃事之至为艰巨者也，宜由窝阔台管领之。至若我之禹儿惕与营帐及我集聚之财货、军队诸项，则全属之拖雷。"彼以此就商于诸子，彼等以此乃父亲之意见，咸表同意与支持。最后，如所述及，成吉思汗于唐兀惕 Tangqut 境②染病。彼秘召会议，定〔窝阔台〕为嗣，置于汗位。彼亦曾为诸子指定其〔特别〕之道路，云："凡图＿＿＿＿［原注］原稿此处阙。参考尤外尼相应之文（《世界征服者史》第一卷，第40页），当有义为"围猎"、"行猎"之字句。③ 者，可诣尤赤；有欲稔习约速 yosun，④礼仪与格言者，宜往从察合台；有喜慷慨而欲求财货者，可诣窝阔台；人有求英勇与令誉，欲克敌俘王而征服世界者，则可从拖雷。"彼又为诸子、诸异密 emirs⑤ 及军队创定制度，分派彼等各自之份额，一如其本纪之所述者。⑥

18

纪其诸妻妾

　　窝阔台合罕有妻多人，妾六十人。但其著名之主要诸妻有四。

---

① 周按：禹儿惕之义，与农土 nutuq 相当，"即足够一个游牧单位维持生活的地面"（《蒙古社会制度史》第177页）。尤外尼谓："当成吉思汗之王国大为扩展后，彼授〔诸子〕各有居地，彼等称之曰禹儿惕。"（《世界征服者史》第一卷，第42页）

② 周按：即西夏。蒙古称西夏为河西。窝阔台之爱子合失即以是得名。及此子死，讳之，故称其为唐兀。Tangqut 即唐兀之复数形式。1227年成吉思汗伐西夏，病死于六盘山。

③ 周按：尤外尼原文为："对长子尤赤，委以围猎。"

④ 周按：约速或作约孙，因蒙古语词尾之 n 往往可以省去。约速为当时蒙古社会上的习惯法，《秘史》旁译作道理；《华夷译语》作理。

⑤ 周按：异密义即大臣。原指阿拉伯民族之省长与都督。冯承钧译 emir 为将，而以维昔儿 Uizier 为相。本书中则一律采音译。

⑥ 周按：参见《史集》第一卷，第二册，第274—278页。

彼之第一妻为孛剌黑真 Boraqchin,①属____部,____之女。[原注]原稿阙。此妻年事最长。第二妻为脱列哥那 Töregene,属兀洼思蔑儿乞惕 Uhaz-Merkit,②有云：彼为兀洼思蔑儿乞部长答亦儿兀孙 Tayir-Usun 之妻,其丈夫被杀之后,彼被掳,窝阔台合罕娶之。答亦儿兀孙先时已以女儿忽阑可敦 Qulan Khatun 嫁予成吉思汗。而据另一说法,则脱列哥那虽属此部,然非答亦儿兀孙之妻。③ 此妻不甚美,然性专横,彼临位不多时,因不遵成吉思汗之遗训,不听兄弟 aqa and ini④ 之忠言,播乱于兄弟及成吉思汗之血胤之间,其事一如将于贵由汗纪中所具述者。⑤

----

① 周按：《元史·后妃表》："太宗正宫孛剌合真皇后"。

② 周按：《元史·后妃表》："脱列哥那六皇后,乃马真氏。"《后妃传》："太宗昭慈皇后,名脱列哥那,乃马真氏,生定宗。"据罗依果之考证,六皇后乃大皇后之讹(见《1240 年脱列哥那懿旨杂考》,《远东历史文献》1981 年)。蔑儿乞部居色楞格河下游。Uwas-Merkit 名见《秘史》第 102 节,为三姓蔑儿乞部之一部。俄译本此处作"出自强大部族蔑儿乞惕"。

③ 周按：《秘史》第 197 节："初掳蔑儿乞时,豁阿思蔑儿乞种的人答亦儿兀孙将他忽阑名字的女子献与成吉思。"第 198 节："初掳蔑儿乞百姓时,将脱黑脱阿子忽都的妻与了斡歌台。"忽都妻二人,秃该与朵列格捏,被俘后,成吉思汗赐予窝阔台者,即此朵列格捏(= 脱列哥那)。俄文本此下有："据云：当哈赤温 Хачиун——与赤老温 Чилаун 兄弟三人被执,所有三人之妻亦被袭而擒以来。窝阔台语察合台云：可强取彼等以来。察合台不表赞同。窝阔台傲然而去,强取脱列哥那可敦。成吉思汗许之(其余之二妇人则给予他人)。"此赤老温为脱黑脱阿之子。此处之阙文注作 QAǰ-WQAL,此字之后一部分显为 qal,据《秘史》第 198 节,脱黑脱阿另有子名 qal,谢再善所据蒙译本则作合勒 qal,当即其人无疑。根据上引资料,脱列哥那当为忽都之妻,当时风俗,同族不婚,则脱列哥那当从《元史》所纪,系出乃蛮部而嫁于蔑儿乞部者。

④ 周按：蒙语 aqa 义为兄,ini 义为弟。

⑤ 周按：窝阔台诸后妃,除上述二人外,《元史·后妃表》另有昂灰二皇后、乞里吉忽帖尼三皇后、秃纳吉纳六皇后及业里讫纳妃子。本书下文记合罕美德懿行第十一事及贵由汗纪又有木哥可敦。

纪窝阔台合罕之诸子

窝阔台有七子,五长子之母为脱列哥那可敦,余二人各为一妾所出。七子之名与彼等后裔之所可知者详述〔如次〕:

长子贵由 Güyük

彼之禹儿惕在称为_____ _____地之霍博 Qobaq 之地、叶密立 Emil 或_____ _____。[原注]贵由之封地位霍博(今新疆北部之和布克赛尔)与叶密立(今伊敏)之间。后一名似为 QWM SNKR 之讹,当即横相乙儿 Qum-Sengir。① 虽则窝阔台合罕之继承人显为其孙失列门 Shiremün,然在合罕死后,脱列哥那可敦与窝阔台合罕诸子违〔窝阔台之〕命,不顾贵由一生为慢性疾病所苦的事实,立之为大汗。彼之生平将专章详述。彼有三子如次:

20

忽察斡兀勒 Khwāja Oghul,其母为_____部[原注]原稿阙。剌失德丁在另处谓其为蔑儿乞部(《史集》第一卷,第 116 页)。② 之斡兀立海迷可敦 Oghul-Qaimish Khatun。彼无世人所知之子。③

脑忽 Naqu,彼亦为斡兀立海迷失可敦所出,有子名察八

---

① 周按:俄译本此句作:"彼之禹儿惕在称为 Бери-Манграк 之地的 Кумак、Имилб 与 Уршаур"。叶密立,名从《元史·宪宗纪》,在汉文史料中又作也迷里(《元史·速不台传》)、叶密里(《耶律希亮传》)、也迷失(《西北地附录》)和业瞒(《西使记》)。加宾尼作 Omyl,谓其为窝阔台所筑之新城。然考之尤外尼,此城乃耶律大石西征中所创筑(《世界征服者史》第一卷,第355 页)。霍博,名从《元史·太宗纪》,有火孛(《耶律希亮传》)、虎八(《亲征录》)诸译。《元史·速不台传》有也迷里霍只部,无疑亦即其地。《耶律希亮传》云:叶迷里"乃定宗潜邸汤沐之邑"。

② 周按:《史集》该处原文作:"斡兀立海迷失可敦,为贵由汗之第一妻,生二子:忽察 Ходжу 与脑忽 Наку。"

③ 周按:《元史·后妃传》:"定宗钦淑皇后,名斡兀立海迷失。"《宗室世系表》:忽察二子:亦儿监藏王、完者也不干王。俄译本则云"彼有三子",然实则仅列二子,依次为:(1) Токма,有四子:Юшумут、Ижуген、Олд-жауген、Абаджи。(2) Басуджу-Абукан,有二子:Чоуту 与 Кука-Тимур。

Chabat。当八剌 Baraq 进入波斯犯阿八哈汗 Abaqa Khan 时，〔海都 Qaidu〕遣此察八率其私属军千人，以援〔八剌〕。彼怒而在战前后撤，行至不花剌 Bukhārā，①八剌子别帖木儿 Beg Temür 遣军前往追捕，但彼与九骑自沙漠亡走海都处，因惧致病并以此死去。

禾忽 Hogu，其母为一妾。据云：彼有一孙名脱克蔑 Tökme，彼与海都子察八儿 Chapar 争夺，〔彼〕拒不臣服于〔察八儿〕，言："汗位当属于我"。其父之名〔亦〕为脱克蔑。②

此三子之事迹将于贵由汗纪与蒙哥合罕纪之适当之处详及之，如真主之所愿者。

第二子阔端 Köten

蒙哥合罕予彼一禹儿惕于唐兀惕之境，遣彼领一军至此。彼有三子如下：〔原注〕事实上，在贵由统治时期，阔端已受任统领此地区。他是蒙古人中最先与喇嘛教建立关系的一个人。

蒙哥都 Möngetü，其母为____。〔原注〕诸稿本均阙。

库延 Küyen，彼为____所生，有一子曰也速不花 Yesü-Buqa。〔原注〕诸稿本均阙。

21　　只必帖木儿 Jibik-Temür，其母为____。〔原注〕诸稿本均阙。彼

---

① 周按：《元史》有不花剌、蒲华、卜哈儿及孛哈里(?)诸译，《西游录》作蒲华，《亲征录》作卜哈儿，《秘史》作不合儿。

② 周按：《元史·宗室世系表》：禾忽大王位，一子南平王秃鲁。俄译本无"其母为一妾"以下一整段，而作："彼有十子(实列八子)，其次序为：

　　(1) Урка，彼有三子：Тармабала、Артаба-Дорджи、Кутукай-Дорджи。彼有子 Курин-Иркаман，Артаба-Щири；

　　(2) Текши；

　　(3) Игирдай；

　　(4) Куму，彼有子 Такудара；

　　(5) Кончак；

　　(6) Тобшин，彼有一子 Джук-Щаб，

　　(7) Текус-Бука；

　　(8) Дарабунг。

有子，然不知其名。①

　　当窝阔台合罕与贵由汗诸子谋叛于蒙哥合罕时，因阔端诸子前此为彼之友人与支持者，故当诸人皆因罪受罚，散遣其军时，蒙哥合罕不曾加害于彼等，与之相反，蒙哥认可彼等原领诸军之所有权。故此，唐兀惕之地为彼等之禹儿惕。忽必烈合罕与其子铁穆耳合罕②皆续封阔端之裔于此。彼等一如既往，仍为合罕之友与支持者，服从其命令。在合罕之福荫下，诸事繁荣有序。

第三子阔出 Köchü

　　此子外貌极聪慧而有福运，蒙哥合罕希望以之为继承人，然彼于〔蒙哥合罕〕生前死去。③ 有三子如次：

　　失烈门 Shiremün，其母为＿＿＿可敦，＿＿＿氏。

　　孛罗赤 Boladchi，＿＿＿氏之＿＿＿可敦所出，随侍于＿＿＿。

　　小薛 Söse，其母为＿＿＿，属＿＿＿氏，彼随侍于＿＿＿。〔原注〕诸稿本阙。④

　　阔出死后，蒙哥合罕因与彼父之友谊而重视失烈门。失烈门极为聪慧，蒙哥抚于己之斡耳朵 ordos，⑤常称彼为己之继承

---

① 周按：俄译本谓阔端三子，然实则仅列二人。其文云："1）Мункату，其母为＿＿＿Кутан，彼为＿＿＿可敦所出，有子，其名为 Кутан，在其〔亲属〕之树上有 Иису-Бука。2）Чин-Тимур，其母为＿＿＿，彼有子，然不知其名。"据《元史·宗室世表》阔端五子：1）灭里吉歹王，有子也速不花；2）蒙哥都大王，子亦怜真大王；3）只必帖木儿王；4）帖必烈大王；5）曲列鲁大王，子汾阳王别帖木儿。

② 周按：当作孙。

③ 周按：《元史·太宗纪》七年南征之曲出，证以《阿剌罕传》《察罕传》《铁蔑赤传》，明即阔出（考见后文）。阔出死于窝阔台八年之冬，此处之蒙哥合罕，俄译本作窝阔台合罕，是。

④ 周按：据《元史·宗室世系表》：阔出有子一人：昔列门太子。子孛罗赤大王。子二人：靖远王哈歹，襄陵王阿鲁灰。

⑤ 周按：斡耳朵，突厥语义为宫帐。《辽史·国语解》："斡鲁朵，宫帐名。"

者。① 其后，失烈门谋叛逆于蒙哥合罕，因罪受罚。当蒙哥合罕

22　遣忽必烈去契丹时，因其与失烈门友善，乃请于其兄，携〔失烈门〕与俱。但当蒙哥合罕前往南家思 Nangiyas 时，②忽必烈合罕与之合军，彼不信任失烈门，命投之于江中。

第四子哈剌察儿 Qarachar

据云：此哈剌察儿有一子，名脱脱 Toqta，彼等之禹儿惕在

_____。〔原注〕诸稿本阙。③

第五子合失 Qashi

彼降生时，成吉思汗方征服河西 Qashi，即今之唐兀惕 Tangqut，遂名为合失。彼因使酒过度而殇于青年。时，其父犹存，"河西"一名遂成禁讳，故此国改称为唐兀惕。彼有一子名海都 Qaidu，④_____氏薛卜乞捏可敦 Sebkine Khatun 所生。〔原注〕原稿皆阙。⑤〔此子〕享年甚高，去年方死。⑥〔原注〕即 1301 年。据巴托尔德《中亚四讲》第一卷，第 124 页引 Jamāl Qarshi 说，海都生年约在 1235 年。此海都抚养于成吉思汗之斡耳朵，窝阔台死后，彼随侍蒙哥合罕。

---

① 周按：考之汉籍，此处之蒙哥合罕亦为窝阔台之讹。《元史·宪宗纪》八刺言："昔太宗命以皇孙失烈门为嗣，诸王、百官皆与闻之。"《忙哥撒儿传》："他日，用牸按豹，皇孙失烈门尚幼，曰：'以牸按豹，则犊将安所养？'太宗以为有仁心。又曰：'是可以君天下。'"追蒙哥即位，窝阔台后王谋叛。二年，失烈门被谪于没脱赤之地，绝无立为继承人之可能。

② 周按：南家思为南家子之音译。当时，蒙古和中亚皆认北部中国为契丹；而以南方为南家思、摩秦 Māchin、蛮子 Manzi。

③ 周按：Toqta，俄译本作 Тумак。《元史·宗室世系表》：哈剌察儿有子脱脱。脱脱二子：月别吉（《辍耕录》作台）、沙兰朵儿只。

④ 周按：海都 Qaidu，伯希和取《元史语解》之说，谓其义为独一，为满洲语同义之 Kaidu 所自。合失为征西夏时所生，伯希和推定其生年为 1210 年，死年当在 1236 年或稍后（《马可波罗注》卷一，第 126 页）。

⑤ 周按：另处地方刺失德丁谓海都母属别克伦部 Bekrin，此为一种既非蒙古，又非畏兀儿的山民（《史集》第一卷，第一册，第 149—150 页）。

⑥ 周按：俄译本作"活至 705 年（1305—1306 年）"。

蒙哥死，彼勾结阿里不哥 Arïq Böke，支持其攫取大汗位。当阿里不哥归附于忽必烈合罕后，海都满怀恐惧，因任何人不从合罕之命者，皆非扎撒 yasa 之所容。① 有违之者，即为罪犯。彼违背扎撒，犯罪抗命，遂成叛逆。自其时以至今日，因彼叛乱之故，众多之蒙古人与大食人 Tāzīks［原注］Tāzīk 或 Tājīk，是突厥人对伊朗人 Iranians 的称呼。丧生，繁荣之国土荒弊。其初，海都之兵卒或随从无多。缘窝阔台之后裔谋叛于蒙哥合罕，除阔端之诸子外，彼等之军队皆已褫夺散遣。然而，彼系一极聪明、能干与狡诈之人，恒能以诡计而完成其从事诸事务。彼图谋自四方收集二三千部众。因忽必烈合罕为谋征服蛮秦 Māchīn 而设置其总部于契丹之境，〔彼此之间〕距离辽远，故海都得持不臣之态度。当忽必烈召彼及彼之家族往赴忽里台 quriltai 时，②彼连续三年托词不往，彼渐由各处纠集军队，并与尤赤家族为友，藉以为助而掠取土地甚多。③ 忽必烈合罕至是认为需遣军前往征讨，遂以其子那木罕 Nomoghan 与群宗王、异密率大军以往。途间，那木罕之叔谋叛，执彼及军队之指挥安童那颜 Hantun noyan。彼等送那木罕于尤赤后王、时充彼中斡耳朵统治者之忙哥帖木儿 Mengü-Temür；而以安童送海都处。其详将叙于忽必烈合罕纪。自是时以迄于今日，当庄严、荣耀之伊斯兰国君（祝其国祚长久！）御极之时，〔海都〕一直叛命于忽必烈合罕与阿八哈汗 Abaqa Khan 及阿八哈汗之后裔。彼常呼阿八哈汗及其后裔为失哈勒答失 Shïghaldash，彼等呼彼亦如之。先时彼等恒以此名相互称呼，其义为"共宴"。

① 周按：《元史·太宗纪》："颁大札撒。"注："华言大法令也。"蒙古语 y 同于 j，故 yasa = jasa。
② 周按：《秘史》续集卷二：中忽舌邻勒塔 quriltai，旁译为聚会。
③ 周按：苏天爵《滋溪文稿》卷一一《郭敬简侯神道碑铭》："且海都之众，不能及国家百分之一；甲兵之利，非吾师之比，反能为害，何哉？良由号召专一，赏罚信明，士卒练习故也。"

〔原注〕毋宁说是宴伴。海都一再与忽必烈合罕及阿八哈汗战,①〔后文〕将予叙及。忽必烈合罕遣木额秃干 Mö'etüken 子也孙脱 Yesün-To'a 之子、由彼所抚养成人之八剌往领察合台兀鲁思 ulus 事,②以拒海都。八剌至,与战,海都败之。后则彼等达成一致,〔共〕叛忽必烈合罕与阿八哈汗。其事将于有关之历史中叙及之。701/1301—1302 年,海都与八剌子笃哇 Du'a 联兵与铁穆耳合罕之军战,兵败,二人皆于战争中负伤,海都以伤死;笃哇亦迄今为伤所苦,无法治愈。今则海都长子察八儿 Chapar 代居其位。然其诸兄弟如斡鲁思 Orus 及其他诸宗王皆不同意。其姊忽都仑察罕 Qutulun Chaghan 亦与之一致,据云:彼等间曾发生争执。海都子之数目不得确知,或云为四十,但此乃夸大之词。曾在彼处居留之纳兀鲁思 Nauruz〔原注〕纳兀鲁思为阿鲁忽 Arghun 之子。当此人背叛伊利汗之阿鲁浑汗与其继位者时,曾逃亡至中亚逗留。③谓有二十四子,然此间知其名者仅为九人。如次:

察八儿 Chapar,彼系＿＿部之＿＿所出。〔原注〕原稿阙。彼现继承海都。凡见之者皆谓彼极瘦而丑鄙,脸与须类斡罗思 Russia 或薛儿克思人 Circassians。④

---

① 周按:俄译本无阿八哈汗。

② 周按:符拉基米索夫谓:"兀鲁思一词,在一定限度内可以译作'分地'、'领地';不过,作为纯粹游牧民的蒙古人,更喜欢把兀鲁思理解为人,而不理解为领土。事实上,兀鲁思一词的原始意义也本来是人。因此,兀鲁思一词也可以译作'人民',即'人民——分地'、'联合在某一分地里或建立分地——领地的人民'。到后来,兀鲁思又有'人民——国家'、'形成国家——领地的人民'和'国家'的意义了。"(《蒙古社会制度史》第 155 页)

③ 周按:冯译《多桑蒙古史》译作涅孚鲁思。

④ 周按:俄译本作 Черкес。其下又云:彼中等身材而清瘦,有七子,其次如下: Бури-Тимур, Олжай-Тимур, Кутлуг-Тимур, Чачакту, Тук-Тимур, Чериктӯ, Уладай。

养吉察儿 Yangichar，彼为＿＿＿部之＿＿＿所出。［原注］原稿阙。
彼英俊而多能，其父爱之特甚。彼常率大军戍边，以抗斡鲁朵
Orda 之后裔火你赤 Qonichi 之子伯颜 Bayan，互相攻战。缘彼等
附于合罕及伊斯兰君主（祝福其国运长存），而彼等之侄贵裕
Küilük① 则结好于海都之子与笃哇。海都之子与笃哇赞助贵裕
而惧怕伯颜以军合于合罕及伊斯兰君主，而致乱于彼等。因伯颜
系斡鲁朵之裔，故得临尤赤汗位之脱脱 Toqta 之支持。彼等方图
进击海都之子及笃哇，遣使至此境进行联络。②

25

　　斡鲁思 Orus，彼为海都之主要妻子名朵儿别真 Dörbejin 者所
出，③因其父死，彼争夺汗位。窝阔台子④脑忽子脱克蔑之子脱克
蔑与彼联合。彼之姊亦然。然因笃哇喜察八儿，力树为汗。合失
之子海都曾教育斡鲁思，并予彼以相当之军队。⑤此军现仍从于
彼，拒不臣服。盖因彼等之间已呈不和与敌意，而终至于战争也。⑥

　　斡鲁帖木儿　Örüg-Temür。

　　脱丹　Töden。

　　沙纯台　Shāh Chungtai。

　　伊利不颜　Il-Buyan。

　　乌马儿忽察　ʿUmar Khwāja。

　　纳里乞　Nariqi(?)

---

① 周按：俄译本阙。注文中列诸稿本异同。参以后文尤赤汗纪，当从德黑
兰本、不列颠本作 KWYLK。此名冯承钧译作贵烈克。考《元史》卷一四
四《月鲁帖木儿传》有名贵裕者，即此 Küilük 一名之汉译。

② 周按：俄译本记使者之名为 Агрукчи 与 Уладай。伯颜亦曾遣使于元成宗
铁穆耳，约四方共击察八儿与笃哇，事具铁穆耳合罕纪。

③ 周按：俄译本作 Деренчин。

④ 周按：当作孙。

⑤ 周按：俄译本此句作："海都以邻合罕境之边界委斡鲁思 Урус，付彼以大
批军队。"

⑥ 周按：俄译本此下有："彼有二子：据云如下列：Алгу-Хулачу，Сарабан。"

合哈兀儿　Qahawur。

忽怜　Quril。

锁儿合不花　Sorqa-Buqa。

也苦不花　Ekü-Buqa(?)，为____所生。［原注］诸稿本皆阙。

台巴黑失　Tai-Bakhshi(?)，有子多人，然皆不著。①

撒儿班 Sarban，此撒儿班领一军渡阿母河，营于巴达哈伤 Bodakhshān 与般扎布 Panjāb 之城。［原注］般扎布是十三世纪时对瓦黑失 Vakhsh 河口之阿母河渡口篾剌 Mēla 之名称（巴托尔德《迄于蒙古入侵时期的土耳其斯坦》第 72 页）。② 彼利用每一机会进攻呼罗珊 Khurāsān，伊斯兰君主之军队数败之。702/1302—1303 年秋，宗王合儿班答 Khar Banda［原注］即合赞 Ghazan 之兄弟与继承者伊利汗完者都 Öljetü (1304—1316 年)。合儿班答义为牧驴者或赶骡子者。后改名为忽答班答 Khudā-Banda（真主之仆）。据伊本·巴都塔 Ibn Baṭṭūta 说，其得名是因为他出生后第一个走进房子来的人是一个赶骡子的人。领军至撒剌黑思 Sarakhs③ 闻撒儿班之军在马鲁察黑 Maruchuq，彼进迫临之，所杀甚众，掠〔其营地〕。撒儿班之意图乃计划于是冬以大军进入呼罗珊。时忽惕鲁黑不花 Qutluq-Buqa 之子畏吾儿台 Vighurtai 与纳兀鲁思之兄弟斡亦剌台 Oiradai 实从彼。④ 煽诱彼而罹此灾。⑤ 彼等怀此目的进入途思 Tūs 之邻地。⑥ 宗王哈儿拜答自撒剌黑思假道巴瓦

---

① 周按：俄译本无自斡鲁帖木儿至台巴黑失等十一人。

② 周按：巴达哈伤，名见《元史·地理志六·西北地附录》，指阿母河上源之山区（不莱士奈德：《元明人西域史地论考》第二册，第 63—64 页）。

③ 周按：当即《元史·地理志六·西北地附录》之撒剌哈歹（夕），据《元明人西域史地论考》在马鲁 Merv 西北 Herirud 河上犹有此名之城市（第二册，第 102 页，注 857）。《元史·太祖纪》成吉思汗西征，遣拖雷克马鲁察叶可、马鲁、昔剌思等城。此昔剌思可能即 Sarakhs。

④ 周按：俄译本作 Куркуз 之子忽惕鲁黑不花之子畏吾儿台。

⑤ 周按：俄译本无此句。

⑥ 周按：名从《元史·地理志六·西北地附录》，《太祖纪》则作徒思，其地在蒙古时期为呼罗珊之首都。1222 年春，拖雷攻下之。此城遗址在迈谢德 Meshhed 西北十七英里（《元明人西域史地论考》第二册，第 65 页）。

Bāvard 后撤。〔原注〕Bāvard 或 Abivard，位近今之 Abīvard 村，在 Kakha 西五公里之外里海铁路上。于野里知吉歹 Eljigidei 之泉列阵，〔原注〕可能在 Bādghīs，窝阔台的将领按只吉歹曾设其指挥部于此。在途思之近地突袭之。当彼等军列队时，已天黑，彼等转身返走。我军追之，及于三巴思惕 Sangbast 之区脱 ribat。〔原注〕地在 Meshed 东南一日程。ribat 义为伊斯兰在边境之戍舍。彼等试图稳定阵脚，无效，遂成溃败。大风雪与俱来袭，人畜尽死。天气如此〔寒冷〕，以至撒儿班之侍卫长手足均僵。彼拥其一那可儿 Nöker① 相与冻僵，遂死于此。〔仅〕少数残卒得返其营地。彼等曾计划在也里 Herat② 附近与八刺之子忽惕鲁黑忽察合军。然古儿 Ghūr、哈儿察 Gharcha 与哥疾宁 Ghazna③ 诸山悉为雪封，无法通过。伊斯兰君主（全能之真主佑其王国永存！）之洪运遂败彼等云。④

诸子表之附尾

海都亦有一女名忽都伦察罕，彼爱之较诸子犹甚。此女举止

---

① 周按：Nöker，《秘史》旁译为伴当，系当时蒙古贵族首领的亲兵护卫。
② 周按：名从《元史·太祖纪》。《秘史》作亦鲁，《明史》作哈烈（参看《元明人西域史地论考》第一册，第 286—287 页，注 684；第二册，第 278—290 页）。
③ 周按：俄译本无哥疾宁。
④ 周按：俄译本此下有：Сарабаи 有二子：Бурунгтай 与 Бузир。俄译本海都九子：

    （1）Чаиар；

    （2）Янгичар；

    （3）Урус；

    （4）Кудаур；

    （5）Сурка-Бука；

    （6）Ли-Бакши；

    （7）Курил；

    （8）Ику-Бука；

    （9）Урук-Тимур。

    Кудаур 以下六子，皆仅列名而无说明。

恒若一青年公子，常亲与戎行，行动英武，事其父甚为得力，其父极为重视。彼不欲此女嫁人，故人疑彼父女之间关系暧昧。当海都之使者数度来伊斯兰君主（祝其国祚长存！）处时，此女亦致意并付令旨云："我愿为君之妻而不欲以他人为夫。"近数年，海都以不堪羞愧与人之责难，乃嫁彼于一契丹人。① ［原注］上引俄译本之 Харбатак（QRBHTAQ）此地名之后一部分明为突厥语之 Taq，"山"。QRALTW 明即《元史·武宗纪》之合剌合塔 Ha-la-Ha-tái。② 海都死后，彼图组织军队，管理王国，并望以兄弟斡鲁思继其位。笃哇与察八儿斥之云："尔宜以针剪为业，何得预王国与兀鲁思之事！"彼因之触怒，遂与彼等携贰而亲斡鲁思，挑起骚乱云。

关于窝阔台之一孙名海都者〔一生中〕利用征服与诡计，取得窝

---

① 周按：俄译本作 Курлас 人 Абтакул。此下复有一大段为英译本所无，迻译如下："海都与甘麻剌 Гамбула 拒战于塔克剌克 Таклак〔已〕四年。此地系近扎不罕 Запха 河之小丘。彼等初战于哈尔巴塔黑 Харбатак 之地，约定进战于哈剌勒图 Харалту 山之附近。玉忽撒儿 Юхусар 于第三月至彼处，时已仲秋，而合罕军已于第二月进击海都。笃哇又一次落后。彼等战海都而败之。第二日，又前，战于哈剌勒图。海都忽病，提军引退。月余之后，死于Тайхан-Ноур。十日后运彼至其营地，得年五十—六十之间。据云：其须仅存灰色之茎九根。彼中等身材，不饮酒及马奶，不食盐。彼与先彼而逝之诸宗王遗体皆葬于名为 Шонхорлык 之极高山岭。此处界于伊犁河与垂河之间，其地饶有村镇。此处有两大村镇：Тарса-Кент 与 Кара-Ялык。由其地至撒麻耳干约二周程。海都之女忽都伦居于此处。其夫据云系 Абтакул，其人英武，高大而俊美。彼自择之为夫，生二子。彼居于此处以防护其父之禁地。"海都另有一女，幼于忽都伦，名 Хортозин-Чаха。彼嫁于弘吉剌部Тазай-Гургэн 之子 Тобшин。Тазай-Гургэн 娶旭烈兀之兄弟雪别台 Субэдай 之女。雪别台为一妾所生。Тобшин 爱一女奴，思携之亡走于合罕。彼语此秘密于一仆，仆发之，〔Тобшин〕遂为海都所杀。"海都尚有其他女儿"。周按：此海都之女，亦见冯译《马可波罗行纪》第三册，第 784—785 页："国王海都女之勇力。"马可波罗谓此女名 Agianit＜Ai-yaruq，犹言月光。Qutulun 则沿于突厥语 qutuq（幸福），lun 为妇女名之尾缀。
② 周按：考详后文铁穆耳合罕纪。

阔台兀鲁思之某些部分之事迹与背景,已简略述及。遵依主意,我等今将转叙合罕诸子之世系。

第六子合丹斡兀勒 Qaden Oghul

彼之母为一妾,名业里讫纳 Erkene。彼抚于察合台之斡耳朵。阿里不哥称叛时,〔合丹斡兀勒〕从侍忽必烈合罕。当第二次合罕遣军伐阿里不哥时,彼被任为指挥。〔合丹斡兀勒〕杀阿里不哥军之指挥者阿兰答儿·Alam-Dār。① 此后,彼复从侍忽必烈合罕。彼有六子,其序如次:

（1）睹尔赤 Durchi,彼有子二人：小薛 Söse,亦思克别 Eskebe。

（2）钦察 Qïpchaq,此人曾从海都,并促使海都与八剌和协。海都遣彼入波斯援八剌,因〔愤〕其奸计,失望返还。彼有子名忽邻 Quril。

（3）合丹额不克 Qadan-Ebük,彼有二子：剌呼里 Lāhūrī 与木八剌沙 Mubārak Shāh。

（4）也别 Yebe,彼亦从海都,有二子：斡鲁黑帖木儿 Örüq-Temür 与也孙帖木儿 Esen-Temür。

（5）也速迭儿 Yesüder,于其子无所知。

（6）忽林池 Qurumshi,于其子无所知。②

28

---

① 周按:此即中统元年(1260)九月姑臧之役。《元史·世祖纪一》:"是月,阿蓝答儿率兵至西凉府,与浑都海军合,诏诸王合丹,合必赤与总帅汪良臣等率师讨之。丙戌,大败其军于姑臧,斩阿蓝答儿及浑都海,西土悉平。"言第二次者,乃承其年七月忽必烈亲征阿里不哥而言。Oghul 为当时蒙古贵族宗王之徽号。

② 周按:俄译本作七子,依次为:(1)Дорджи,有二子:Суса、Аскаба。(2)Есур,于其子无所知。(3)Кипчак,有子 Курил。(4)Кадан-Убуг,有二子 Лахури 与 Мубарекшах。(5)Курмиши,于其子无所知。(6)Яя,有二子:Урук-Тимур 与 Исен-Тимур。(7)Азиги,有子名 Урук-Тимур。《元史·宗室世系表》合丹大王位子五人:睹尔赤王、也不干大王、也迭儿大王、也孙脱大王、火你大王。

此斡鲁黑帖木儿①被海都遣至呼罗珊之边界。当纳兀鲁思逃往此境时,彼曾与斡鲁黑帖木儿共处,并以女妻之。当彼返还后,斡鲁黑帖木儿被疑为交好于伊斯兰君主(祝其国祚永存!),海都乃召彼至而将彼处死。彼有十一子:库列思别 Küresbe、秃鲁黑不花 Tuqluq-Buqa、忽忒鲁黑忽察 Qutluq-Khwāja、秃鲁黑帖木儿 Tuqluq-Temür、阿八赤 Abachi、库失帖木儿 Küch-Temür、陈帖木儿 Chïn-Temür、陈孛罗 Chïn-Bold、阿鲁浑 Arghan、摩诃末 Muḥammad 与阿里·Ali。库列思别与其部分兄弟现居呼罗珊之边界,与海都子撒儿班相联合。〔库列思别〕现亦因同一理由遭到疑忌。其表现为察八儿召彼前往,并派遣彼来至该处。

也孙帖木儿有子,名阿里忽察·Ali-Khwāja。

第七子蔑里 Meilk

彼之母亦为一妾。② 彼为答失蛮哈只卜 Dānishman Ḥājib 抚养于窝阔台合罕之斡耳朵。〔彼有〕—〔数子〕:脱欢不花 Toqan-Buqa、脱欢 Toqan,____。③

---

① 周按:英译本也别有子名斡鲁黑帖木儿,然俄译本载合丹之第七子阿只吉 Азиги 亦有子斡鲁黑帖木儿 Урук-Тимур,且下文即承此人而言。

② 周按:《元史·后妃表》:"业里讫纳妃子,灭里之母。"俄译本作:"上述之妾。"

③ 周按:俄译本:有六子,其序如次:(1) Туман,于彼之子无所知;(2) Туган-Бука,有子名 Улукту;(3) Туган-Чар,有子名 Алтей-Куртак;(4) Туган,于其子无所知;(5) Турчан,有子名 Токучар;(6) Кутлуг-Токмыш,有子名 Туглук。此 Туглук 有子名 Тузун。《元史·宗室世系表》:灭里有子脱忽。脱忽儿俺都剌。俺都剌二子:爱牙赤,秃满。窝阔台七子,中西史籍所记均同。惟《元史·宗室世系表》有云:"按《宪宗纪》有云:太宗以子月良不材,故不立为嗣。今考《经世大典·帝系篇》及《岁赐录》并不见月良名字次序,故不敢列之《世表》,谨著于此,以俟知者。"又《元史》卷一二九《阿剌罕传》:"父也柳干,幼隶皇子岳里吉为卫士长。"其人皆不可考。

窝阔台合罕纪第二部分

纪其在位之〔一般〕历史与〔特殊〕行事,关于其统治;其登位时之王位与诸妻、诸宗王及诸异密之图画,其所历之战争及其所取得之胜利

纪其临御之始及登大汗位

猪年,当回历 624/1226—1227 年内,成吉思汗方出发往征南家思,至于〔此国之〕边境时,因人所难逃之大限,死于唐兀惕之境。如本纪所述,灵柩运至其旧禹儿惕之怯绿连 Kelüren,[①] 举哀发丧。所有诸宗王、诸异密于是共商国事,并分返已成定议之各自之居地休息。近二年中汗位虚悬。〔于是〕彼等感到〔如〕一旦有事而汗位阙然,则虚伪与混乱将侵及王国之基础,故宜早正汗位。为此高尚之事业,彼等遣使于四方,忙于准备举行忽里台。冬寒既尽,大地春回之日,诸宗王、诸异密自各处齐赴旧禹儿惕与大斡耳朵。尤赤诸子斡鲁朵、拔都、昔班 Shiban、唐兀惕、[②] 别儿哥 Berke、别儿克怯儿 Berkecher 及脱花帖木儿 Toqa-Temür[③] 自钦察 Qïpchaq〔来〕。[④] 察

30

---

① 周按:张德辉《纪行》:"北语曰翁陆连,汉言驴驹河也。"汉文资料中之胪朐、龙朐、龙居、庐朐、陆局、泸沟、间居皆其异书。怯绿连为 Kerülün 之音译,然声母-r 与-l 产生易位,读如 Kälürän,客鲁舌涟。
② 周按:俄译本无唐兀惕。
③ 周按:俄译本作 Бука-Тимур,以后文尤赤汗纪证之,显误。
④ 周按:《秘史》作乞卜察兀惕 Chibchaut。b 与 m 在发音上接近,常有互用的现象,故 Qïbchaq = Qïmchaq 钦察。刘郁《西使记》则作可弗叉,《黑鞑事略》则作克鼻稍,都是 Chimchaq 的音转。

合台汗与诸子孙来自海押立 Qayalïq，①窝阔台合罕与其诸子后裔自叶密立与霍博来。彼等之叔斡赤斤 Otchigin② 与别里古台那颜 Bilgütei noyan③ 与哈赤温 Qachi'un 之子、其侄按吉歹那颜 Elchidei noyan④ 来自东方。⑤ 诸异密与大将领亦自各方〔来至〕，咸会于怯绿连。⑥ 拖雷汗，其号为也客那颜 Yeke-noyan 或兀鲁黑那颜 Ulugh noyan 者，⑦乃其国主之营帐及旧禹儿惕之主人，先已在此。上述诸人宴乐三昼夜，然后始议及帝国及王权之事。遵依成吉思汗之遗命，彼等立窝阔台为合罕。其始，诸子与诸宗王同辞语窝阔台合罕云："遵依成吉思汗之遗命，借神之助，宜置君之〔足〕于王权之土，俾使诸高傲之首领得以奴役之腰带系之于彼等生命之腰。并使地无远近，无论其为突厥人或大食人，〔彼等〕皆承君之命而示臣服。"窝阔台合罕答言："虽则成吉思汗之命令有此旨意，然兄长与诸叔咸在，尤以我弟拖雷，更宜负担并完成此项任务。因遵照蒙古之风俗，妻室之最长者之幼子承袭父业，管领其营帐与禹
31 儿惕，兀鲁黑那颜为最长之斡耳朵之幼子，晨昏昼夜，恒随成吉思汗。耳闻目睹，熟习约速与扎撒。因彼与彼等俱在，我何可承继汗

---

① 周按：其地在今 Kopel 之稍西。《元史·宪宗纪》：二年(1252)，迁海都于海押立地。然初时海押立地固属察合台兀鲁思。览此可知最早窝阔台与察合台封地之分属情况。

② 周按：成吉思汗幼弟。

③ 周按：成吉思汗之异母弟，《元史》卷一一七有传。

④ 周按：《元史·宗室世系表》：成吉思汗弟哈赤温子按只吉歹。《定宗纪》作按只带。l 在母音之后常读同 n，故 Elchitei>En-chi-tei。

⑤ 周按：成吉思汗诸弟封地皆在蒙古本土之东、今大兴安岭两侧，通称左手诸王。

⑥ 周按：《元史·太宗纪》：元年(1229)，秋八月己未，诸王百官大会于怯绿连河曲雕阿兰之地。此即《秘史》之阔迭额阿舌剌勒 Ködä'ä-aral。《太宗纪》又有库铁乌阿剌里、铫铁镡胡兰诸译，《亲征录》作月忒哥忽阑。

⑦ 周按：蒙古语 yeke，突厥语 ulugh，皆义为大。

位耶?"诸宗王同声言:"成吉思汗既自其所有诸子与兄弟中委重任
于君,则结绳与解结,自此皆委付于君矣! 我等何可稍许更易彼坚
定之命令哉!"几经坚持与固请之后,窝阔台合罕亦承认须服从其
父之命令,并同意诸叔与诸兄弟之建议,始予同意。彼等乃皆脱
帽,横其腰带于背,于牛年,相当回历之628/1228—1229年①察合
台执其右手,拖雷执左手,其叔斡赤斤执其带,彼等共置彼于汗位。
拖雷手执酒杯,廷内外所有出席诸人依次跪而言曰:"祝福王国因
此汗而幸运!"彼等名彼曰合罕 Qa'an② 合罕取库藏之财货横赐诸
族人、宾客及所有彼无限之家族,极尽慷慨之能事。宴赐既毕,彼
令遵依古之扎撒及彼等之习俗,为成吉思汗之灵魂准备食粮,并于
曾从侍彼之诸异密之后裔中简选美女四十人,盛饰以金银珠宝,又
遣良马相从,往侍其亡灵。

　　合罕登位之事既已述迄,我等将如成吉思汗纪所行,以数年为
一阶段,叙述彼之历史,并于每阶段之末纪其周围国家之统治者与
其家族成员之独立管领不同王国者。然后再转叙其历史,直至终
结。我等求助于真主! 信仰真主!

　　　　自牛年、相当于回历 626 年三月〔1.28—2.26,
　　　　1229〕、即自成吉思汗死后、③即彼即位之初至马年
　　　　之末,相当于回历 631 年五月〔2.2—3.3,1234〕,为
　　　　期六年间窝阔台合罕纪

　　此时期内,于组织与恢复国政与军队于秩序之后,彼往征契

32

---

① 周按:《元朝名臣事略》卷五《耶律楚材事略》引李微撰墓志云:"己丑秋,公
　　奉遗诏立太宗,择定八月二十四日。诸皇族毕至,至二十二日尚犹豫不
　　决。公曰:此社稷大计,若不早定,恐生他变。睿宗曰:再择日如何? 公
　　曰:过此日皆不吉。"己丑为 1229 年。
② 周按:即汉语之可汗。
③ 周按:俄译本作"成吉思汗死后之三年"。

丹,降其未下之省,灭亡阿勒璮汗 Altan Khan,①然后胜利返其都城。其事将详加纪述。

纪合罕始布法令,建立扎撒与创立王国诸项政务

合罕既登大位,首立扎撒,令所有前此成吉思汗所发布之法令,均需维持,不容移易。②〔彼又令〕:"我即位前任何人所犯之任何罪行,均予赦免。若今日之后,所行不谨而有违新旧扎撒者,将科以罪所应得之惩罚。"③

合罕即位前,方成吉思汗死去之年,诸宗王与异密之留于成吉思汗斡耳朵者共商,遣成吉思汗之侄按吉歹那颜与合罕之子贵由至浑汗 Qunqan 国之边境,以便征服之。④ 彼等攻而下之,遣一异密唐兀惕拔都儿 Tangqut Bahadur⑤ 以一军充探马 Tama 以防此省。⑥ 然诸人对此皆持异议。合罕登位之后,利用前述之扎撒而平息所有之议论。

其后彼分遣诸军于帝国之诸边境,以资防卫。波斯之地,叛乱

---

① 周按:altan,义为金,此指金朝皇帝。

② 周按:《元史·太宗纪》:元年(1229),"颁大札撒"。注云:"华言大法令也。"

③ 周按:《元史·太宗纪》:二年正月,"诏自今以前事勿问"。《耶律楚材传》:"中原甫定,民多误触禁网,而国法无赦令。楚材议请肆宥,众以云迁,楚材独从容为帝言。诏自庚寅正月朔日前事勿治。"

④ 周按:Qunqan,不可考。《元史·定宗纪》:"太宗尝命诸王按只带伐金,帝以皇子从,虏其亲王以归。"《太宗纪》五年二月,"诏诸王议伐万奴,遂令皇子贵由及诸王按赤带将左翼军讨之。"其时金平章政事葛不哥行省于辽东,咸平路宣抚使蒲鲜万奴僭号于开元,称天王。蒙古以国王塔思、贵由伐之。癸巳(五年),"攻完颜万奴于辽东,平之"(《东平王世家》),当与此浑汗有关。

⑤ 周按:俄译本作遣一唐兀部之异密名拔都儿之云云。bahadur,蒙古语义为勇士,《元史·兵志二·宿卫》:"又名忠勇之士曰霸都鲁。"

⑥ 周按:《元史》习见之探马赤军即此 Tama-či。探马赤最早为一种任先锋、戍边远而其组织人员则为诸部族之部队,与任主力而主要为蒙古部人所组成者相区别。考另详。

尚未减退，算端扎阑丁 Sultan Jalāl al-Dīn 仍活动于其地。彼遣绰儿马罕那颜 Chormaphun noyan 及异密多人以骑军三十千以资应付。[1] 彼遣阔阔台 Köketei 与速不台拔都儿 Sübedei Bahadur 以同样一军伐钦察、撒黑孙 Saqsïn[原注] Saqsïn 之确切地点不明（明诺尔斯基 Minorsky 以之当 Khurdādbih 之 Sārighshin，为 Khazar 之一市镇）。据一位较晚的作者说，它约在伏尔加河河口处，邻近新撒莱 New Sarai，即上 Akhtuba 之东岸，Uolgogard 东约三十公里之今 Leninsk 附近。与不里阿耳 Bulghar [原注] 伏尔加不里阿耳之首都。其城遗址在 Spassk 区 Bolgarskoe 村附近，其位置在喀山 Kazan 南一一五公里，伏尔加河左岸七公里。于契丹、吐蕃 Tibet、肃良哈 Solanga[2] 主儿扯 Jürche 等地，[3]彼遣一部分大那颜领军为前锋。彼则与其幼弟蒙哥合罕[4]随后趋契丹。此地仍为契丹皇帝所领有，尚未征服。[5]

纪合罕与其兄弟拖雷汗前往契丹境征服迄今仍叛乱之区

虎年，当回历 627 年三月〔1.17—2.16，1230〕，合罕与其兄弟兀

---

① 周按：《秘史》第 270 节："斡歌歹既立，与兄察阿歹商量：成吉思皇帝父亲留下来未完的百姓有巴黑塔愓种的王合里伯，曾命绰儿马罕征进去了。如今再教斡豁秃儿同蒙格秃两个作后援征去了。"据《亲征录》遣搠力蛮西征，事在戊子（1228 年）。绰儿马罕，系出雪你愓部。

② 周按：蒙古称高丽曰肃良哈。《元史·后妃传一》完者忽都皇后，高丽人。其册文云："咨尔肃良合氏，笃生名族，来事朕躬。"《高丽传》："太宗三年八月，命撒礼塔征其国。"

③ 周按：蒙古称女真为主儿扯。《秘史》：主儿扯，旁译作女真。《辽史拾遗》卷一八引《北风扬沙录》云："金国本名朱里真，音讹为女真，或曰虑真。避契丹兴宗宗真名又曰女直。肃慎氏之遗种，而渤海之别族也。"朱里真 Juri čin＞Jurche。《郎潜纪闻》卷五："宋刘忠恕以金之姓为朱里真，盖北人读'肃'为'须'。'须'、'朱'同韵。'里真'二字合呼之亦即'慎'也。"

④ 周按：俄译本作也克那颜，是。

⑤ 周按：《秘史》第 271 节："斡歌歹皇帝再于兄察阿歹处商量将去，说：'皇帝父亲的现成大位子我坐了，有甚技能？今有金国未平，我欲自去征他，以为如何'？察阿歹说'是，但老营内委付下好人着，我自这里添与你军'。说来了。遂委付带弓箭的斡勒答合儿留守老营。"

34 　鲁黑那颜前往契丹之地。因在成吉思汗御位时期,如彼之本纪所
述,契丹国王阿勒瓒汗、其名为小厮 Shose 者①已弃其都城之一之
中都 Jungdu 城,及其所属之许多省而逃往南京 Namging 城及其地
区。② 彼其时仍在位,大集军队环守;而同时由成吉思汗及其军队
已取得之省则为蒙古人所有。合罕决定灭其国而绥服全境,乃偕
其诸兄弟拖雷汗与阔列坚 Kölgen③ 及其诸子、侄等领极大之军队
前往。拖雷以二万 Tümen 军取道吐蕃,已则亲出契丹右路之
省。④ 此处之人民被称为 Hulan-Degeleten,即服红袄之人。⑤ 因
前往合罕之道路甚远,拖雷行军累年。次年,即兔年,当回历

---

① 周按:指金哀宗守绪。《秘史》第 273 节旁译:蒙古亡金,"金皇帝行穷绝
　　着,小厮名字与着。"伯希和谓小厮 Sä'üsä 薛兀薛盖取守绪 Shousü 之谐音,
　　以示轻蔑贱视之意。

② 周按:中都即今北京,南京为开封。贞祐二年(1214)年,金宣宗南迁。

③ 周按:阔列坚为成吉思汗之第六子,忽阑可敦所生。俄译本则作 Кулук,
　　义为英雄、骏马,汉语音译作"曲律",显误。

④ 周按:Tümen,蒙古语义为万。蒙古军制循北方民族之习惯,以百、千、万
　　编制,故土蛮 Tümen 义即万户。《元史·太宗纪》:三年(1231)夏,避暑官
　　山九十九泉,地在今内蒙集宁以西、大黑河源流之地。八月幸云中,沿汾
　　水河谷南下,十月围河中。《元史·睿宗传》:同年伐金之役,"太宗以中军
　　自碗子城南下,渡河,由洛阳进;斡陈那颜以左军由济南进;而拖雷总右军
　　自凤翔渡渭水,过宝鸡,入小潼关,涉宋人之境,沿汉水而下,期以明年春
　　俱会于汴。"

⑤ 周按:蒙古语 Hulan(ulaghan)义为红,degelen(degelei)义为袄,此服红袄
　　者当即金末之农民起义军。《金史》卷一〇二《仆散安贞传》:"自杨安儿、
　　刘二祖败后,河北残破,干戈相寻,其党往往复相团结,所在寇掠,皆衣红
　　纳袄以相识别,号'红袄贼',官军虽讨之,不能除也。大概皆李全、国用
　　安、时青之徒焉。"《秘史》第 251 节记成吉思汗 1214 年伐金,攻潼关,金主
　　派亦列、合答、豁孛格秃儿率兵增援,"以忽剌安迭格列军人做头锋把住
　　关。"此 Hu-lan-an de-ge-len-i = hulān degelen,旁译为种,实即红袄军。谢
　　再善径作"忽剌安迭格列人",一若族名者,遂使当时农民起义军抗击蒙古
　　事迹泯灭难考,不可不辨。

628 年〔11.9,1230—10.28,1231〕之月,部队因缺乏给养,陷于饥饿,以至食人肉及〔各种〕动物与干草。彼等以猎圈阵形 jerge 行进于山间与平地。① 直至首先进抵位于黄河 Qara-Mören② 岸之一城,名河中府城 Hojanfu Balqasun,③围其城,四十日后,城中之人乞和出降。有军士约一万乘舟亡走。彼等俘其妇女儿童为奴,残其省而去。④

纪拖雷进抵阿勒瓄汗军筑垒凭险扼守之潼关

当拖雷移军近潼关 Tungqan Qahalqa 时,⑤彼忖思其处位于山中,道路难行,且险隘不易攻取,敌人定已凭险扼守,故将难于通过。事实亦复如此。当彼抵达时,阿勒瓄汗之十万骑兵由合达相公 Qada sengüm 与豁孛格秃儿 Hobegedur⑥ 及其他数异密率领,已于平原与军队远方之山脚筑垒,整军列阵以待。⑦ 因恃己之众,

---

① 周按:jerge 为蒙古人围猎时所采之包围野兽之合围圈队形。

② 周按:蒙古语 Qara 义为黑,mören 沐涟、沐沦、木辇义为河。当时蒙古人称黄河为哈剌木涟。

③ 周按:据《元史》,围河中者为窝阔台所帅之中路军。《亲征录》:"冬十月初三日,上攻河中府。十二月初八日,克之。"balqasun 突厥语义为城。

④ 周按:事详《金史》卷一一一《内族讹可传》。

⑤ 周按:qahalqa 蒙古语义为门。

⑥ 周按:俄译本作 Кадай-Рангу 与 Хумар-Такудар。

⑦ 周按:合达,《金史》卷一一二有传。《哀宗纪》正大七年(1230)冬,"移剌蒲阿权参知政事,同合达行省事于阌乡,以备潼关。八年春正月,"大元兵围凤翔府,遣枢密院判官白华、右司郎中夹谷八里谕阌乡行省进兵。合达、蒲阿以未见机会,不行。复遣白华谕合达、蒲阿将兵出关,以解凤翔之围,又不行。"sengüm,《世界征服者史》第一卷第 192 页注 5 以为即将军之音译·窃议此 sengüm 即《秘史》第 47 节成吉思汗先世想昆必勒格之"想昆"sänggüm,汉语"相公"之音译。时合达与蒲阿行省阌乡,《合达传》称之为"二省","二相",故称"相公"。Höbegedur,《秘史》第 251 节作中豁孛格秃舌儿 Qobogadur。这个字的后部为 bagadur 拔都儿甚明。拖雷下凤翔《元史·太宗纪》作三年(1231)二月。《金史·哀宗纪》则作四月。考《完颜合达传》:"八年正月,北帅速不觯攻破小关,残卢氏、朱阳,散漫百余里间。(转下页)

并欺蒙古人之数少,故胆勇妄增。拖雷见敌众多,乃召其一异密失吉忽秃忽那颜 Shigi Qutuqu noyan ①密计〔曰〕:"敌据险有备,列阵以待,难于进击。策之上者,尔宜以三百骑薄之,以侦伺其是否移动其阵。"忽秃忽依命前驰。彼军坚不为动,阵势不乱,部伍井然。彼等挟己之众多而欺蒙古军数少,满脑骄傲自大,轻视蒙古军,乃大言云:"我等将包围此蒙古人及其王者而俘虏之,加如此这般于其女眷。"彼等流露可耻之欲念与廉价之奢望。彼等之狂妄与自大不为全能之真主所嘉许,〔神意〕终致使其失败。当彼等不介意于忽秃忽那颜与其军之驰突,不稍移其阵脚时,拖雷汗言:彼等只要坚执不动,我终无隙可犯。然我如返走,则我军将为之气沮而彼等则将益肆骄纵。为今之计,宜以军径趋其国王所属之省与城市,如有可能,则与窝阔台合罕及主力合军。② 彼任阿鲁剌惕 Arulat 之

36

(接上页)潼关总帅纳合买住率夹谷移迪烈、都尉高英拒之。求救于二省,省以陈和尚忠孝军一千、都尉夹谷泽军一万往应。北军退,追至谷口而还。两省辄称大捷以闻。既而北军攻凤翔,二省提兵出关二十里,与渭北军交,至晚复收兵入关,凤翔遂破。"时,金主遣白华为使,促合达出兵。白华之使,初次在二月中之后。往复两次,合达、蒲阿始出兵华阴。不数日而凤翔陷。以此推之,其陷当在三月之间。凤翔既陷,两行省迁居民于河南,留庆山奴守之。拖雷以潼关守险难攻,乃分兵由山南入金境,以按竺迩为先锋,趣散关,因宋人已烧绝栈道,复由两当出鱼关。八月,破武休关(凤县西南百余里),攻沔州,入兴元,求假道于南宋。宋制置使桂如渊守兴元,乃导蒙古军东向,十一月,进饶凤关(西乡县东北百六十里),十二月自光化硝石滩涉汉水(《元史·按竺迩传》、《撒吉思卜华传》),东抵邓州。

① 周按:《元史·睿宗传》:拖雷兵逼邓州,壬辰(1232 年),"春,合达等知拖雷已北,合步骑十五万躞其后。拖雷按兵,遣其将忽都忽等诱之"。失吉忽秃忽为塔塔儿部人,成吉思汗之养子。元年(1206)成吉思汗即位,被任为大断事官。

② 周按:是役也,金将合达以二十万众设伏于邓州之西,据险且以逸待劳。拖雷兵不满四万,众寡悬殊,复以孤军深入重地,其形势之不利可知。

孛尔忽真那颜 Borghuchin nogan① 之幼弟脱豁勒忽扯儿必 Toqolqu cherbi② 率千骑为后卫以殿后,彼等则亲向右方进发。当契丹军见彼等自战场掉转方向而向另一方前去时,乃嚷云:"我等在此,敢来一战!"然彼等不以此为意,继续撤退。契丹人始有必要移动,开始追击。③ 因契丹军众,蒙古人满怀疑惧而行。

突则契丹军进攻〔指挥〕后卫之脱豁勒忽扯儿必,彼等追驱蒙古人四十名于前阻泥淖之溪而杀之。脱豁勒忽扯儿必以军来合,告以情况。拖雷汗乃令施行魔术。此为一种巫术,以各色石子施行。④ 其特性为当彼等取石子置于水中淘洗,时虽中夏,风雪雨寒皆可立至。彼中有一康里人 Qanlï,⑤ 习于此术。彼乃依命而行。拖雷汗与其全军皆着雨衣,三昼夜中人皆不下鞍。〔然后〕蒙古军进入契丹中部之一村庄。其地之农民皆已亡走,惟余财货牲畜、彼等因得饱食暖衣。与此同时,康里人施行巫术,以致雨雪,使蒙古

37

---

① 周按:俄译本作 Боорчи-Нойон。

② 周按:即《秘史》第 124 节之多中豁勒中忽 Doqalqu。在蒙古语中 t 与 d 常混用。据同书第 120 节,此人属忙兀惕部。cherbi 为宿卫官名。

③ 周按:俄译本此下有:"蒙古军走三日,彼等则步步尾随。"

④ 周按:此种巫术,在中亚民族中一直到现代仍奉行。突厥语曰 yai,蒙古语作 jada。汉籍中有关此种巫术之记载极夥。《黑鞑事略》:"无雪则磨石而祷天。"杨瑀《山居新语》:"蒙古人有能祈雨者,辄以石子数枚浸于水盆中玩弄,口念咒语,多获应验。石子名曰酢答,乃走兽腹中之石,大者如鸡子,小者不一,但得牛马者为贵,恐亦是牛黄狗宝之类。"陶宗仪《辍耕录》卷四祷雨条所记同。《四夷广记·哈密》:"刮丹,小圆石,回夷能用作云、雨、霜、雪。"方观承《松漠草诗注》:"楂达生驼羊腹中,圆者如卵,扁如虎胫,在肾似鹦武咀者为良。色有黄白。驼羊有此则渐羸瘁,生剖得者尤灵。"盖结石之类。《元史》卷一四九《郭德海传》:三峰山之役,"睿宗命军中祈雪"。

⑤ 周按:黄溍《金华黄先生文集》卷二《敕赐康里氏先茔碑》:"康里,古高车国也。"元初康里部居里海北之草原,西与钦察接。加儿宾作 Cangitae,鲁不鲁乞作 Cangle。

军之后方开始下雨。次日,雨转为雪,更加上寒冷之风。此种夏寒之烈,彼等甚至在隆冬时亦不曾经历。① 契丹军大为沮丧与狼狈。拖雷汗令〔彼之〕军队进入村庄,每村庄千人为一队,〔将〕马带至室内,使有所被覆,缘极酷烈之风寒与冰雪使人已不能来去行动。而同时之契丹人则出于必需而留驻于露天,暴于风雪侵袭之下,三日之内,全军无法动弹。第四日仍雪,然拖雷见己之军队已休养充足,风雪无害于彼等及彼等之牲畜;而契丹人则因极度之酷寒,有若群羊,皆以己之头塞于另一羊之尾。彼等之衣服僵冻,兵器凝结。彼乃下令击鼓,全军皆衣毡制战袄,上马。于是,拖雷令曰:"此为进行战斗以取令名之时,尔等其如真男子!"蒙古军进扑契丹人,如狮逐群鹿,杀其军之大部,另部分则散走或死于山中。至若前述之二将军,彼等与五千人亡走,投身于江中,仅有少数人得脱。因彼等曾揶揄蒙古人,妄出大言,潜蓄恶念,有令:将所俘虏之契丹人全部委之于命运之神。②

38

　　拖雷汗获如此大胜,遣使告捷于合罕,合罕亦胜利前来会合。③〔彼之前方为〕黄河,此河自怯失迷儿 Kashmir 与吐蕃流来,分划契丹与南家思之境,从来无法涉渡。故彼须遣兀鲁兀惕 Uru'ut④ 之孙察罕不

① 周按:《元史·睿宗传》:"天大雨雪,金人僵冻无人色,几不能军。"《亲征录》:"太上皇正月十五日至钧州,雪作。""十六日雪又大作,是日与哈答、移剌合战于三峰山,大败之。"《史集》此处谓时为夏日,误。

② 周按:《元史·睿宗传》:"遂奋击于三峰山,大破之,追奔数十里,流血被道,资仗委积,金之精锐尽于此矣!"是役也,合达走钧州,城破,被杀。蒲阿被俘,带至官山,亦被杀。金"自是兵不复振"。

③ 周按:《元史》卷一一九《塔思传》:"壬辰春,睿宗与金兵相拒于汝、汉间,金步骑二十万。帝令塔思与亲王按赤台、口温不花合军先进渡河,以为声援。至三峰山,与睿宗兵合。金兵成列,将战,会大雪,分兵四出。塔思冒矢石先挫其锋,诸军继进,大败金兵。"可知三峰山之役,实拖雷与塔思两路军合击之结果。

④ 周按:纳臣把阿秃儿子兀鲁兀惕之后,与忙兀惕为兄弟部族。

花 Shin Chaqhan Buqa[①] 寻找津渡。其年适有大水，冲来大量沙石，积塞于河中之各处，河水泛滥平原，流为〔数〕股。故河仅宽一程 parasang 而水浅。察罕不花觅得〔其处〕，导拖雷汗安全渡河。[②]

合罕因拖雷汗与之分离已甚久，且闻其远隔主力时已为敌军所败，心中大为烦恼。彼胜利与安全返还之消息传至，合罕极为高兴。拖雷汗既至，乃大加尊奖。因获此不期之胜利，彼留脱脱勒忽扯儿必与其他数异密以对付阿勒璮汗，并征服契丹全境。[③] 己等则荣庆凯旋而归。拖雷请为先行，而突死于道。据云：数日之前，合罕患病，几于危殆。拖雷谒之于枕上。诸哈木依彼中之习俗，方施行巫术，以木碗盛水，洗涤其疫病。拖雷以极爱其兄长之故，夺其碗，坚执祷嚷云："长生天明鉴：若谓〔因为〕罪孽，则我之所犯为尤重。因我于各地使无数人丧生，掳人妻女，使人哭泣。若谓英俊多能，我亦较彼过之。宜赦彼而以我为代。"坚执出此言毕，彼将洗涤疫病之水饮下。窝阔台之病告痊而拖雷动身离去。数日后彼即患病死去。此故事尽人皆知。拖雷汗之妻唆鲁和帖尼别姬 Sorqoqtani Beki 常言："我喜悦与希望所自之人想起了窝阔台合罕，为之牺牲了自己。"[④]

----

① 周按：俄译本无 Shin 字。

② 周按：《元史·太宗纪》：四年（1232）正月戊子，"帝由白坡渡河"。《金史》卷一一一《乌林答胡土传》：正大九年（1232）正月戊子，"北兵以河中一军由洛阳东四十里白坡渡河。白坡故河清县，河有石底，岁旱，水不能寻丈。国初以三千骑由此路趋汴。是后县废为镇。宣宗南迁，河防上下千里，常以此路为忧，每冬日，命洛阳一军戍之。河中破，有言此路可徒涉者，已而果然"。《亲征录》："时有西夏人速哥者来告，黄河有白坡可渡，从其言。"《史集》谓涉渡者为拖雷，实误。

③ 周按：此其他之异密即塔察儿（据《元史》卷一一九）、速不台（卷一二一）与按扎儿（卷一二二）等。

④ 周按：据《世界征服者史》第一卷，第 549 页，拖雷死于酒精中毒。

合罕驻夏于契丹境之〔名为〕阿勒瓒克列 Altan Kere 之地。① 然后离去，于〔蛇〕年胜利返抵其首都。[原注]"此为 1233 年，日期采自俄译本。"

纪脱豁勒忽扎儿必与契丹军战失利，合罕之增援，南家思之来助；阿勒瓒汗之覆灭与契丹境之完全征服

移时，契丹军齐集，与脱豁勒忽扎儿必战，彼败而返走，后退甚远。〔彼〕遣使诣合罕求援。合罕云："自成吉思汗临御以来，我等曾多次与契丹军战，恒予败之，取其土地之大部。今者彼等击我，此彼等不幸之先兆也。烛火将灭而有回光返照，然后即渐灭也。"彼令一军为脱豁勒忽之援。因蒙古称之为南家思之摩秦国王与女真族之契丹国王为世仇，合罕乃发布圣旨，当蒙古自此方面迫近时，南家思须自彼方提供支援，合军共围南京。② 彼等奉命以大军临南京城。据云，此城周环为四十程 parasangs，有城墙三道，黄河绕其两面。蒙古与南家思合军围城，树投石机、引云梯攻其城墙，立破城撞车于城下。此明白显示于契丹之诸异密与军士城且不保。彼等忖思："我等之君主胆小，我等若告彼，彼将因过分恐惧而致死，如此则我等大势去矣！"彼等乃隐〔其真相〕。彼则于宫中与诸妻妾寻欢逐乐如常。当诸妻妾知城将陷时，始潸然而泣。阿勒瓒汗问其故，彼等遂以城之窘状告之。彼仍不之信，乃登城亲察之。当彼既肯定〔城之命运〕后，乃决策他走。彼以船载其数妻，沿自黄河至此城以达他省之一运河，亡走另一城市。蒙古与南家思

40

---

① 周按：俄译本无 Kere 字。蒙语 Ke'ere(Kegere) 义为草原。《元史·太宗纪》四年夏四月，"出居庸，避暑官山"。官山为大黑河源九十九泉之地。屠寄《蒙兀儿史记》卷四引《元一统志》："官山在废丰州东北一百五十里，上有九十九泉，源为黑河。"又谓宁远厅北有地名公泉山，中有泊曰代哈，即官山九十九泉。

② 周按：《金史·哀宗纪下》：天兴二年(1233)十一月，"宋遣其将江海、孟珙帅兵万人，献粮三十万石，助大元兵攻蔡"。

知〔其亡走〕,遣军追之,并围之于该城。彼复由此城乘船走另一城去。① 彼等复追及围之。因逃亡之路程既远,且为所塞,蒙古与南家思军举火焚城。阿勒瓊汗知城将陷,乃言于诸异密及妇人等云:"我在位如此之久,备享尊荣。我不能为蒙古人之俘虏而蒙辱以死。"彼以己之衣服被于彼之一豁儿赤 Qorchi 之身,置其人于王座,己则去而自缢身死,然后乃被掩埋。② 另有史书则谓:彼服破衣若行脚僧 qalandars 而去为隐匿。《契丹历史》则言:城中火起,被焚死。③ 然此两说皆非信史,彼肯定为自缢而死。后二日,彼等攻破其城,处死彼所立以自代之人。④ 南家思进入城中,蒙古人知彼等处死之人非阿勒瓊汗,〔彼等〕开始寻找。彼等被告知彼已被焚,然彼等不之信,求其头。当南家思获悉此情状后,虽则其为阿勒瓊汗之仇敌,然仍阻止发棺而交出首级。〔彼等〕与契丹人同样伪称彼已被焚化。蒙古人则为使事实确凿,仍索其首级。彼等皆知,如给以另一首级,蒙古人必将发觉其为伪。最后,彼等以一人头予之。蒙古人因此而怨南家思,然其时尚不能与之争执也。⑤ 总之,脱豁勒忽扯儿必

41

---

① 周按:金哀宗弃汴京,始图西走保关中,旋以"京西三百里之间,无井灶,不可往",遂折而东,自黄陵冈渡河,次沤麻冈,欲取道卫州,幸河朔。蒙古军追及,又仓皇弃军南走归德,复亡蔡州,塔察儿帅师围之。

② 周按:豁儿赤,《元史·兵志二》:怯薛之"主弓矢、鹰隼之事者曰火儿赤"。此处之豁儿赤指宗室承麟,哀宗于蔡州城破之前立以自代,是为末帝。《金史·哀宗纪下》:蔡州城垂破,哀宗语侍臣云:"古无不亡之国,亡国之君往往为人囚縶,或为俘献,或辱于阶庭,闭之空谷。朕必不至于此,卿等观之,朕志决矣!"

③ 周按:《元史·太宗纪》:"金主传位于宗室子承麟,遂自经而焚。"《金史·哀宗纪下》亦谓:城破,"帝自缢于幽兰轩","诸禁近举火焚之,奉御绛山收哀宗骨瘗之汝水上"。证以《元史·王鹗传》、《宋史·孟珙传》,此盖为当时事实。

④ 周按:《元史·太宗纪》:"获承麟,杀之。"然《金史·哀宗纪下》则云为乱兵所害;《宋史·理宗纪一》亦谓:"己酉,城破,守绪自经死,承麟为乱兵所杀。"

⑤ 周按:《宋史·孟珙传》:"珙与倅盏(即塔察儿)分守绪骨,得金谥宝、玉带、金银、印牌有差。"《元史·太宗纪》则云:"宋兵取金主余骨以归。"此处所言宋、蒙两方因哀宗首级之争持,可补史实之不足。

与军队征服契丹，一如上述情状。时在马年、当回历 631 年五月
〔2.2—3.3，1234〕。①

　　同年，自高丽 Solanga 之地取秃鲁花 turqaq 与怯薛歹
Keziktens 无数，遣致于合罕，其首领为王绰 Ong sun。②

　　自牛年初、当回历 626 年三月〔1.28—2.6，1229〕至马年，当回
历 631 年五月〔2.2—3.3，1234〕六年间，合罕之历史已予详述，我等
今将简要而确切地叙东西周邻之诸可汗 Khaqans、诸哈里发
caliphs、诸蔑力 maliks、诸算端 sultans 与诸阿塔别 atabegs 及作为
合罕之代表，全权统治某省之人。然后，如神意胤允，再转而叙合
罕之历史与继此发生之事件。

　　　纪自牛年、当回历 626 年三月初〔1.28—2.26，
　　1229〕至马年、当回历 631 年五月〔2.2—3.3，1234〕
　　末期间，〔全部〕与合罕同时之契丹与摩秦可汗和
　　波斯、西利亚 Syria、埃及等之诸哈里发、算端、蔑力
　　及阿塔别与统治某省之异密。自鼠年、当回历

------

① 周按：《金史·哀宗纪下》：蔡州城破，时在正月己酉（初十日），即 1234 年
　　2 月 9 日。

② 周按：蒙语称高丽为肃良哈 Solanga。取被征服者之子弟入朝，以充人质，
　　以坚其臣服，这是北方民族的旧习。成吉思汗沿行之。Turqaq 即质子军。
　　《元史·兵志一》"或取诸侯将校之子弟充军，曰质子军，又曰秃鲁华军。"
　　又同书中统四年（1263）二月，"诏统军司及官军万户、千户等，可遵太祖之
　　制，令各官以子弟入朝充秃鲁花"。《秘史》秃舌儿中合，旁译作散班。散班
　　为护卫人员之昼间治事者，而与夜间充警卫之宿卫，客卜帖兀勒 kebte'ul
　　异。所谓散班，乃就其职务而言，曰质子者则指其身分。怯薛 Keshikten
　　（单数形为 Keshik），《秘史》译作宔卫。《元史·兵志二》："怯薛，犹言番
　　直宿卫也。"其义即轮番上值之亲兵，兼主内廷之服御、弓矢、食饮、文史、
　　车马、庐帐、府库、医药、卜祝等一应宫廷诸执事，当即所有散班、宿卫之统
　　称。高丽之入质，据《元史·高丽传》：事在太宗十三年（1241），"瞰复以族
　　子绰为己子入质"。王绰，《元史》卷一六六有传。

625 年/1227—1228,即成吉思汗死年与合罕即位
时事,亦将简要叙及

此时期内契丹皇帝之历史

守绪 Shousü____①

此时期内摩秦国王之历史

理宗 Lizun____四十一年—七年 [原注]"诸稿本皆阙。"

此时期内诸哈里发、诸算端、诸蔑力、诸阿塔别及统治某省之诸蒙古异密

纪诸哈里发

八哈塔 Baghdad 之最高统治者为阿布思王朝·Abbāsids 之哈
里发纳昔儿 al-Nāṣir Li-Dīn Allāh。彼于 627 年/1229—1230 初
死,其子扎喜儿 Ẓāhir 嗣位。彼亦于 628 年/1230—1231 死,木思
坦昔儿 al-Mustanṣir bi'llāh 嗣[位]为哈里发。②

43

纪诸算端

伊拉克·Iraq 与阿哲儿拜占 Ādharbāijān 之最高统治者为算端
扎阑丁 Jalāl-al-Dīn。625 年/1227—1228 年初,彼返自亦思法杭
Isfahān,③至帖必力思 Tabriz,④前往谷儿只 Georgia。⑤ 鲁木

---

① 周按:俄译本下有:"此守绪 Шоу-сюй 为契丹之最后国王,以马年、即回历
631 年五月[1233.10.7—1234.9.25]被杀。如所述及,契丹帝国全部归合
罕所领。"

② 周按:纳昔儿于 1225 年死,扎喜儿嗣位,明年死,木思坦昔儿嗣位。此误。

③ 周按:名见《元史·地理志六·西北地附录》。不莱士奈德认为同书《太宗
纪》元年(1229)之西域伊思八剌纳、《亲征录》之亦思八剌纳,可能即此亦
思法杭(第二册,第 113 页)。王国维则认为亦思八剌纳为匿察兀儿。然匿
察兀儿为 Nishapur 之音译,与 Isfahān 迥不相侔。

④ 周按:《马可波罗行纪》第一册,第 76 页注:帖必力思俗称帖兀力思,波斯
阿哲儿拜占之都会也。791 年哈里发诃仑之妻首建此城。

⑤ 周按:名从《元史》卷一二〇《曷思麦里传》。卷三《宪宗纪》作曲儿只。因
畏吾儿—蒙古字母中 k 与 g 不分,故 GürJ̌i 亦作 KürJ̌i。

Rum 之算端、西利亚与阿儿明尼亚 Armenia 及此地区全部之蔑力慑于彼之力量与权势，彼等乃群起而逐之，大集谷儿只、阿儿明尼亚、阿兰 Alans、①撒里儿 Sarir、[原注] 今 Daghestan 之 Avar 人。勒格司 Lakz、[原注] 今 Daghestan 之 Lezghian 人。钦察、思凡 Svan、[原注] 此种人迄今仍存于今格鲁吉亚之 Ingur 河上游。② 阿卜哈支 Abkhaz[原注] 位于黑海海岸、格鲁吉亚极西北之 Abkhaz，为今 Abkhazian 之居民。与察捏特 Chanet[原注] 即 Chan 或 Laz。此种人现仍居特拉布松 Trebizond 与巴统 Batum 之间。黑海东南海岸之地。③ 诸军。算端营于近彼等之明朵儿 Mindor，[原注] 明朵儿近苏联阿美尼亚之 Lori。据谷儿只之编年史，此役发生在 Bolnisi。彼为大批之敌骑所困迫，乃商于其维昔儿 Vizier 玉勒都思赤 Yulduzchï 及其他显贵。玉勒都思赤言："因我军不及彼等之百一，策之上者莫如我等穿过明朵儿，扫除并控制水源与木材。如此，彼等将为饥饿所苦，马匹困弱。然后我等能视其适合而进击之。"算端厌听此言，以文具盒掷击维昔儿之头，且曰："彼等乃群羊耳！岂有狮而患羊群之大小哉？"玉勒都思赤以不忠而被罚 50,000 的纳耳 dinars。算端继续言："事虽艰难，我等必以对真主之真诚而战。"翌日，彼列军成阵。敌军意算端必居于一平原山上之中军。彼登山以观察彼等，发现挚钦察军旗之一部二万骑兵。彼遣豁失哈儿 Qoshqar 携面包与盐少许予之，使彼等忆及彼等往昔之义务。钦察人立即转辔后撤至一角落。时谷儿只军前来，彼

44

---

① 周按：《元史·地理志六·西北地附录》作阿兰阿思，Alan 或 Alani 为一种操伊兰语之民族，原居于阿剌勒湖 L.Aral 以北之地。《后汉书·西域传》："奄蔡国，改名阿兰聊国，居地城，属康居。"《魏略》："又有奄蔡国，一名阿兰，皆与康居同俗。"公元一世纪或稍后西迁至顿河盆地。加宾尼与鲁不鲁乞都肯定 Alan 即 Asut 阿速惕（As 之复数形式）。他们是现居高加索的 Osset 人的祖先。

② 周按：此处之 Avan，俄译本阙，注作 SWSAN。

③ 周按：俄译本阙 Chanet，注作 J̇ANBT，又德黑兰本、不列颠本作 XANYT。

遣〔使〕与言："尔军今日新至，尔等皆已疲倦，可使双方各遣青年数人交手角斗，我等将自旁观之。"谷儿只人悦而从之。双方整日进退角斗，直至天晚。最后一勇敢之 aznaurs[原注]谷儿只人之一种等级。前来，算端一如木喀儿 Munkar。[原注]在坟墓中审讯死者之二天使之一。直取忽只儿 Hujīr 之前。①

诗云："自军中突击，勇如雄狮。"同时，四周观看之人皆见算端大步而前。

诗云："长矛直刺彼之腰带，顿见钩脱袍 khaftān 裂。"

其人有三子，逐一前来，算端皆仅一合即杀之。另一 aznaur 惊慌万状，骤马来至战场，乘算端马乏而图杀之。然算端立刻翻身下马，用矛一刺，遂杀其人。由于算端如此，彼军仅以一击，而使全部〔之敌军〕败走。

算端于是进至阿黑剌特 Akhlāt。[原注]即今土耳其东部凡湖 L. Van 西北岸之 Ahlât。居民皆闭门拒绝劝降。彼围之二月，居民饥饿无救。算端令其人突从四面进攻，进入城内。彼入居于蔑力阿失剌夫 Malik Ashraf 之宫殿。此时，后者之兄弟木只剌丁 Mujir al-Dīn 与其奴也速丁爱别 Izz al-Dīn Aibeg 进入内堡而乏食粮。木只剌丁先出，算端极尊礼之；爱别相继出。于是蔑力阿失剌夫之财货尽皆补充算端之宝藏。因彼既败谷儿只，复克阿黑剌特，名声大扬。埃及与西利亚之诸蔑力皆效法和平之城之哈里发，遣使致送礼物于彼之王廷。彼之事业又呈兴盛。②

由于某种疾病之影响，彼由此取哈儿塔必儿特 Khartabirt 方

45

---

① 周按：Hujīr 是 Dizh-i-Sapid 即白堡 White Castle 之指挥官。此堡曾受以 Sahrab 为首之都兰 Turanian 军队所攻击（《世界征服者史》第二卷第 441 页，注 12）。

② 周按：即八哈塔之哈里发木思塔昔儿。彼遣使以二事相约：一，毛昔里、额儿比勒、阿布耶、哲巴勒四地本属哈里发，不得胁为属地；二，在波斯公共祝祷中仍用哈里发名。扎阑丁许之（多桑《蒙古史》第二册，第 13 页）。

向前进。[原注] 今之 Harput。其时，额儿哲鲁木 Erzerum 算端①因算端之军队在围攻阿黑剌特时支助粮食与刍秣而特受宠异。彼报告云：鲁木之阿剌丁②与阿勒波 Aleppo 与大马司 Damascaus 之蔑力言和，将联合以击算端，忙于集结军队。彼等常威胁于彼，谓如算端在阿黑剌特城下时，彼如不得到彼等之粮食供应，则将无以自存。算端闻此语，不顾疾病，即时上马。当行至木失 Mūsh 平原时，[原注] 今凡湖西之 Mus。往援其主人之六百军横当算端之道，〔算端与其军〕一战，而大败之。

数日后，两军逼近。鲁木之算端蔑力阿失剌夫与其他蔑力以如此多之衣服、装备自各省齐集，难于数计。彼等引其军登一小山顶，以石油投掷手与弩手持牛皮盾牌立于前列，骑兵与步卒在后。算端决弃担架上马，然因病弱而无法持缰。其马返走。彼之侍从言：彼需休息片时，其私人卫队亦随之返还。左右翼则以为逃走，亦返身亡走。然敌军以为此乃算端设计诱使彼等下至平原地，故中军传令，诸人皆不得移动位置。算端阿剌丁 'Ala al-Dīn 慑于如此之恐惧，甚至无力自持；蔑力阿失剌夫则令将彼之骡前后腿皆上锁。

彼之军队四散逃走。算端须往阿剌黑特，召集彼所分遣防戍之军队。彼行至豁亦 Khoi，以尊礼遣还蔑力阿失剌夫之兄弟木只剌丁。对塔乞丁 Taqī al-Dīn 亦允其返还，并为彼向哈里发木思坦昔儿说项。至若兀撒木丁海马里 Ḥusām al-Dīn Qaimarī 则逃走。[原注] 即日后阿勒波之艾育伯朝 Aiyūbid 之统治者，旋因旭烈兀之逼迫而从此地亡走。其妻为蔑力阿失剌夫之女，算端多方照顾，予以送还，其

---

① 周按：名为鲁克那丁只罕沙 Rukn al-Dīn Djikhanshāh，为鲁木之塞尔柱朝之枝派。

② 周按：即 'Alā al-Dīn Kai-Qubād Ⅰ（1219—1236）。鲁木 Rum 一词，原系古代东方各族对罗马之称呼。以后则仅指小亚细亚。1080 年波斯王蔑力沙命其从弟苏黎曼沙侵小亚细亚中部诸州，建国曰鲁木，都科尼亚 Iconium。

尊贵无所沾辱。至若也速丁爱别则因于的思马儿 Dizmār 堡，而终死于此处。

与此同时，绰儿马罕 Chormaghun 那颜越阿母河率大军进击算端之消息传来。算端任维昔儿瞻思丁玉勒都思赤 Shams al-Dīn Yulduzchi 防守吉兰堡 Gīrān。〔原注〕Araxes 北，今 Kīlān 之地。① 以彼之眷属委之。彼则亲往帖必力思。彼虽与哈里发及鲁木、西利亚之诸蔑力与诸算端有隙，然犹遣使者分告以蒙古之到来。信件之大旨谓：鞑靼 Tatan 为数极大，此次来者亦较前此为多。在此区内之军士大恐。彼继续云：如尔等不以人力与装备支援，作为屏藩之我将移以他去，尔等将不能与之为敌。尔等宜各皆〔遣〕大小部队以援尔本人、稚孺及穆斯林人众，俾使我等协同之消息传至彼处时，彼之锐气将为之挫折，而我军则勇气大张。如尔等对此事以轻忽待之，尔等行见将见之结果。

"容各见生平，力解此中意。"

成吉思汗与其后嗣之洪运使彼等陷于不和并使算端之希望顿成泡影。倏得蒙古军已进至撒剌夫 Sarav 之消息。〔原注〕Sarāb 位于自大不里士至 Ardebil 之通道上。算端前往必失真 Bīshkīn，〔原注〕环绕 Ahar 地区之今 Mīshkīn。是夜彼所居之宫殿屋顶陷塌。彼不以为恶兆，仍隐忍之。次日，前往木干 Mūghān〔原注〕木干平原，位 Araxes 河南、里海西岸。于此地居停五日。蒙古军临近，算端弃其营帐，进入合班 Qaban 山中。〔原注〕阿美尼亚之 Kapan，今 Kafan。彼等见算端之营帐已空，乃返还。

算端在兀儿米牙 Urmīya〔原注〕今 Rezaiyeh。与兀失奴牙 Ushnuya 渡过 628 年/1230 之冬。维昔儿萨剌夫丁 Sharaf al-Dīn 被枉控为当算端离去、有关之消息断绝时，妄贪其眷属与财货。当算端至此区时，〔萨剌夫丁〕因惧而拒不出堡，请求赐与赦书。算端应彼之

① 　周按：俄译本阙。注作 KYRLN；东方研究所本作 KBRLN。

请求,遣不忽汗 Buqu Khan① 前往携彼而出。彼于是言:"我擢玉勒都思赤自卑下之低点以至高位之至极,此即彼如何感恩之表现也。"彼以之交付堡之官长,以其所有者分赐如掳获物。维昔儿竟以囚死。

算端乃前往的牙儿巴克儿 Diyār Bakr。当蒙古军返至绰儿马罕处时,〔后者〕责之曰:"尔等缘何返还而不极力寻获算端耶? 当如此之一敌人已呈衰弱时,何能更予彼以宽仁乎?"彼于是遣异密乃马思 Naimas 与其他数异密领大军追之。时,算端已遣不忽汗返还充当斥候,侦察蒙古军之所在。当彼进入帖必力思时,得报言:有消息自伊拉克传来,〔蒙古人〕已散走,此地区内亦无此种人之踪迹。不忽汗不慎于所事,即刻返还,以彼等已离去之佳讯报之于算端。算端与所有之异密、军士大喜过望,纵饮狂欢,耽乐二三日。一日夜半,蒙古军突袭彼等。算端方大醉酣卧。斡儿汗 Orkhan 知蒙古军之至,急奔〔算端之〕榻旁,尽力呼叫,然彼犹不醒。彼等乃以冷水渥其面,直至清醒。彼悉此情况,转身亡走,而令斡儿汗勿移动彼之军旗,给予抵抗,以赢得少许时间。彼既离去后,斡儿汗坚守移时,亦转身而走。蒙古人以为此人即算端,追之。当彼等明为〔其所误〕之后,乃返还,尽杀所有寻获之人。与之同时,算端只身亡走,急速前行。关于彼之结局之报导各异。有云:彼夜卧于哈合儿 Hakhār 山中之一树下,群曲儿忒人 Kurds 遇之,利其衣服与马匹,乃刺破其腹。〔原注〕哈合儿山,然其义可能即哈合里曲儿忒之地 Hakhārī Kurds,今凡湖南之 Hakâri 省。然后,彼等服其衣,持其武器进入阿米忒城 Āmid,〔原注〕今之 Diyarbakir,土耳其同名之省之一主要城市。彼之侍从识其衣与武器,乃执其人。阿米忒之统治者明此情况后,即将彼等处死。算端之遗体于是被带至阿米忒,埋葬于此地。坟上筑有圆穹。又云:彼自愿以武器、衣服予人,而易以粗劣之服

① 周按:俄译本阙。注云:"塔什干本、伊斯坦布尔本作 QWBRXANRA;巴黎抄本、东方研究所抄本作 QWYR;尤外尼作 BWQW。"此处从尤外尼书。

装,扮成布教人 Ṣūfis,浪迹其地。然无论如何,彼之统治至此终结。

　　至若算端加秃丁 Ghiyath al-Dīn,当 624 年/1226—1227,彼等
与蒙古人战于亦思法杭城门时,彼有意放弃其兄所委付之左翼,取
道罗耳斯坦 Luristān,而至忽即斯坦 Khūzistān。哈里发纳昔儿馈
以礼物,特许为算端。彼于是返还。当算端扎阑丁在阿儿明尼亚
与谷儿只时,彼前至阿剌模式 Alamūt,①阿剌丁 Alā al-Dīn 礼接
之,[原注] 此为亦思马因 Ismāʼilīs 或哈昔新 Assassins 之领主摩诃末三世
Muḥamand Ⅲ。给以所需。未几,彼又往忽即斯坦,并遣使者诣起儿
漫 Kirmān 之巴剌黑哈只卜 Baraq Ḥājib,②告以彼之来临。双方重
立条约:规定巴剌黑将会见彼于近阿巴儿忽 Abarqūh 之沙漠。算
端偕其母前往起儿漫,巴剌黑以近四千骑兵会彼于上述之地。二
三日之内以正当之礼相待,然因其时从算端者已不足五百骑士,巴
剌黑乃蓄意欲娶其母为妻。一日,彼至,坐于与算端同一地毯之
上,始与之语,一若彼乃其子。彼赐其诸异密皆以尊位,并遣使诣其
母处求婚。算端因无法阻止,乃允其请。其母亦在反对与拒绝之后
同意结婚。经多方强迫之后,彼与其奴仆多人,服铠甲于袍服之下,
进入〔巴剌黑之房〕完婚。彼等抵达起儿漫之都城古瓦失儿 Guvāshīr
城。若干天后,二巴剌黑之族人见算端言:"巴剌黑不可信,因彼为人
欺诈。我等有一良机。若我等将彼杀死,而以君为算端,则我等为君
之奴仆矣!"彼纯洁之出身不容彼违犯誓约。然其时此朝之大运已值
倾覆,彼之一亲信私以此语告之于巴剌黑。巴剌黑即讯其族人及算

————————————

① 周按:名见《元史·地理志六·西北地附录》,亦思马因派之都城,筑于
　　Elburs 山险崖之上。1256 年 11 月 20 日为旭烈兀所攻破。

② 周按:《辽史·天祚纪四》:耶律大石西征,建西辽国。巴剌黑属黑契丹
　　(哈剌契丹),初仕西辽,后降花剌子模沙。花剌子模为蒙古所灭后,巴剌
　　黑遂据古瓦昔儿,自立为主,渐及起儿漫全境。《辽史》谓耶律大石建都起
　　儿漫,恐系混巴剌黑而致误。拙作《有关西辽史的几个问题》(载《中华文
　　史论丛》1981 年第三期)有考。起儿漫,刘郁《西使记》作乞里弯。

端加秃丁。彼等皆尽承服。彼令将彼等之四肢于算端前剁为碎片；
算端则将拘于一堡之内，其后遣人以弓弦缢死。算端嚷曰："我等岂
非立有誓约，互不相害耶？尔缘何无故败之？"其母闻其子之声大哭。
二人均被绞死。所有彼之军士亦同样处死。巴剌黑以加秃丁之首遣
使送于合罕，致词云："君有二敌，扎阑丁、加秃丁是已！我今以其一
之首级奉送。"此即花剌子模沙算端之命运也。

鲁木之统治者为阿剌丁，彼此一时期内之历史已具述于扎阑丁纪。

毛夕里 Mosul 之统治者为巴德剌丁鲁鲁 Badr al-Dīn lulu
____ [原注] 诸稿本皆阙。①

纪诸蔑力与阿塔别

马扎答兰 Māzandarān____ [原注] 诸稿本皆阙。

的牙儿巴克儿之在位者为蔑力木咎法儿丁 Muẓaffar al-Din。
彼为除毛夕里及此地区之外之亦儿必勒 Irbīl 及所有市镇之领主。
[原注] 木咎法儿丁阔阔不里 Muẓaffar al-Dīn Kök Böri（青狼）系阿尔必勒
Arbil 之 Begteginids 朝之最后统治者（1190—1238 年）。

西利亚之在位者为蔑力阿的勒 Malik' Ādil ibn Ayyūb 之子蔑
力木阿赞木 Malik Mu'azzam 与蔑力阿失剌夫 Malik Ashraf。蔑
力阿失剌夫之小史已具扎阑丁纪。

埃及 Egypt 之据高位者为蔑力喀密勒 Malik Kāmil ibn Ma-
lik' Ādil Saif al-Dīn Abū Bakr。

马黑里卜 Maghrib____ [原注] 诸稿本皆阙。

法儿思 Fārs 之在位者为阿塔别木咎法儿丁撒惕伊本赞吉 at-
abeg Muẓaffar al Dīn Sa'd ibn Zangī，彼死于____年。[原注] 诸稿
本皆阙，当作 623 年/1226。② 维昔儿与王国之管理者忽察加秃丁牙思

---

① 周按：俄译本无阙号。毛夕里，名见《元史·地理志》。《诸番志》作勿斯
杂，《岛夷志略》作麻呵斯杂。
② 周按：俄译本作____年死于 Байзе（BYŞA）。

的 Khwāja Ghiyath al-Dīn Yazdī 秘不发丧,将其印章戒指送往白堡 White Castle,①使释其子阿塔别不别 atabeg Abū Bakr 于囚系,而带至彼之前。然后,彼砰然开殿帐之门,语诸异密与军士曰:"阿塔别有令,以不别为嗣。"[原注] 不别(1126—1260 年)。诸异密皆抛其腰带于颈。彼遂为阿塔别。

51

起儿漫则巴剌黑哈只卜在位,其事迹已具述于算端加秃丁纪。②

纪统治诸省之诸蒙古异密

在呼罗珊 Khurāsān,〔系出〕黑契丹 Qara-Khitai 一部之真帖木儿 Chin Temür[原注] 剌失德丁此处袭自尤外尼(《世界征服者史》第 482 页);然另处则谓真帖木儿系出汪古部(赫塔古洛夫译第 141 页)。受任管理此王国以及马扎答兰王国,其事之经过如下:当征服花剌子模时,尤赤汗 Toshi Khan[原注] Toshi Khan 系尤外尼对尤赤的拼写法。留彼于此,任为萨黑纳 shaḥna,③合罕在位时期,当彼遣绰儿马罕至波斯时,并令省之首领与八思哈等 basqaqs④ 亲供赋税,输援于绰儿马罕。真帖木儿奉命从花剌子模出发,取道萨黑里斯坦 Shahristāna[原注] 位 Nasā 北三公里,近今土库曼斯坦之 Ashkhabad。代表诸宗王位下之诸异密亦自各方来至。绰儿马罕本人与真帖木儿及代表诸王之各一异密(库勒孛罗 Kül-Balat 代表合罕、那萨勒 Nosal 代表拔都、吉昔勒不花 Qïzïl Buqa 代表察合台、也客 Yeke 代表唆鲁和帖尼别姬及诸王)离去。⑤ 因绰儿马罕忽视呼罗珊,盗匪与〔其他〕暴奴为乱,时有发生。算端扎阑丁

---

① 周按:俄译本作 Крепость Сапид。
② 周按:俄译本此下有:在昔斯坦 Систан 为____之子蔑力沙木萨丁 Мелик Шамсад-дин。
③ 周按:阿拉伯—波斯语 shaḥna 与突厥语 basqaq、蒙古语 daruqachi 之义同,即监临官。
④ 周按:从《元史》卷一二〇《曷思麦里传》。
⑤ 周按:俄译本阙 Nosal,注作 NWBSAL、伊斯坦布尔本作 NWYSAL、东方研究所抄本作 TWSAL。又阙 Yeke,注作(?)NKH。

之二异密哈剌察 Qaracha 与牙罕桑忽儿 Yaghan-Snqur① 常掠劫你沙
不儿及此区之地,杀绰儿马罕置于此区之萨黑纳,并捕捉幸存而投降
于蒙古之人。绰儿马罕遣库勒孛罗与真帖木儿进入你沙不儿与徒思
Ṭūs,[原注]Ṭūs 遗址位 Meshed 北一公里许。以逐哈剌察。库勒孛罗在哈
剌察逃走之后返还。当呼罗珊混乱之消息达于合罕处,彼即令塔亦
儿拔都儿 Tayīr Bahadur 领军自巴德吉思 Bādghīs 进,[原注]Tayīr 之
正写当作 Dayir,属晃豁台部,639 年/1241—1242 入侵印度。② 以驱逐哈剌
察,残其村舍民居。彼奉令出发,然中途已闻哈剌察为库勒孛罗所
逐,亡匿于昔思坦 Sīstān 之堡中,③塔亦儿拔都儿前往围之,苦战二年
始下。彼自昔思坦遣使于真帖木儿,言:"呼罗珊之统治权已委付于
我,宜自此处撤还尔控制之手。"真帖木儿答言:"呼罗珊人为叛之报
告,伪也。焉有如此广大之土地与人民可因哈剌察之罪责而遭毁灭
哉! 我将遣使于合罕,报告情况,然后依命行事。"塔亦儿拔都儿怒而
返还。绰儿马罕亦遣使召彼及诸异密,使其以呼罗珊及马扎答兰之
事务交塔亦儿拔都儿。于是,真帖木儿委派合罕亲信之侍从之一库
罗孛勒,伴以呼罗珊与马扎答兰之诸异密前往合罕之廷。同时,速鲁
克 Ṣu'lūk 之蔑力巴哈丁 Malik Bahā al-Dīn[原注]Ṣu'lūk 为 Isfarāyin 城北
之一堡。亦以将遣往合罕王廷为条件,而自堡中出降。真帖木儿返自
马扎答兰。大部分呼罗珊诸堡之守军闻巴哈丁之消息,亦皆出降。
后者见真帖木儿时,大受敬礼。于是自马扎答兰人中委喀布忒扎马
Kabūd-Jāma[原注]地为 Astarābīd 最东之一区,即今之 Hajjilar。之
ispahbad[原注]此为里海地区统治者之称号。讷思剌丁 Nuṣrat al-Dīn 及
彼中二人,于 630 年/1232—1233 伴同库勒孛罗前往合罕之廷。因前
此此等国家之异密无有来至者,故合罕喜之极,命赐宴,优加款待。

---

① 周按:俄译本作 Туган-Сункур。
② 周按:Bādghīs 为也烈北与土库曼斯坦边境相接之今阿富汗地区。
③ 周按:俄译本作昔斯坦之 Калэи Арк。注作 ARKSYSTAN。

以故真帖木儿与库勒孛罗大受殊宠。合罕言："自绰儿马罕出征，所
征服之国如此众多，然彼未尝遣一蔑力诣我。真帖木儿虽兵少备寡，
乃能取效如此，宜予嘉奖。"彼即以呼罗珊及马扎答兰之统治界之，并
命绰儿马罕与其他异密不得干预。彼命库勒孛罗同领其事，授予
ispahbad 阶为蔑力，〔领有〕自喀布忒扎马至于阿思塔剌巴德
Astarābād 之地；并授蔑力巴哈丁以同一职衔，领有呼罗珊、① 亦思法
杭、尤外音 Juvain、拜哈黑 Baihaq、扎扎儿木 Jājarm、主儿巴忒 Jūrbad
与阿儿吉颜 Arghiyān。彼授每人以一金牌子 paiza 与两道加盖印玺
al-tamgha 之命令。② 得诏旨而稳定政权之真帖木儿，因萨剌夫丁
Sharaf al-Dīn 年长，乃授为维昔儿，而以巴哈丁摩诃末尤外尼 Bahā
al-Dīn Muḥa-mmad Juvainī 担任计相 Ṣāhid-dīvān。③ 每一异密遣一
必阇赤 bitikchï 入参省 Dīvān 事。④ 以代表诸宗王。⑤ 省务即复趋

---

① 周按：俄译本无呼罗珊。

② 周按：《黑鞑事略》徐霆补注："鞑人止有虎头金牌、平金牌、平银牌，或有劳，
　　自出金银，请于鞑主，许其自打牌，上镌回回字，亦不出于'长生天底气力'等
　　语尔。"《元朝名臣事略》卷五《耶律楚材传》引赵衍撰《行状》：丁酉，"诸路官
　　府自为符印，僭越无度。公奏并仰中书省依式铸造，由是名器始重"。可证
　　初期制度之滥。太宗九年之后，始有制度可循。忽必烈时，其形制又有改
　　变。tamgha 义为印，此即所谓"铺马圣旨"，即乘驿之玺书。

③ 周按：Ṣāhid-dīvān 为主掌财政之大臣，故译作计相。其人即《世界征服者
　　史》之作者尤外尼之父。

④ 周按：《元史·兵志二》怯薛之"为天子主文史者曰必阇赤"。Dīvān 原意
　　为国务会议，为中亚诸国旧有之国务政权机构。蒙古在河中建行省，史文
　　之可考者当在蒙哥汗即位之后，亦以 Dīvān 称之，故此处径译为省，冯承
　　钧已译如此。

⑤ 周按：蒙古之统治，对草原游牧地行分封；对被征服之农耕地区与城市如
　　汉地与河中地区，则视为帝国之公产，由大汗任命长官（扎鲁忽赤）会同诸
　　宗王之代表进行统治。河中之情况，尤外尼书亦详有记载。汉地之记载，
　　见于《元文类》卷二一姚燧《中书左丞李公家庙碑》："在先朝故事，凡诸侯王
　　各以其府一官，入参决尚书事。"拙作《元投下制度初探》（载《元史论丛》第
　　二辑）已粗论及，其详则尚待进一步爬梳。

兴盛。真帖木儿复遣阔里吉思 Körgüz 使于合罕。库勒孛罗阻之，曰："彼为一畏吾儿人，将借此以多方营私肥己，遣之殊非适当。"然真帖木儿不从。阔里吉思既至，被询以省之情况。彼阿顺〔皇帝〕之所好，而曲加叙说。后者喜其对，尽餍所欲而遣之归。未几，真帖木儿死。真主知何者为最善。遵依神意，我等将归于正传。

诸可汗、哈里发、算端、蔑力、阿塔别及在此六年中与窝阔台合罕同时之蒙古诸异密之历史已叙及，请再及此时期后窝阔台合罕之历史，设真主胤允，我等将详及之。

54

> 纪自羊年，当回历 632 年五月〔1.29—2.21，
> 1235〕初至牛年，当回历 638 年八月〔2.26—3.16，
> 1241〕末七年间窝阔台合罕之历史。此七年之内，
> 彼两次〔举行〕诸宗王之忽里台，遣诸异密至钦察、
> 摩秦及其他诸地，并于各地兴建美好之城市宫殿。
> 此时期之末年，即彼即位后之十三年，成吉思汗死
> 后之十五年，彼死

纪合罕召开忽里台与分遣诸王诸异密于四境

马年归自契丹之征服后，合罕于达兰达葩 Talan-Daba[①] 举行忽里台。彼希望于此羊年集诸子族众与诸异密，使重聆扎撒与法令。彼等皆依命而至。[②] 彼于诸人皆宠以各种恩惠与仁慈。连续一月之内，彼与族人镇日欢宴，一如旧俗。彼以国库所聚之所有珍物赐予与会者。欢宴既毕，始理军国大政。因某些地区尚未征服，

---

① 周按：蒙古语 Dalan 义为七十，dabagha（n）义为山口，名见《元史·太宗纪》六年。又："是秋，帝在八里里答阑答八思之地。"卷一二〇《察罕传》："北还清水答兰答八之地。"此清水与八里里明有一定关系，故屠寄以为八答里里即清水。

② 周按：马年即 1234 年，窝阔台在位之六年。《元史·太宗纪》六年夏五月，帝在达兰达葩，大会诸王百僚。羊年为 1235 年，恐误。

某些国内发生叛乱，彼乃着手处理此等事务，派其族人于各方；并拟亲征钦察草原。蒙哥合罕 Möngke Qa'an 虽年华尚稚，然其聪明睿智已若老成，彼识合罕之意，乃言："我等众兄弟子侄皆待指挥，不论其情况如何，俾使我等能以死效命，以便于合罕欢愉颐养，不受征途之困顿。否则，留我等族人、异密与无数之军队将何所用耶？"与会者咸是此正确之言，并以之为彼等之楷模。合罕圣心乃决以宗王拔都 Batu、蒙哥合罕与贵由汗及其他宗王率大军前往钦察、斡罗思 Orus、孛剌儿 Bular、马扎儿 Majar、巴只吉德 Bashghïrd、速答克 Sudaq 等〔所有〕之地，尽征服之。①

　　同年，合罕在阿昔彰 Asichang 平原，彼遣己子阔出 Köchu 与拙赤哈撒儿 Jochi-Qasar 子忽都忽 Qutuqu 进入摩秦。彼等称此地为南家思 Nangiyas。② 彼等掠襄阳府 Sangyamfu 与江陵府

55

---

① 周按：《元史·太宗纪》七年（1235）春，"遣诸王拔都及皇子贵由、皇侄蒙哥征西域。"

② 周按：《元史·太宗纪》七年，遣"皇子曲出及胡士虎伐宋"。证以《阿剌罕传》、《察罕传》、《铁迈赤传》、《脱欢传》、《元文类》卷二五《曹南王世德碑》皆作"阔出"。惟《塔思传》有：太宗六年（甲午），"命与王子曲出总军南征"。《太宗纪》八年冬："皇子曲出薨。"《蒙兀儿史记》卷四《斡歌歹可汗本纪》改曲出作阔出，一若"曲"字为误植。然据《明史·五行志》："万历末年，有道士歌于市曰：'委鬼当头坐，茄花遍地生。'北人读客为楷，茄又转音，为魏忠贤、客氏之兆。"又《十驾斋养新录》卷四："客"条："明天启间，客氏、魏忠贤用事，当时有'茄花委鬼'之谣。盖京都语'客'如'茄'也。《元史》'怯烈氏'或作'克烈'，英宗国语谥曰'格坚皇帝'，石刻有作'怯坚'者泰安府东岳庙圣旨碑。盖亦读'格'为'客'见母混入溪母，因与'怯'相近也客、怯、克，皆溪母，茄本群母，北人作溪母读。"然则曲出即阔出，译音以方言也。胡土虎以太宗六年七月充中州断事官，故《蓝铁赤传》称忽都行省，与八年主括中州户口之大臣忽睹虎（《元文类》卷五七宋子贞《中书令耶律公神道碑》）同为一人无疑。关于此人推测甚多，或以为即成吉思汗之弟失吉忽秃忽（王国维《黑鞑事略》注），屠寄则又以七年与曲出伐宋之胡土虎为蒙哥次子忽都秃，而充中州断事官者则为忽秃忽。此言合撒儿子，又具一说。惟《元史·宗室世系表》搠只哈撒儿有子三人，有脱忽 Toqu 而未有名 Qutuqu 者，姑录以存疑。

Kerimfu，①残途经之吐蕃 Tibet 之境。②

同年，遣斡豁秃儿 Hoqatur 以军抵怯失迷儿 Kashmir 与欣都 India，屠掠其数省。③

其年，定牲畜之赋 qubchur④ 每种百取其一。⑤ 合罕又令每十塔哈儿 taghārs 谷物取其一以给贫民。〔原注〕taghars 千量名，相当于 83.4 公斤。因要公由诸王〔至合罕王廷〕及王廷至诸宗王间来往之使者烦多，乃于全境立站 Yams，称之曰 Tayan Yams。⑥ 为置定驿

----

① 周按：《元史·太宗纪》七年(1235)十月，"曲出围枣阳，拔之。遂徇襄、邓，入郢，虏人民牛马数万而还。"郢州即江陵府。

② 周按：此当为阔端征秦陇之师。《元史·太宗纪》：七年正月，"皇子阔端征秦、巩。"十一月，"阔端攻石门，金便宜都总师汪世显降。"

③ 周按：此人即《秘史》第 270 节之斡豁秃儿。窝阔台即位后曾遣其与蒙格秃为后援，以助绰儿马罕。其军戍于 Baghlān、Qunduz、Badakhshan 等地区。

④ 周按：《秘史》第 177 节、279 节有中忽卜赤儿里 qubchir，旁译科敛，当时习称为牛马抽分。

⑤ 周按：《元史·太宗纪》：元年八月，"敕蒙古民有马百者输牝马一，牛百者输牸牛一，羊百者输羒羊一，为永制"。《秘史》第 279 节："一、百姓羊群里，可每年只出一个二岁羯羊做汤羊。每一百羊内可只出一个羊接济本部落之穷乏者。"

⑥ 周按：蒙古语 yam 来源于突厥语 jam。《元史·太宗纪》元年八月，"始置仓廪，立驿传。"然《刘敏传》则云乙未(七年)立驿传。大抵此项制度，在北方游牧民族中，古已有之。《汉书·张骞传》载：匈奴、乌孙均有传之设制。《南齐书·魏虏传》有"咸真"，伯希和已指出，即 Jamci(站赤)一词之音译。《旧唐书·太宗纪下》，贞观二十一年"又于突厥之北，至于回纥部落，置驿六十六所，以通北荒焉"。然其详皆不可考。蒙古初兴，其国始大，非驿传不足以传递号令。于是袭古制而行之，惟制度简鄙，亦不见于记载。窝阔台七年，始加经划而趋于周密。《秘史》第 279 节：窝阔台以数事商于其兄察合台，有"使臣往来，沿百姓处处经过，事也迟了。百姓也生受"，云云。旋经察合台之同意，"所摆站赤，命阿剌浅、脱忽察儿两个整治。每一站设马夫二十人，内铺马并使臣之廪给羊马及车辆牛只，定将则例去。如有短少者，家财一半没官。"第 280 节。

站，诸王各以其名义任命使臣如下：

合罕名下：必阇赤豁里台 Qoridai；

察合台名下：额蔑格勒赤泰亦赤乌歹 Emegelchin Tayich-i'utai；①

拔都名下：速哈木勒赤歹 Suqa Mulchitai；

拖雷名下：阿勒赤合 Alchïqa② 奉唆鲁和帖尼别姬之命而来。

上述之诸异密着手于王国全境设置 Tayan yams，纵横四达。

合罕又遣使于四境，令人皆不得欺凌他人，强者不得肆力于弱者。除正额之所得外，不得多取，亦不得以苛暴临之。人民休息，其公正之名远扬。

纪诸宗王及蒙古军于钦察草原、不里阿耳、斡罗思、麦各思 Magas、阿兰、马扎儿、孛剌儿 Bular 与巴只吉德之战及此等国家之被征服

派往征服钦察草原及其邻境之诸宗王为：拖雷诸子：长子蒙哥合罕，其兄弟拔绰 Böchek；窝阔台之家族：长子贵由汗与其兄弟合丹 Qadan；③尤赤诸子：拔都、斡鲁朵 Orda、昔班 Shiban 与唐古惕 Tangqut。伴行之主要异密有：速不台拔都儿 Sübedei Bahadur 及其他数异密。彼等于猴年春，当回历 633 年六月（2.12—3.12，1236）出发，历夏在道。其秋，抵不里阿耳之城。因与派往此境之〔尤赤之〕家族拔都、斡鲁朵、昔班与唐古惕相会合。

由此而前，[原注] 剌失德丁此部分叙述，如米诺尔斯基 Minorsky 所指出，系误植于此。因在喀尔巴阡 Carpathians 与匈牙利之活动是较晚才发生的，其时在 1240 年。此处的一段记述本于尤外尼《世界征服者史》第一卷第270—271 页），剌失德丁本人之叙述则见后文。拔都偕昔班、孛罗勒台 Boroldai 以军攻下孛剌儿与巴只吉德之地。[原注] Bular and

① 　周按：Emegelchin 俄译本作 Имоколзин，其义不可考。

② 　周按：俄译本作 Илджидай。

③ 　周按：俄译本此下有：察合台诸子中之不里 Бури、拜答儿 Байлар 及合罕之兄弟阔列坚 Кулкан。

Bashghïrd 一语，同于尤外尼之 Keler and Bashghird，似单指匈牙利人。然米诺尔斯基从布洛歇本读为 Pūlū Būlar，推想这可能反映了"对波兰的某些记忆，这些都是早于入侵匈牙利以前发生的"。于短期内殊无困难地略取其国而屠掠之，其事实如次：孛剌儿为人口众多之基督教国家，其国界〔接〕法兰克 Franks。① 当彼等闻拔都及诸异密临近时，乃备战，且发四十万优秀之军队。时，昔班率万军为前锋，报云：彼等之军为蒙古军之两倍，其人皆为勇士。当两军对阵时，拔都依成吉思汗风俗，步上一小山顶，祈祷全能之真主一昼夜。② 并命穆斯林提供诚挚之祷告。〔两军〕之间横隔一大河。〔原注〕即 Sayo' 河。拔都与孛罗勒台夜渡河与战。拔都之兄弟昔班亲自进击；异密孛罗勒台与诸军奋战，袭击克烈儿 Keler 之营帐，〔原注〕匈牙利语 Kira'ly，义为王。③ 以剑断其绳索。彼军动摇返走，蒙古军如猛狮逐兽，追之，肆行砍杀，直至摧毁此军之大部，并征服其国。此胜利为彼等之巨大事业，孛剌儿与巴只吉德地广而险阻难近，然亦为所征服。后彼等复起反叛，现仍未全部平定。彼中之王者称之为克烈儿 Keler。

其后，〔原注〕此处似重返较早之时期，即 1237 年。冬，诸宗王与诸异密

---

① 周按：Bular，名从《秘史》。《元史·地理志六·西北地附录》作不里阿耳，《兀良哈台传》作孛烈儿。早期拜占庭作家记此种人居于黑海北与高加索一带，似为芬种、斯拉夫种与突厥种之混合民族。七世纪，在可萨突厥的打击下分成两部分。一部分亡至伏尔加河东岸 Kama 河汇流之地。太祖十八年（1223），蒙古进攻大不里阿耳；太宗八年（1236），拔都完成对这个国家的征服。另一部分亡多瑙河，即此处之 Bular。蒙古语族语言在两母音间之-g-或-gh-常不发音。故 bagatur（勇士）读为 ba'atur、Tanggut（唐古惕）作 Tan'ut，Bulgar（不里阿耳）作 Bul'ar。

② 周按：成吉思汗西征前，依蒙古风俗，独登一小山顶祷告。见《世界征服者史》第一卷第 80—81 页。

③ 周按：此即《元史·速不台传》之马扎儿部主怯怜。keler 在《秘史》第262 节、270 节读作 kerel，这里-r-与-l-发生换位的现象（类似的例子，如 Kerülen 克鲁伦又作 Kelüren 怯绿连）。又蒙古语之尾音之 l，常读如 n，故 Kerel>Keren（怯怜）。

集聚于扎蛮河 Jaman，[原注] 可能为 Jayaq 扎牙黑河。扎牙黑河为蒙古对乌拉尔河 Ural 之称呼。① 遣异密速不台领军入阿思 Ās 与不里阿耳境，彼等〔亲身〕远及于____城。[原注] KRYK 或 KWYK。②〔城之〕异密伯颜 Bayan 与乞忽 Chïqu 出降于诸王，受到礼待。但在诸王返还后，〔伯颜与乞忽〕又叛，速不台拔都儿再一次被派前往〔攻取〕，以便俘虏之。

其后诸王共商，各领其军作猎圈阵形之运动前进，攻取当道之诸国。蒙哥合罕作此猎圈阵形循河之左岸进，[原注] 即伏尔加河。俘此境之主要异密、钦察联盟中玉里儿里克 Ülirlik 人之八赤蛮 Bachman。③ 与阿思 Ās 之哈赤儿兀库剌 Qachir-Ukula。[原注] 即 Ossetes 人。其事件发生之情况如次：

此八赤蛮会合其他群盗匪逃生于锋镝之下，更多之逃亡者亦来与之会合。彼多方进行袭击，尽掳所有财物而去。日复一日，为害益剧。彼无固定之居地，蒙古人无法捉拿。彼白昼通常隐藏于额的勒河 Etil 岸之丛林中。[原注] 即伏尔加河 Volga。④ 蒙哥合罕令造船二百艘，每艘遣全副武装之蒙古人百人于其中。彼则与其兄弟形猎圈阵形沿河岸前进。彼等于额的勒河丛林中发现人矢与匆促撤离之营地之迹像，其中并发现一老妇。通过此妇人始知八赤蛮已渡河至一岛，此时期内彼劫夺所得之财物亦藏于此岛。因当时无船，故无法渡额的勒河。倏忽大风猛作，水扬巨浪，水退而成为一自岛至于对岸之通道。因蒙哥合罕之洪运，河底显露。彼命军队驰进，八赤蛮就擒。其军一时顿溃，部分投水死，部分受歼。蒙古人取其妻子、童

58

---

① 周按：《元朝名臣事略》卷三《土土哈传》作押亦。俄译作 Хабан。

② 周按：俄译本作大〔不里阿耳〕。

③ 周按：《元史·太宗纪》九年（1237）春，"蒙哥征钦察部，破之，擒其酋八赤蛮"。此 Ülirlik，伯希和谓即钦察之 Ilberi 部，其习惯称呼为 Malvocalise。俄译本作 Олбурлик，与《元史·土土哈传》玉里伯里，《忙哥撒儿传》稳儿别里、《和尚传》玉耳伯里读音相合。

④ 周按：《元朝名臣事略》卷三《土土哈传》作也的里。

59 稚以为俘虏，且得贵重之掳获物甚富。彼等于是返还。水开始流动，当军队毕渡后，水复如旧，无一卒受损。当八赤蛮带至蒙哥合罕前时，彼请后者亲手赐死，然蒙哥合罕命其幼弟拨绰腰斩之。① 阿思之异密哈赤儿兀库剌亦同样处死。是夏，蒙哥留住此区。

其后，鸡年，当回历 634 年/1236—1237，尤赤汗之子拔都、斡鲁朵与别儿哥；合罕之子合丹与贵由汗；另有蒙哥合罕、察合台之孙不里 Büri、成吉思汗之子阔列坚 Kölgen，进击孛黑失 Boqshi 与不儿塔思 Burtas，且于短期内征服之。[原注] Boqshi 明为 Moksha，系 Mordvins 之分部。Burtas（Burtās）似为 Mordvins 之一般伊斯兰称名，迄今仍保存为 Marlvinians 之称呼。②

同年秋，在此境之诸宗王举行忽里台，咸往进攻斡罗思 Orus。拔都、斡鲁朵、贵由汗、蒙哥合罕、阔列坚、合丹与不里合围也烈赞 Irezan。[原注] 梁赞 Ryazan 之陷，事在 1237 年 12 月 21 日。③ 三日陷之。彼等然后克亦喀 Ika 境之城，阔列坚于此受伤而死。[原注] 即 Oka。其城为 Kolomna。有一名为斡儿蛮 Orman 之斡罗思异密身先士卒，败而被杀。[原注] Kolomna 城之保卫者罗马公爵 Prince Roman。彼等复于五日内陷马喀儿 Makar 城，[原注] 原书 MKR 或 MAKARD，明为莫斯科 Moscow，当时止是速支达勒公国 Suzdal Principality 之次等城市。杀其城之异密兀烈帖木儿 Ulai Temür。[原注] 即 Uladimir，尤里 Yuri 大公之子。围大玉儿吉 Great Yurgi，八日克之。[原注] 即尤里大公之都城 Uladimir，据俄罗斯史料，其围城自 1238 年 2 月 2 日至 8 日。居民奋战。蒙

---

① 周按：《元史·宪宗纪》："尝攻钦察部，其酋八赤蛮逃于海岛。帝闻，亟进师，至其地，适大风括海水去，其浅可渡。帝喜曰：'此天开道与我也。'遂进屠其众。擒八赤蛮……即班师，而水已至，后军有浮渡者。"

② 周按：俄译本作 Мокша，буртас 与 арджан。

③ 周按：《元史·宪宗纪》："复与诸王拔都征斡罗思部，至也烈赞城，躬自搏战，破之。"蒙古语对首音 R 常在其前叠用其后接之元音。故 Ros 罗思读为 Oros 斡罗思；Ryazan 梁赞读 Irezan 也烈赞。

哥合罕身自任此英勇之事业,直至击败彼等。彼等共同于五日内陷____城。此城为____旧有之领地。[原注]此城原书作 QYRQLA 或 60
QYRNQLA。贝烈津 Berezin 作 Pereyaslavl';伯希和作 Torzhok。后者原书作
WZYRLAW,米诺尔斯基推想即尤里大公之父 Vsevolod 三世(1176—1212 年)。
此省之异密也客尤儿古 Yeke-Yurgu[原注]即尤里大公,他实际上是于
1238 年 3 月 4 日在 Sit' 迎战。亡入一森林,旋亦被俘处死。然后彼等返
师,经共商[之后],[彼等]决定成猎圈阵形,诸万户挨次前进,摧毁途
经之任何城镇与堡塞。在行进中,拔都进至阔薛勒亦思客 Kosel-Iske
城,[原注]即 Kozel'sk,据俄罗斯编年史,围城历七月。围城二月,然不能
下。于是合丹、不里亦至,三日后下之。然后彼等进入房屋内休息。

其后,狗年,当回历 635 年/1237—1238 秋,蒙哥合罕与合丹往
征薛儿克思 Cherkes。① 冬,杀其国王秃哈儿 Tuqar。[原注]维尔霍
夫斯基据德黑兰本作 TWQAR;布洛歇本作 BWQAN。昔班、拨绰与不里
进击乞里木 Qïrim 之域。[原注]即克里米亚 Crimia。② 征服钦察部之
塔忒哈剌 Tatqara,[原注]此据维尔霍夫斯基本。布洛歇本作 tā be-qarār
"直至同意",不文。别儿哥攻钦察,俘蔑克鲁惕 Mekrüti[原注]维尔霍
夫斯基本作 Berkuti,无考。之诸首领阿儿尤马克 Arjumaq、忽兰马思
Quranmas 与乞兰 Qïran。[原注]维尔霍夫斯基本作 Arjumaq、Kuran-bas
与 Kaparaṇ。布洛歇本在第一个名字与第二个名字的前二音节处有句 az
jamāl-i vufūr-i ū(米诺尔斯基译作"多亏彼之好运",然注以疑问号)。

其后,猪年,当回历 636 年/1238—1239,贵由汗、蒙哥合罕、不
里与合丹往征麦各思 Magas 城。[原注]刊本读 MKS 作 MNKS。麦各
思为阿兰或阿速惕 Ossetes 之都城。③ 围城一月又十五日,冬,下之。彼

---

① 周按:即 Circassians。《秘史》旁译作薛舌儿格速惕(Serkes 之复数),《元
史》作撒儿怯思、撒耳柯思,《元典章》卷一作撒里哥思。
② 周按:俄译本作 Крым。
③ 周按:名从《元史》卷一三二《拔都儿传》。《太宗纪》十一年(1239)冬十一
月,"蒙哥率师围阿速蔑怯思城,阅三月,拔之"。

61　　等从事此役直至鼠年来临。其春,彼等遣军由不花台 Buqadai 率领,[原注] 1240 年。维尔霍夫斯基本作 Bukdai;布洛歇本作 QWQDAY。前往铁门关 Temür Qahalqa,[原注] 即打儿班之铁门关。掠其城市与此地区。至若贵由汗与蒙哥合罕,则遵依合罕圣旨,于鼠年返归。牛年,当回历 638 年/1240—1241,[彼等]下马于彼等之斡耳朵。

纪在诸宗王出征钦察期内之建筑;述其宫殿与冬夏之驻地

　　自羊年,当回历 632 年/1234—1235 初,彼遣诸宗王至钦察草原,直至牛年,当回历 638 年/1240—1241 贵由汗与蒙哥合罕归来共七年中,窝阔台合罕恣情享乐,冬夏移营,欢愉自适,姬妾环侍,广施恩惠,祛除暴虐,恢复城乡,并建造各种建筑。无论关系于世界主权基础之奠立与繁荣大厦之兴建,彼皆不忽视其细微之点。彼自契丹发来各色工匠,令于彼大部分时间居住之福地哈剌和林 Qara Qorum 建一高耸之建筑,承以高大之柱,使与如此崇高之国王之决心相一致。每翼之长各为一矢射程所及之距离,中央则立

62　　一极高之宫殿。此等建筑皆采取尽可能优美之式样,饰以各种彩画。彼等称之为 Qarshi。① 彼以此为其住所,并命诸兄弟、儿子及其他所有随侍之诸宗王皆于旁近建筑高大房屋。彼等咸遵命行事。迨至此等建筑建成之后,鳞次栉比,覆地既广。彼于是命杰出

---

①　　周按:Qarshi 蒙语(严格地说是一突厥语借词)义为宫殿。《元史·太宗纪》七年(1235)乙未,春,"城和林,作万安宫"。《刘敏传》:"己丑,太宗即位,改造行宫幄殿。乙未,城和林,建万安宫,设闱司局。"据此,窝阔台宫殿兴建之次第,略可概知。耶律楚材《湛然文集》卷一三:《和林城建行宫上梁文》:"抛梁南,一带南山揖翠岚,创筑和林建宫室,鄭侯功业冠曹参。"鄭侯当即喻刘敏。和林之定都,据许有壬《至正集》卷四五《敕赐兴元阁碑》谓在成吉思汗之十五年(1220),《元史·地理志六》同。然疑惑甚多,颇难肯定。至若土木宫殿之兴建,实始于窝阔台之七年。此城之概况,据鲁不鲁乞所纪:"至于说到哈剌和林,我可以告诉您,如果不把大汗的宫殿计算在内,它还不及法兰西的圣但尼 Saint Denis 村大,而圣但尼的修道院的价值,要比那座宫殿大十倍。城里有两个地区:一个是萨拉森人区,市场就在　　(转下页)

之工匠打造储酒之金银器皿,形如象、狮、马等动物之形状,皆置于大桶之下,满贮酒及马奶 Kumys。其前又各置银盆,酒及马奶自此等动物之口中流出,而至盆中。①

　　彼尝问:"何者为世界最美之城市?"彼等答云:"八哈塔。"彼于是命于斡儿寒河 Orkhon 畔建一城,名曰哈剌和林。②

(接上页)这个区里。许多商人聚集在这里,这是由于宫廷总是在它附近,也是由于从各地来的使者很多。另一个是契丹人区,这些契丹人都是工匠。除这些地区外,还有宫廷书记们的若干座巨大宫殿、十二座属于各种不同民族的异教徒的庙宇,两座伊斯兰教寺院(在寺院里公布着摩诃末的教规);一座基督教徒的教堂(坐落在城市的最末端)。城的周围环绕着土墙,并有四个城门。东门出售小米和其他谷物,不过,那里难得有这些谷物出售;西门出售绵羊和山羊;南门出售牛和车辆;北门出售马匹。"《出使蒙古记》第 203 页。

① 周按:此种陈设与装置,可参看《出使蒙古记》第 194—195 页。

② 周按:和林遗址即后来之额尔德尼昭,位鄂尔浑河之东岸。其得名之由,据伯希和说:Qara 哈剌,突厥语义为黑;Qorum 和林,义为团岩。认为哈剌和林系以和林山得名。有关和林山之记述,中外史籍甚多。尤外尼谓:鄂尔浑河"源自一山,彼等称为哈剌和林。合罕现时所筑之城亦沿此山而得名"。《世界征服者史》第一卷第 54 页。《史集》亦多处载和林山(第一卷第一册,第 73、146 页)。《元史·巴而朮阿而忒的斤传》:"先世居畏吾儿之地,有和林山。"耶律楚材《湛然文集》卷一四《喜和和林新居落成》一首:"登车凭轼我怡颜,饱看和林一带山。"《景贤作诗,颇有思归意,因和原韵以勉之》一首:"王吉河名(按:即今翁金河)中栽菊,和林也有山。"又卷一三《和林城城建行宫上梁文》有"一带南山揖翠岚"句,说明和林山在城之南,与尤外尼所纪方位亦合。则和林之从山得名,似无问题。从水得名之说,首引欧阳玄《圭斋文集·高昌偰氏家传》:"回鹘……其地本在哈剌和林,即今之和宁路也。有三水焉:一并城南山东北流,曰斡耳汗;一经城西北流曰和林河;一发西北东流,曰忽尔班达弥尔。三水距城北三十里合流,曰偰辇杰河。"《元史·地理志六》:和林"以西有哈剌和林河,因以名城"。斡耳汗即鄂尔浑河,忽尔班达弥尔即三塔米尔河。偰辇杰即色林格河。惟和林河何所指,殊难拟定。岑仲勉认为和林即《唐书》之合罗。"额归泊(东鄂尔浑河三哩,水自西面流出,与自南来之科克申鄂尔昆 Kokshin Orkhon (转下页)

契丹国与此城之间，于 Tayan 站之外，又另有其他站。①每站皆戍军一万户（土蛮），以资保护。② 彼发布扎撒 yasas，令每日以车自外省发运五百辆满载食饮，以至此间，存储以给分配。备有六牛

63

（接上页）合，称 Hola 河。Hola 即唐代合罗之遗音，《家传》所谓一经城西北流曰和林河者是也。"（《中外史地考证》上册，第 82 页）和林川之形势，据 F. Paderin 与 Michell 之勘察，此平原名 Toglokho Tologai，周围环以矮山，东西约长五十哩，阔二十五至三十五哩。鄂尔浑河穿流此山谷，乌盖泊 Ugai 在平川北部之近山处，东西长八哩，阔亦如之。泊水经纳林河 Narin 西流入鄂尔浑河。乌盖泊西北端有一小堡，当为契丹遗址。张德辉《边堠纪行》记乌盖泊（吾误竭脑儿）正西有小故城，诸家皆认此即古龙庭单于城，有突厥苾伽可汗碑及回鹘可汗碑。欧阳玄所纪之地，即此回纥普鞠可汗始居之处，然蒙古之和林，据耶律铸《双溪醉隐集》卷二《取和林诗》所纪，则在此苾伽可汗宫城遗址之东南七十里之遥。蒙古大汗新筑之宫城，而竟以西北七八十里外之小河命名，决无是理。岑仲勉 Halo 河之说，不无勉强。且 Qorum 汉语译和林 ho-lin，是因为汉语中无 r 声母，中古汉语无 um 与 om 字尾。王恽记和林之形胜："处上游而建瓴中夏，控臂而扼西域。""有峻岭曰杭海答班，大川曰也可莫澜。"（《秋涧先生大全文集》卷四三《总管范君和林远行图诗序》）古来诸游牧民族多选定这一带为政治重心，良有以也。

① 周按：俄译本作"在伯颜站 Баяням 之外，又有他们所称之纳怜站 Нариням。每距五程置一站，共三十七站。"此 Баян 注文作 BAYAN，然同是这个字，该书第 36 页则作 Таяням。注云：塔什干本作（?）AYANYAM；伊斯坦布尔本、德黑兰本作 YAYANYAM；布洛歇本作 TAYANYAM。可知 Таян 一字原自布洛歇本而来。我怀疑此字应为 Bayan，蒙语意为"富"。波斯文中 b 与 t 本极易混淆，故误作 Tayan-yam，元时驿道，有帖里干 Teregen（车道）、木怜 morin（马道）与纳怜 narin（小道）三线。《元史·地理志六》岭北行省：北方立站帖里干、木怜、纳怜等一百一十九处。帖里干五十七、木怜三十八、纳怜二十四。

② 周按：俄译本作千户。尤外尼则云驿站所供之人畜只应皆交万户分摊，每两万户供应一座驿站（《世界征服者史》第一卷第 34 页）。张德辉《纪行》谓过扼胡岭而北，"有驿曰孛罗。自是以北诸驿，皆蒙古部族所分主也，每驿各以主者之名名之。"

所曳之大车以供运输〔谷物〕与〔酒〕。〔原注〕从维尔霍夫斯基本补。布洛歇本原作 NKTY 与 SRMH,难于索解。①

彼令穆斯林巧匠 uzan〔原注〕uzān 为突厥语 uz 之波斯文复数,义为熟练之工匠。于离哈剌和林一日程外建一宫殿。其地古昔为阿弗剌昔牙卜 Afrāsiyāb 之鹰人之地,②名为揭坚察哈 Gegen-Chaghan③〔原注〕此地名之第一部分布洛歇本作 KR,维尔霍夫斯基本在译文中采之(Karchagan),然他的稿本作 KHZ,其字形更接近于其原形 KKH 即 Gegen Chagan(意为"明亮和白色")。这明显是哈剌和林以北二十五公里处之群湖的名称。它可能即在鄂尔浑河上近古畏吾儿都城 Qara Balghasun 之附近。彼春天将至此处,因常放鹰于此也。〔原注〕尤外尼(《世界征服者史》第一卷第 237 页)谓于殿前观猎水禽。彼称此殿为 Qarshi-yi Sūrī。此明为扫邻殿 Sa'uri(n)。④ 入夏,彼则于斡儿木格秃 Örmügetü〔原注〕AWRMKTW,此名仅另见于《金册》Altan Tobchi(译本第 147 页),云系由汗即位之所。Örmügetü 明系哈剌和林东南,鄂尔浑河与 Khögshin Gol 之间的山地。⑤ 彼于

---

① 周按:"六牛",俄译本则作"八牛"。周密《癸辛杂识·续集上》:"北方大车可载四五千斤,用牛骡十数驾之。管车者仅一主一仆。叱咤之声,牛骡听命惟谨。"

② 周按:Afrāsiyāb 为一史诗人物,世为伊朗人 Iranians 之仇敌。此处当指和林时期畏吾儿人传说中之首领卜古罕 Bügü Khan(译名从虞集《高昌王世勋碑》,欧阳玄《高昌偰氏家传》作普鞠)。关于此段历史,详《世界征服者史》第一卷第 48—52 页。鹰人,即饲猎鹰者,蒙古称昔宝赤。

③ 周按:《元史·太宗纪》:九年(1237)夏四月,"筑扫邻城,作迦坚茶寒殿"。《地理志六》:岭北行中书省,"丁丑,治伽坚茶寒殿,在和林北七十余里"。又《双溪醉隐集》卷二《取和林》:"和林城,苾伽可汗之故地也。岁乙未,圣朝太宗皇帝城此,起万安宫城。西北七十里有苾伽可汗宫城遗址。城东北七十里有唐明皇开元壬申御制御书阙特勤碑。"此揭坚察哈无疑即苾伽可汗宫城遗址。

④ 周按:蒙古 Sa'urin 意为居住。

⑤ 周按:Örmügetü 之名,累见于《元史·宪宗纪》,作"月儿灭怯土"或"欲儿陌哥都"。据加儿宾,此地距和林半日程,其遗址在 Eder 河上。俄译本此地名阙,注作 AWRMKTW,明即月儿灭怯土。俄译者以不谙汉文史料,故于取舍无所定准。

此处立一大帐，可容千人，从不拆除。其外饰以金钉，内覆纳赤思nasij。① 其名为失剌斡耳朵 Sira-Ordo。② 秋日则在阔阔脑浯儿Köke-Na'ur[原注] 此名之第一部分，布洛歇作 KWŠH；维尔霍夫斯基作KWSH。Köka-Na'ur 义为青色的湖。③ 其地距和林四日程，彼将于此处停留四十日。彼驻冬之地为汪吉 Ongqïn。[原注] AWNK QYN 即翁金河 Ongin。此处所指当是此河上之今 Arbai-Kheere 周围地区。彼猎于不连古 Bülengü 与折林古 Jelinggü 山，以尽整冬。[原注] BWLNKW。(布洛歇)或 TWLWNKW(维尔霍夫斯基)和 JALYNKW，名俱不可考。这些山当在戈壁阿尔泰 Gobi Altai 之 Gurban-Bogdo 或 Gurban Saikhan 山脉之某处。总之，彼春之居地在哈剌和林之附近，夏则在斡儿木格秃之草地，秋则居于阔阔脑浯儿与兀孙豁勒 Usun Qol 之间，[原注] 此名之第二部分布洛歇本作 QWL，另两种稿本(如维尔霍夫斯基本)作 BWL，无可考。④ 离和林约一日程。其住冬则在汪吉。当彼去哈剌和林时，彼于离城两程处筑有一高大宫殿，名图思忽八里 Tuzghu-balïg。[原注] 源于突厥语之 Tuzghu，义为"供给过往者之食物"。Balïg，意为城。据尤外尼所记(《世界征服者史》第一卷第 213 页)，其地在和林之东。⑤ 彼于此城进

64

———————

① 周按：一种锦缎。虞集《道园学古录》卷二四《曹南王世勋碑》：纳赤思，"缕皮傅金为织文也"。

② 周按：即《元史·宪宗纪》六年(1256)五月之昔剌兀鲁朵。加儿宾曾在这里亲见贵由即汗位。俄译本以 SYRHAWRDW 译为金帐。然据加儿宾所记。金帐与失剌斡耳朵为二处。Sira 蒙语意为黄色，可译为黄帐。

③ 周按：《元史·宪宗纪》四年，"是岁令诸王于颗颗脑儿之西，乃祭天地于日月山"，即其处也。

④ 周按：Usun，刘郁《西使记》有"自和林出兀孙中"，其地当和林西，可能与此Usun Qol 有关。usun 蒙语义为水。

⑤ 周按：俄译本作 Тургу-Валык，而注 Турлу 为"城市之礼品"подношение от города。征之汉籍，Typry(图尔忽)音读显误。《元史·太宗纪》"十年，筑图苏湖城，作迎驾殿。"即此 Tuz'ghu Balïk。《地理志六》岭北行省："戊戌，营图苏胡迎驾殿，去和林三十余里。"又《耶律希亮传》："生希亮于和林南之凉楼，曰秃忽思，六皇后遂以其地名之。"秃忽思为秃思忽之倒舛。 (转下页)

食图思忽,宴乐一日。次日,人们衣一色之袍服,彼将由此前往宫殿 Qarshi。①宫中之青年守护士将立于彼之前,寻欢逐乐,历时一月。彼将大发国库,使贵贱咸沐其慷慨之恩泽。每晚则较射、摔跤,厚赏胜者。

冬居汪吉时,彼曾命以木与泥筑一墙,长二日程。置门。彼等呼此为扎什实 jihik[原注]ĴYHK,他不经见,据尤外尼(《世界征服者史》第一卷第 29 页),此墙筑于窝阔台之驻冬地与契丹之间。② 当狩猎时,各方之军士受命渐形一猎圈,向围栅前进,驱兽以入围中,彼等自一月程之外,极小心前进,渐形一圈,将兽驱至扎什实。〔此际〕,军士皆肩并肩成一圆形。于是,首先由窝阔台合罕领其从人进入圈中,猎兽逐乐。当彼疲倦时,乃登上圈中心之高地,诸宗王等按等级依次入猎。次后,平民与军士亦如之。残余〔之动物〕将释放以利蕃息。③ 猎获物将由宝克兀勒 büke'üls[原注] 义为尝食者,负责食粮的官

(接上页)可知 Tuzghu(相当于阿拉伯语之 nuzl)汉语即称为凉楼,亦称凉亭。后来的元上都附近犹有东、西凉亭之筑。

① 周按:此即所谓只孙服、质孙服。蒙古语 jisun,义为颜色。《元史·舆服志一》:"质孙,汉言一色服也,内廷大宴则服之。冬夏之服不同,然无定制。凡勋戚大臣近侍,赐则服之。下至于乐工、卫士,皆有其服。精粗之制、上下之别虽不同,总谓之质孙云。"加宾尼使蒙古,见贵由即汗位时诸贵族首领衣服之颜色,一日一异,即此。

② 周按:耶律铸《双溪醉隐集》卷六《大猎诗注》:"禁地围场,自和林南越沙地,皆浚以堑,上罗以绳,名曰扎什实,古之虎落也。"然古之虎落以竹篾为藩篱,北方游牧民则以毡羽。《黑鞑事略》:"其俗射猎,凡其主打围,必大会众,挑土以为坑,插木以为表。维以毳索,系以毡羽,犹汉兔罝之智,绵亘一二百里间。风飐羽飞,则兽皆惊骇,而不敢奔逸。然后蹙围攒击焉。"

③ 周按:蒙古围猎之情况,详见尤外尼书(《世界征服者史》第一卷第 27—28 页)。此种围猎方式,为古代北方民族所习行。《汉书》卷一〇成帝元延二年(前 11),"从胡客大校猎"。师古注云:"校猎者,大为阑校以遮禽兽而猎取也。"鲜卑、女真皆有此类似之记载。校猎不单是猎取生活资料的重要手段,也是军事训练的主要内容。

员。分拨予所有诸宗王与诸军之异密,以使参与者无不得其所应得之份额。所有从行者皆举行 tikishmishi 之仪式,[原注] 义为"奉献礼品于首领"。欢宴九天之后,各部族皆各返其所属之禹儿惕 yurt 与家中。

纪合罕之病与死

合罕极嗜酒,彼饮常逾量。日复一日,身体衰弱。虽则彼之亲近与良好祝愿者图予制止,然皆无效。彼不顾彼等之劝阻,所饮益多。① 察合台派遣一名异密为萨黑纳 Shaḥna,以为监视,除定量之杯数外,不许多饮。彼因无法违背其兄之命令,故常以大杯代小杯以充饮,以使杯数不至超过。此异密监督人亦常予酒与饮,充其饮伴,以使己能得彼之欢心。以此故,彼之侍从无益于合罕。

唆鲁和帖尼别姬之姊妹亦巴合别姬 Ibaqa Beki,乃成吉思汗赐予怯台那颜 Kehetei noyan 为妻者,有一子,任宝儿赤 Ba'urchi。② 此亦八合别姬每年常从唆鲁和帖尼别姬之劝,至自彼在契丹之禹儿惕,来侍〔合罕〕。在其所安排之大宴席中,将由彼持杯。合罕在位之十三年,彼与任宝儿赤之子如旧而至,充当持杯者。是晚,合罕因饮酒过量而死。③ 晨,诸公主与异密群起

---

① 周按:《元文类》卷五七宋子贞《中书令耶律公神道碑》:"上素嗜酒,晚年尤甚。"

② 周按:《秘史》:王罕之兄弟扎合敢不二女,成吉思汗取其长亦巴合为妻,而以其次莎儿合黑帖尼予拖雷为妻(第 186 节)。后因兀鲁兀惕 Uru'ut 之主儿扎歹有功,"遂将夫人亦巴合赐与主儿扎歹"(第 208 节)。主儿扎歹,《元史》作术赤台,卷一二〇有传。子怯台,"自太宗及世祖,历事四朝,以劳封德清郡王"。宝儿赤,怯薛执事之一种,"亲烹饪以奉上饮食者"(《元史·兵志二》)。

③ 周按:《元史·太宗纪》十三年(1241)十一月,"丁亥,大猎。庚寅,还至铁铁镖胡兰山。奥都剌合蛮进酒,帝欢饮,极夜乃罢。辛卯,迟明,帝崩于行殿。"宋子贞《中书令耶律公神道碑》但云"猎五日而崩"。辛卯为阴历初八日,即 1241 年 12 月 11 日。

而控亦八合与其子,谓彼等曾充持杯者,必曾进毒于合罕。① 然〔合罕之〕同乳兄弟、扎剌亦儿 Jalayir 部之重要异密按吉歹那颜 Elchidai noyan 言:"此言何其愚也! 亦八合别姬之子乃宝儿赤,常任持杯;合罕亦常饮酒过量,我等何得毁言合罕乃死于他人之手乎? 彼之大限已临耳! 任何人不得再重复此等诳言!"因彼之通达,故得识其死为饮酒过量所致;彼亦识过饮将导致此有害之结果。

据蒙古之习俗,合罕即位于牛年,死于下一牛年,当回历 638 年/1240—1241,〔在位〕十三年。② 然在阿老丁撒希卜君 Master 'Ala al-Din Ṣāhib 所撰之历史中,[原注] 即术外尼 Juvainī。谓彼死于豹年,当回历 639 年五月/1241.12.11。[原注] 此处颇有混乱。术外尼从不曾以动物属相纪年。回历 639 年始于 1241 年 7 月 12 日,尽于 1242 年 6 月 30 日。其一半是牛年(1241),一半在豹年(1242)。据维尔霍夫斯基本,此处接着纪合罕之葬地,为布洛歇本所无。③ 窝阔台合罕有一医生,

---

① 周按:加儿宾《行纪》载:贵由即位之后,即开始一次审讯,"皇帝的妾被逮捕了,当他们的军队在匈牙利时,她毒死了他的父亲"。"她和其他一些人因此事受审,并被处死刑"(《出使蒙古记》第 63 页)。可知当时确流行被毒之说。

② 周按:《元史·太宗纪》:"在位十三年,寿五十有六。"

③ 周按:兹据俄译本翻译如次:"窝阔台合罕之葬地在一名为……(注: QASR BWLDAW)之极高山上,此处经年积雪。现今彼等称之为……(注: YKH AWNDWR)。此山为……(注: RYSWN)河、……(注: TRKAN)河与……(注: AWSWN)河之源地,诸河皆入注也儿的失河。此山去也儿的失二日程。察八儿 3anap 之驻冬地即在此河。"关于此段文字之讨论,可参考波义耳《蒙古世界帝国》一书所收《窝阔台汗的葬地》一文。他认为:窝阔台与其子贵由之墓地,当在分划新疆北部与上也儿的失河盆地之萨乌尔 Saur 山之南坡。然《元史》记窝阔台与贵由皆葬起辇谷。起辇谷为成吉思汗陵寝所在,有元诸帝皆葬于此,称"大禁地",在不儿罕山。

名＿＿＿＿［原注］诸稿本皆阙。① 在彼之死日撰有一铭文，致送其在河中Transoxiana 之友人，其文云……［原注］此铭文布洛歇本略出。维尔霍夫斯基本之释文如次：

Khalaṭ 之年（639 年）彼之痰增多于往日，然彼耽饮不分昼夜。/以此导致彼健康之崩坏，/让此事告知人们，/醇酒祸人至于斯极！

自羊年，当回历 632 年/1234—1235 至牛年，当回历 639 年/1241—1242 彼之去世止，凡七年间窝阔台合罕之历史已予述迄。我等借真主之助，将确纪摩秦之可汗、哈里发、尚存之诸算端、波斯之诸蔑力与诸阿塔别，及蒙古诸王与诸异密之管领其周围国家者之历史。

纪起自羊年、当回历 632 年/1234—1235② 凡七年间，与合罕同时之摩秦之可汗、诸哈里发，波斯、鲁木、西利亚、埃及等地尚存之诸算端、诸蔑力与诸阿塔别，在钦察草原诸王，在呼罗珊及其他省之蒙古异密之历史；并及此七年内所发生之奇异而特殊事件。如神意胤允，当简明与确切及之

此时期中统治契丹与摩秦皇帝之历史

理宗＿＿＿＿四十一年＿＿＿＿前七〔与〕＿＿＿＿七年。［原注］诸稿本皆阙。

纪此时期中统治之诸哈里发、算端、蔑力与阿塔别

诸哈里发之历史　八哈塔之木思坦昔儿为阿布思朝之哈里发。此时期中，彼建成木思坦昔里亚学院 Mustanṣirīya College。

诸算端之历史　毛夕里之统治者为巴德剌丁鲁鲁＿＿＿＿［原注］

---

① 周按：李志常《长春真人西游记》记有三太子之医官郑公。王国维考其人即与耶律楚材契交之郑龙岗景贤。读姚燧《牧庵集》卷三《郑龙岗先生挽诗序》，可知其宠异之隆。然鲁不鲁乞谓在和林之契丹医生甚多，侍窝阔台者亦当不仅郑景贤一人而已。

② 实际为 1235 年。

稿本阙。其统治为 1233—1259 年。

鲁木为算端阿剌丁＿＿＿＿［原注］即 'Ala al-Dīn Kai-Qubād

起儿漫之统治者为巴剌黑之子鲁克纳丁忽惕鲁黑算端 Ruknal-Dīn Qutlugh-Sultan。其历史如下：此时期内，63〔2〕年/1234—1235，其父巴剌黑遣彼往合罕王廷。途中，彼得其父之死讯。彼抵达之后，合罕因彼远来输诚纳款，恩礼有加，授予忽惕鲁黑算端之号［原注］义即幸福算端。① 并发出诏旨，任彼为起儿漫之统治者，而征因其父死暂任王国事之兄弟忽惕卜丁 Qutb al-Dīn 即赴汗廷，以备扈从。鲁克纳丁返抵起儿漫，忽惕卜丁即道由哈必思 Khabīṣ 前赴汗廷。［原注］今之 Shad-Dād，位起儿漫之东，Dasht-i lūt 之边缘。彼到达之后，一度从马合木牙剌瓦赤 Maḥmūd Yalavach。② 鲁克纳丁则任为算端。

纪诸蔑力及诸阿塔别

在马扎答兰＿＿＿＿。

在的牙儿巴克儿＿＿＿＿。

在西利亚＿＿＿＿。

在埃及＿＿＿＿。

在马黑里卜 Maghrib＿＿＿＿。［原注］诸稿本皆阙。

在法而思，为不别伊本赛得 Abū Bakr ibn sa'd 统治，此时期内＿＿＿＿。［原注］句之后部分为俄译本所无。

在昔思坦 Sīstān＿＿＿＿。［原注］维尔霍夫斯基本无。

纪在钦察草原之某些宗王，与在呼罗珊及其他省之诸异密

纪钦察草原之诸宗王　鼠年秋，当回历 637 年/1239—1240，

---

① 周按：突厥语 Qutlugh，《唐书·突厥传》译骨咄禄，《元史》作屈出律，《秘史》作古出鲁克。
② 周按：即《元史·太宗纪》十三年（1241）主汉民公事之牙老瓦赤（参见《世界征服者史》第一卷第 97 页，注 3）。

方贵由汗与蒙哥合罕奉合罕诏旨自钦察草原返还时，宗王拔都与其兄弟〔会同〕合丹、不里、拨绰进攻斡罗思之地与黑帽人 People of Blackcaps。［原注］俄罗斯人对捏伯尔河 Dnieper 中游作为边境守卫者的突厥人的称呼。九天中，〔彼等〕掠取斡罗思一大城，曰明克儿漫 Men-Kerman。［原注］基辅 Kiev 之突厥名。《秘史》第 262 节有乞瓦绵客儿绵。此后部分即 Men Kerman。然后彼等形猎圈阵形，各万户相次前进，进击兀剌的迷儿 Üledemür 之所有城市。［原注］即尤里大公之子符拉基米尔。尽取其道所经由之堡塞、国土。彼等共围兀失斡兀勒兀剌的迷儿 Üch-Oghul-Üledemür，三日下之。［原注］Uladimir Volynsky。突厥语 üch oghul 义为三儿子。米诺尔斯基认为此绰号与加里西亚之罗马 Roman of Galicia 之二子（达尼勒 Daniel 与瓦西勒可 Vasilko）及其一女（萨洛蔑 Salome）有关。

牛年，合罕死。仲春之月，彼等越过在孛剌儿与巴只吉德方向之哈扎黑山 Qazaq-Taq。［原注］据伯希和的推测，此为喀尔巴阡山 Carpathiaus。①

70　　斡鲁朵由右道进，②经伊剌兀惕 Il'aut，——以军来御［原注］Ila'ut 即波兰 Pales。此阙文稿本作 BZRNDAM 可能为 BWLZLAW 之讹，即不列思老 Baleslav。Sandomir 之不列思老大公企图阻击蒙古人于 Opole 附近。③ 然为彼等所败。［原注］维尔霍夫斯基本此句后有：“其后，拔都〔首途〕前往 Истарилава 方向，与巴只吉德国王战。蒙古军击败彼等。”

合丹及不里与撒桑人 Sasan 对阵，三战，败之。［原注］译本波斯文 Sāsān 同于《秘史》中蒙文之 Sasut（Sās 之复数），即匈牙利文之 sza'sz（saxon）。此处当然是指 Transylvania 之 Saxon。

拨绰道由哈剌兀剌黑 Qara-Ulagh 进，［原注］即摩勒达维亚

---

① 周按：俄译本作彼等越过 Марактан 山（MRQTAN）而向孛剌儿与巴只吉德。Taq，突厥语义为山。

② 周按：俄译本斡鲁朵下有 Байдар 拜答儿。

③ 周按：俄译本作 Барз。

Moldavia。越此境之山，败兀剌黑人 Ulagh，[原注] 即 Ulaches。由此经森林与哈扎黑山，①进入密失剌夫 Mishlav 之地。[原注] MYŠLAW，米诺尔斯基承 Strakosch-Grassmann 之说，测定拨绰之行系穿行 Transylvania，而以此名可能为 Maros 河南方弯曲上之 Szaszua'r 之讹。然 Macartney 则以 Mishlav 当 Opole 之大公 Mieczyslaw。此人曾参与 Liegnitz 之役。进击在此处设备之叛乱者。

诸王循五道进，②尽取巴只吉德、马扎儿、撒思 Sas 之地，逐其王克烈儿 Keler。彼等于的撒 Tisa 与天合 Tanha 河渡夏。[原注] TYSH，Tisza；TNHA，多瑙河 Danube。

是时，合丹以军取其地，陷塔忽惕 Taqut。[原注] 维尔霍夫斯基本作 TAQWT，布洛歇本作 MAQWT，明有蒙古语复数语尾-ut，可能意为 Croatians。阿儿巴剌黑 Arbaraq[原注] ARBRQ（维尔霍夫斯基本）；布洛歇本作 AWYRQ。与阿思剌夫 Asraf 之地。[原注] ASRAF（维尔霍夫斯基本）；布洛歇本作 SRAN，可能即 Serbs。逐此等国家之国王克烈儿至于海滨。当〔克烈儿〕在位于海岸之＿＿＿＿城乘舟泛海后，[原注] 维尔霍夫斯基本作 TLNKYN，布洛歇本作 MLYKYN。米诺尔斯基以为后者可能为 SPLYT 之讹，即 Split（分离）。但另一方面，TLNKYN 可能为 TRWKYR 之讹，即 Trogir。它是色尔班人 Serbian 对 Trav 的称呼。Keler Béla 实际就是在 1242 年 3 月在这里与其眷属登舟泛海。合丹返还，经屡战而俘兀剌忽惕 Ulaqut 之城中之乞儿斤 Qïrqïn[原注] QRQYN。与乞剌 Qïla[原注] QɣɣLH（布洛歇）、QYLH（维尔霍夫斯基）。米诺尔斯基认为此为在 Vlachs 城中所俘之突厥人之名字。

合罕之死讯仍未达于彼等处，于是在豹年③若干钦察人进击术

①　周按：俄译本作 Баякбук。

②　周按：《元史·速不台传》："经哈咂里山，攻马扎儿部主怯怜。速不台为先锋，与诸王拔都、吓里兀、昔班、哈丹，五道分进。"吓里兀即斡鲁朵。以上文证之，哈咂里为哈扎黑 Qazaq 之误。

③　周按：俄译本下有"相当回历 639 年/1241.6.12—1242.6.30"。

赤子阔端与辛忽儿 Shingqur。[原注] 米诺尔斯基认为原稿此处有误,当读作:"……阔端之钦察人众进犯辛忽儿"此阔端为一同名之钦察王子,他在蒙古人入侵时亡匿匈牙利,被群众处以私刑。他的党从乃越多瑙河进入保加利亚,可能是由此而前往高加索地区。彼等与战,钦察人败。秋,彼等复还,进入铁门关 Temür-Qahalqa 之城及其地之山中。彼等以一军委亦剌兀都儿 Ila'udur 进击。[原注] AYLAWDWR。彼由此进而败此逃亡此区之钦察人。彼等降兀龙忽惕 Urungqut 与巴塔失 Badach,[原注] 均无可考。可能为钦察之部族。带〔回〕彼等之使者。

彼等整年皆于此区度过。兔年初,当回历 640 年/1242—1243,彼等完成此区之征服后,于是返还。自夏徂冬皆在道。蛇年,当回历 641 年/1243—1244,彼等抵其兀鲁思,息于各自之斡耳朵。真主最识真义。

纪呼罗珊之诸异密

当真帖木儿死后,遣使以其死讯报于合罕之廷,有旨:异密那萨勒 Nosal[①] 将继管彼在呼罗珊与伊拉克之职务。那萨勒为一年老之蒙古人,年逾百岁。[原注] 克烈部人。根据此诏旨,省中之异密与必阇赤皆自真帖木儿处转至彼处,为省事而忙碌。花剌子模人萨剌夫丁 Sharaf al-Dīn Khwārazmī 离此而往侍拔都,阔里吉思则往来如常。

与此同时,巴哈丁因与马哈木沙 Mahmūd Shāh of Sabzavār 发生争执,彼乃前往合罕汗廷,陈述其事。有旨:在对方缺席时,不得作出裁决。彼等需同时出廷,以便讯问。当蔑力巴哈丁返还传达诏旨时,那萨勒与库勒孛罗 Kül-Bolat 不喜阔里吉思被召前往。然彼则仍然前去,并取得其统治大权而还。至若那萨勒,则以指挥军队为满足,直至 637 年/1239—1240 死去。

阔里吉思于是召诸必阇赤与经理人众〔置于己之住所〕,亲

① 周按:俄译本作 Бенсил,注文则作 NWBSAL。

任〔政〕务。彼使呼罗珊与马扎答兰复归于秩序，进行人口调查，确定适当之税额，建立优良之作坊，创造成极为公平正直〔之状况〕。然萨刺夫丁自拔都处归来，彼与某些为阔里吉思所解职者说诱真帖木儿之长子额迭古帖木儿 Edgü-Temür① 索求其父之职位。彼遣通忽思 Tonquz 向合罕报告呼罗珊情况之发展。合罕之维昔儿镇海 Chinqai② 之某些反对者伺机以额迭古帖木儿之语报告。有旨：异密阿儿浑阿合 Arghun aqa、忽儿巴哈 Qurbagha 与赡思丁喀马儿格儿 Shams al-Dīn Kamargar 将前往进行调查。阔里吉思闻讯后，即前赴合罕汗廷。彼遇诸使者于费纳干 Fanākat，〔原注〕Fanākat（或 Banākat）位锡尔河 Sïr Darya 之右岸，近 Angren（Āhangarān）河口之地。拒绝彼等之建议返还。通忽思手自执之而折其齿。是晚，阔里吉思遣帖木儿 Temür 携染血渍之衣往合罕所；而己则不得已返还。当彼行至呼罗珊时，库勒孛罗、额迭古帖木儿与那萨勒③联合，用棒将必阇赤逐出阔里吉思之廨舍，而携之以归彼等所居之所，并开始调查钩考。阔里吉思则采取拖延之法。直至四十五天之后，帖木儿返还，带来诏旨，命所有诸异密与蔑力皆亲〔赴汗廷〕，而不得于此地进行审讯。当彼出示血衣时，合罕曾赫然震怒，遣使于阔里吉思，命其依诏亲来。〔阔里吉思〕立即上马，与当时最干练之群亲信前行。库勒孛罗与额迭古帖木儿亦偕诸先发者 aiqaqs 出发。行至不花刺 Bukhārā，赛音蔑里沙 Sain Malik-Shāh 款留彼等于其家。库勒孛罗外出小解，尾追之 fid-āïs

---

① 周按：俄译本作 Онгу-Тимур，证以《世界征服者史》，误。

② 周按：镇海，《元史》有传，克烈部人。《传》云："定宗即位，以镇海为先朝旧臣，仍拜中书右丞相。"Uizier 之义，固为丞相。然当时实无丞相之职。《黑鞑事略》："移刺及镇海自号为中书相公，总理国事。镇海不止理回回也，鞑人无相之称，只称曰必彻彻。必彻彻者，汉语令使也，使之主行文书耳。"

③ 周按：俄译本无那萨勒。

[原注] 即亦思马因阿昔新 Ismā'īlī assassin。① 刺杀之。当彼等到达汗廷时，彼等首先架起真帖木儿所备之大帐。合罕与宴其中，当彼外出小解时，大风覆帐，伤姬妾一人。合罕令裂其帐碎之，分赐之如赃物。以此，额迭古帖木儿之诉说受损。一周之后，彼等架起阔里吉思所带来之大帐，合罕欢宴其中。礼物中有饰黄疸病石 Jaundice 之腰带。② 以好奇故，彼取之系于腰，此部位原有因消化不良而稍感不适之症竟释然顿消。彼以为佳兆。阔里吉思之诉讼乃得成功。

三月之间，彼等继续审讯，未作出决定。最后，合罕亲讯之。额迭古帖木儿及其追随者被断为有罪。彼言："汝原属拔都，我将以汝之事付彼。彼知将如何处分。"然合罕之丞相镇海言："合罕为拔都之尊长。此何人斯，癣疥之事何烦更与诸宗王共商？如何处置于彼，合罕知之最稔。"合罕乃宥其罪，令两造言和，全部遣归，并与阔里吉思结伴而还。有旨："成吉思汗之大扎撒规定：妄行先发者，死。尔等本应处死。然尔等远道而来，妻子皆倚门而待，我故赦汝等之命，从此勿得再蹈此行为。"彼并命语阔里吉思云："汝如因彼等前此之罪而继续〔蓄怨而加害彼等〕，则汝亦非是矣！"

诏旨规定：阔里吉思将尽统所有绰儿马罕所征服之阿母河以外之地。彼乃遣邮人以此佳闻先行报至呼罗珊；已则亲往访拔都之兄弟唐兀惕。由此而道经花剌子模，以至于呼罗珊。于 637 年六月〔11—12，1239〕抵达其家。然后召诸异密与要人宣示诏旨。彼并遣其子去伊拉克、阿儿兰 Arrān 与阿哲儿拜占。③ 此等地区，

---

① 周按：《元史》称之为木罗夷、没里奚、木乃兮、末来(?)；《亲征录》作木剌奚；《西使记》作木乃奚。阿拉伯语 molhid 义为"邪恶的""外道"，为伊斯兰教正宗派对亦思马音派的称呼。马可波罗称之为山老。
② 周按：《世界征服者史》作'auz 石，亦称黄疸病石。
③ 周按：俄译本无阿儿兰。

经与异密绰儿马罕多方争执，彼始得依诏旨控制此等国家，并颁行赋税。

阔里吉思选择途思 Ṭūs 为驻节之地，[原注] 途思之遗址在 Meshed 北里许。并开始于此地构筑建筑。彼逮捕并囚系萨剌夫丁，而任阿昔勒丁 Aṣil al-Dīn Rughadī 为维昔儿。遣帖木儿至合罕所报告处分萨剌夫丁之事，并随后身自前往，归途，在河中之某处，因金钱而与察合台之一异密库者兀儿 Küje'ür 争执。异密言：“我如报告，则尔当如何耶？”阔里吉思答云：“尔将向谁告我邪？”时察合台新死，异密哭诉于察合台之妻前曰：“阔里吉思之言如此。”王妃遣使于合罕，言：“因察合台已死，故下民 Qarachu 如阔里吉思者，亦口出大言。”合罕令将彼逮捕，以土塞其嘴处死。此时，〔阔里吉思〕已返至呼罗珊。王妃之使者持圣旨诣库勒孛罗之子，命彼执阔里吉思以来。阔里吉思逃走，亡入途思之一堡中。攻战数日，彼被擒出，械系以交付彼等。彼等带至，以土塞其嘴致死。赞礼真主及世上之君主！

纪此时期中所发生之奇异与特殊事件＿＿＿[原注] 诸稿本皆阙。

窝阔台合罕纪第三部分

彼可称颂之美德懿行；彼所发布之格言与嘉言圣训；得之于个人与书籍之个别报导之事件而为前二部分所未具者

合罕秉性公平，行为尊贵。彼遇各类人皆极宽仁慷慨。其正义与仁爱发自天性，故虽顷刻亦不忽视普施公正与广布恩慈。有时国之柱石与朝中大人尝谏其过分宽仁，彼则云：“任人皆知人世之无常，惟聪明者以获令名而得以永生耳。”

诗云：令名可永垂，是为二生命。其富堪匹者，遗存有善行。

无论于何时提及古之算端与国王之习俗，及论及其财货时，彼则云："凡汲汲于此等事物者，皆缺乏聪明耳。盖埋藏财富与尘土之有何区别，甚难想像也。此两者之利益均等也。人死不能复生，故我辈将藏财富于人心，无论于已得、现求或将得之物，我将广施与我之部属及请求者，以资树立令名。"

为确证此有关之已述行事与言论之简要叙述，兹将详叙些许轶事，俾千存其一焉。［原注］上文为《世界征服者史》第一卷第 201—204 页之缩写。以下之轶事亦皆本之于该书，多采缩写形式，惟略其四事。

1. 蒙古之扎撒与约速规定：春夏间，人不得在白天坐于水中，不得于溪中洗手，不得以金银器皿舀水，不得于平原晾晒洗涤之衣服。彼等认为此等行为皆可以致雷电。彼等对雷电极为畏惧，尽量躲避。一日，合罕与察合台出猎，归途中见一穆斯林坐于溪中洗澡，察合台严守扎撒，欲将此人处死。然合罕云："今日天晚，我等已倦，今晚可暂拘系，明日再行处罪。"彼即以其人交答失蛮哈只卜 Dānishmand Ḥājib，并命以一银巴里失 bālish① 暗掷于其人洗澡处之水中，教彼于审问时言：彼为一穷人，仅有之资产落入水中，故彼跳入水中捞取。翌日，其人在审讯中执此为言。于是派人至其处，得巴里失于水中。合罕于是言："大扎撒谁敢违犯耶？ 此穷人乃因其巨大之苦恼与无助而甘冒此悲惨之结果也。"彼宥其罪，令自国库以十巴里失予之；并使具结，不得再蹈此同样之罪行。以此故，世之自由人乃成为彼之天性之奴仆，此种天性远较财富更为贵重。赞礼真主及世界之君主！

2. 当彼等初兴时，彼等制定一扎撒：因食用而杀羊及其他动物时，不得断其喉管，而必须遵其旧俗劈开胸腔与肩胛。一穆斯林自市上购羊而归，锢扃于房中，依穆斯林法宰之。一钦察人于市上见之，尾随监视。彼爬上屋顶，当穆斯林抽刀断羊喉管时，彼纵身而

---

① 周按：关于巴里失之价值，可参看冯承钧译多桑《蒙古史》第二册第 373 页，附录二。

下,缚之,扭至合罕汗廷。合罕遣官员调查此事。当彼等以情况报告时,彼言:"此可怜之人实遵守扎撒,而此突厥人则实犯之,因彼爬上此人之屋顶也。"穆斯林得救而钦察人则被处死。

3. 有数乐人自契丹来,彼等自一幕后陈示奇异之契丹剧目。其一为包括各种民族之图画。其中之一示一白须老者,头缠穆斯林之头巾,绑曳于一马尾。合罕询所画者为谁? 彼等答云:系一叛乱之穆斯林,军士曳彼等出城,其情状如此。合罕令停止演出,〔令其侍从〕自国库取出自八哈塔、不花剌带来之贵重衣服及镶珠之物、阿拉伯良马及此等地区所有之其他贵重之物如珠玉金银等;又令取契丹之货物两相并列。其差别至为明显。合罕言:"最穷苦之大食穆斯林有数契丹奴仆侍立其前,然契丹大异密中无一人有穆斯林俘虏。致此之由无他,皆真主之智慧也。彼熟知世界各族人民之等级与状况。此亦与成吉思汗吉庆之扎撒相符合。因彼规定杀一穆斯林者偿四十巴里失,而杀一契丹人则仅偿一驴。据此等证明,汝等何得嘲弄伊斯兰人? 汝等所行固宜受罚,然我此番赦汝等之生命,宜速退去,且不得重犯此罪行。"

4. 波斯之一统治者遣使于合罕,接受臣服。礼品中有一磨光之红宝石,此系承自彼之父亲者。先知者之名刻于上方,致送者之祖先名字则列于下。彼令宝石匠保留先知者之名,而磨去其他名字,并以己之名刻于先知者之下,然后退还其人。

5. 一操阿拉伯语之伊斯兰叛教者诣合罕,跪而言曰:"我于梦中见成吉思汗。彼语云:为告我子,多杀群穆斯林,因彼等乃极恶之人民也。"合罕沉思片刻,询其是否通过翻译,抑或本人亲自语之。其人云:"亲口言之。"合罕问云:"尔悉蒙古语否?"其人云:"否。"合罕云:"然则尔为说谎无疑矣! 我确知成吉思汗除蒙古语之外,不懂其他语言。"彼令将其人处死。

6. 一穷人,无以为生,亦不习任何生业。彼以铁片锐其锋为锥,安于木柄之上。于是彼候于合罕经行之处。合罕吉庆之目光

79

自远处瞥见之,乃遣人问其景况。穷人告言,彼身体孱弱,家财鲜少,而食口甚繁,故带此锥来献合罕。彼并将锥与此异密。异密告合罕以如此。然以锥造作极劣,故不以示合罕。合罕言:"可将献我之物呈我。"当此锥置于彼吉庆之手中时,彼言:"虽如此,亦可供牧人缝纫酸奶 Kumys 皮之用。"彼予此不值一文之每一锥一巴里失。

7. 一老弱之人诣合罕,求予二百金巴里失相伴结伙营商。彼令如数予之。廷臣言:"此人已届晚年,且无住所、子息或亲属,亦无人知其情况。"彼答云:"彼一生怀此希望,而觅得此一机会。自我之王廷而使彼失望离去将远违宽仁,亦为王道之所不取。此宽仁与王道皆全能之真主所赐予我者。宜速以其所请者予之。彼不当遇拂其所望之命运。"彼等奉命以巴里失予之,然彼已一命归天,而全无所得。

8. 一人求自国库予五百金巴里失予之,作为资金,使从事于商业。合罕令如数予之。其侍从指出此人身份极低微,无金钱,而其所负之债适如此数。彼乃命以一千巴里失予之,使其以半数偿旧欠,剩余之半数则可以充资金。

9. 偶得一文件,言近彼等之禹儿惕之某处有阿弗剌昔牙卜 Afrāsiyāb 所积之财货。文件上写明,此处所藏之财富,驼畜将无法尽载。然合罕言:"我何需他人之财富哉!无论我所有者为何物,宜尽皆分赐与真主之奴仆与我等之臣属。"

10. 一斡脱 Ortaq① 诣合罕,自国库中取一百金巴里失为资本。不久,其人归来,以不能接受之理由请求宽恕其耗损此巴里失之数。合罕令另以五百巴里失予之。彼走后一年复归,其穷乏益甚,另以其他理由辩解。合罕令仍以其数与之,然复损如前。诸必阇

---

① 　周按:由贵族假以资金,与商贾结伙经营之商业组织。徐元瑞《吏学指南》:斡脱,"谓转运官钱,散本收利之名也"。

赤皆不敢以其辩辞奏告。彼等不得已言:"某某人在城中贪口腹而尽耗其金钱。"合罕问云:"人何可吞食巴里失耶?"彼等答称:彼以金钱予不足信任之人,其人已尽耗此金于食饮。合罕云:"然则巴里失本身应犹在也! 得此者皆我之属民,金钱固仍留于我之手也。宜另以曾予之数目予之,且告彼不得浪费。"

11. 契丹之一城市太原府 Tayanfu 之人民上书请求云:"我等负债八千巴里失。此为我等将致毁坏之缘由,因我等之债主正求偿付也。如有旨使债主稍加宽缓,我等将渐事归还而不致全部毁败。"合罕言:"强使债主宽缓,将使彼等蒙受损失;坐视无动,则使那些人痛苦。其以国库付此款项为佳。"彼令一传令者前往宣布债主将立下文据,以使彼等可亲来国库领受现金。伪称负债与债权人者甚多,多以欺诈取得巴里失。以故彼等皆得双倍于彼等所申报之数。

12. 合罕在猎场时,有人送致西瓜三枚。因既无金又无贵重之衣服,彼乃语木哥可敦 Möge Khatun [原注] 窝阔台之宠妻,见《世界征服者史》第一卷第 211 页注 21。以其耳上之二珠与之。彼等言:"此穷人不识此珠之价值。可令其明日亲来,接受所命令给予之金或衣物等件。"合罕言:"穷苦之人不耐等待。珠将重归于我所有。"可敦奉命以珠予之。穷人欢忭而去,而以贱值售之。买者自言:"如此好珠,惟王者宜有。"翌日,即礼送合罕。合罕宣言:"我固言此珠将重归于我,而穷苦人亦可不失望矣!"彼以珠送还木哥可敦,而予送珠者以异赏。

13. 一外人携来箭二枝,跪于前。彼等询其情况。彼言:"我为矢人,负债七十巴里失。如能令国库代偿此数,我将每年纳箭万枝。"合罕言:"此穷汉之困境使彼完全错乱,致有以如此众多之箭而但得此数额之巴里失。可予彼现金一百巴里失,俾使彼有助于其事业。"巴里失立予之后,然其人无法携走。合罕笑而令以牛一轭并车一辆予之。彼载巴里失于车而去。

81

82

14. 当彼奠基哈剌和林之时，一日，进入国库，见藏有二万巴里失。彼云："我藏贮此物，常须守卫，何所得益哉！可予宣布：凡需巴里失之人，可来取之。"城之居民，无贵贱贫富皆前来国库，取之各餍其欲。

15. 和林近地因极寒之故，无有农业。然合罕在位之时开始有此业。某人者，植萝卜，有少数成长。彼携以见合罕。合罕命计其叶之数，数可及百，彼乃令以一百巴里失与之。诗云："心与手如海洋与矿藏之富者，此国王之手与心也。"

16. 离哈剌和林二程 Parasangs 外，合罕建有一宫殿，名为图思忽八里。有人于其旁植柳与桃多株。因此处极寒，无树木生长，然其所植者已抽芽生叶。彼令每株予金巴里失一枚。

17. 当彼慷慨、宽仁之名遍及世界时，商人自各地前来彼之王廷。彼令将彼等之货物，无论好坏，全部收买，付予全部所值；且常不予检查即以充赠送。计价又多以一计十，所有之商人识此，皆不拆封即以货物留下，离去二三日，直至彼将货物全部处置完毕后，于是彼等返还，请求其所欲之价值。彼曾有令：不论数额如何，均可增百分之十付与。一日，廷臣因货物之价已超过其实有之值，请不须增付百分之十。合罕言："商人与国库交易，为图利耳！彼等确曾以费付尔等必阇赤。我所清偿者，乃彼等对尔等之债欠，免使彼等蒙受损失而离我之前耳！"

83

18. 有自欣都来者，以象牙二枚献。彼问其所欲，答以"五百巴里失"。彼略无犹豫，即令如数予之。廷臣大哗，问何得以如此轻贱之物而给予如此巨款；且此等人又为来自敌国者。彼答云："无人为我之敌人，其速以款予之而使其自去。"

19. 有当彼酒醉之时而献一波斯人所服之帽者，彼令书一数为二百巴里失之支取单予之。〔书记官〕意彼因醉而生此命令，故迟不〔加盖〕印玺 altamgha。翌日，彼之目光垂及此人。书记官以支取单展于其前，彼令付其人三百巴里失。彼等复以同前之理由稽迟。然彼则每日增添数额，直至六百巴里失。于是，彼召诸异密与必阇赤而前，询以世上之物何者可得保全永久。彼等同声言无有。彼于是对维昔儿牙剌瓦赤言："此言谬矣！惟令名可得永存耳！"彼复谓诸必阇赤曰："因尔等不欲我得令名而永垂为纪念，是诚为我真正之敌人矣！尔等意我之所与皆因我酒醉所为，故迟延玩忽，直至一二人因〔此〕而受处罚，以惩其余，此于汝等亦非好事也。"

20. 当泄剌失 Shiraz 未服时，有人自其地来，跪而言曰："我有家口，负债且五百巴里失。因闻皇上宽仁之名，故远自泄剌失来。"合罕令予一千巴里失。官吏犹豫，云："彼所求之外而多与者，徒供浪费耳！"彼答云："因闻我之声名，彼远涉山川，历尽寒暑，彼之所求者将不足以偿其债与供彼之花费，非有增赐，彼仍将失望而归。如此则颇非正理。其以我语尔之全数付之，以使彼得欢跃而还。"

21. 一穷人以一杖端系皮带诣合罕前，彼开言〔向合罕〕祈求云："我有一小山羊，我以其肉供家口之食用，以其皮制成士兵之皮带，携以来此。"合罕取皮带于其高贵之手而言："此穷汉为我献来山羊之最佳部分。"彼令予一百巴里失及绵羊千头。且云：彼此数消耗完毕，可再前来，当以更多之数予之。

22. 合罕之习惯，三冬月皆在狩猎中度过。其余一年之九月，彼每日餐毕恒坐于宫廷之外一椅上。此处世界各地之财物堆积如山。彼常以此等财物分赐所有各阶级之蒙古人与穆斯林。彼常令大群人前来，尽其人力之所能携取财物，一日，所述之一人携取大量衣服。当彼走时，一衣遗落在地，彼返回检取。合罕言："人缘何因此一件衣服而不辞往返之劳如此耶？"乃令其人尽其所能再次携取。

23. 一人以此处充燃料之红柳木制成鞭把二百只以献。彼令以二百巴里失予之。

24. 一人以箭头二百献，彼以同样数字之巴里失予之。

25. 彼道经哈剌和林之街市时，见一商店满贮枣。彼渴求此种果实，于下马时令答失蛮哈只卜以一巴里失前去此店购枣。哈只卜去而以一碟枣持归，付价四分之一巴里失，实已倍其原价。当彼携至时，合罕言："一巴里失之微而购枣之多如此。"答失蛮哈只卜出其余金云："我所付者已十倍其价矣！"合罕怒斥之曰："彼之一生宁有主顾若我者耶？"乃令予其人此全部巴里失外，更益十巴里失予之。

26. 彼予一穷人一百巴里失。官吏言："合罕诚以为一百巴里失为一百迪儿汉 dirhems 矣！"彼等以此数之巴里失撒布于彼将经过之道上。彼见而问曰："此为何物？"彼等答云：此即将给予穷人之巴里失。彼云："此为一可怜之小额，宜以双倍之数予之。"

27. 一人与彼之诸异密及国库达成一百巴里失之交易。彼令此数之巴里失将以现金付之。翌日，一穷人立于宫殿之门。彼意此为商人，乃问曰："尔等何故尚未以应付者付彼耶？"于是即以一百巴里失给予穷人。且告云："此即尔货物之价值也。"穷人言："我未曾售货。"侍从返告此非商人。合罕云："尔等已自国库取出此巴里失，不可再归还。此亦此穷人之好运也，宜以全数予彼。"

28. 一日，彼见一欣都妇女，背负一小孩。彼令以五巴里失予之。官吏仅予四巴里失，而留其一还。妇人请之。合罕问："妇人所言为何？"彼被告云：此妇人尚有家口，方事祷请。合罕问："彼诚有家口耶？"彼等云："诚然。"彼乃走入国库，令妇人尽其所能取各种衣物。妇人尽力携取纳赤思 nasij 衣物甚多，其值足可成为富人。

29. 一日，鹰人携来一鹰，云：此鹰有病，宜以鸡肉为药疗之。合罕令予一巴里失以购鸡。库官以一巴里失予一钱庄，而贷与鹰人以购数鸡之值。当合罕询库官以鹰人之事时，彼以己之效能告之。合罕大怒，言："我以难以计数之世上财富委于尔等，尔等尚以为未足耶？此鹰人所欲得者非一鸡，彼以此为借口而求有所得耳！

任何诣我之人——斡脱之将得巴里失以营利,凡携货物来者与凡来此王庭之各色人物——我固知彼等诸人皆各张一网,谋有所得。我则望各人皆能自我处而得慰藉,分受吾人之福运。"彼令以数巴里失以予鹰人。

30.有一弓匠,所制之弓极劣,其名满布哈剌和林,故无人愿购其货。一日,彼缚弓二十张于杖端,携至大门前站立。合罕出而见之,遣人问其所由。彼言:"我即无人愿购其弓之弓匠,我已沦于赤贫,愿以此弓二十张献于合罕。"彼即令其随从将弓取来,并以二十金巴里失予之。

31.有以刻有象图案之贵重珠带献于合罕者。彼围于腰,而其一端之饰钉松动。于是付一金匠修整之。金匠私卖此带。当彼等前来索取时,彼则以各种理由告谅。最后,彼被捕承服已将带出卖。彼被缚至王廷,以其事呈合罕。合罕言:"虽则彼犯下大罪,然彼此种行为正证明其虚弱与被迫。宜以一百五十巴里失予之,使修葺其业,且使不敢于再犯。"

32.有来献阿勒波 Aleppo 杯者,彼之侍从取以呈于其前,而不纳献杯之人入内。合罕言:"献杯之人为带来如此美好之宝石以至此,备经艰阻,其以二百巴里失予之。"献杯之人方坐于门外,为已否进呈而惊疑之际,好音突至,巴里失亦即刻交予。同日,方语及阿比西尼安 Abyssinian 之官宦时,合罕言:"为问此人,能得官宦否?"其人云:"此我之职业也。"彼令另以二百巴里失予之,并为其旅行发付诏旨。其人从未返还。

33.哈剌和林有一人,方处于极度之困境中。彼以野山羊之角制成一杯,坐于大道。当合罕到达时,彼立起并持杯以献。合罕取杯,令以五十巴里失予之。书记之一重述巴里失之数字,合罕言:"我尚须多久方可使尔得不拒我之慷慨施予,并不吝于对请求者赐予钱财耶?此虽然显违尔等之意,其以一百巴里失予之。"

34.一穆斯林借一畏吾儿异密四银巴里失,无力偿还,彼等

87

执而申斥之，责其或则放弃其摩诃末之纯洁真义，改服
Zunnār，①改宗偶像教；或则裸以旅行，穿行市区，受笞躔刑一
百。彼请宽限三日，乃至合罕之朝堂，告以彼之困境。合罕令
找此债权人前来，论其强逼穆斯林之罪。彼以畏吾儿人之房
屋、妻子予穆斯林，并于市场裸体笞畏吾儿人一百，同时以一百
巴里失予穆斯林。

35. 有来自不花剌附近之察儿黑 Chargh 之一阿里·Alid 名察
儿黑之阿里·Alid of Chargh 者，自国库接受一笔巴里失经商。及
付还之期，彼云已经还清。彼等索其收据，彼则云已交合罕本人。
于是彼被引至朝堂。合罕言："我不识汝，汝于何处、何时、在何人
之前交我耶？"彼云："陛下单独之时也。"合罕沉思片刻，于是言：
"〔彼系谎言〕，确而且显。虽然，如召彼责问，人们将谓乃合罕食言
而召此人责问。"彼继续言："姑置之！然于彼所携来国库处置之任
何货物则不加收买。"是日，群商麕至，其货物皆被收买。合罕予每
人以远超出实价之巨款。彼忽言曰："赛义德 Saiyid 其人安在？"彼
等引其人入见。彼言："尔心因彼等不收买尔之货物而悲痛否耶？"
此阿里开始伤心而泣。合罕问："尔之货物所值几何？"彼答云："三
十巴里失。"合罕令以一百巴里失予之。

36. 一日，合罕之一同族妇人进入，注目于彼之夫人之衣服、珠
宝与宝石之装饰。彼即令牙剌瓦赤取来已预备好之珠宝。彼取出
八千的纳尔 dinars 购入之十二盘珠宝，合罕令倾入此妇人之袍袖
和衣襟之中，言曰："今则汝已饱餍珠宝矣！何屡顾他人哉！"

37. 人以安石榴献于彼者，彼令计其子之数而分赐在场之人，
予其人每子一颗一巴里失。

38. 一穆斯林自唐兀惕之一地名哈剌塔失 Qara-Tash[原注]引
Mustaufi 言：Eriqaya 也里海牙与 Qara-Tash 为唐兀境最有名之城市。带来

---

① 周按：东方基督教徒与犹太人所服之腰带。

食物一车,请准予返其本国,合罕胤允,以一金巴里失予之。

39. 一日,方宴,当所有之秃鲁花皆恣情纵饮时,有自斡耳朵偷走一金杯者。遍求不获,合罕乃命发布通告,如有拾得者持以来献,将赦其生命,并恩准其所提出的不论任何要求。次日,窃杯者持以来献。合罕问何故犯此无耻之行。彼答云:"为使全世界之皇帝合罕有所警觉,使不信任此等秃鲁花耳!"合罕言:"我已赦彼之生命,无论情况如何,均不得将似此之人处死。否则,我将命剖其胸而视其心肝为何物。"彼以五百巴里失予之,并予马匹、衣物甚夥,且任彼统率数千军兵,遣往契丹。

40. 某年,稼穑方成,雨雹毁之。以惧饥馑故,哈剌和林市上一元无法购得一 maund,① 彼命发布通告,凡种黍之人皆不须因忧虑而放弃;如有损失,将自国库弥补之。彼等将再事灌溉,如仍无收成,彼等将于谷仓得到同量之谷物。彼等遵命行之,其年,秋稼大稔。②

41. 彼最喜观看摔跤。其初,〔彼之摔跤者〕为蒙古人、钦察人与契丹人。其后,有告以呼罗珊、伊拉克之摔跤者,彼乃遣一使者告绰儿马罕,令彼以此等摔跤手送来。绰儿马罕自哈马丹遣摔跤手 Pahlavāns 费剌 Fīla 与摩诃末沙 Muḥammad-Shāh 及〔其他〕三十名乘驿而来。当彼等到来后,合罕极喜费剌之形容与均匀之肢体。在场之扎剌亦儿部异密按吉歹 Elchidei 言曰:"为此而浪费驿马及其他所需,殊为可惜。"合罕言:"取尔之摔跤手前来,与彼等相角。如尔者胜,我愿以五百巴里失予尔。如败,则尔当以马五百匹予我。"其议既定,合罕夜召费剌,予之酒,且温仁以语。费剌以首伏地言:"托世界皇帝吉运之福荫,我希此事之结局将符陛

89

---

① 周按:印度等国之衡量名。
② 周按:张德辉《纪行》记和林川:"居人多事耕稼,悉引水灌之,间亦有蔬圃。时孟秋下旬,糜麦皆槁,问之田者云:已三霜矣!"

下之所望。"按吉歹则自其所属之万户取一人名斡儿哈纳孛可Orghana Böke者，天明来至。按吉歹言："彼等可以互持其腿为条件。"角赛开始，斡儿哈纳四肢匐伏以掷费剌。费剌云："尔可尽所有之力以握我，以免脱去。"于是彼一发力，使斡儿哈纳孛可旋转如车轮然，掷之于地，其力〔如此〕，骨骼之声远近可闻。合罕如狮跃起，语费剌云："牢握尔之对手！"又语按吉歹云："今则如何？ 彼足值驿马刍秣之费用否耶？"彼迫其纳马五百，而厚赏费剌，于礼品赏金之外，另予五百巴里失；摩诃末沙亦予五百巴里失，其每一那可儿则各一百巴里失，然后彼语摩诃末沙云："愿与费剌一角否？"摩诃末沙言："愿。"合罕言："汝等皆同乡与亲属也。"

其后不久，彼予一美貌女郎与费剌。遵依彼等之风俗，为保持精力，费剌未曾染指于此女，而避免使充伴从。一日，此女至斡耳朵，合罕戏问云："尔爱此大食人否？ 曾否自此人承受全部之欢快？"缘此为一蒙古之通常谑语，相信此大食人具有强大之性欲力也。女人言："我迄今仍未曾尝试，因我等分居也。"合罕召费剌，问以此事之缘由。费剌言："我以摔跤手供职于合罕而著名，无人得以胜我。如我出此，则精力将衰萎，我必失我事合罕之阶等矣！"合罕言："我意在使汝有生育也。自今日始，可免去尔摔跤之役。"

42. 鲁木之国有一人，景况窘困，以滑稽取食为生。是时，合罕慷慨宽仁之名播于四境，其人遂蓄望来访合罕之王廷。然彼既无旅途之食物，又无行骑。彼之友人共集一驴予之。彼藉此前来。三年之后，彼返还，遇一友人于市。彼下马问安，随即邀之入其家，以金银杯盘所盛之各种精制之食品与饮料相款，契丹奴仆雁行序列于前，马驼满厩。彼终日忙于询问此友人，然此友人实已不能识彼。如是三日，友人问〔彼为谁〕。彼答云："我即以一驴出外旅行之滑稽人也。"友人询其发生之事，彼叙述如下：我乘是驴，沿途行

乞以往合罕王廷,携有少许干果。我坐于彼将经过之一小山顶。 91
彼尊贵之目光自远处瞥见,乃遣人来问我之境状。我告以我因闻
合罕慷慨宽仁之名而来自鲁木,步行在道,历尽千万艰辛,以使彼
赐福之目光能垂青于我,使我之命运亦成吉祥。彼等以盘奉于彼
前,并以我之所言具告。彼以少许果实掷入 Suluq。[原注]突厥语:
盛水之器皿。然后,彼猜想其大臣固将腹诽其所为,乃语彼等云:
"此人远道而来,来此之途中,彼经过神祠、圣地,访问伟人甚多。
求如此之人亲口祝福当为大有益之事。我取此果将以予我之诸
子,尔等亦可分取之。"然后彼催马前行,当至斡耳朵下马后,彼问
答失蛮哈只卜此穷人之住所。彼答云不知。合罕言:"尔为何种
穆斯林耶? 一穷人远道而来诣我,尔竟无视其苦乐、住所和食饮!
其亲往访之,处之于美好之旅舍,多方予以照顾。"我踯躅于大街
之中,彼则遣人左右寻找,直至一人遇我,携我至彼之住所。次
日,当合罕上马时,彼见数车满载巴里失前往国库,其数为七百巴
里失。彼语答失蛮哈只卜云:"唤来此人。"当我到来时,彼以此全
部之巴里失予我,且惠我以其他之许诺。如此,我自贫穷之困境
进入繁荣之广阔平原。

43. 一人来自八哈塔,坐于路上。当合罕经过时,询其景况。其
人云:"我为一老弱且贫困之人,有十女。因我极贫,故不能为彼等择
婿。"合罕问曰:"哈里发缘何不赐汝些许什物,并助汝为汝之女儿择
婿哉?"其人云:"我无论何时求哈里发施舍时,彼与我十金元。然而
不足维持一周之所费。"彼令以一千银巴里失予之。其人问云:"我将
如何携走此等巴里失耶?"合罕乃令予驿马,并提供其他运输之方便。 92
老人言:"我之归程,历行友国、敌国,道路横隔,我将如何携此巴里失
归我之国家耶?"合罕乃令十蒙古人为护卫,取彼与金钱安全经过友
好之土地。老人道死,彼等报告合罕,彼令彼等以金钱送八哈塔,交
付其家,告以皇帝已予施舍,以便能为其诸女择婿。

44. 一廷臣之女将婚,彼以一小箱予之,以为妆奁,将遣八人带

交。当此箱带至彼之前时,彼方痛饮为乐。彼令将盖打开。其中所有之珍珠尽皆无价之珍宝,其重皆为一 mithqūl 至六分之二 mithqūl 之间［原注］波斯使用(直至中世纪晚期)之当量,一 mithqūl 相当于 4.3 克。彼以之分赐在座者。有告以带来之此小箱为受命赐予某女郎为妆奁者。彼云:"其以同一之另一小箱予之。"

45. 泄剌失之阿塔别遣其兄弟塔哈木丹 Tahamtan 携礼物诣合罕,其中有二罐极优之珍珠。当彼等以之示合罕,合罕知呈献者以为所奉之珠为极其珍贵之物时,即令其侍从取来一长箱,其中满贮珍贵之珍珠。使者与在场之人一见皆哑然无言。合罕令宴会时将此等珍珠扔入酒杯中,以使彼等皆分享此种礼品。

46. 一蒙古人名明忽里 Minquli,有羊一群。一夜,狼入群中,毁伤其大半。翌日,此蒙古人来至王廷,以此事告之。合罕问狼走入何方。正值此时,群穆斯林摔跤手恰于是处生获一狼,捆缚而至。合罕以一百巴里失购得是狼,而语蒙古人曰:"杀此动物亦于汝无益。"彼令以一千羊予之,曰:"我将释是狼,使之能以所发生之事告于其友,使彼等能离此而他去。"狼被释放后,适遇犬,撕为碎片。合罕以犬杀狼,大怒,令尽将犬击死。彼进入斡耳朵,怆然若有所思,顾诸维昔儿、廷臣而言曰:"我因我体虚弱,而释此狼,意能救此生物于垂死,长生天将赐我以福,我亦可得宽恕。然狼竟不免于犬,我亦难免于危殆矣!"可知王者之兴,皆借神助及接受神之启示,故亦因此而可卜知〔前〕程,晓然无所隐。

我等已稍事叙述合罕之慷慨、宽大、仁慈、宽恕及必然之存在者以此而异于常人之品质,以使人们能认清与确证世上更无一种美德能超乎取得令名之上。虽许多年岁已经消逝,然哈惕木 Ḥātim 与奴失剌文 Nūshīnravān［原注］Ḥātim 为伊斯兰以前阿拉伯之一著名的慷慨与殷勤之人物。Nūshīnravān Khusran 为萨撒朝 Sassanians 之统治者(531—578 年),在波斯文学中常作为正义的化身。之慷慨、宽仁与正义仍留于人们之口齿之间。

诗云：呵！赛的 Sa'di，令名永不死，人毁则难存！

我等现述一关于其严酷、可畏与狂暴之故事，以便明其品性之全貌，此即建立世界主权之所基也。

故　　事

蒙古诸部之一斡亦剌惕 Oirat①中突有谣言起，谓奉令取此部之女以聘某部之人。以恐惧故，彼等以大多数之女子聘与部内之人，亦有实嫁与者。合罕闻此，乃令调查事之原委，情况实如所报。即命集此部所有七岁以上之女子，并将此年内已嫁之女子全部取回，共计有女子四千。彼令凡异密之女与其他者分开，发布扎撒云：凡所有在坐之人均将与彼等交媾，二女死亡。至于其余者分列两行，凡在斡耳朵中有地位者，彼分拨为其女眷。有予猎豹饲养人与鹰人者，有予宫廷之各种侍从者，更有遣往妓院及使者之旅舍者。尚余之人彼令所有在场者，无论蒙古人或穆斯林，任其携取。其兄弟、丈夫与族人皆在一旁，屏息坐视。②

故　　事

合罕以契丹全境任马哈木牙剌瓦赤 Maḥmud Yalavach。③自畏吾儿斯坦 Vighuristan 之地别失八里 Besb-Baliq 与哈剌和州 Qara-

94

---

① 周按：俄译本无斡亦剌。
② 周按：《元史·太宗纪》九年（1237）六月，"左翼诸部讹言括民女，帝怒，因括以赐麾下"。
③ 周按：《元史·太宗纪》十二年，冬十月，"命牙老瓦赤主管汉民公事"。

Khocho① 以及和阗 Khutan、可失哈耳 Kāshghar、阿力麻里 Almalïq、②海押力、撒麻耳干 Samarqand③ 与不花剌至阿母河 Oxus 属牙剌瓦赤子麻速忽别 Mas'ūd Beg〔统治〕。④ 自呼罗珊之〔域〕，至鲁木与的牙儿巴克儿 Diyar Bakr 之边属异密阿儿浑。⑤ 彼等征集所有各地之赋税，以输合罕之国库。

成吉思汗子窝阔台合罕之历史完。

---

① 周按：即古之高昌，《元史》有合剌火者、哈剌霍州、哈剌火州、哈剌禾州诸译。欧阳玄《高昌偰氏家传》："高昌今哈剌和绰也。"其遗址在吐鲁番东。
② 周按：突厥语义为苹果园。《长春真人西游记》："土人呼果为阿里马，盖多果实，以是名其城。"耶律楚材《西游录》："西人目林擒为阿里马。"此城据巴托尔德系 Ūzār 或 Būzār 所建，见《世界征服者史》第一卷第 75—76 页。遗址在新疆伊宁县境。
③ 周按：突厥语 Simiz 义为肥，Kend 义为城。耶律楚材《西游记》：寻斯干者，西方人云肥也，以土地肥饶故名之。《元史》作寻思干、薛米思干。《西使记》作揅思干。《长春真人西游记》作邪未思干。《湛然文集》卷一二《怀古一百韵寄张敏之》注云："寻思虔，西域城名。西人云：寻蒁，肥也；虔，城也，通谓之肥城。"
④ 周按：《元史·宪宗纪》元年(1251)之麻速忽，即此人。
⑤ 周按：俄译本作阔里吉思。

第二章　朮　赤　汗　纪

成吉思汗子朮赤 Jochi 汗纪共分三部分

第一部分：纪其世系；其诸妻、诸子孙及分衍迄于今日之枝派；其圣容；其后裔之谱系。

第二部分：其在位之〔一般〕历史与〔特殊〕行事；其践位时王位及诸妻、诸宗王与诸异密之图画；其冬夏之驻地；其所经历之战争与所获得的胜利。

第三部分：彼可称颂之美德懿行；各种轶事；及彼所发布之高贵格言与教令；散见于诸人及诸书之报导而为前二部分所不载者。

朮赤汗纪第一部分

纪朮赤汗之世系；其诸妻、诸子孙分衍及于今日之枝派；其圣容；其后嗣之谱系

朮赤汗为成吉思汗之长子,惟另有一姐名福真别姬 Fujin Beki 者,年长于彼。[①] 彼为长妻弘吉刺部特那颜 Dei noyan 之女孛儿台

---

① 周按：疑即《元史》卷一〇九《诸公主表》之火臣别吉。昌国大长公主帖木伦死后,火臣别吉继适孛秃。

兀真所生。孛儿台兀真生四子五女。成吉思汗早年,方大位未定之时,前述之妻孛儿台兀真方孕术赤汗。蔑儿乞部 Merkit① 乘机掠成吉思汗营帐,掳其有孕之妻子。此部人虽则迄今大部与克烈部 Kereit② 之统治者王罕 Ong-khan③ 为敌,然其时则保持和好,故送孛儿台兀真于王罕。因王罕为成吉思汗之父之友,④称成吉思汗为子,故待此女礼遇有加,使序为子媳,并为防止陌生人之窥伺。

98　因彼极为美丽与能干,王罕之异密相与言曰:"王罕何故不取孛儿台兀真为己有耶?"然王罕言:"彼于我为儿媳行,我处其于我等一

---

①　周按:蔑儿乞部居色楞格河 Selenge 下游、贝加尔湖南之地。《史集》第一卷第一册蔑儿乞惕部:"他们又被称为兀都亦惕部 Удуит 尽管部分蒙古人称蔑儿乞惕人为蔑克里特人 Мекрит,但两者的含义则是相同。"加儿宾也提到过名为 Mecrit 的部落,是与 Merkit 并列的相似部族。汉籍中也有灭乞里部的记载(《元史·世祖纪十三》至元二十七年十二月乙未;许有壬《至正集》卷四九《阿塔海牙神道碑》)。k 与 r 之间发生倒置而生音变的现象,其原因不明。《史集》谓蔑儿乞惕有四分部:兀合思 aūifz、木丹Мудал、秃答黑邻 Тудачлин 与只温 Джию,《秘史》第 102 节三种蔑儿乞人为兀都亦惕、兀洼思、合阿惕。兀洼思当即兀合儿(思)。《亲征录》之麦古丹当即木丹。外又有"脱脱里掌(孛?)斤"之名(王国维校注本第 70 页),屠寄《蒙兀儿史记氏族表》则读作"脱里孛斤"。大抵北方游牧民之部族分衍,一如《后汉书·乌丸传》所云:"氏姓无常,以大人健者名字为姓。"观蒙古部之世次可知其大概。蔑儿乞部之枝派当亦繁衍如之,惟其强者则《秘史》所称之三姓耳。

②　周按:克烈部居鄂尔浑与土拉 Tula 河流域之杭爱山 Khangai 与肯特山Kentei 地区。《史集》第一卷第一册谓:古昔有一君主,有六子,肤色拗黑,故称克烈。六子各为一部,克烈部为其君长。其余五部为 Джиркин,《秘史》作只儿斤,《元史·太祖纪》作朱力斤;Конкаит,《秘史》作董合亦惕,《元史·太祖纪》作董哀;Сакаит,此名见《世界征服者史》第一卷第 35 页,作撒乞阿惕 Saqiyat;Тумаут,《秘史》作土别干 Tubägan。

③　周按:本名脱斡邻勒 Toghrïl。《元史·太祖纪》:"汪罕,名脱里,受金封爵为王。番言音重,故称王为汪罕。"

④　周按:《元史·太祖纪》:成吉思汗之父也速该把阿秃儿与王罕交盟,蒙语称按答 anda,"华言交物之友也"。

处者,盖为安全耳！以不忠实遇之,非义也。"当成吉思汗悉其下落时,即遣异密扎剌亦儿 Jalayir① 部人色别 Sebe 者(撒儿塔 Sartaq 之祖父。此人在阿儿浑汗 Arghun 之童年时,藉阿八哈汗 Abaqa Khan 之旨令,任呼罗珊、马扎答兰之斡耳朵之异密)前往王罕所,取还孛儿台兀真。王罕礼待而遣与色别俱还。途中忽生一子,故名之曰尤赤 Jochi[原注] 后来之作家解尤赤一词为不速之客,因蒙古语宾客为 Jochin。但剌失德丁恐另有所谓。按《史集》俄译本第一卷第一册第 98 页:"不意而生之婴儿,故名尤赤。"对尤赤之血统,当时就有不同的看法。因道路危险,无处停息,无法制一摇篮。色别〔乃〕捏少许面粉,缠绕于婴儿四周,裹以裙边,使不致伤害。小心携带,以达于成吉思汗。②

彼长成之后,常侍从其父,苦乐共尝。然常与其兄弟察合台与窝阔台龃龉不和。因____[原注] 稿本阙。彼与拖雷及拖雷之家族则共铺团结之道路。彼等从无人出此辱骂,而认彼之____为真实。[原注] 布洛歇之稿本之一及刊本阙。然维尔霍夫斯基本不阙。③

尤赤汗青年时娶扎合敢不 Jagambo④ 之女名别秃忒迷失兀真 Bek-Tutmïsh Fujin 为妻。彼为成吉思汗妻亦巴合别姬 Ibaqa Beki

99

---

① 周按:扎剌亦儿,"世居阿难(斡难)水之东"(《元史·忙哥撒儿传》)。《史集》第一卷第一册谓分十部:Джат 扎惕、Тукараун 脱忽剌温、Кунксаут 弘合撒兀惕、Кумсаут 昆木撒兀惕、Уят 兀牙惕、Нилкан 你勒罕、Куркин 古儿勤、Тулангит 朵郎吉惕、Тури 秃里、Шанкут 珊忽惕。其中除脱忽剌兀惕与朵郎吉分别见于《秘史》及《亲征录》,余均不可征。又《元史·忙哥撒儿传》记其系出"察罕扎剌儿"(白扎剌亦儿)岂其通称耶？
② 周按:《秘史》第 104—111 节所纪不同,盖讳言之也。
③ 周按:俄译本作:"认为他是成吉思汗真正的儿子。"据《秘史》第 111 节:蔑儿乞人掳孛儿帖,即"配与赤列都弟赤勒格儿力士为妻"。又第 254 节:当成吉思汗将选择继承人时,"察阿歹说:'父亲问拙赤,莫不是要委付他？他是蔑儿乞种带来的,俺如何教他管？'"
④ 周按:克烈部王罕之兄弟。

与拖雷之妻唆鲁和帖尼别姬之姐妹。①彼为术赤之长妻。此外尚有妻妾多人,子孙甚众。据可信之报告言,彼有子近四十,孙无数。然以道远,无据可寻,故难于精确详其世次。惟其子孙之著闻者则当详及之。全能之真主最稔知何者最为正确。

纪术赤汗诸子及迄于今日之诸孙

术赤汗诸子之著名者十四人。其名与其后嗣,就所知者如次。长斡鲁朵 Ordo,二拔都 Batu,三别儿哥 Berke,四别儿克怯儿 Berkecher,五昔班汗 Shiban Khan,六唐兀惕 Tangqut,七孛阿勒 Bo'al,八赤老温 Chila'uqun,九辛忽儿 Shingqur,十赤木台 Chimtai,十一摩诃末 Muhammad,十二兀都儿 Udur,十三脱花帖木儿 Toqa-Temür 及十四辛古木 Shinggüm。

我等将依上述之次序,逐一叙其诸子,并详及其诸后嗣。

术赤汗长子斡鲁朵

彼为〔术赤汗之〕主要妻子弘吉剌氏名为锁儿欢 Sorghan 者②所生。彼于其父生时及死后均极受尊敬。虽则术赤汗之位为第二子拔都所承袭,然蒙哥合罕于书写法令与扎撒,以示尊敬时,皆以斡鲁朵之名置于首位。斡鲁朵同意以拔都为统治者,拥之即其父之大位。术赤汗之军队半属斡鲁朵,半属拔都。彼与彼之四兄弟:兀都儿、脱花帖木儿、辛忽儿及辛古木为左军,③至今称为左手诸宗王。彼等之后裔至今仍与斡鲁朵之后裔在一处。彼与其兄弟之禹儿惕及军队均居于____之左方。〔原注〕稿本阙。斡鲁朵之兀鲁思,世谓之白帐 White Horde,其地自锡尔河之右岸向北伸展,至于 Ulu-Tau 山脉,今之中部哈萨克斯坦 Central Kazakstan 之地。彼之后代及其兀鲁思

---

① 周按:《秘史》但言扎合敢不有二女,不及此别秃忒迷失。
② 周按:俄译本作 Сартак。
③ 周按:俄译本无辛忽儿。

仍居于此。从来无一斡鲁朵家族之成员之袭位者前去拔都家族之
汗国。缘彼等相去绝远,且各为兀鲁思之独立统治者。然彼等习
以拔都之承袭者为其君长,列名于其法令之首。今日斡鲁朵兀鲁
思之统治者为火你赤 Qonichi 之子伯颜 Bayan。彼曾至拔都兀鲁
思之统治者脱脱 Toqta 领地之边境地,因其侄贵裕 Küilük 叛
彼,①伯颜畏之,乃以举行忽里台为借口,去脱脱处,其事详下文。

　　斡鲁朵有主要之妻子三人。一为弘吉剌部之主客可敦 Jüke
Khatun;另为脱巴合纳 Tobaqana,亦弘吉剌氏;三为＿＿＿亦弘吉剌
氏,[原注]诸稿本皆阙。其父名斡格汗 Öge Khan,②〔斡鲁朵〕于其父
死后娶之。彼尚有妾多人。诸妻生子七人。依次为:撒儿塔台
Sartaqtai,忽里 Quli,忽鲁木失 Qurumshi,弘吉阑 Qongqïran,绰儿
马海 Chormaqai,忽秃忽 Qutuqu 及旭烈兀 Hülegü。此七子之情况
及其子孙现将分别详述之。斡鲁朵之长子撒儿塔台:

　　此子为弘吉剌氏主客 Jöge Khatun③ 所生。彼有四主要之妻 101
及妾多人。其妻名兀苫 Hujan 者,旭烈兀汗妻忽推可敦 Qutui
Khatun 之姊妹也。生子曰火你赤 Qonichi,长期为斡鲁朵兀鲁思
之统治者。彼与阿儿浑汗 Arghun Khan[原注]波斯之伊利汗,1284—
1291 年在位。相友善,其后则结好于伊斯兰之君主(真主赐其国祚无
穷!)常遣使于彼,以示其真诚之情。彼极肥胖,且日甚一日,甚至
常须怯薛人员昼夜防护,阻其入睡。否则,彼之咽喉将为肥肉阻塞
致死。因其躯体极巨,马不能载,故彼常乘车。其后,彼偶入睡,肥
肉出其咽而死。

　　火你赤主要之妻四人:一为弘吉剌氏脱忽鲁罕 Toquluqan;④二

_____

① 　周按:俄译本作 Кублук(注作 KWBLK),显系音点脱落所致。
② 　周按:俄译本作 Укаджиян。
③ 　周按:即上文之 Jüke。
④ 　周按:俄译本作 Нукулукан(注 NWQWLQAN),首音音点互异。

为蔑儿乞氏不忽隆 Buqulun；①三为弘吉剌氏镇土木 Chingtüm；四为扎只剌氏 Jajirat②之巴儿忽真 Barquchin，③此巴儿忽真出自豁儿赤 qorchis 之长之大异密家。④ 彼共有四子：伯颜 Bayan、巴只吉台 Bachgïrtai、察罕不花 Chaghan-Buqa 与马忽台 Maqudai。此火你赤四子之情况及其子孙世系将分别详序之。

火你赤长子伯颜——彼为弘吉剌氏不忽隆可敦所生。⑤ 其父死后，彼取其父之妻三人为妻。其一为巴儿忽真，二为镇土木，三为按塔出 Altaju。彼另有三妻：一弘吉剌氏，来此境（即波斯）之克列思额勒赤 Keles Elchi⑥家族之帖木格 Temüge 之女亦勒坚 Ilgen。二为阿儿浑 Arghun 种人[原注]布洛歇之两稿本皆读 AW'WNAN 为 ARΓWNAN，此明即维尔霍夫斯基之 ugnan（огунан）。布洛歇本人则读作 AWΓWZYAN，即 Oghuz。这当然是不可能的。Arghon 即马可波罗之 Argons。⑦ 之忽秃隆 Qutulun。____之女也。[原注] 布洛歇诸稿本与刊本音点尽失，维尔霍夫斯基作 Tukuyana-Tukutai。三为弘吉剌氏按塔出 Altaju，系朵歹拔都儿 Dödei Bahatur 之女，乃

102

———————

① 周按：俄译本作 Нукулун（注 NWQWLWN），首音音点互异。

② 周按：《秘史》孛端察儿所掳之孕妇生子，名扎只剌歹，其后为扎答阑氏。《史集》则谓屯必乃第七子都儿伯颜之后，称扎只剌惕氏，亦即照烈部。然《秘史》载照烈之起源为"那合必赤的母从嫁来的妇人孛端察儿作了妾，生了个儿子名沼列兀"，其后为沼兀列亦惕姓氏。Ja'urait 与扎木合所属之 Jajirat 明为两部，不容相混，《史集》误。

③ 周按：俄译本作 Таркуджин，当系首音音点致误。

④ 周按：怯薛之带弓箭者称豁儿赤、火儿赤。俄译本作"察合台之豁儿赤之长"。

⑤ 周按：前文谓不忽隆出蔑儿乞部，此处显有讹误。俄译本作 Нукулукан 可敦所生，则前后可通。

⑥ 周按：elchi，蒙古语义为使臣，《金史·宣宗纪》作乙里只；《元史·太祖纪》作乙职里。

⑦ 周按：关于阿儿浑，请参考拙著《元和元以前中国的基督教》一文（《元史论丛》第一辑）。

大夫人不剌罕可敦 Bulaghan Khatun 之族人也。[原注] Bulaghan
为伊利汗阿八哈之妻，后为阿八哈子阿儿浑之妻。伯颜有四子。依次
为萨的 Shādī，帖木格之女亦勒坚所出。沙梯不花 Sati-Buqa，忽
秃隆可敦所出。迭克捏 Tekne，按塔出可敦所出。撒勒只兀台
Salji'utai，其母佚名。

　　伯颜现继承其父火你赤管领其兀鲁思。彼与伊斯兰君主（真
主祐其国祚长久！）交好，常遣来使者。不久前，帖木儿不花之子贵
裕申言，先时管领兀鲁思者为彼之父，故〔其位〕当由彼来继承。彼
召开会议，于海都 Qaidu 与笃哇 Du'a 处得到军队，突袭伯颜。伯
颜逃走拔都之继承者脱脱所居之域。彼于此处越冬。春间，来至
脱脱处举行忽里台，请求帮助。脱脱方与那海 Noqai 争战；同时又
怀畏惧于伊斯兰君主（真主祐其国祚永存！）乃推托不予任何兵卒，
而仅遣使于海都、笃哇，请彼等以贵裕付之。彼且同时下令兀鲁思
仍归伯颜管领。迄于今日，伯颜与贵裕、海都及笃哇军凡十五战，
其中之六次彼曾亲历戎行。脱脱虽遣使致海都之子察八儿 Chapar
及笃哇，请其送贵裕以来，然彼等不许，托辞谢绝。其意图盖欲助
贵裕，立之为兀鲁思之统治者，使其为与合赞汗 Ghazan Khan 争
战之盟友也。前一年，即 702 年/1302—1303，伯颜遣使于伊斯兰
君主（真主祐其国祚长久！）以火你赤在位时之一异密、弘吉剌部之
克列思与别速惕 Besüt[原注]《史集》俄译本误读为 Yisut（第一卷第一册，
第 193—194 页）。① 之脱黑帖木儿 Toq-Temür 为首，偕同其他那可儿
等，于同年六月初〔1303 年 1 月末〕抵八哈塔附近，携带名鹰与礼物见
伊斯兰君主（真主祐其国祚永存！）。使者致词："请常遣使者以惠示

---

① 周按：俄译本之 YḤWT Yisut 显为 BXWT Besut 之音点误植所致。同样，
　　将 KWYLK Küilük 误为 KWBLK Кублук，皆俄译本译者疏于考订，不明
　　取舍之证明。别速惕，《秘史》谓察剌孩领忽收嫂为妻，又生一子，名别速
　　台，就作了别速惕姓氏。《史集》则称系屯必乃九子乞塔台之后。

103 佳音。候望命令诸异密于任何方向出击，以予我支助。缘此年之内，我等已攻进察八儿。① 脱脱同盟于我等，并已遣军相助矣！"

脱脱曾遣军二万与合罕于迭烈速 Deresü 之军接合。② 缘彼等之边境与合罕相连，前此已联军也。数年前，海都深惧彼等与合罕之军联结，遣其第二子名伯颜察儿 Bayanchar、另一子沙 shāh 及蒙哥合罕子昔里吉 Shiregi 子脱迭帖木儿 Töde-Temür③ 阿里不哥 Arïq-Böke 子灭里帖木儿 Malik-Temür 领军至伯颜境内，并以此界之，使彼等构成合罕与伯颜军之间之屏障，使不致联结。贵裕以自伯颜处转投而来之军

---

① 周按：俄译本下有"与笃哇"。

② 周按：deresü，即茇茇草，为草地常见之草本植物。波义耳此处引克里夫斯书信，于 Deresü 之方位，多所推测，然疑窦尚多。《秘史》第 150 节："在后成吉思在帖儿速地面，有客列亦种人扎合敢不来降。"《亲征录》则作塔朵速 Ta-do-su 之野。伯希和认为应从《秘史》作 Ta-la-su＞Tersüt，即 deresün 一词之复数。又《元史·世祖纪一》蒙哥七年（1257），"冬十二月，入觐于也可迭烈孙之地。"《宪宗纪》则云："冬，帝渡漠南，至于玉龙栈。忽必烈及诸王……等来迎，大燕。"据《明会要》卷七五《方域五·道路》引《昭代典则》：宣德七年（1432）五月，"复开平凉府开城县迭烈孙道路。先是，陕西参政杨善言：'西安诸府州，岁运粮饷至甘州，凉州、山丹、永昌诸卫，皆经平凉府隆德县六盘山蝎蜥岭。山涧陡绝，人力艰难。开城县旧有路，经迭烈孙、黄河，平坦径直，抵甘州诸卫，近五百余里。'"然则此迭烈孙必为开城西北与黄河之间之屈吴山与祖历河之地。玉龙栈亦当与此相近。《元史·土土哈传》元贞二年（1296），"诸王附海都者率众来归，边民惊扰。身至玉龙罕界。馈饷安集之。"此玉龙罕当即玉龙栈，应为贺兰山南一带之边地。屠寄谓玉龙栈当在乌喇特旗。以迭烈孙之地度之，恐失之过北。扎合敢不附降于成吉思汗之帖儿速愓是否即此迭烈孙，固难断言。至若此处忽必烈军与白帐汗国军接合处之 Deresü，当无论如何不可能在漠南之地。尤赤之封地，尤外尼记载本东起海押立。蒙哥即位初，在北边陈兵为备，其所任之不怜吉觯所率军驻横相乙儿，而斡鲁朵之第四子弘忽阑则驻海押立之境（见后文）。加宾尼亦记阿拉湖之外地区是尤赤斡耳朵所在（《出使蒙古记》第 59 页）。后文蒙哥纪谓撒里蛮伴那木罕参与迭列速之役。时那木罕出镇阿力麻里。观此，则 Deresü 似在今塔尔巴哈台与巴尔喀什湖间之域。

③ 周按：俄译作 Тура-Тимур。

队，以及海都、笃哇所遣之援军攫取伯颜兀鲁思之一部分，虽则其时伯颜仍领有斡鲁朵兀鲁思之大部。因长期之战争使其兵员，包括骑兵、步卒，咸趋贫乏，然彼仍继续抵抗强敌，并向此间乞助金钱。伊斯兰君主（真主佑其国祚长久！）自帖必力思 Tabriz 遣还其在八哈塔接待之使者，使彼等致送伯颜及其诸妻子金、衣物及其他礼品。

火你赤次子巴只吉台——蔑儿乞部不忽隆可敦所出。彼有妻为克烈亦惕氏，名阔阔仑 Kökelün。此妻生子名也客 Yeke。[1]

火你赤第三子察罕不花——前述之镇土木可敦所出。有妻名速儿迷失 Sürmish，乃克烈部忽失帖木儿 Qush-Temür 之女，生子曰吉烈歹 Jiretei。[2]

火你赤第四子马忽台——扎只剌惕巴尔忽真可敦所出。彼无子息。

斡鲁朵之长子、火你赤之父撒儿塔台之支系完毕。

斡鲁朵之第二子忽里

方旭烈兀之去波斯也，有旨：诸宗王之家，各以一宗王从征助之。此忽里即斡鲁朵兀鲁思所派往者。[原注]据格里哥尔 Grigor of Akner：《引弓者国的历史》第 327—331 页。忽里作 Khul，早先是阿美尼亚的统治者。格里哥尔暗示忽里不得善终，此与剌失德丁所纪有异（见后文）。彼道由花剌子模至于的失斯坦 Dihistan，[原注]义为 Dahae 之地，系里海东岸 Atrek 北之一区，即今之土库曼斯坦 Turkmenstan。与马扎答兰 Māzandarān。彼有长妻数人，一为弘吉剌氏捏的斤 Nendiken，另为____氏合达罕 Qadaqan[原注]诸稿本阙。[3] 又一为来至此境而死去之阔克帖尼 Kökteni。[4] 彼有五子，依次为：土蔑坚 Tümeken，

---

① 周按：俄译本作 Биратай（注：BYRATAY）。

② 周按：俄译本作 Теке。

③ 周按：俄译本不言合达罕所部。

④ 周按：俄译本作 Кукини（注：KWKYNY）。

土门 Tümen，明罕 Mingqan，爱牙赤 Ayachi 与木速蛮 Musalmān。此五子及其后裔之情况将分予叙述：

忽里之长子土蔑坚——彼有三长妻，一为塔塔儿部 Tatar①索哈勒那颜 Soghal noyan 之女不剌罕 Bulaghan；次为＿＿＿部之孛剌仑可敦 Boralun Khatun；〔原注〕诸稿本皆阙。三为妾完泽 Öljei。土蔑坚有三子，依次如下所列：

察鲁黑 Charuq　彼有妻名 Yaqur＿＿＿〔原注〕名之其余部分有讹误。②生子二人：那海 Noqai 与撒梯勒迷失 Satilmish。

木八剌 Mubārak　前述之孛剌仑可敦所出，有二子：额勒不花 El-Buqa 与脱列帖木儿 Töre-Temür。

古出克 Küchük 前述之妾所生。

忽里之次子土门——捏的斤可敦所生，有妻妾数人。长妻之一为＿＿＿部之孛剌仑 Boralun〔原注〕诸稿本阙。彼有六子，列举如次：③阿黑阔帛 Aq-Köpek，有子名孛阑奚 Boralqï。达失蛮 Dashman。忽儿塔哈赤 Qurtaqachi。忽惕鲁黑不花 Qutlugh-Buqa。忽惕鲁黑帖木儿 Qutlugh Temür 与额勒帖木儿 El-Temür。〔后〕列之五子均无子嗣。④阿里阔帛母之名与达失蛮、忽儿塔哈赤及忽惕鲁黑帖木儿之母均不知为何人。忽惕鲁黑不花则为孛剌仑所出。⑤

105

---

① 周按：汉籍作达达、鞑靼、塔坦、塔靼、达打、挞笪、塔塔诸译。《辽史》称阻卜，《金史》作鞑鞨。此部在十二世纪末活动于呼伦与贝尔两湖之地。《史集》记其分六部。Тутукульют 秃秃忽里兀惕。Алчи，即《秘史》之阿勒赤 Alči。Заган，即《秘史》之察罕 Čaqa。Куин，即《秘史》之主因 Jüin。Баркуй 巴儿灰。Терат 迭剌。另见于《秘史》者尚有阿亦里兀惕 Airiut，阿鲁孩 Aluqai，备鲁兀惕 Biru'ut，都答兀惕 Tuta'ut 等氏族。

② 周按：俄译本作 Якуртумджак。

③ 周按：俄译本作七子。

④ 周按：俄译本额勒帖木儿后列："Яйлак。后之六子均无子嗣。"

⑤ 周按：俄译本下有："额勒不花为妾所出。"

忽里之第三子明罕，＿＿可敦所出。〔原注〕布洛歇本阙；维尔霍夫斯基本作 Bilan。彼妻妾多有，然佚其名。有三子，依次为：哈力勒 Khalīl；巴失马黑 Bashmaq 与斡勒忽图 Olqutu。① 此明罕当其父忽里来此境时，上述之三子亦皆随至。〔原注〕据格里哥尔（第 339—341 页）明罕（书中作 Mighan）被旭烈兀囚于兀儿米牙 Urmīya 湖之岛上。另处地方（第 331 页）则谓明罕曾承袭其父为阿美尼亚之统治者。

忽里之第四子爱牙赤——其诸妻佚名。有一子名合赞 Qazan，阔里吉思 Körgüz 之子忽惕鲁黑不花 Qutluq-Buqa 之女所生。此爱牙赤来此境时尚在童稚，阿八哈汗在位时偕阿儿浑汗居呼罗珊。在备受礼遇后，彼与其子被彼等作为友谊与权变之行为而送返其旧有之兀鲁思。

忽里之第五子木速蛮——合达罕可敦 Qadaqan Khatun 所生。有妻甚多，其中之一名斡耳朵的斤 Ordo-Tegin，乃蛮部 Naiman 人。② 彼有四子，其序为：牙忽都 Yaqutu，忽察 Khwāja，牙亦剌黑 Yailaq③ 及亦勒牙思 Ilyās，皆斡耳朵的斤所生。

斡鲁朵之次子忽里之世系完毕。

斡鲁朵之第三子忽鲁木失

此忽鲁木失无子，其诸妻均无所闻。〔原注〕此 Qurumshi 伯希和证其即加儿宾行纪中所记驻第聂伯河之蒙古将军 Corenza。

斡鲁朵之第四子弘吉阑

彼于其父死后继掌斡鲁朵之兀鲁思，无子。

斡鲁朵之第五子绰儿马海

彼亦无子，诸妻无所闻。

106

---

① 周按：俄译本哈力勒下有"无子"，巴失马黑下有"一子名 Хасан"，斡勒忽图下有"无子"。

② 周按：乃蛮住牧在阿尔泰以西、也儿的失河上游一带。《史集》谓该部有若干分支，然无可考。Naiman 蒙古语义为八，恐即八部之谓也。

③ 周按：俄译本作 Япалат（注：YAPALAT），序列第二。

斡鲁朵之第六子忽秃忽

不知其是否有子。

斡鲁朵之第七子旭烈兀

彼有长妻二人，其一名唆鲁忽可敦 Soluqu Khatun，［原注］维尔霍夫斯基作 Sulukan（Suluqan）。

＿＿＿氏。［原注］诸稿本皆阙。

另为＿＿＿［原注］维尔霍夫斯基作 Turbarchin。

钦察氏。有子二人：帖木儿不花 Temür-Buqa，斡勒忽都 Olqutu。

彼名为旭烈兀，无子。彼所有之诸子皆忽秃忽所生。此事得之于谱系之书，最为可信。真主全知一切。［原注］据布洛歇，此全段仅为其一稿本之边注，所包括之报导与 Mu'izz al-Anāb 之材料一致。维尔霍夫斯基本则置此段于"彼有长妻二人"之前。

旭烈兀之长子帖木儿不花——彼有四长妻。第一为弘吉剌氏亦孙那颜 Yisün noyan① 之女阔阔真 Kökejin。二为忽里豁失喀儿 Quri-Qochghar 之女、阿儿浑人阿儿浑的斤 Arghun-Tegin。三为＿＿＿氏［原注］诸稿本皆阙。忽秃真 Qutujin。四为弘吉剌氏巴牙仑 Bayalun，旭烈兀汗妻忽推可敦 Qutui Khatun 之姊妹。此外尚有姜多人。前述诸妻生六子。一，贵裕 Küilük，阔阔真所生；二，不花帖木儿 Buqa-Temür，阿儿浑的斤所生；三，章忽 Jangqut，忽秃真所生；四，脱哈帖木儿 Toqa-Temür，其母为巴牙仑；五，小薛 Saisi，亦忽秃真所生；六，兀萨阑 Ushanan，亦阔阔真所生。

旭烈兀之第二子斡勒忽都——彼为前述之——可敦所生。［原注］维尔霍夫斯基作 Turbarchin。有四子，依次为兀乞忽儿秃花 Üch-Qurtuqa，别失忽儿秃花 Besh-Qurtuqa，不花帖木儿 Buqa Temür 与迭烈克 Derek。［原注］Üch-Qurtuqa 突厥语义为三老妇，Besh-Qurtuqa

———————

① 周按：俄译本作 Тису-Нойон。

义为五老妇。前者维尔霍夫斯基作 Üch-Buqa 三牛。蒙古风俗,妇女分娩后,即以其最先所见之人或物以名所生之婴儿。

此旭烈兀为唐兀惕之妾名额儿奴克额格赤 Ernük egechi 所 107 生。彼头发极长,垂及于地。彼无子。〔原注〕此段不见于维尔霍夫斯基本,显系同属上文注内所引之边注,故为其他材料之阑入者。

借全能真主之助,尤赤汗长子斡鲁朵之世系叙述迄。

尤赤汗第二子拔都

拔都为弘吉剌部按陈那颜 Alchi noyan 之女斡乞兀真可敦 Öki Fujin Khatun 所生。彼称为赛音汗 Sayin Khan。〔原注〕直译为好的汗,并无仁慈、聪明之意,而为其死后之讳称。位极尊贵,拥有大权,掌管尤赤汗之兀鲁思与军队,享年长久。当成吉思汗之四子死后,彼为〔汗之〕诸孙中最年长者,[①]于侪辈中位居尊长,在忽里台中无人敢违其言。不宁惟此,所有诸宗王皆服从于彼。先时成吉思汗有命;尤赤将领军队尽取所有北方诸国,如:亦必儿失必儿 Ibir-Sibir[②] 孛剌儿、钦察、[③]巴只吉德、斡罗思、萨儿克思 Cherkes,及于里海之打儿班 Darband、蒙古人称之为铁门关者。尤赤无视此命令。窝阔台合罕即汗位后,即以同一任务付之拔都,委派其侄蒙哥及后者之兄弟拔绰 Böchek、己子贵由及诸大异密如兀良哈部 Uriyangqat[原注]刺失德丁区分为兀良哈惕与森林中兀良哈儿两种。后者居贝加尔湖东岸之巴儿忽真隘 Barghujin Tögüm。军队之指挥者、前曾与 108 者别 Jebe 统军来此境之速不台那颜 Sübetei noyan,大集其他诸宗王,由拔都率领,往征北方诸国。猴年、当回历 633 年六月〔1236. 2—3〕,彼等出师,征服此等国家之大部。鼠年春,当回历 637 年/ 1239—1240,贵由汗与蒙哥合罕奉合罕之命返还,〔原注〕实际为

---

① 周按:拔都自 1227 年在位,死于 1254 年,更大的可能是 1255 年初。

② 周按:名从《元史·玉哇失传》。《秘史》第 239 节载失必儿。此部居乞尔吉思之北,安哥剌河上。1207 年,尤赤伐林中百姓,此部降服。

③ 周按:俄译本作 Дашти Кипзак。

1240 年。前往合罕王廷。其后一段时期，拔都与彼之诸兄弟、异密之军继续征服此等国家，一如其后裔迄今所为者。

拔都之长妻与姜众多。① 有子四人，其序如次：撒里塔 Sartaq、脱豁罕 Toqoqan、② 也不干 Ebügen 及辛古木 Shinggüm。③ 此四子之后嗣及彼之情况分述如次：④

拔都之长子撒里塔

彼为____可敦所出，[原注] 诸稿本皆阙。无子。[原注] 关于撒儿塔，明显地是一个基督教徒。他承袭其父位为金帐汗兀鲁思的统治者（1255—1256 年）。他至少有二子，其一名 Ulaghchi，嗣为金帐汗，据鲁不鲁乞，撒儿塔有六妻，其长子亦有妻二至三人。剌失德丁在后文中亦谓有子名兀剌赤。

拔都之第二子脱豁罕

彼有五子，其序如次：塔儿秃 Tartu、⑤忙哥帖木儿 Möngke-Temür、脱迭蒙哥 Töde-Möngke、脱赤晃合 Toqïqonqa⑥ 及兀格赤 Ügechi。此五子之后裔如次：

109

脱豁罕长子塔儿秃——彼多妻妾，惟不详其名。有二子：脱烈不花 Töle-Buqa，[原注] 马可波罗作 Tolobuqa，1287—1291 年间统治金帐汗兀鲁思。其子不详。宽彻 Könchek，有子孛思不花 Boz-Buqa。⑦

脱豁罕之第二子忙哥帖木儿——此忙哥帖木儿[原注]别儿哥之继承人，1266 或 1267 年春至 1280 年统治金帐汗兀鲁思。有妻妾多人。其三长妻之名为：弘吉剌部之完泽 Öljei、旭申部 Üshin⑧ 之算端可敦

---

① 周按：鲁不鲁乞谓拔都有二十六个妻子（《出使蒙古记》第 113 页）。
② 周按：俄译本作 Тукан（注：TWQAN）。
③ 周按：俄译本作 Улакчи。
④ 周按：《元史·宗室世系表》列尤赤七子，本传亦同，然实为钦察兀鲁思汗位承袭之世次，而非其子之列举。
⑤ 周按：俄译本作 Тарбу（注：TARBW）。
⑥ 周按：俄译本作 Такту-Нука（注：TWQNWNQA）。
⑦ 周按：俄译本作 Юз-Бука。
⑧ 周按：即许慎 Hǔshin，又作许兀慎 Siushin。

Sultan Khatun，＿＿部之忽秃灰可敦 Qutuqui Khatun。[原注]诸稿本皆阙。Qutuqui，维尔霍夫斯基本作 Кутуй（注：QWNWY）。有十子。依次为：一阿勒灰 Alqui，完泽可敦所出；二阿巴赤 Abachi；①三脱迭干 Tödeken，算端可敦所生；四孛儿鲁 Börlük，忽秃灰可敦所生；②五脱脱 Toqta，[原注] Toqta 或 Toqto 是 1291—1312 年间金帐汗兀鲁思之统治者。完者都可敦所生；此可敦为撒勒只台古列干 Saljidai küregen③ 之妻、蒙哥合罕之姊妹克勒迷失阿合 Kelmish-Aqa 之姊妹。④（脱脱现为朮赤兀鲁思之统治者，有二妻：一名不剌罕 Bulagh-an，另一为弘吉剌氏秃昆怯 Tükünche，有子名＿＿＿）[原注] 布洛歇本阙。据维尔霍夫斯基本彼有子三人：Ябариш、Цксар（?）、Тугел-Бука。六撒里不花 Sarai-Byqa；七摩剌海 Molaqai⑤；八合丹 Qadan；九豁都海 Qoduqai⑥；十脱黑邻察 Toghrilcha。⑦

得真主之援助与引领，克竣其事。

脱豁罕之第三子脱迭蒙哥——彼[原注]他是忙哥帖木儿之继承者，1280—1287 年在位。与忙哥帖木儿之母为阔出可敦 Köchü Khatun，乃完泽可敦之姊妹，斡亦剌部 Oirat 不花帖木儿 Buqa Temür 之女也。⑧ 此脱迭蒙哥有二妻；弘吉剌部阿里合赤 Arïqachi 与阿勒赤塔塔儿 Alchi Tatar⑨ 之脱列忽惕鲁黑 Töre-Qutlugh。有子三人。名如次：斡儿明兀 Or-Menggü，阿里合赤可敦所生。怯

110

---

① 周按：俄译本下有"不知其母为谁"。
② 周按：俄译本作 Буркук（注：BWRKWK），算端可敦所生"。
③ 周按：古列干 Küregen，蒙古语义为"驸马"。
④ 周按：俄译本作 Беклемишака 之女。
⑤ 周按：俄译本作 Хулакай，有子名 Улус-Бука。
⑥ 周按：俄译本作 Кудукан，有子名 Кункас。
⑦ 周按：俄译本后有"有子 Узбек"。
⑧ 周按：俄译本作"乃完泽可敦与不花帖木儿之姊妹"。
⑨ 周按：名见《秘史》第 153 节。

怯都 Chechetü，脱列忽惕鲁黑所出。脱别台 Töbetei，其妻名不详，①有二子如下：___无子。②

脱豁罕之第四子脱乞晃合 Toqïqonqa——彼有妻多人。③ 二子。依序为巴不失 Babuch，秃克勒不花 Tükel-Buqa。[原注]维尔霍夫斯基本如此。布洛歇本作有七子，然仅列此二名。

脱豁罕之第五子兀格赤——无嗣。

拔都之第三子也不干

彼有妻妾多人。七子，其序如次：八剌 Baraq、不剌儿 Bular、秃秃赤 Tutuchi、答忽合 Daquqa、阿合马 Aḥmad、沙必儿 Sabir、东古儿 Döngür，此最后之人无子。彼之诸妻皆不详其名。④

蒙真主之助，尤赤之第二子拔都之枝系叙迄。

尤赤汗第三子别儿哥

彼无子。如真主胤允，其事迹将于旭烈兀汗与阿八哈汗纪及之。⑤

尤赤汗第四子别儿克怯儿

彼有一妻，另有妾多人。二子，其序如次：别儿克怯儿之长子阔阔出 Kökechü

彼有子四人：额只勒帖木儿 Ejil-Temür、必力黑赤 Bïliqchi、朵黑台 Doqdai 及脱黑帖木儿 Toq-Temür。

111　　　别儿克怯儿第二子也速不花 Yesü-Buqa

---

① 周按：俄译本作"母不详"。
② 周按：俄译本无此句。
③ 周按：俄译本作 Туктунука（注：TWQNWNQA），其妻名不详。
④ 周按：俄译本无此二句，另有"拔都之第四子 Улакчн，无子，其诸妻名字不详"。
⑤ 周按：Bärkä，蒙古语义为执拗、固执，其继兀剌赤主尤赤兀鲁思当在1256 或 1257 年间，其死年在 1265 或 1266 年。别儿哥为成吉思汗后裔中首宗伊斯兰教的人。鲁不鲁乞在 1253—1255 时已闻知他成为一穆斯林。

彼有一子,名撒里不花 Sarai-Buqa。

蒙真主之助及其引领,朮赤子别儿克怯儿之枝系叙述竣事。

朮赤汗第五子昔班

彼有妻妾多人,子十二人:拜纳勒 Bainal、拔都儿 Bahadur、合达 Qadaq、巴剌罕 Balaqan、怯里克 Cherik、蔑儿坚 Mergen、忽儿秃花 Qurtuqa、爱牙赤 Ayachi、撒亦勒罕 Sailqan、伯颜察儿 Bayanchar、马扎儿 Majar、火你赤 Qonichi。此十二子与诸孙之世系叙述如下:

昔班之长子拜纳勒

彼生三子,其序为:伊剌克帖木儿 Ïlaq-Temür、别帖木儿 Beg-Temür 与也速帖木儿 Yesü-Temür。①

昔班之第二子拔都儿

彼有二子:其长为忽惕鲁黑不花 Qutlugh-Buqa,于彼是否有子,殊无所知。次子朮赤不花 Jochi-Buqa,有四子,依次为巴答忽勒 Badaqul、别帖木儿 Beg-Temür,南乞察儿 Nangkichar② 与也速不花 Yesü-Buqa。

昔班之第三子合达 Qadaq

彼有一子,名脱列不花 Töle-Buqa。此脱列不花有二子,长明忽台 Mingqutai;幼土门帖木儿 Tümen-Temür。土门帖木儿有一子曰兀出干 Üchüken。

昔班之第四子巴剌罕[原注]通作 Balaghai 巴剌海,曾随旭烈兀西来。

彼有三子,其序为:图里 Türi、图坚 Tügen 与脱黑台 Toqdai。此脱黑台被称为摩里德脱黑台 Murid-Toqdai 和塔马脱黑台 Tama-Toqdai。[原注]俄译本作 Муртад-Токдай。彼之驻冬之所值打儿班、近迭列克河 Terek。不久前彼充斥侯之长。有子三人:巴乞

---

① 周按:俄译本作 Биш-Бука。
② 周按:俄译本作 Баянкеджар(注:BAYANKHAR)。

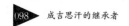

儿察 Baqïrcha，古出克 Küchük①与扎兀罕 Ja'uqan。

昔班之第五子怯里克

此怯里克有子曰脱黑帖木儿 Toq-Temür。

昔班之第六子蔑儿坚。

彼有二子：不花帖木儿 Buqa-Temür②、额勒不花 El-Buqa。

昔班之第七子忽儿秃花

生一子，名乞捏思 Kines。

昔班之第八子爱牙赤

有一子，名兀乞忽儿秃花 Üch-Qurtuqa。

昔班之第九子撒亦勒罕③

有一子，名忽惕鲁黑帖木儿 Qutlugh-Temür。此忽惕鲁黑帖木儿有七子：孛剌勒台 Boraltai，别帖木儿 Beg-Temür，孛阑奚 Boralghï，斡忒蛮 Otman，赛纳黑 Sainaq，也速不花 Yesü-Buqa 与帖木儿台 Temürtai。

昔班之第十子伯颜察儿

有一子名额不坚古列坚 Ebügen-küregen。④ 此额不坚古列坚有一子名脱欢察儿 Toghanchar。

昔班之第十一子马扎儿

有子曰朵儿赤 Dorchi。

昔班之第十二子火你赤

无后。〔原注〕自昔班一系，除不时为金帐汗之统治者外，又衍生 Tiuman 之沙 Shah 及不花剌、乞瓦 Khiva 之月即别 Uzbeg 汗。

---

① 周按：俄译本作 Кунчек。
② 周按：俄译本作 Тука-Тимур。
③ 周按：俄译本在列昔班诸子时，亦作 Сайилкан 而此处则作 Сабилкан，因波斯原文音点有差，故生歧异。
④ 周按：俄译本 Küregen 作 Туркан。

蒙真主之引导，昔班之枝系叙迄。

术赤汗第六子唐兀惕

彼有二子：速不格台 Sübügetei 及脱古思 Toquz。

二子之后如次：

唐兀惕之长子速不格台。

有二子：长马扎儿 Majar，生一子曰库儿克 Kürk。次乞赤克火你赤 Kichik qonichi，生四子：孛剌察儿 Borachar、库乞帖木儿 Küch-Temür、亦失田 Ishten、笃剌图 Duratu。[原注] AYSTAN，明即匈牙利语 Isten，义为上帝 God。

唐兀惕之第二子脱古思。

彼有三子：合隆台 Qaluntai，① 阿儿思兰 Arslan 与孛阑奚 Boralghï。

术赤汗第六子唐兀惕之枝系已具述。

术赤汗第七子孛阿勒②

彼有二子：塔塔儿 Tatar 与明合秃儿 Mingqadur。二子之后嗣如次：

孛阿勒之长子塔塔儿

彼有子曰那海 Noqai。[原注] 即马可波罗之 Noqai。那海有三子：绰格 Jöge、图格 Tüge 与脱莱 Torai。

孛阿勒第二子明合秃儿

彼有九子如次：一秃答儿 Tutar，[原注] 此 Tutar 亦从旭烈兀来西方，1260 年 2 月被控行巫术而被处死。据格里哥尔 Grigor：彼亦被以弓弦绞死。③ 有子曰乞儿的不花 Kirdi-Buqa。二别都思 Begdüz。④ 三斡罗思

---

① 周按：俄译本作 Колимтай。

② 周按：俄译本孛阿勒作 Бувал。

③ 周按：俄译本此 Tutar 作 Нукар。

④ 周按：俄译本下有："有二子：Тудакана 与 Туклупая。"

Orus。有二子：脱都干 Tödüken，忽惕鲁别 Qutlu-Bai。① 四额不坚 Ebügen。有二子：脱忽赤 Toquch 与阿合马 Aḥmad。五日即别 Öz-Beg，无子。六撒昔黑 Sasïq，有子曰巴撒儿 Basar。七日即别忽儿秃花 Öz-Beg-Qurtuqa。② 八脱黑鲁察 Toqlucha。③ 九额勒巴思迷失 El-Basmïsh。④

藉全能真主之助，尤赤汗第七子字阿勒之支系具述毕。

尤赤汗第八子赤老温⑤

114 无后。

尤赤汗第九子辛忽儿

彼有三子，其名与后裔如次：

第一子也速不花 Yesü-Buqa

彼有五子：字阑奚 Boralqï，贵裕 Küilük，脱迭干 Tödeken，脱迭出 Tödechü 与阿黑塔赤 Akhtachi。

第二子失烈门 Shiremün

彼有三子：花刺子迷 Khwārazmī，其母为塔塔儿部之字刺兀真 Bora'ujin。扎忽都 Jaqutu，其母为速勒都思部 Süldüs⑥ 之忽惕鲁罕 Quluqan。拜刺木 Bairam，其母为一妾，名豁勒答黑 Qoldaq。

第三子马扎儿

---

① 周按：俄译本此斡罗思行六，且云无子。此所列之二子，明即上文按语中之二人。

② 周按：俄译本作 Урунг-Куртука，无子。

③ 周按：俄译本下有"无子"。

④ 周按：俄译本下有"无子"。

⑤ 周按：前作 Chila'uqun 赤老温，俄译本亦作 Джилаукун，然此处则作 Chilaqa'un 音译为赤剌哈温，恐误。

⑥ 周按：《元史·牙忽都传》、《阿塔海传》作逊都思。《史集》第一卷第一册于速勒都思部之后又列有亦勒都儿勤 Илдуркин 一部，云系速勒都思部之一分支。屠寄证以 Ildurkin 乃王罕派往帖木真（成吉思汗）之使者（见《秘史》第 185 节），非部族名。考证精确，足见其功力之深。

彼有三子：兀鲁撒黑 Urusaq，伯颜 Bayan 及拜忽 Baiqu。

多亏上帝，术赤汗之九子辛忽儿之枝系述迄。

术赤汗第十子赤木台①

彼有妻妾多人，二子：欣都 Hindu 与脱迭兀儿 Töde'ür。其后嗣如次：

赤木台长子欣都

有一子名也苦 Yekü。此也苦有三子：依次为：扎剌亦儿台 Jalayirtai，空迭连蒙忽台 Köndelen-Mangqutai 与塔哈出 Taqachu。彼（俄译本作也苦）于赤木台死后在位二整年，后为脱脱处死。

赤木台第二子脱迭兀儿

彼有二子：马扎儿 Majar。马扎儿有三子：蔑里 Malik，忽察帖木儿 Khwāja Temür② 与忽儿秃花出黑 Qurtuqachuq。塔里牙赤 Tariyaji，无子。③

藉神之助，术赤汗第十子赤木台之裔具述迄。

术赤汗第十一子摩诃末

115

彼又名孛剌 Bora[原注] Bora 义为灰色，此当为彼未奉伊斯兰教前之名字。无子。

术赤汗第十二子兀都儿

彼有子曰哈剌察儿 Qarachar。此哈剌察儿有五子如次：

哈剌察儿第一子忽儿秃花 Qurtuqa

其母为额勒秃惕迷失 El-Tutmïsh，系出脱格列思人 Tögeles，即脱列思部 Töles。[原注] Tögeles 系畏吾儿文拼写。因元音之间的 g 不发音，故《秘史》第 239 节读作 Tö'eles 脱额列思。此部为林中百姓，1207 年为

---

① 周按：俄译本前作 Чимлай，此处作 Чимбай，都是音点的差误。

② 周按：俄译本无 Temür。

③ 周按：蒙古语 Tariyachin 义为农人。

尤赤所征服，见《秘史》第 239 节。其居地在贝加尔湖东之巴儿忽真隘，与巴牙兀惕，及豁里部等为邻。**此忽儿秃花有一子名撒昔 Sasi。**

哈剌察儿第二子朵儿只 Dorji

有子名阿难答 Ananda。

哈剌察儿第三子阿必失哈 Abishqa

无后。

哈剌察儿第四子额蔑坚 Emegen

亦无后。

哈剌察儿第五子秃克勒 Tükel①

亦无后。

尤赤汗第十二子兀都儿之裔叙迄。

尤赤汗第十三子脱花帖木儿

此脱花帖木儿有四子，其名与子嗣如次：[原注] 脱花帖木儿为喀山 Kazan 与克里米亚 Crimea 汗之祖先。

116

长子别帖木儿 Bai-Temür

有三子：脱欢察儿 Toqanchar、亦勒吉赤 Yïlqïchï② 与阔阔出 Kökechü。皆无后。③

第二子伯颜 Bayan

有二子：合赞 Qazan 与达失蛮 Dashman，彼等皆无后。

第三子玉龙帖木儿 Ürüng-Temür

彼有四子：一阿赤黑 Achïq，彼有子曰巴黑的牙儿 Bakhtiyār。二阿力黑里 Arïqlï，彼有三子：阿的勒 'Ādil、撒黑里赤 Saqrïchï、按巴儿赤 Anbarchi。三哈剌赤儿 Qaraqïr，彼亦有三子：捏古伯 Negübei、克烈怯 Kereiche、失巴忽赤 Shibaghchi。四撒里察

---

① 周按：俄译本作 Туевкел（注：TWKL）。

② 周按：俄译本作 Билкычи。

③ 周按：俄译本无"皆无后"句。

Saricha，有子曰宽彻 Könchek。①

第四子克忒帖木儿 Ked-Temür②

彼有二子：哈剌忽察 Qara-Khwāja 与阿伯 Abai。③

蒙神赐福，术赤汗第十三子脱花帖木儿之支系叙迄。

术赤汗第十四子辛古木

此辛古木无子。

据可信者之报告，术赤汗十四子之名与其子孙均已详及。其世系表如图所示。

术赤汗纪第二部分

117

其在位之〔一般〕历史与〔特殊〕行事；其在位及登位时之诸妻、诸王与诸异密之图画；其冬夏之驻地；彼所经历之战事与所取得之胜利；其临位之时间

成吉思汗以也儿的失 Erdish〔Irtysh〕河之域及阿勒台 Altai④ 之所有国家与兀鲁思委付术赤，其冬夏牧地亦在此区。成吉思汗并命彼尽有钦察草原及北方之已征服诸国。彼之禹儿惕位于也儿的失之域。如图所示，其居地即在彼处。

简叙术赤汗之业绩

术赤汗先其父而死。故不可能单纪关涉于其本人之事业。故照

---

① 周按：俄译本失巴忽赤作 Шабаку。

② 周按：俄译本作 Кин-Тимур。

③ 周按：俄译本下有"无子"。

④ 周按：Altai 今阿尔泰山。蒙古语 Altai 义为金，故又称金山。《元史》又有按臺、按台之译，皆缘 l 读作 n，故 Al-tai＞An-tai。又译按坦，则为尾音之 i 在蒙古语中往往与 n 混用，故作 An-tan。

依成吉思汗纪之详细叙述,而简述其业绩于此,并及其患病与死。

彼常遵成吉思汗之命,参与征伐。曾征服国家与地域其多。当成吉思汗征讨大食 Tāzīk 国,进至讹答剌 Otrar 城时,①曾任彼留攻此城。彼攻而取之,毁其城橹。事具成吉思汗纪。然后彼转〔与大军合〕,降其沿途之城市,直至邻近撒麻耳干之地,与其父会合。自此,彼被成吉思汗派遣,与其兄弟察合台与窝阔台,往征花剌子模 Khwārazm。② 由于彼与察合台不和,围城而无法攻破,成吉思汗令窝阔台指挥此役,和辑兄弟,始克花剌子模城。然后察合台与窝阔台乃前至塔剌寒 Tālaqān③,在此城未陷前与其父合军。至若朮赤,彼自花剌子模前往其辎重所积之也儿的失,抵己之斡耳朵。在先,成吉思汗已有令,命朮赤前往征服北方诸国,如孛剌儿。④ 巴只吉德、斡罗思、薛儿克思及钦察草原之地。因〔朮赤〕擅离是役,返彼营帐,成吉思汗极为震怒,言:"我欲处死此子,不使见我。"朮赤突得疾病。以此故,当成吉思汗返自大食国,息马于己之斡耳朵时,彼竟不能亲身入觐,但使致送猎物数驮 Kharvars,[原注] Kharvar,驴驮,其重等于一百梯必力思 maund,合赞时等于 83.3 公斤。以致歉意。故此,成吉思汗数次遣使召彼亲来。然因病不能行,但遣人致歉而已。有一忙兀部 Manggut 人,⑤行经朮赤之禹儿惕。时朮

118

---

① 周按:《秘史》作兀答剌儿,《元史》有讹答剌、斡脱罗儿、兀提剌耳诸译。《西游录》作讹打剌。城之遗址在近 Arīs 河口之锡尔河右岸。守将亦纳勒术 Inalchuq 因杀成吉思汗所遣之商团,遂启西征之役。

② 周按:指玉龙杰赤 Urgenj 之役。玉龙杰赤为花剌子模算瑞摩诃末之旧都。

③ 周按:《元史·太祖纪》:"遂与帝会,合兵攻塔里寒寨。"又有塔里干、塔里堪诸译。其地在 Murghab 河流域。另一同名之 Tāligān 则在呼罗珊。

④ 周按:俄译本作 Келар。

⑤ 周按:《秘史》:纳臣把阿秃儿子忙忽台之后。《史集》则谓屯必乃汗九子,长子 Джаксу,其子分衍成三枝:Нуякин、Урут、Мангут。证以《元史·朮赤台传》、《畏答儿传》,兀鲁兀台与忙兀台实剌真八都之子。《秘史》所纪是。

赤已从此禹儿惕动身前往另处。当彼行至其狩猎地之一山时,仍处病中,因过分衰弱,乃遣掌管狩猎之异密〔代己〕行猎。此人见彼等行猎,意其为尤赤。当彼抵达成吉思汗处时,后者问彼以尤赤病状。彼答云:"我不知其有任何病患,然彼正行猎于某山也。"成吉思汗闻此言,怒火勃兴。彼思忖:"彼诚已叛逆,置父命于罔闻矣!"乃言曰:"尤赤疯魔,而有此举动。"彼命派军征讨,以察合台与窝阔台为前锋,而己亲提殿后,同时____年,尤赤之死讯至。[原注]稿本阙。尤赤之死,早于其父数月,当为 1227 年初。成吉思汗极为伤痛。彼进行了解,知此人之言为诳,证实尤赤其时已病,不在猎场。彼寻找此人,将予处死,然已不可得。

119

来自尤赤兀鲁思之不同时期之可信使者咸言,彼死时约三十岁至四十岁之间。此说接近真实。有云其死年为二十,则断为错误。[原注]尤赤至少长于生于 1184 年之窝阔台二年,故其死年当近四十三岁。迨尤赤及成吉思汗死,合罕即位之后,彼以征服北方诸国之任务委于尤赤家族,因成吉思汗先时已有成命于尤赤也。彼等相继为助,前往完成此事业。

借全能真主之力而竣功。

纪尤赤汗死后彼之家族;其汗位之继承;彼等所进行之战争与所取得之胜利;其他发生之事件

纪拔都之继承父位;纪其在位

尤赤死后,其第二子拔都继位,掌领其父之兀鲁思,诸兄弟皆效忠于彼。窝阔台合罕在位期间,如其本纪所述,彼遵先时诏旨之委付,与彼之兄弟及其他宗王征服北方诸国。彼等齐集于彼之斡耳朵,共同前往。如所述及,彼等征服此等诸国之大部。诸王蒙哥合罕与贵由汗既返还之后,彼与彼之诸兄弟前往征服此诸国之遗留部分,一如纪其家族之支系之附言中所叙及者。

639 年/1241—1242 初,窝阔台合罕死后,彼因高年,突罹风

120

疾。〔原注〕Istirkhā。另处地方（见后文）谓其病患为 dardipā，足痛，显即风疾。时，实在 1241 年 11 月。当召彼前往出席忽里台时，彼托此引还。因彼年序长于所有诸人，故彼之缺席，汗位不决者几及三年。窝阔台合罕诸妻中之最长者脱列哥那可敦 Töregene Khatun 管理〔王国〕。此时期，混乱浸及帝国之中心以至边地。合罕曾确定其孙失烈门 Shiremün 为继位人，然脱列哥那可敦与数异密反对，而谓贵由汗年齿较长，〔宜立〕。彼等再召拔都出席即位典礼。彼虽恼怒于彼等，且因夙怨而怀疑虑，然仍以缓慢之速度前来。当彼尚未抵达而诸兄弟亦未来临之际，彼等强以汗位畀贵由汗。贵由汗患有慢性病，借口其父分赐于彼之旧禹儿惕气候有益于彼之病况，乃以大军前往叶密立—霍陈 Emil-Qochin。① 当彼行近此地区时，拔都始稍生疑惑。拖雷汗之长妻唆鲁和帖尼别姬出自成吉思汗以来尤赤汗与拖雷汗两家族间建有之牢固友谊关系，遣使告以贵由汗之来临此区，不无阴谋。② 以此故，彼之疑虑增加，乃保持警戒，停止不前，以待贵由之至。后者行至去别失八里 Besh-balïg③ 一周程之撒麻耳干 Samarqand，〔原注〕此 Samarqand 撒麻耳干为 Qum-Sengir 横

---

① 周按：《元史·耶律希亮传》：叶密里城"乃定宗潜邸汤沐之邑也"。Emil-Qochin，明即《元史·速不台传》所载速不台西征返还中所攻略的"也迷里霍只部"。蒙古语字尾之—n 往往省略，故 Qochin＞Qochi。原注谓此叶密立—霍陈亦犹当时习称之斡难—克鲁伦，指也密立与霍陈河之间地带。Qochin 或系霍博之另一名称。

② 周按：袁桷《清容居士文集》卷三四《拜住元帅出使事实》："昔定宗皇帝征把秃王，有灭国真薛禅使者谏罢征。"把秃即 Batu，无可置疑。岑仲勉《元定宗侵把秃》（载《历史语言研究所集刊》第五本，1935 年）则谓把秃为八哈塔 Bagdad（今巴格达）之异译，"殆无可疑"。岑氏谈对音，半多牵强，殊难置信。

③ 周按：Besh，突厥语义为五，balïg 义为城。《旧唐书·地理志四》："金满，流沙州北，前、后乌孙部旧地，方五千里，后汉车师后王庭。胡故庭有五城，俗号五城之地。"耶律铸《双溪醉饮集》卷五《庭州诗注》："庭州，北 （转下页）

相乙儿之误。Qum-Sengir 突厥语义为沙岬，其地在乌伦古河上游，可能即其自北南流再折而向西的转角处。①遇疾而逝，时 640 年/1242—1243 也。② 此后之一段时期内，又一次皇位无君。脱列哥那可敦再一次执政。③ 当彼之病讯远播时，唆鲁和帖尼别姬遣蒙哥合罕来至拔都处。拔都喜其来，审察其威严与伟大；且怨窝阔台诸子，因言："蒙哥合罕为成吉思汗幼子拖雷汗之长子，拖雷汗管领祖宗之禹儿惕及故居。此王极聪慧能干，宜居汗位。有彼现在，他人何可得为合罕耶？窝阔台合罕诸子既已违其父命，不立前述之失烈门，故尤不得居汗位。更有甚者，彼等违背古旧之扎撒与约速，不商之于兄弟，以无罪而杀成吉思汗最宠爱之幼女、其夫名为察兀儿薛禅 Cha'ur Sechen 者。④ 以此之故，汗位不可属于彼等。"彼亲立蒙哥合罕为汗，使所有彼之兄弟、族人及诸异密等输忠于蒙哥，且遣其兄弟别儿哥及其子与继承人撒里塔率军卒三万以来。彼等于成吉思汗之旧禹儿惕斡难一怯绿连，置蒙哥于汗与世界之帝王之位，挫败窝阔台诸子谋叛之诡谋。总之，以汗界予拖雷汗之家族，并置其大权于应得之处者，皆由唆鲁和帖尼别姬之能干与机敏，以及拔都之帮助与支持，亦缘彼此之间之友谊也。嗣后，终其一生及其死后，迄于撒里塔与兀剌赤在位

122

_____

（接上页）庭都护府也。轮台隶焉。后汉车师后王有五城，俗号五城之地。今即其俗谓之伯什巴里，盖突厥语也。伯什，华言五也；巴里，华言城也。"欧阳玄《圭斋文集·高昌偰氏家传》："北庭者，今别失八里城。"其遗址在今新疆吉木萨尔县南后堡子之北。《西游录》作别石把；《西游记》作鳖思马。

① 周按：《元史·定宗纪》："帝崩于横相乙儿之地。"此云离别失八里七日程，则恐在乌古伦河下游或布伦托海附近。

② 周按：《元史·定宗纪》作春三月。

③ 周按：脱列哥那死于 1246 年末。贵由死后之执政者为贵由长妻海迷失斡兀勒。

④ 周按：《史集》第一卷第二册第 70 页：成吉思汗第五女按塔仑 Алталун，又作按塔仑罕 Алталункан，尚弘吉剌部塔出古列坚 Таджу-Гургэн 之子扎兀儿薛禅 Джаур-Сэзэн。成吉思汗爱之特甚。

时期,以及别儿哥在位之大部分时期,拖雷汗与拔都两家族之间,共
铺友谊与团结之道。

拔都在世时,蒙哥合罕遣其三弟旭烈兀汗率领大军往征波斯
诸国。彼于诸宗王之军队中,十简其二,以助旭烈兀出征。斡鲁朵
遣其子忽里率军一万户道由花剌子模与的失斯坦进。拔都遣昔班
之子巴剌罕与术赤第七子孛阿勒子明合秃儿子秃答儿取道打儿班
进。彼等作为旭烈兀之援军来至。

拔都在 650 年/1252—1253 死于额梯勒河畔之撒莱 Sarai,[①]年
四十八。[原注] 拔都之死,可能发生在 1255 年中。蒙哥合罕以尊礼接
待其子撒里塔,置彼于王位,允其返还,然中道卒。蒙哥合罕得其
诸妻与子及兄弟之同意,遣使立拔都之孙兀剌赤于王位,宠以殊
礼。兀剌赤旋亦死,王位遗于他人。

纪别儿哥即位为术赤兀鲁思之统治者及其在位期之事件

拔都死,其子撒里塔,及撒里塔子兀剌赤 Ulaghchi 亦相继谢
世。幼弟别儿哥于 652 年/1254—1255 立。彼于彼之兀鲁思具有
绝对权威,与拖雷汗家族继续铺筑友爱之道路。

654 年/1256—1257,在此国之巴剌罕借助于妖法,阴谋反对旭
123 烈兀汗。事为人所发,彼被勘承伏。为使不致因此而产生恶果,旭
烈兀遣异密松扎黑 Sunjaq 解送于别儿哥。彼等到达之后,别儿哥
既谳明其罪行,乃遣使者送彼还至旭烈兀汗处,且云:"彼诚有罪,

---

① 周按:Etil 河即伏尔加河。Etil 是不里阿耳人 Bulgar 和阿瓦儿人 Avars
对伏尔加河之称呼。在今天的 Chuvash 语中,etil 义即为河。加儿宾是第
一个使用 Volga 这一俄文名词的西方作家。Sarai 义为宫殿。此为旧撒莱
(以别于别儿哥所建之新撒莱),位 Akhtuba 河之东岸,去 Astrakhan 北六
十五公里。俄译本阙撒莱之名。

任凭发遣。"旭烈兀汗乃将其处死。稍后，秃答儿①与忽里亦死，人皆推测彼等为遇毒而亡。于是隔阂由此产生，别儿哥与旭烈兀汗成仇。此将于旭烈兀汗纪叙及。② 660 年十月〔1262.7—8〕，发生战事，随忽里与秃答儿来此境之大部分军队亡走。其一部分取道于呼罗珊，彼等攫取自哥疾宁 Ghazna 山③与比尼亦格夫 Bīnī Yi Gāv，〔原注〕"牛鼻"，明为哥疾宁傍近之地。至欣都边境地之摩勒丹 Multan 及剌火儿 Lahore④之地。其指挥之主要异密为捏古迭儿 Negüder。旭烈兀之二异密斡迭古乞纳 Ötegü China 与＿＿＿⑤追之。其余则道由打儿班返抵其家。别儿哥与旭烈兀汗间之战争迁延至于彼等之终生。别儿哥之统帅为李阿勒之孙、塔塔儿之子那海。⑥ 此人为一猛武之战士。663 年/1264—1265，旭烈兀汗死于其在扎哈图 Jaghatu 之驻冬地，〔原注〕即 Jaghatu 山谷（今之 Zarrīna Rud），四水之一自南注入乌尔米亚湖 Urmiya。旭烈兀死年实为 1265 年 2 月 8 日。其子阿八哈汗 Abaqa 嗣位，继续与别儿哥为敌。663 年/1264—1265，别儿哥自设里汪 Shīrvān。⑦ 与阿八哈汗作战返还时，

---

① 周按：俄译本作 Татар，注则作 QWTAR。然同书第 76 页则作 Нукар。注作(?)WQAR；萨尔特科夫谢德林图书馆本作 MWJ̌AR；不列颠本作 MWḤAR；巴黎抄本、德黑兰本作 TWQAR；布洛歇本作 QWTAR。

② 周按：别儿哥与旭烈兀之争战，其主要原因当是归依伊斯兰教的别儿哥对旭烈兀残破八哈塔不满，特别是争夺阿塞拜疆地区中的矛盾所造成。

③ 周按：《北史》作伽色尼，《大唐西域记》作鹤悉那，《岭外代答》、《诸蕃志》作吉慈尼，《元史·地理志六·西北地附录》作哥疾宁，今阿富汗之加兹尼 Ghazni。

④ 周按：俄译作 Лахавур。

⑤ 周按：俄译本仅列 Ункуджене 一人。诸稿本互异。原注云：诸稿本阙。Negüder 即马可波罗之 Nogodar（第 35 章），被称作 Nigūdarīs 之劫掠匪帮，他因此而得名。

⑥ 周按：俄译本作 Кули 子 Тумакан 子 Джарук 子 Нокой。

⑦ 周按：名从《元史·地理志六·西北地附录》。

道经打儿班,于 664 年/1265—1266 死于帖烈克河 Terek 附近。

纪拔都之第二子脱豁罕子忙哥帖木儿即位为其兀鲁思之统治者

别儿哥死,前述之忙哥帖木儿代之即位,旋亦与阿八哈争战。

124 双方数战,阿八哈获胜。其后 66＿＿＿年,[原注] 疑为 664 年/1265—1266。彼等被迫言和,此将于阿八哈汗纪叙及之。双方从此释嫌,直至阿儿浑汗在位之 687 年 9 月〔1288.10—11〕,塔马脱脱 Tama-Toqta 率大军进犯此境。时阿儿浑汗正自其在阿儿兰 Arrān 之冬营地出发,前往夏营地。① 闻彼等迫近之讯,乃返还,以异密率军为前锋。② 进战,杀其大部,余众返走。③ 从此以迄于伊斯兰君主(真主佑其国祚长久!)临御之吉庆之期,彼等更无敌对行动。因其国势屡弱,故宁以和好代替战事也。为表示友谊与团结计,彼等屡遣使于伊斯兰君主报告情况,送致礼品。

纪忙哥帖木儿之兄弟脱迭蒙哥之即位;其为脱烈不花 Töle-Buqa 与宽彻不花 Könchek-Buqa 所推翻;彼等之共同统治;脱脱 Toqta 自彼等处之亡走;借那海 Noqai 之助彼智杀彼等

忙哥帖木儿在位十六年,681 年/1282—1283 死,脱豁罕第三子脱迭蒙哥于同年即位。彼在位不久,忙哥帖木儿子阿鲁忽 Alghu 与脱黑怜 Töghril 及塔儿秃 Tartu(彼系脱豁罕之长子)诸子脱烈不花与宽彻以彼患精神病为借口而废黜之。〔彼等〕共同统治达五年。至若忙哥帖木儿子脱脱,其母完泽可敦 Öljei Khatun 为克勒迷失阿合可敦 Kelmish-aqa Khatun 之祖母。彼等见脱脱气宇英俊,乃图谋加害。彼觉而亡走,求庇于别儿克怯儿 Berkecher 之子

125 必力黑赤 Bïlïqchi。于是彼遣使于曾任拔都及别儿哥之统帅那海,

---

① 周按:俄译本作 Appaн 与 Мyгaн 之夏营地。

② 周按:俄译本作:"以大异密 Toгaзap 与 Кyнджи-бaл 率大军为前列。"

③ 周按:俄译本作:"杀其前锋将之一 Бypyлтaй 和许多军士。"

言："我之堂兄弟图加害于我。君乃兄长，我愿求庇于君。俾阻止
其加害于我之迫害之手，而得保全性命。有生之日，将悉听兄长之
指挥，不敢违命。"那海闻彼困状，满怀义愤。彼自为彼所征服而充
彼所有之禹儿惕与居地斡罗思、兀剌黑 Ulakh[原注] 布洛歇本读
AWLAX 为 ARTAH，此明为 Ulaq 或 Ulagh 之异体，即 Ulachs。① 与＿＿进
发，[原注] KHRT 或 KHRB，可能为 LHWT 之讹。Lahut 即波兰 Poles，那海
之领地延亘西向，自第聂伯河至于多瑙河下流。② 以有病为借口，渡兀支
河 Uzï。[原注] 即第聂伯河。每遇一千户 hazāra 或一异密，彼必结
好之，云："行年老矣！我已弃绝纷争与叛乱，无心再与人争胜较
长。我等传自成吉思汗之法令 Jarlïgh，有言：任何人在其兀鲁思
或家庭内沦于堕落，扰乱兀鲁思者，我等将调查其事，使其倾向于
与诸人言和。"诸千户与军士闻此言，并见其遇己仁和，咸愿听命于
彼。当彼接近前述诸宗王之斡耳朵时，彼托言患病，饮血少许，然
后自痰中呕出，以伪装自饰。彼秘密遣使于脱脱，嘱其为备，一旦
得报，〔即〕以手边所集之军队前来。脱烈不花之母闻那海有疾衰
弱，及如何咯血等由，责其子云："即语此衰弱之老翁，彼已与此世
语别而正准备前往另一世界。然设若汝竟认为轻忽此人为适宜
之举，则将禁止汝吮吸汝母之乳汁！"诸宗王毫不以其母之言为
意，往访那海。彼致忠言于彼等云："诸子！我曾奉事尔等之父于
老幼之时，赢得所有之权势。以此，汝等宜听我公正之言，使汝等
之不和化为真正之和睦。汝等之利益在于和平。宜急召开忽里
台，俾使我为汝等求得和平。"彼每一呼吸则自喉中咯出凝血。在
以甘言解除诸王之警惕时，彼已通知脱脱。脱脱乃率军数千户突
至，擒获诸王；并立即将彼等处死。那海径还，渡额梯勒河，前往
己旧有之禹儿惕。真主最稔知何者为最正确。

126

---

① 　周按：俄译本无此名。
② 　周按：俄译本作 Kexpe6。

纪脱脱即位为彼之兀鲁思之统治者;彼与那海间不和之爆发; 彼此间之战争;脱脱进攻那海之战;那海之死

脱脱借那海之助,杀前述诸宗王,牢固树立为尤赤汗位之绝对统 治者后,彼一再遣使于那海,许以优惠,召之前来。然那海拒不至。

有脱脱之岳父,弘吉剌部撒勒只台古列干 Saljidai küregen 者,乃克勒迷失阿合可敦之夫,为其子牙亦剌黑 Yailaq 求婚于那海 女乞牙黑 Qïyaq。① 那海允之。婚后未久,乞牙黑可敦成为一穆斯 林,而牙亦剌黑为一畏吾儿人,无以适应,常因宗教信仰而生口角。 彼等遇乞颜 Qïgan 多行污辱。此女诉之于其父母兄弟。那海甚 怒,遣使于脱脱,致语云:"举世咸知我曾经历何等之困苦危难,及 我如何甘招不忠不信之恶名,以为君取得赛音汗之大位。今则撒 勒只台古列干势倾朝堂。如我子脱脱尚望增强彼我关系之基础, 宜遣撒勒只台古列干还其近花剌子模之禹儿惕。"脱脱不允。那海 再遣使索求撒勒只台。脱脱言:"彼于我为父执、师保与异密,我何 得以彼交付于敌人哉!"拒不交予。

那海有一聪明能干之妻子,名出伯 Chübei,②常受彼之命往使脱 脱处。那海有三子:长绰格 Jöge,次图格 Tüge,③幼脱莱 Torai。彼 等收罗脱脱之数千户,使之臣服,越额梯勒河而东,展其傲慢与暴乱 之手于脱脱之领地,据之俨若真实之统治者。脱脱为所烦苦,求还其 千户,那海拒绝,言:"当撒勒只台及其子牙亦剌黑与塔马脱脱 Tama- Toqta 交付于我时,我愿遣之使还。"以此故,不和与敌意之火焰燃起 于彼等之间,脱脱聚其军,于 698 年/1298—1299 集三十万户之众,阅 兵于兀支河岸。然是冬因兀支河未冻,彼不得渡,故那海之地位未曾 触动。脱脱于春天引还,渡夏于丹河 Tan 之畔。[原注]即顿河。

---

① 周按:俄译本作 Қабақ。
② 周按:俄译本作 Чапай(注:ČABY)。
③ 周按:俄译本作 Еке。

　　翌年,那海与诸妻、诸子越丹河,始行奸计言:"我方赴一忽里台,以使我能偕汝等取乐。"当彼闻知脱脱诸军已散,而仅有少数随从之消息后,乃急趋而前,以便乘其无备而败之。脱脱闻其逼近,集军以应,双方战于丹河岸之＿＿＿①脱脱败,返走撒莱。然马只Maji、算端 Sultan 及珊海 Samqui 三异密弃那海而走依脱脱。脱脱召巴刺罕 Balaqan② 之子,不久前警卫打儿班之塔马脱脱,③重集大军,与那海战。那海无力以抗,返走。渡兀支河,掠乞里木城Qïrïm[原注]克里米亚 Crimean 之海港 Soldaia 或 Sudaq。带走奴隶无数。居民至那海之廷,请释奴隶与俘虏。那海命以俘虏还之。彼之军队因生不满,遣使于脱脱,致言云:"我等皆伊利汗之臣仆,[原注]在作为大汗之臣属这一意义上说,此称呼适用于波斯及金帐汗之统治者。④ 如国王赦我等之罪,我等将擒那海以授于彼。"那海诸子探悉其遣使之事,将进击此等千户。与此同时,诸千户之指挥亦遣一人诣那海之第二子图格,言:"我等均同意与君会见。"图格前往,立即为彼等所逮捕。长兄绰格整军与千户之首者战。诸千户败,一指挥者落入[绰格]之手。彼以其首级送于捕图格之另一千户。担任看守之三百军卒归心于彼,乘夜偕亡,还抵那海及其诸子处。

　　脱脱既闻诸千户与诸军间之争斗,乃以六十万之众渡兀支河,营于＿＿＿岸之那海禹儿惕之所。[原注]维尔霍夫斯基读此名作 Tarku,Spuler以此河为高加索 Caucasus 之帖列克河 Terek。然那海之禹儿惕在第聂伯河与多瑙河下游之间,处于全然不同之地域。如果取此名字之变体(NRKH),我们或可于此中见蒙古语的 nerge 猎圈一词。并可与马可波罗所纪之 Nerghi 平原,即那海与脱脱最早进行战争之处所联系起来。Vernadsky 相信:"此名关系一横在第聂伯河与 Pruth 河之间的 Bessarabia 与 Moldavia 之地,被称为 Trajan 皇帝之墙

128

---

① 　周按:俄译本作 Бахтияр。
② 　周按:俄译本作 Елуги。
③ 　周按:上文 Balagan 有子名塔马脱黑台 Tama-Toqdai。
④ 　周按:Il-Khan,义为"臣属之汗"。

的古边塞。其遗迹至今仍存。"(《蒙古与俄罗斯》第 187—188 页)此河名无论为蒙古语或突厥语,显即第聂伯河或 Bug 河。〔那海〕又一次伪装生病,卧于一车,遣使于脱脱致书云:"我不知国主亲临。我之王国与军队皆伊利汗之所有。我乃一耗尽此一生服务于君等诸父之一衰颓老翁。如有小眚,亦皆我诸子之过失。尚望国主宽仁,以宽恕其过失。"然密遣绰格率大军渡＿＿＿上游,〔原注〕见上注。① 以进击脱脱与其军队。然脱脱之警卫擒得一斥候,彼尽吐其实。脱脱得悉那海之阴谋,整军上马以备之。双方大战,那海与其子败,军士被杀甚众。〔原注〕据埃及史料,其地为 Kūlkānlĭk。Vernadsky 谓即 Kagamlĭk。此处有一小河,在Kremenchuy 附近流注第聂伯河。那海诸子以千骑走往克烈儿 Keler 与巴只吉德。② 那海与十七骑方亡走,为一在脱脱军中之斡罗思骑兵所伤。彼乃言:"我即那海也。可携我至脱脱处,彼即汗也。"其人执其马缰,领彼去脱脱所,而引渡于魔鬼之乡。〔原注〕据埃及史料,俄罗斯士兵杀死那海,持其首至脱脱处请赏。汗令将他处死。

　　脱脱返还彼等之都城拔都之撒莱。与此同时,那海诸子四处亡命。然念此等生活殊无利益,其母为出伯之图格以及脱莱之母牙亦剌黑 Yailaq 言于绰格曰:"我等舍此纷争,往归脱脱,实为有利。"绰格闻此大震。乃杀其兄弟及其父之妻,与群追随者逃亡。最后避居一堡中,此堡之通道狭仄如 Ṣirāt〔原注〕据穆斯林传说,此为一跨地狱火之桥梁,细微如发,锋利如剑。或则似吝惜者之心。我等且观其结局如何。

　　那海先时已结好于阿八哈汗与阿儿浑汗。彼于＿＿＿年〔原注〕诸稿本皆阙。遣其妻出伯与其子脱莱及一异密名＿＿＿者〔原注〕布洛歇本阙,维尔霍夫斯基本但言一异密。往阿八哈汗处,求婚于彼之女。〔原注〕维尔霍夫斯基本作"二女"。阿八哈汗以女字脱莱。彼等在此境

---

① 周按:俄译本作 Тарку。
② 周按:俄译本无此句。

少留，然后被礼送而还。迨那海与脱脱间纷争既起，彼常遣可靠之使者至伊斯兰君主（真主佑其国祚长久！）所，请求支助，且求为此王庭之藩臣。此诚为极可贵之时机。然伊斯兰君主（真主佑其国祚长久！）出于宽仁，不忍凌其利益而拒之。言："现时之叛逆与恶念，远违义行。狡诈与欺骗乃理性、教规与扎撒所谴责与禁止者。我等虽与那海有厚谊，然我等将不介入纷争。缘滥用时机乃一不可饶恕之品行，于伟大之国君者尤为如此。"

脱脱出于疑惧，常遣来使者表示友谊，以阻此事之发生。伊斯兰君主（真主佑其国祚长久！）常遣使者于双方，言："我将不进行干涉，滥用利权。如彼等相互和好，此诚为可称许之美事也。"为消除彼等之疑心，彼且不常亲往阿儿兰之地渡冬，而以八哈塔与的牙儿巴克儿为驻冬之所，以使其放心。时至今日，彼仍与脱脱及那海诸子保持真诚之友谊。且屡言："诸兄弟皆不得挑起彼等之纷争，或采取敌对手段以反对彼等。就我等方面而言，将绝不进行争吵，或采取任何步骤而导至不和，免使某些危害兀鲁思之谴责将加诸我等。"

恰如全能之真主出于纯净之善与绝对之仁，创造成纯洁与辉煌之人们。彼乃一以高贵品质而卓异于他人之统治者，并以公正、仁慈著名于世。作为君主，彼保护宗教，传布正义，征集军队，加惠人民。具有欢快之前兆，拥有最佳之品德。全能之真主佑其圣寿无疆，使永临于世上之人民。并赐彼以欢乐、幸福，且遍及于被精选之摩诃末先知者荣光之王国与主权，以及彼之虔诚之家族！

尤赤汗纪第三部分

彼可称颂之美德懿行；所发布之高贵教令与格言；散见于诸人及诸书之报导而为前二部分所不及者

[原注]此部分所有之原稿本咸阙，可能未曾写成。

第三章　察　合　台　汗　纪

成吉思汗子察合台 Chaghatai 汗纪计分三部分

第一部分：纪其世系；纪其诸妻、诸子与诸孙繁衍迄今之枝系；其圣容；其子孙之谱系。

第二部分：其在位之〔一般〕历史与〔特殊〕行事；其王位与诸妻与子之图画；纪彼之兀鲁思与所经历之战争及所取得之胜利；其在位之时间。

第三部分：其可称颂之美德懿行；多种轶事；彼所发布之高贵格言与教令；散见于诸人及诸书之报导而为前二部分所不及者。

察合台汗纪第一部分

纪其诸妻、诸子及诸孙繁衍迄今之枝系；其圣容；其子孙之谱系表

察合台汗为成吉思汗第二子，其母为成吉思汗主要之妻、四子之母、弘吉剌部统治者特那颜 Dei noyan 之女孛儿台兀真。察合台有妻多人，然其最要者为二：一为也速仑可敦 Yesülün Khatun，乃弘吉剌部统治者之兄弟答里台 Daritai 之子合答那颜 Qata noyan 之女，①所

---

① 　周按：俄译本合答那颜阙。

有重要诸子之母也。孛儿台兀真与也速仑可敦为堂姊妹。① 二为
朵坚可敦 Tögen Khatun，为前述也速仑可敦之姊妹，系也速仑死
后所娶。

纪其诸子诸孙分衍及于今日之枝系

察合台有八子，其序如次：第一，莫赤也别 Mochi yebe，②第
二，木额秃干 Mö'etüken，第三，别勒格失 Belgeshi，第四，撒儿班
Sarban，第五，也速蒙哥 Yesü Möngke，第六，拜答儿 Baidar，第七，
合答海 Qadaqai 及第八，拜住 Baiju。③

籍全能真主之助，此八子之情况将分别叙及之。

察合台汗长子莫赤也别

此莫赤也别之母为也速仑可敦斡耳朵之女奴。某夜，此女方
解衣而卧，可敦他去。察合台拽就之，有孕。以此之故，彼殊不重
此莫赤也别，仅给予少许之军队与土地。④

有十一子如次：

长子迭古辇儿 Tegüder

此迭古辇儿由察合台兀鲁思所派遣，偕旭烈兀出征波斯。彼
留驻此间。阿八哈汗之临御期，〔彼〕进行叛乱，亡走谷儿只 Geor-
gia 山中。彼由阿八哈汗之异密追赶，踯躅丛林之中，为绰儿马罕
Chormaghun 之子失烈门那颜 Shiremün noyan 所俘，交阿八哈汗。
遇赦。其后孤身漂流此间而死。〔原注〕Tegüder 叛阿八哈汗事，见剑桥
《伊朗史》第 356 页。

136

---

① 周按：俄译本作"成吉思汗长妻孛儿台兀真与也速仑可敦之父为从兄妹"。
② 周按：俄译本作 Муджи Яя，行二，而以 Мутугэн 为第一子。
③ 周按：俄译本阙合答海与拜住。《元史·宗室世系表》察合台子二人也速
　　蒙哥、哈剌旭烈兀。实则哈剌旭烈兀为察合台孙，木额秃干子。
④ 周按：Mochi，蒙古语义为木匠。

次子阿合马 Aḥmad。

此阿合马侍从八剌 Baraq。当八剌渡河逃走时，其军分散，诸军皆撤至不同之角落。阿合马则前往别失八里。患病之八剌卧于担架，随之，而派千户迭兀勒斛儿 Te'ülder 为前锋。当彼追及阿合马时，乃诱其返还。阿合马怒，遂至相殴。阿合马被杀。彼有三子：乌马儿 ʿUmar，木八剌沙 Mubārak-Shāh 与木额秃 Mö'etü。

第三子迭克失 Tekshi

彼有子曰塔不都忽儿 Tabudughar，生四子：脱欢 Toghan，火豁勒忽 Hoqolqu，豁里黑台 Qorïqtai 及忽惕鲁黑帖木儿 Qutluq Temür。

第四子那木忽里 Nom-Quli

第五子不克不花 Bük-Buqa

第六子迭莫斛儿 Temüder

第七子火檀 Qotan

第八子彻彻 Cheche

第九子乞彻克图 Chichektü

彼有二子：萨德班 Shādbān 与忽失蛮 Qushman。

第十子亦萨勒 Ishal

彼有二子：汗不花 Qan-Buqa 与兀剌台 Uladai。

第十一子脱欢 Toghan

彼有三子：火里黑台 Qorïqtai，不克不花 Bük-Buqa 及那木忽里 Nom-Quli。[1]

察合台第二子木额秃干

此木额秃干为也速仑可敦所生，其父爱之甚于他子。因成吉思汗亦爱之特甚，故常以彼随从。当成吉思汗遣其父察合台偕尤赤、窝阔台攻取花剌子模时，己则亲围巴米延 Bamiyan 堡。[2] 木额

---

①　周按：俄译本无莫赤也别及其十一子世次全段。

②　周按：今阿富汗之喀布尔西北之巴米安 Bamian。

秃干中箭身死,成吉思汗极为悲痛。堡既陷之后,彼全部毁平之,
尽杀其居民,名之曰恶堡 Ma'u-Qurghan。〔原注〕蒙古语义为恶堡 bad
fortress。《世界征服者史》第一卷第 133 页有混合语形式之 Ma'u-baligh。
baligh 突厥语义为城。当察合台抵达时,城堡正在平毁中,成吉思汗
令任何人均不得以其子之死讯相告。数日之内,彼但言木额秃干
已去某处某处。然后,一日,彼有意与其诸子挑起口角,而言曰:
"尔等不听父言,玩忽我告汝之语。"察合台跪言曰:"我等愿遵汗所
令者行事。设稍有违误,愿受惩而死。"成吉思汗多次重覆此问题
云:"汝言若真实,汝果将恪守此言否?"彼答云:"我如有不从,不守
此言,则惟有一死。"成吉思汗于是告以"木额秃干已死,尔不得悲
伤哭泣。"察合台胸中火烧,然服从其父之命令,强忍哭泣。少时,
以借口退去,秘于一隅痛哭片时,然后拭干眼泪,返于其父之前。

木额秃干有四子:其序为拜住 Baiju,不里 Büri,也孙脱
Yesün-To'a,[1]哈剌旭烈兀 Oara-Hülequü。此诸子之子孙所分衍之
支派具述如下。

木额秃干长子拜住

彼有子曰朵登 Töden,朵登有子曰字译 Böjei,字译有子曰阿不
都剌·Abdallāh。

木额秃干之第二子不里

其降生之情况叙述如下:先时风俗,诸侍从 ev-oghlans 之妻皆
齐集于斡耳朵操作。一日,木额秃干进入斡耳朵,见群妇中其一
极美。彼携至一隅,御之。彼思此妇可能有孕,乃令与其夫分隔。
此妇遂有孕而生不里,然后重给还其夫。

此不里扻刚愎猛勇,每酒醉辄出粗言。其事一至于当蒙哥合
罕在位时,彼酒醉怀怨而辱骂拔都。拔都闻之,乃请将〔不里〕交付
于彼。蒙哥合罕令忙哥撒儿那颜 Mengeser noyan 执之,以送拔

[1] 周按:俄译本作 Йисун-Дуьа。

138

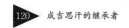

都。拔都将其处死。①

不里有五子：

长子阿必失哈 Abishqa，无子。②

方阿里不哥叛命于忽必烈合罕时，彼臣事合罕，被任取代哈剌旭烈兀为察合台兀鲁思之统治者，纳斡儿乞纳可敦 Orqïna Khatun 为妻。中道为阿里不哥之军士执而扣留，直至与阿里不哥同叛之蒙哥合罕子阿速台 Asutai 将其处死。③

第二子阿只吉 Ajïqï。此阿只吉侍忽必烈合罕，今则从铁穆耳合罕，年龄最长。彼处之诸宗王咸极尊敬，权威甚盛。④ 彼有三子：斡鲁格 Örüg、斡鲁格帖木儿 Örüg-Temür 与额儿失勒古列坚 Ershilküregen。⑤ 彼等亦有子，皆随侍合罕。

---

① 周按：鲁不鲁乞记不里之死云：不里的牧地是不好的。一天，当他喝醉时，他对他的部下说了这些话："难道我不是同拔都一样的成吉思汗的子孙吗？（因为他是拔都的侄儿或兄弟。）为什么我不能同拔都一样，到伊梯利亚河畔去放牧我的羊群？"这些话被报告到拔都那里去了。拔都于是命令不里的部下，把他们的主人绑起来送到他那里去。他们照办了。于是拔都问不里，他曾否说过这样的话。他供认说过。不过，他以当时喝醉了为理由，来为自己辩解。因为饶恕喝醉了的人的罪行，乃是他们的风俗。但是拔都回答说："你喝醉了时怎么敢提到我的名字？"便命令把他的头砍了。《出使蒙古记》第 153 页。

② 周按：俄译本作不里五子，依序为一，Кадаки-Сечен，二，Ахмед，三，Ачиги，四，Эъугэн，五，Абишка。与本书之次序有异，此阿必失哈有一子，名 Урук。Abušqa 突厥语义为老人。

③ 周按：俄译本"直至"作"彼命"。此句后又有一段云："此阿必失哈常侍忽必烈合罕，现时则属铁穆耳合罕，年迈。彼较同列之诸宗王权威为重，备受尊敬。"此段肯定是后文阿只吉一段误植所致。

④ 周按：阿只吉与合丹率西道诸王与 1260 年开平之会，拥忽必烈为帝，其后长期总兵西北。其封地在甘肃山丹州，太原亦属其投下。此人至少在成宗铁穆耳大德八年(1304)犹存。上引俄文本阿必失哈一段，明系叙阿只吉者。

⑤ 周按：俄译本作三子：一，Урук，有二子：Юл-Бука，Газан。二，Изшил-Туркин。三，Урук-Тимур。《元史·宗室世系表》：阿只吉子二人：（转下页）

第三子合答黑赤薛禅 Qadaqchi Sechen。彼有五子：①一，纳里忽 Nalïqu，生三子：帖木儿 Temür，斡剌台 Oradai 及土蛮 Tümen。二，不忽 Bughu，生二子：杜勒哈儿纳音 Dhu'l-Qarnain 及阿里·Ali。三，不花帖木儿 Buqa-Temür，有二子：斡鲁格帖木儿 Örüg-Temür 与完泽 Öljei。四，不花 Buqa。

第四子阿合马 Aḥmad。彼有二子：一，巴巴 Baba：有子三人：哈必勒帖木儿 Hābīl-Temür，合必勒帖木儿 Qābīl-Temür 及玉勒都思帖木儿 Yulduz-Temür。二，撒梯 Sati。

第五子额不干 Ebügen。

完毕。赞礼世界之主之真主，祝福我等之摩诃末主人及其纯善之家族！

木额秃干第三子也孙脱

彼有三子，其序如次：

长子摩门 Mu'min。有子二人：长也别 Yebe② 有子名必勒格帖木儿 Bilge Temür。次斡鲁格 Örüg。

次子八剌 Baraq③ 彼有五子：别帖木儿 Beg-Temür，笃哇 Du'a，脱脱 Toqta，兀剌台 Uladai 与卜思巴 Bozma。④

（接上页）忽都铁木儿、赤因帖木儿。忽都铁木儿子秃剌。然《秃剌传》则谓为察合台四世孙（曾孙），故屠寄《蒙兀儿史记·宗室世系表》列秃剌与忽都铁木儿、赤因铁木儿为兄弟。然皆与《史集》所记不同，难于考实。

① 周按：俄译本作四子。此处后文所列亦才四人，疑五为四之误。

② 周按：俄译本作 Яя（YYH。布洛歇本作 YBH。音点少差，而读法各异）。

③ 周按：俄译本以 Урук Борак 为一人，摩门之次子。故虽云也孙脱（作 Йисун-Дуъа）三子，然仅列 Му'мин 与 Ясаур 二人，但在 Ясаур 之后，又羼入一段云："第三子之八剌子孙甚众，其名字已揭于本书后文，故此处不宜再叙。以此之故，此处不及彼等，而于必需提及彼等之章节及之。"Baraq，在突厥语中义为某种传说性质的长毛狗。

④ 周按：俄译本摩门次子 Урук Борак 五子：Тоха，Уладай，Бомза，Дува 与 Бек-Тимур。Bozma 卜思马，m 与 b 音值相近，常有互用现象，故（转下页）

第三子牙撒兀儿 Yasa'ur。彼于阿八哈汗前往也里 Herat 驱逐哈剌兀纳 Qaraunas 时，[原注] 即马可波罗之 Caraunas，亦称为 Nīgūdarīs。一种蒙古人强盗，其主要根据地为阿富汗斯坦 Afghanistan 之北部。来此境输款。当阿合马 Aḥmad 自呼罗珊亡走后，异密乃将彼处死。

摩门为一耽酒之徒。至若八剌，因彼曾侍忽必烈合罕，诚谨可嘉。合罕令其与木八剌沙共领兀鲁思事。彼既至，暂则伪示友善。然后，木八剌沙之一异密名必阇赤 Bitikchi 者①与其他军队之首领数人合于八剌，乃废木八剌沙。八剌始成为绝对之统治者。因察合台兀鲁思之边界与海都 Qaidu 之境土相接，数处为海都所据。八剌数与海都战，初则海都胜。当彼等重事敌对时，窝阔台合罕之家族合答罕 Qadaqan 之子钦察和解之。彼等宣誓而结为安答 anda。② 时至今日，彼等之后裔仍互为安达。于是，彼等叛命于合罕，亦反对阿八哈汗。八剌尽取彼境土内之部属，没其财产，展其专制之手而控制人民。并商于海都，越阿母河，与阿八哈汗战。海都亦正担心八剌心怀不满，其本人亦正称叛于合罕与阿八哈汗，故同意出此，以使八剌远离己之国土。彼遣合达罕之子钦察及贵由汗子脑忽儿察八 Chabat 各领一军，伴从八剌。此二人者，皆海都之侄。彼等渡河之后，钦察怯而引退；察八亦如之。八剌使兄弟摩门、牙撒兀儿及捏古伯斡兀勒 Negübei Oghul 追之。其所奉之命令为：如彼自愿，则携之以还；否则以好语阻滞之，直至扎剌亦儿台 Jalayirtai 将至而拘絷之。彼等追及钦察后，彼不愿返还。彼等设酒以稽留之。然彼疑其用心，言："尔等之意，不过在于如汝自愿返

（接上页）Bozma＞Bozba 卜思巴。《元史·巴而尤阿而忒的斤传》有至元十二年（1275），都哇、卜思巴等率兵十二万围火州。此即其人。

①　周按：俄译本作"任必阇赤名＿＿＿者"。

②　周按：《元史·太祖纪》：安达，"华言交物之友也"。钦察之父为窝阔台之第六子合丹 Qaden Oghul。俄译本此处作"Кадан-Огул 之孙"，亦失实。

还,则事无不善;如或不然,则我等将縶汝以还而已耳!"彼等始惧而折还。道逢扎刺亦儿台,彼等云:"彼已离去甚远,已无法追及矣!"于是彼亦与彼等相与偕还。

当八刺渡阿母河兵败后,其大部分族人及军事首领弃彼而去。彼乃遣使牙撒兀儿于海都,云:"诸兄弟与尔所派遣之人皆无信而动摇,咸以各种借口折还。其首犯者为钦察,此军败之所由也。"海都闻此言毕,询牙撒兀儿云:"当彼遣汝、摩明及捏古伯追蹑钦察时,曾否以一军暗随汝等乎?"牙撒兀儿答云:"否。"然海都已尽悉事实之内蕴,乃云:"尔等军败之由,实尔等心口不一所致也,其时非有扎刺亦儿台以一军跟随尔等,以便拘俘钦察乎?"牙撒兀儿惧,海都縶而囚之。彼与诸异密共商之后,于是动身前往,一似往援八刺者,实则图伺执以锄除之。当彼临近时,得报言:遣往追赶捏古伯斡兀勒及阿合马之人已将彼等杀死。[①] 八刺遣使来言:"此间已无需帮助,我等之安达海都何不辞劳苦以返还乎?"海都不睬使者之言,乘夜而至,环八刺之斡耳朵而营。是夜,八刺死。晨,因无人前来,海都派人往调查,明八刺确死。海都乃入其斡耳朵,发丧举哀,将尸体埋于一山中。

八刺死,其侄合答黑赤 Qadaqchi 之子不花帖木儿 Buqa-Temür[②] 成为察合台兀鲁思之统治者。彼死后,八刺子笃哇嗣位。彼与海都及其子结为同盟。在先,当彼正渐集察合台诸军时,纳兀鲁思 Naurūz 称叛,往附于彼及海都。因其稔熟呼罗珊之道路与全况,乃说彼等入侵此省,残亦思法剌音 Isfarāyin。[③] 以纳兀鲁思故,此境多受毁坏,穆斯林被杀甚多。其详将于伊斯兰君主之本纪及之。其后,忽惕鲁黑不花之子畏吾儿台 Vighurtai 亡走笃哇处。彼

---

① 周按:俄译本列 Муджа Яя 及阿合马、捏古伯等三人名。

② 周按:俄译本作 Кадан 之子,其侄 Бука-Тимур。显误。

③ 周按:亦思法剌音之遗址今名 Shahr-i-Bilqīs。

熟悉马扎答兰之道路。当伯都 Baidu 叛于乞合都 Geikhatu 时，诸
异密亦转而击彼，将彼处死。伊斯兰君主(真主佑其国祚长久!)率
军获取汗位时，笃哇由畏吾儿台引领，乘守军已离呼罗珊方向之时
机，由沙漠进入马扎答兰，掳伊斯兰君主(真主佑其国祚长久!)军
将留置于此区内之辎重而还。① 此事将于伊斯兰君主(真主佑其国
祚长久!)之本纪叙之。②

142

　　笃哇数度与海都联军与合罕战，最近则二人皆负伤，海都以伤
死，笃哇则陷风痹。

　　笃哇有子，其一为忽惕鲁黑忽察 Qutluq-Khwāja，彼受任治哥
疾宁省，及久与之有联系之哈剌兀纳军。彼夏季居于古儿 Ghūr〔原
注〕也里东及东南之阿富汗斯坦地区。与哈儿赤斯坦 Ghargchistan,〔原
注〕阿富汗斯坦西北，今 Firuzkuh。冬季则为哥疾宁省一带。彼常与底
里 Delhi③之算端交战，常为所败。彼等数度进入此国之境，进行
劫掠。卜思巴 Bozma 图前去合罕处，海都知之，乃将彼处死。④

　　木额秃干第四子哈剌旭烈兀

　　彼有子木八剌沙 Mubārak-shāh。此木八剌沙有五子：一，完泽
不花 Öljei-Buqa，彼有子名忽惕鲁黑沙 Qutluq-Shāh。二，孛阑奚
Boralqï，彼有子名秃惕鲁黑 Tutluq。三，斡儿合台 Horqadai。⑤ 四，

---

① 周按：俄译本"彼熟悉马扎答兰之道路"句后作："当海都 Кайду 与乞合都
　　为仇时，乞合都之异密们称叛，围彼而杀之。伊斯兰君主〔合赞汗——
　　〔真主〕佑其国祚长存——领军擒海都 Кайду，杀之，而即汗位。笃哇乘合
　　赞军自呼罗珊已来此境之便，以畏吾儿台为向导，穿行马扎答兰之沙漠，
　　掠伊斯兰君主合赞汗之部分辎重而还。"以伯都当海都，显误。伯都叛乞
　　合都及乞合都被杀事，见多桑《蒙古史》第二册第 249—251 页。

② 周按：事见多桑《蒙古史》第二册第 266 页。

③ 周按：即印度德里，译名从《明史·外国传七》。

④ 周按：俄译本此处亦作 Бузма，亦证该书第 90 页 Бомза 一名实误。

⑤ 周按：俄译本作 Уркудак。

也孙孛罗 Esen-Fulad。① 五,合达 Qadaq。察合台以此哈剌旭烈兀代其父为继承人。其妻为斡儿乞纳可敦 Örqïna Khatun,②生子木八剌沙。当哈剌旭烈兀死后,〔哈剌旭烈兀〕之侄拜答儿子阿鲁忽奉阿里不哥之命充察合台兀鲁思之统治者,并纳斡儿乞纳可敦为妻。彼不久死。③ 此木八剌沙承其父位。其时,八剌奉忽必烈合罕之诏旨至,见木八剌沙已立,忍而不发一言。彼渐集分散之军以附于己,攫取兀鲁思之统治权;加木八剌沙以罪名降其为猎豹饲养者之监护人。④ 当八剌入呼罗珊与阿八哈汗争战时,木八剌沙偕往,乃〔乘机〕亡走阿八哈汗所。设若全能之真主有意,其事迹将于后之适宜之处详及之。⑤

143

察合台第三子别勒格失

当察合台意中之继承人木额秃干死,〔察合台〕曾图以此子继位。然彼于十三岁死,无嗣。彼于是乃以木额秃干子哈剌旭烈兀为继承者。遵行神意者得和平!

察合台第四子撒儿班

彼有二子:忽失乞 Qushïqï 与捏古伯 Negübei。

察合台第五子也速蒙哥

此也速蒙哥为一大酒徒。据云:彼竟无稍许之清醒而能知以一鹰而付之于鹰人。彼有妻名纳亦失 Naishi,权势甚盛。因其夫

---

① 周按:俄译本作 Иисун,而以此名之第二部分连下读 Булат-Кадак 为第五子。f 与 p 音值相近,常有互用现象。故元朝中书省之"平章",剌失德丁多读为 finjan;钦察 Kimchak 又作乞卜察兀 Kipcha'u、可弗又 Ko-fu-ča。pūlād 又作 Fūlād(波斯语义为钢)。

② 周按:参见《史集》第一卷第一册第 194—195 页。

③ 周按:阿鲁忽之死在 1265 年。

④ 周按:据伯希和推测,八剌在 1266 年春夏时仍未取得政权。其死在 1271 年 8 月(《马可波罗注》卷一第 75 页)。

⑤ 周按:以下察合台第三子至第八子诸段,皆俄译本所无。

沉湎于酒，彼常代行其职。〔也速蒙哥〕之行事如下：彼与贵由汗相友善。虽则哈剌旭烈兀为察合台意中之继承人，然贵由以〔此也速蒙哥〕为察合台兀鲁思之统治者，因彼为蒙哥汗之反对者也。其后蒙哥合罕即位，彼即令哈剌旭烈兀管领兀鲁思，并命将也速蒙哥处死。哈剌旭烈兀死于道途，其妻斡儿乞纳可敦杀也速蒙哥，亲充执政十年。然后阿里不哥以兀鲁思付拜答儿子阿鲁忽。当阿鲁忽叛于阿里不哥时，斡儿乞纳可敦如已叙及，嫁与彼为妻。也速蒙哥无子。

察合台第六子拜答儿

彼身短，极善射。据云＿＿＿〔原注〕布洛歇刊本及稿本之一阙。与彼戏言云："尔身材矮小，且前来，容我等同射。"彼有子名阿鲁忽Alghu，生三子：

长子合班 Qaban

次子出伯 Chübei

彼终身事于合罕处，有十五子，诸人之历史将具述于后文。脱脱 Toqta、牙撒兀儿 Yasa'ur、杜库勒思 Düküles、额只勒不花 Ejil-Buqa、那木忽里 Nom-Quli、那木达失 Nom-dash、阿黑不花 Aq-Buqa、撒梯 Sati、答兀得 Da'ud、敢不朵儿只 Gambo Dorji、赤斤帖木儿 Chigin-Temür、只儿忽台 Jirghudai、明塔失 Mingtash 及宽彻朵儿只 Könchek Dorji。[①]

三子脱黑帖木儿 Toq-Temür

彼有二子：也先孛哥 Esen-Böke 与斡黑鲁黑赤 Oqruqchi。

察合台第七子合答海

其母为脱坚可敦 Tögen-Khatun。此合答海有五子：纳牙Naya、不忽 Buqu、纳里豁阿 Naliqo'a、不花帖木儿 Buqa-Temür 与不花 Buqa。

---

① 周按：实列十四人。

察合台第八子拜住

彼有子名莫赤 Mochi。此莫赤为哥疾宁地区哈剌兀纳部队 cherig 之指挥者。〔莫赤〕有子曰阿不都剌 Abdallāh，系一穆斯林。〔阿不都剌之〕父召彼前往该区，彼遣其子忽惕鲁黑忽察 Qutluq-Khwāja 代己而往。

察合台汗纪第二部分

145

彼在位时期之〔一般〕历史与〔特殊〕行事；其王位与诸妻、诸宗王之画图；记彼之兀鲁思及彼所历之战事与所取得之胜利；其在位之年代；其后嗣迄于今日之历史

察合台为一公正、能干与令人生畏之统治者。其父成吉思汗尝语诸异密言："有欲习扎撒及族人之约速者，可从察合台。有喜爱财富、义行与安适者可随窝阔台。有欲得礼仪、教养、勇气与武艺者可从拖雷。"当彼分拨诸军时，彼以四千人予之，如前文于分赐诸军之部分所详述。[1] 诸异密中，彼以巴鲁剌思部 Barulas[2] 哈剌察儿 Qarachar 与扎剌亦儿部也孙那颜 Yesün noyan 之父木哥 Möge 付予之。[3] 其领地与禹儿惕则自乃蛮部禹儿惕之地阿勒台

---

[1]　周按：见《史集》第一卷第二册第 275 页。

[2]　周按：《元史·宗室世系表》敦必乃乃子葛忽剌急哩担，今大八鲁剌斯其子孙也。合产，今小八鲁剌斯其子孙也。《秘史》第 46 节则谓蔑年土敦子"合赤兀的子名巴鲁剌台，因他生的身子大，吃茶饭猛的上头，就作了巴鲁剌思姓氏。合出剌的子也吃茶饭猛，唤作大巴鲁剌、小巴鲁剌、额儿点图巴鲁剌、脱朵延巴鲁剌，将这四个名就作了姓氏。"蒙古语 baruq 义为"猛的"。

[3]　周按：《秘史》第 243 节：成吉思汗拨与察合台者为合剌察儿、蒙可、亦都合歹三人。又以察合台性情猛烈，令阔可搠居早晚在他跟前照料。察合台被分予四千户，详见《史集》第一卷第二册第 275 页。

Altai①〔至于阿母河岸〕。〔原注〕此仅具于维尔霍夫斯基本。② 彼从成吉思汗之令,引军征服各国,行事极热心尽力,具如前述。羊年,当回历 607 年八月〔1211.1—2〕,当成吉思汗往征契丹时,察合台偕窝阔台、拖雷陷其五城:云内 Un-Ui、③〔原注〕即云内 Yün-Nei,今内蒙乌剌特旗西北。东胜 Tung-Cheng、④武州 Fu-Jiu、朔州 Suq-Jiu 及丰州 Fung-Jiu。⑤ 当彼等围取涿州 Jo-Jiu 后,⑥彼遣三人全往山岭之一侧及其周围之地,⑦〔原注〕此山岭即指太行山,是。彼等尽掠武州 Fu-Jiu⑧ 与

---

① 周按:乃蛮部之牧地,东以塔米尔河上游之地与克烈部为邻,北接谦谦州,西邻康里,南以阿尔泰山为界。

② 周按:尤外尼谓察合台分地,自畏吾儿延及撒麻耳干与不哈剌。其居地在阿力麻里附近之忽牙思 Quyas(第 42—43 页)。伯希和指出:察合台夏天常居于阿力麻里附近之忽牙思;冬则居于 Mărāūzīk-Īla(?)。二地均在伊犁地区(《马可波罗注》卷一,第 253 页)。

③ 周按:俄译本作 Аун-Ауй(注:AWN、AWY)。

④ 周按:俄译本作 Фонг-Хинг。此据塔什干本、伊斯坦布尔本(FWNK ǏYNK)。然其他诸本第一字均作 Tung(TWNK)。证以汉文史料,此为东胜无疑。

⑤ 周按:《元史·太祖纪》:六年(1211)冬十月,皇子尤赤、察合台、窝阔台分徇云内、东胜、武、朔等州,下之。《亲征录》则谓“破云内、东胜、武、宣宁、丰、靖等州”。

⑥ 周按:此八年事。《元史·太祖纪》:其年七月,“帝出紫金关,败金师于五回岭,拔涿、易二州”。《亲征录》:“上自率兵攻涿易二州,即自拔之。乃分军为三道,大太子、二太子、三太子为右军,循太行而南。”则涿州之役,察合台实从行。

⑦ 周按:俄译本作:“彼等三人一起于猴年至于＿＿＿地。”

⑧ 周按:原注对抚州。上文之 Fu-Jiu 已与云内、东胜并举,其为武州无疑。此处之 Fu-Jiu 如对抚州,在译音上虽是正确,然于史实反枘碍难通。抚州之陷在七年正月。八年之南征,自涿、易分兵三道深入,尤赤、察合台与窝阔台所将右军循太行东侧而南,遂取保、遂、安肃、安、定、邢、洺、磁、相、卫辉、怀、孟,转掠太行西侧而北,陷泽、潞、辽、沁、平阳、太原、吉、隰以及汾、石、岚、忻、代、武等州而还。然后与哈撒儿等所将左军、成吉思汗与拖雷所统中军会合于中都之北。武州在这一年内确有第二次攻陷,故仍译武州,似近事实。

怀孟 Khuming［原注］列宁格勒本、大英博物馆本与德黑兰本作 XW-MYNK，明即怀、孟二名之合称。① 之间之城镇，省治与堡塞。从此至于黄河 Qara-Mören，然后折还。彼等攻掠平阳府 Pung-Yang-Fu，太原府 Tai-Wang-Fu 及其属县。② 掠太原府者，即察合台也。③

此后，龙年，其年之始当回历 616 年十二月〔1220.2—3〕，成吉思汗出发往大食诸国，抵谓答剌城。成吉思汗留彼与其兄弟窝阔台与拖雷围之。④ 彼等下此城后，于是掠费纳干 Barākat⑤ 及大部分突厥斯坦之城市，然后在撒麻耳干既下之后与其父会合。于是成吉思汗遣彼偕尤赤、窝阔台围攻花剌子模。因彼与尤赤不和，其父乃令窝阔台为统帅。窝阔台虽年事差幼，借彼之能，和辑兄弟，乃下花剌子模。然后尤赤去其辎重停留之地，其他人则于马年，当回历 619 年/1222—1223 与其父军会合于塔剌寒，接受召见。［原注］实为 1222 年。在此地区度夏之后，察合台、窝阔台及拖雷皆伴其父进击扎阑丁算端 Sultan Jalāl al-Dīn。彼等进至欣都河岸，败算端军，〔算端〕本人渡河而走。此年夏，彼等致力于征服此境之诸国，然后伴从其父返其原来之禹儿惕居住。

鸡年，当回历 622 年/1225—1226，［原注］实为 1225 年。当成吉思汗前往征讨发生叛乱之唐兀惕之地时，彼令察合台留军一翼驻守斡耳朵。察合台遵此命令镇守，直至伴随其父出征之兄弟窝阔台与拖雷返还。彼等于是奉成吉思汗之灵柩至斡耳朵，共同举哀

147

---

① 周按：俄译本作 Фунг-Хим，不知所据，即以不能择善而从，昧于取舍论之，去定本远矣！

② 周按：俄译本属县下有阙文号，注作 TWABF。

③ 周按：俄译本作"太原府 a arap-Тумар 属察合台"。arap-Тумар 为五户丝。《元文类·耶律楚材神道碑》："国初方事进取，所降下者，因以与之。"故察合台之封地，主要是在太原府境。

④ 周按：此误。俄译本作尤赤、窝阔台，是。

⑤ 周按：即 Farākat。

发丧；再分赴各自之禹儿惕与营帐。

因察合台与其兄弟窝阔台、拖雷之间友谊甚笃，彼不遗余力扶助窝阔台即汗位，为遵依父命立其为汗而努力。彼与拖雷及其他族人九跪以表臣服。[①] 虽则彼为兄长，然彼于窝阔台极为尊敬，严守礼仪之诸细节。其例之一如下：一日，彼等信马而行，察合台因酒醉而言于窝阔台曰："容赛马一赌，何如？"赌注既定，彼等赛驰，察合台之马以超前一首之先获胜。是夜，察合台于帐中忆及此小事而沉思：我何可与合罕共赌，且容我之马僭胜于彼者耶？此举诚大违礼节。以此验之，我等与其他人皆正流于傲慢，其势将导致于危害也。晨前，彼召诸异密言："昨日我之所行如此，诚为犯罪。我等当至窝阔台所，使彼谳定我之罪行而予适当之处分。"彼与大群异密来至朝堂，较之往常为早。卫士报窝阔台，谓察合台以大群人至。窝阔台虽深信于彼，然亦不无疑意，不识彼此行果欲何为。彼遣人诣其兄问之。〔察合台〕言："我等诸人兄弟于忽里台时申言，且具誓书，谓窝阔台乃合罕，我等皆当忠诚臣服，不得违拂。昨者，我与之赌胜赛马。我等有何权可与合罕相赌哉！我诚有罪。故此前来认罪受罚。或处死，或责打，惟从彼之决定。"窝阔台于此言满心羞赧，于其兄之前乃更为友爱、亲切与谦恭；然仍遣人言："何出此言？彼乃兄长，缘何介意于此纤细之事哉？"〔察合台〕不从。终则彼同意合罕将赦免其生命而代输九马为罚。必阇赤宣布合罕已赦察合台之生命，以使任何人皆闻知彼已输罚免罪。然后彼进入斡耳朵，以其辩才为所有在座之人解释之。

以此，彼此之间和睦日增。其他族人皆俯首于合罕之诏旨，遵循服从之道。成吉思汗时期未曾征服之国，在合罕之朝咸归臣服。

---

① 周按：《元文类·中书令耶律公神道碑》："己丑，太宗即位，公定册立仪礼。皇族尊长皆令就班列拜。尊长之有拜礼，盖自此始。"

其家族之统治权与彼军队之声势大为增盛。因察合台以如此态度待窝阔台合罕，合罕乃令己子贵由为其侍从，充其警卫，常服侍于彼。于是察合台愈形尊贵，难于尽言。彼领有成吉思汗所分予之兀鲁思与军队，牢固树立其王位于别失八里之域。[原注] 即自别失八里之西。其主要之居地在伊犁河谷。《史集》第一卷第二册，谓察合台之封地自突厥斯坦直至阿母河口。(第 69 页)所有国之大事，窝阔台合罕恒遣使商之于察合台，不得其忠告与同意则不予施行。彼于所有事务中皆铺筑一致与合作之道路；于任何决定中亦尽言无隐。每有重务，彼即赴忽里台。所有诸宗王、诸异密俱来欢迎。于是彼进入合罕之朝堂，表示臣礼；然后再进入内室。窝阔台在位之十三年，察合台皆与之和好合作如此。彼于 638 年/1240—1241 先窝阔台七月而死。[原注] 窝阔台死于 1241 年 12 月 11 日。据《世界征服者史》，察合台在其弟死后尚活一个短时期。

纪察合台死后其兀鲁思与继承

其逐一相传至于今日之后裔

合罕与察合台死后，虽则哈剌旭烈兀于察合台后裔中齿序居长，且为木额秃干之长子(木额秃干在成吉思汗统治期与其父生时，已确定为继承者。后于巴米延堡前中箭而死)，然贵由汗因察合台之第五子也速蒙哥反对蒙哥合罕，乃遣其代领察合台兀鲁思事。迨蒙哥合罕即合罕位，乃授哈剌旭烈兀一诏，命处死也速蒙哥，代为继承者，统治此兀鲁思。哈剌旭烈兀未抵兀鲁思前死于道，其妻斡亦剌惕 Oirat① 朵阑吉古列坚 Törelchi Küregen 之女② 斡儿乞纳可敦依诏

① 周按：此部居谦河之上源八水流域。《元史》有猥剌、斡耳那、斡鲁剌台诸译。

② 周按：《史集》第一卷第一册第 119 页：斡亦剌部首领忽秃合别乞 Kутукабеки 有子二人：亦阑赤 Иналчи、朵阑赤 Торэлчи。成吉思汗以女扯扯亦坚 Чичиган 嫁之。inal《元史·太祖纪》译亦纳里，是乞儿吉思首领的头衔。

杀也速蒙哥,亲任执政。迨蒙哥合罕死,忽必烈合罕遣木额秃干之第二子不里之长子阿必失哈娶斡儿乞纳可敦,居哈剌旭烈兀之位,以领察合台兀鲁思事。其时忽必烈合罕与阿里不哥成仇。[①] 阿里不哥令蒙哥合罕子阿速台 Asutai 杀〔阿必失哈〕。察合台第六子拜答儿子阿鲁忽方从阿里不哥。彼给予旨令,任其统管察合台兀鲁思,守卫边境,以反对忽必烈合罕及察合台之后裔,征发钱粮装备于此突厥斯坦之省,并全部解送于彼,使彼得以放心率军以击忽必烈合罕。阿鲁忽既至,传达旨令,立己为统治者。斡儿乞纳可敦去往阿里不哥处控阿鲁忽,并于彼处少事停留。稍后阿里不哥遣使者至此境,令牲畜十赋其二,并为军队安排大量〔供应之〕金钱与武器。此等使者之名为额儿克昆 Erke-gün、[②]不里台必阇赤 Büritäi bitikchi 及沙的 Shādī。彼等前来,并以令旨付阿鲁忽,开始于彼省征集牲畜、金钱与武器。当征得相当数量之后,彼等即以之发运。661 年/1262—1263,阿鲁忽阻留之,曰:"可待其他那可儿完成其任务到来后,一体交运。"其后不久,当〔使者〕来到后,责其那可儿云:"缘何延滞不发?"彼等答云:因阿鲁忽阻拦。于是彼等至阿鲁忽斡耳朵之大门,使人言:"我等奉阿里不哥之命,来征集课税,尔有何权而阻我等之那可儿耶?"阿鲁忽出于贪得此全部财货,又为使者之疾言所激怒,乃执彼等而囚之。于是彼商之于诸异密言:"计将安出?"彼等答云:"君宜就商我等于未执使者之前。今则已开衅于阿里不哥,其惟一之途径乃与彼完全决裂,而给助忽必烈合罕。"以此,彼处死使者,拘留全部财货与武器,其地位从此大为增强。斡儿乞纳可敦返归后,彼娶之,取得察合台兀鲁思王位之绝对所有权。此讯传于阿里不哥,彼率军来伐,与阿鲁忽战。在前二次遭遇中阿里不哥败;第三次则阿鲁忽败走不花剌与撒麻耳干。彼于该

---

① 周按:俄译本下有"阿必失哈中道为阿里不哥军所执,解往彼处"。

② 周按:俄译本作 Ирканун。

处征取金钱、武器与牲畜于富人。阿里不哥掠其辎重。经一年之后,彼自此城返还,以逐合罕之军。①

次年,即回历 662 年/1263—1264,阿鲁忽死。② 所有诸异密、诸军皆属其指挥之斡儿乞纳可敦乃立其子、哈剌旭烈兀长子木八剌沙为统治者。其军仍抢掠如前,滋为不法。然木八剌沙为一穆斯林,不允许加暴力于农民。当阿里不哥被迫降服于合罕,此地区之叛乱平息后,木额秃干之第三子也孙脱之子、长期在合罕王廷侍从之八剌被遣归察合台之兀鲁思,奉令与木八剌沙〔共〕掌兀鲁思事。八剌至后,见木八剌沙与斡儿乞纳地位稳定,乃隐藏诏旨不发。木八剌沙问其何为而至? 彼答言:"我远离我之兀鲁思与家族甚久,我之人民离散困顿。我得允许前来收集我之属众,与君同游牧耶!"木八剌沙喜其言。八剌与之处,施行诡计与伪善,广事搜集军士。有一异密名必阇赤 Bitikchi 者及数领军者突与之合,共废木八剌沙。八剌乃成为绝对之统治者,而木八剌沙则被黜为猎豹饲养者之长。

时,海都曾与阿里不哥结为同盟,拒不入合罕之朝。合罕遣八剌来以防止海都。〔八剌〕奉此诏旨,一当聚集力量后,即前攻〔海都〕。两军战,八剌失败。方图再战时,八剌之友、窝阔台合罕子合丹斡兀勒子钦察斡兀勒居间言和,签订和约,彼此结为安答。由于海都之保证与支持,八剌牢固确立其在察合台兀鲁思之王位。其后,彼召开忽里台,语于海都云:"我之军队大增,此地已不足维持。我愿渡河取呼罗珊之地,我之安答海都宜有以助我。"海都希望其离〔察合台兀鲁思〕之域,且与阿八哈汗为仇,乃允之。遣钦察斡兀勒与贵由汗子脑忽子察八各领一军,以援八剌。八剌领军渡河,近

152

---

① 周按:中统元年(1260)九月删丹之役,忽必烈军败浑都海军,此后,元军西进情况,史无明文。据此,则中统三年时元军已推进于哈密以西地区。

② 周按:实际当为 1265 年。

马鲁 Merv 而营。阿八哈汗之兄弟图不申 Tübshin 与战。一万户之长名薛彻图 Shechektü 者闻钦察与八剌偕来,乃弃军而诣八剌言:"我乃钦察之部属,〔来依〕旧主。"并以良马为贽。其后钦察令彼取马若干馈于八剌,薛彻图依命而行。次日,在八剌之斡耳朵,扎剌亦儿台谓钦察云:"八剌已与此全部之军士千人前来,挥剑以向汝。"钦察问言:"此言何谓耶?"扎剌亦儿台言:"如薛彻图为尔之旧部,从属于尔,何彼如此久而不来归? 此应何谓耶? 为八剌故,彼乃来投也。而尔今则取彼以为己有,且染指于惟八剌所宜得之良马,此令彼奉献于八剌之马匹始系应为尔所有者。"钦察言:"汝何人,间我兄弟!"扎剌亦儿台答云:"我为八剌之仆役。问我为谁,殊非尔之所宜。"钦察言:"从无下民 qarachu 与成吉思汗之血胤争辩者。如犬之汝,辄敢予我以无礼之回答哉?"扎剌亦儿台亦言:"我如为犬,亦为八剌之所有而非属于尔,尔宜自重有节!"钦察大怒,言:"尔竟敢如此答我邪! 我将斩汝为两段。我之兄长八剌于汝之所行,宁无一语以为我耶?"扎剌亦儿台持刀而言曰:"设尔敢犯我,我将剖汝之腹。"事情一至于此,而八剌一言不发。钦察知其左袒扎剌亦儿台,盛怒之下,彼走出八剌之斡耳朵,商诸其军,离其在马鲁察 Maruchuq 之外己之斡耳朵,率军渡河亡走。八剌闻之,即遣其兄弟牙撒兀儿[①]与捏古伯追之;并遣扎剌亦儿台以三千骑随之。事具八剌世系之附录。于是察八亦亡归海都。总之,八剌兵败,其大部之军队均为阿八哈汗之军队所摧毁,余众远近四散。八剌亡抵不花剌,以悔痛致疾。彼坐于一担架往击察合台子莫赤也别之子阿合马斡兀勒,因彼曾拒不输援也。彼以如此之使书交牙撒兀儿,遣往海都,云:"诸宗王失于援助,以此军败。我虽孱弱如此,然仍亲追彼等。如我之安达愿助一臂之力,我等将执彼等以徵罚之。"如已述及,海都执牙撒兀儿而囚之。于是彼率军前往,伴若

153

———————————————————

① 周按:俄译本无牙撒兀儿。

往援八剌,〔然实则〕乘其弱而完全收拾之。八剌既掠杀阿合马之众,颇悔于遣人召海都来,乃复遣人云:"已无烦我安达海都之亲来,宜请驾还。"海都不顾使者之言,进而环八剌之斡耳朵为营。如八剌世系所叙,彼于是夜死去,海都举哀葬之。其斡耳朵之诸异密与诸宗王诣海都诡而言曰:"八剌前为我等之主,然今日为我等之兄长与国君者,实为海都。不论彼将有任何命令,我等谨奉事之。"海都善视彼等,以八剌之财货分赐彼之军人而尽夺其军,〔然后彼〕返归其本人之禹儿惕。

其后,八剌之长子伯帖木儿 Beg-Temür 与阿鲁忽①之子出伯 Chübei 与合班 Qaban 同反,往投合罕。窝阔台之孙察八 Chabat 亦与诸异密往投合罕。嗣后,哈剌旭烈兀子木八剌沙往依阿八哈汗,备受礼遇。彼被任为哥疾宁区之捏古得儿一军之指挥者。②

八剌死后,兀鲁思之统治权授予其侄、撒儿班之子捏古伯 Negübei。[原注]撒儿班为八剌之诸孙行。彼在位三年。然后海都③立察合台第七子合答海子不花帖木儿 Buqa-Temür。彼在位未久即患秃头症,须发尽脱,竟以是死。海都于是以汗位畀八剌子笃哇 Du'a。彼至今仍在位,然体弱多病。缘彼与海都去年均曾在与合罕之一战役中受伤,海都以伤死,笃哇亦残废而不可治愈云。

察合台之大臣瓦昔儿与哈八失阿密德

察合台有二异密:一名瓦昔儿 Vazir,另一为哈八失阿密德 Ḥabash 'Amīd。瓦昔儿之历史如下:彼原为契丹人,为随侍察合台之一契丹医生之奴仆。医生死后,彼成为察合台之一异密忽速黑

---

① 周按:俄译本作 Алсу,显误。
② 周按:俄译本此下有:"当阿八哈汗前往也里 Херат,驱逐哈剌兀纳时,木八剌沙与其斡耳朵之全体皆来从。彼留居此境〔波斯〕终身。八剌之兄弟 Ясар 其时亦往事阿八哈汗。"
③ 周按:俄译本无海都。

那颜 Qushuq noyan 之牧人。一日，察合台询问年长而富于经验，并熟知往事之扎剌亦儿部之忽速黑那颜以关于成吉思汗之历史，其逐年所征服之国家何名？彼知之而未详，乃还家询于其属众。

155 诸人各以所知具告。此契丹牧人在门外闻知，乃论证诸说之真伪，使所有诸人尽皆明白。彼等咸是其所言。忽速黑召入，询其自何处得此知识？彼出示一日记，上载有所求之旧事与历史。忽速黑甚喜，携彼与书同诣察合台。极喜格言之察合台是其所言，乃求此契丹人于忽速黑，使充己之侍从。短期之内，〔此契丹人〕已获得服事察合台之绝对自由之发言权。于是始受尊敬，名声渐著。合罕亦嘉许其知识，因彼为察合台之宠幸，故赐名为瓦昔儿。〔原注〕阿拉伯—波斯语 vazir 在外形上与义为丞相之 vizier 相合。此词为借自梵语 vajra 之突厥语，义为"雷电"，为帝释天 Indra 之武器。它在早期用于隐喻"不朽"、"永久"之义，后期在佛教中成为绝对之象征。彼身材短小，相貌平庸，然极勇敢，有捷才，多识，能辩，且善饮啖。其地位一至于可坐于诸异密之上，于察合台之事务享有较诸人更多之自由发言权。一日，甚至当察合台之妻阻其发言时，瓦昔儿嚷斥曰："尔妇人，不得言此！"又一次，察合台之媳被控与某人〔通奸〕，〔瓦昔儿〕不商于察合台，即将彼处死。〔察合台〕知此后，瓦昔儿言："王之媳何可犯此辱名之行，而沾污王之其他妇女之声名耶？"察合台是其所行。当时习俗，诸统治者之所言，皆逐日记录，而多采韵文或语义暧昧之言辞。诸人皆使一朝臣记下彼之言语。前述之瓦昔儿即察合台之任此职者也。合罕有一畏吾儿大臣镇海。一日，彼询察合台云："兄之异密与我者孰优？"察合台言："镇海定优。"一日，有宴，彼等皆背诵必力格 biligs。瓦昔儿默记而出外书之。察合台与合罕本人皆熟记此等格言，而予背诵以试瓦昔儿〔在闻后〕能否准确予以记录。

156 瓦昔儿方忙于书写时，蒙哥合罕经过而致语于彼。瓦昔儿言："不得扰我，直至我记下我之所闻者。"记录呈上后，彼等观之，见其所记正确〔一如彼等之所背诵者〕，除字之顺序有颠倒外，尽记无讹。

合罕承认察合台为正确，因彼之异密确胜于己之所有者。终察合台之世，瓦昔儿备受荣宠。

据云：窝阔台在位时，察合台发布一令旨：以河中省（此处为合罕所领，而任牙剌瓦赤 Yalavach 管辖者）之部分地方以予某人。牙剌瓦赤禀之于合罕。彼以诏旨责察合台，令其回复。察合台答云："我因疏忽与无引导而行此，我实无以为答。然以合罕有旨，我故鼓勇而书如此。"合罕喜而宥之。乃以此省予察合台为王室之领地 inju。其后，牙剌瓦赤往访察合台，彼痛予辱骂。牙剌瓦赤语瓦昔儿云："我有私言，为君一语。"当彼等于密室中相谈时，彼言于瓦昔儿云："我乃合罕之大臣。察合台不商于彼，不得将我处死。然如我诉君于合罕，则彼将置君于死。如君能善以待我，当事无不吉；否则，我将控君于合罕。设若君以此言告于察合台，则我将抵死否认，君亦不得证据。"以此之故，瓦昔儿被迫了结其事。关于瓦昔儿之故事甚多，然所记者极少。彼常语察合台云："为王之故，我已更无友朋。王死之后，我将无人怜惜矣！"察合台死后，〔瓦昔儿〕以毒彼致死之罪名被处死。

至若哈八失阿密德之历史如下：彼为一穆斯林，原籍讹答剌，为察合台之必阇赤。〔原注〕第二部分突于此中断。

第四章 拖 雷 汗 纪

成吉思汗子拖雷汗 Tolui Khan 纪之始

拖雷汗纪计分三部分

　　第一部分：纪其世系；纪其诸妻、诸子及诸孙所分衍及于今之后裔；其圣容；其诸子孙之世系表，惟其诸孙之成为统治者者除外，彼等之历史将另分述之。

　　第二部分：其生平之〔一般〕历史与〔特殊〕行事；惟关于其父母者除外，此等事件均仅作概略之叙述；其在位时之王位、诸妻、诸宗王及诸异密之图画；其所经历之战争与所取得之胜利；其在位之时间。

　　第三部分：格言、教令及得之于诸人与诸书之个别事迹而为前二部分所不及者。

拖雷汗纪第一部分

　　纪其世系；纪其诸妻、诸子及诸孙所分衍迄于今日之后裔；其圣容；其诸子孙之世系表，惟诸孙之成为统治者除外，彼等之历史将分别叙述之

　　拖雷汗为成吉思汗之第四子，系被称为四英杰 Külüks、犹言四柱石之彼之四子之最幼者。其母为成吉思汗之长妻孛儿台兀真。孛儿台兀真亦即其三长兄之母也。彼以也客那颜 Yeke noyan 或兀鲁黑那颜 Ulugh noyan，义即大那颜之号而著称。① 成吉思汗常称彼为那可儿。彼之勇猛、审慎与权略皆无与伦比。方其童年时，其父即为彼求克烈部之统治者王罕 Ong Khan 之兄弟扎合敢不 Jagambo 之女，名为唆鲁和帖尼别姬 Sorqoqtani Beki 为妻。② 彼为拖雷所宠爱之长妻，其主要之诸子之母也。此四子一如成吉思汗之四子，有类王国之四柱石。此外，彼尚有妻妾多人。共生十子，其秩序如次：一，蒙哥合罕 Möngke Qa'an，二，绰里哥 Jörike，三，忽睹都 Qutuqtu，四，忽必烈合罕 Qubilai Qa'an，五，旭烈兀汗 Hülegü Khan，六，阿里不哥 Arïg Böke，七，拨绰 Böchek，八，木哥 Möge，九，岁哥台 Sögetei，十，雪别台 Sübügetei。③

拖雷汗长子蒙哥合罕

彼为唆鲁和帖尼别姬所出。因彼为统治者，将立专章叙及，此处但及枝系。

拖雷汗之第二子绰里哥

彼为一名莎鲁黑可敦 Saruq Khatun 之妻所出，幼夭，无子。

拖雷汗第三子忽睹都

彼为〔领忽(木)可敦 Linqum Khatun〕所出。〔原注〕此名系布洛

160

---

① 周按：Tolui 蒙古语义为镜子。拖雷死后，此词遂成禁讳，蒙古人乃借用突厥语 Küzgü 以称镜子。

② 周按：Sorqoq 义为胎痣。Sorqoqtani 为有胎痣者。

③ 周按：《元史·宗室世系表》：睿宗皇帝十一子：长宪宗皇帝，次二忽睹都，次三失其名，次四世祖皇帝，次五失其名，次六旭烈兀大王，次七阿里不哥大王，次八拨绰大王，次九末哥大王，次十岁哥都大王，次十一雪别台大王。此二失名者其一为绰里哥，另一无可考，其余九子则中外史料所纪皆符。

歌采自贝勒津本者。① 无子,仅一女名克勒迷失阿合 Kelmish-aqa,②嫁弘吉剌部撒勒只台古列坚 Saljidai küregen。此异密随尥赤兀鲁思之统治者,③死于 701 年/1301—1302。克勒迷失阿合迄今仍在彼处,备受脱脱 Toqta 及其他诸宗王之礼重。因彼系拖雷汗之家族,故与伊斯兰君主友善,常遣使来告彼国所发生之事件。借彼之力,脱脱与其他尥赤后王与拖雷后王之间友谊之基础增强,使彼等间之敌对与不和停止。当忽必烈合罕子那木罕 Nomoghan 为其诸堂兄弟出于恶意之联合,执而遣送于尥赤兀鲁思之统治者忙哥帖木儿时,克勒迷失阿合利用其在诸宗王与诸大异密中之尊贵地位,尽力保证使彼能返还其父之所,其详已具尥赤汗纪。④ 至若尥赤兀鲁思之统治者脱脱与统领兀鲁思右手诸军、助脱脱使成为统治者之那海间之隔阂与彼此之争战,皆缘于〔克勒迷失阿合之〕夫撒勒只台古列坚,一如尥赤汗纪之所述者,其结果则为那海之被杀与其诸子之衰微。

拖雷汗第四子忽必烈合罕

彼为长妻唆鲁和帖尼别姬所生。因彼系合罕,将具专章叙之。其诸子之枝系则将具述于此。

161

拖雷汗之第五子旭烈兀汗

彼亦为前述之长妻所生,彼为地势优越者之大国王与君主,其情况大类似其祖父成吉思汗。直至今日,在波斯国土及其他各地仍有

---

① 周按:俄译本作 Лингкум,注引贝勒津作 LYNQWM。Лингкум 之名,再见于第 202 页,注则作 KNKQWN;而英译本则作 Linqun。《史集》第一卷第二册第 21 页:"契丹语 лингум 之义为大长官。"《秘史》音译作领忽 Lingqu。即《辽史·百官志》小部族之令稳。若然,则此名之正写当作 Linqu 或 Linqun。

② 周按:俄译本作 Беклемищака,然下则通作克勒迷失。

③ 周按:俄译本统治者下有 Токтая 脱脱。

④ 周按:俄译本作"将具忽必烈合罕纪"。

系出于彼之大国君。其家族之精英与优选之柱石乃捍卫真义之国君纳昔儿丁阿拉合赞 Nāṣir Dīn Allāh Ghazan（真主佑其国祚长久！），乃彼之诸子及诸宗王选择出之目光威严与影响吉祥之君主也。

让幸运之阳光照耀，彼之福泽长存，仁寿久长！

关于彼及其世系将于其位之本纪中分别具述之。①

拖雷汗第六子阿里不哥

彼亦为上述之主要妻子所生。因彼曾与忽必烈合罕争夺王位与汗权，几度攻战，其史实具忽必烈合罕本纪。然其诸子世系则具述于此。彼有五子，依次为：第一子玉木忽儿 Yobuqur，②第二子灭里帖木儿 Melik Temür，③第三子忽都合 Qutuqa，④第四子探马赤 Tamachi，⑤第五子乃剌不花 Naira'u-Buqa。⑥

拖雷汗第七子拨绰

彼为＿＿＿可敦所生[原注]诸稿本皆阙。⑦ 有妻妾多人，有子，

---

① 周按：蒙古语 Ülägü 或 ülä'ü 义为剩余。在畏吾—蒙古语中，首音 h 通常是省略的。

② 周按：俄译本下有：生五子，1. Халагу，2. Алтун-Бука，3. Улчжай，4. Улчжай-Тимур，5. ＿＿＿（注 AWRKA；布洛歇作 AWDKA Ondékè）。

③ 周按：俄译本下有：彼有六子：1. ＿＿＿（注 MNKQAN；布洛歇本作 SANKQAN Salankghan），2. Ачиги，3. Есун-Тува，4. ＿＿＿（注 BWARTY；布洛歇作 BAHARDTY Baharitai?），5. Уирадай，6. Махмуд。

④ 周按：俄译本下有：情况不明。

⑤ 周按：俄译本下有：生一子名 Баян。

⑥ 周按：俄译本下有：生五子：1. Бачин，2. ＿＿＿（注 SMYŠKAH；布洛歇本 SAMSKAR Samarkar?）3. Баян-Ебуген，4. Ура-Тимур，5. Курбоха。又据《元史·宗室世表》阿里不哥三子：威定王玉木忽儿、乃剌不花大王、剌甘失甘大王。《蒙兀儿史记·宗室世系表》补明理帖木儿，共为四人。

⑦ 周按：《元史·牙忽都传》："拨绰之母曰马一实，乃马真氏。"又拨绰 Böchek《蒙兀儿史记·宗室世系表》改为不者克 Büjäk（名见《秘史》第277节）。拨绰与西征俄罗斯，事见窝阔台本纪。屠寄证不者克即拨绰，自为有识。

其承位者为薛必勒格儿 Sebilger。① 因彼有子百人，[原注] 剌失德丁明显地混薛必勒格儿与其子牙忽都为一人。牙忽都 Ja'utu 之名，历史家已指明其义为"有子一百人者。"彼等今居铁穆耳合罕之朝，其名不详。其可据者如次：

赛音不花 Sayin Bugha，有二子：答失蛮 Dashman 与亦剌兀都儿 Ïla'udur。

牙忽都 Ja'utu，有子曰脱列帖木儿 Töre-Temür。②

铁失 Tekshi，其子不详。③

秃不申 Tübshin，彼有四子：不勒迭彻儿 Bültecher，速惕 Süt，别歹 Bektei 及不阑奚 Boralqï。④

拖雷汗第八子木哥

彼有子二人：⑤ 长子昌童 Chingtüm〔及〕次子也不干 Ebügen。⑥

拖雷汗第九子岁哥台

彼为＿＿＿所生[原注] 稿本阙。有一子名脱黑帖木儿 Toq-Temür。⑦ 勇猛善射，每战，乘灰色马。常云："人皆择骑栗色或其他颜色之马，以使血迹不显于其上，而长敌人之志气。我则择灰色之马，使骑士与其马之血染于人衣与马足上，能自远可见。一如妇

---

① 周按：俄译本阙，注云：SBKSAR；布洛歇本：SBAKR。《元史·牙忽都传》："拨绰娶察浑灭儿乞氏，生薛必烈杰儿。薛必烈杰儿娶弘吉剌氏，生牙忽都。"《宗室世系表》同。则布洛歇本此名原不误也。

② 周按：《元史·牙忽都传》；《宗室世系表》：牙忽都子脱列帖木儿。

③ 周按：俄译本阙名，注作 TKŠY。

④ 周按：俄译本阙 Bektei。注作 BKQAY。

⑤ 周按：俄译本此上有"＿＿＿可敦所生"。注云诸本阙。又"二人"作"三人"。据后文《忽必烈合罕纪》，木哥母为撒鲁黑。

⑥ 周按：俄译本下有第三子 Булат。《元史·宗室世系表》仅列昌童一子。

⑦ 周按：《元史·宗室世系表》：有子速不歹大王。

162

人之饰朱者。此男子之装束也。"①因彼猛勇,故存叛心,当忽必烈合罕遣那木罕与〔其他〕诸宗王领迭烈速 Deresü 之军以防海都时,此脱黑帖木儿与行。彼唆使诸宗王执那木罕,其事将具忽必烈合罕本纪。

拖雷汗第十子雪别台②

此处为拖雷之画像,及其后嗣之世系表。〔原注〕在原稿中,世系表紧接此句。

拖雷汗纪第二部分

纪其一生之〔一般〕历史与〔特殊〕行事,惟有关其父母者除外,此等事件则仅作概略之叙述;其在位时之王位、诸妻、诸宗王与诸异密之图画;其所经历之战争与所取得之胜利;其在位之时间

纪其父在世时期拖雷汗之历史;彼随从其父与攻城掠地

拖雷汗大部分时间随从其父,事无巨细,成吉思汗咸与之商议,称彼为那可儿。成吉思汗之禹儿惕、斡耳朵、财产、宝货、骑兵 irakhta、异密与私军皆属之。缘突厥、蒙古自古之风俗,〔首领〕当其在世时,遣其诸长子居〔于外〕,分予财产、牲畜与属众;其余则尽属幼子。彼中呼幼子为斡赤斤 otchigin,义为附属于家庭之火与火炉之子,火与火炉为家庭赖以为生之物。斡赤斤一词原为突厥语 ot 火与 tegin 异密组成,义为火炉之主人或异密。蒙古语方言难于

---

① 周按:《苍梧杂志》:"古戎服上下一律皆赤色,恐战有残伤,或沮士气,故衣赤,使血色不易见也。"见同此理。

② 周按:《元史·宗室世系表》:雪别台大王,子某,孙二人:月鲁帖木儿、买间也先。

拼读 tegin 一词,故读如 otchigin 斡赤斤或 otchi 斡赤。然其原始之正确表述则当如上述。

164　　　成吉思汗曾欲畀彼以汗权及王位,任之为继承人。然彼谓:"汝管领我之禹儿惕、斡耳朵、军队与财富,当以省心祛虑为愈。如此,汝将最后拥有大军,汝之子息亦将较所有诸宗王强大。"彼诚已觉察彼等幸运之胤兆,心中已识汗位最终将加于彼等之身,一如〔事后〕之所见者。所有之军队与左、右手之万户与千户 hazāras 之首领在成吉思汗纪之末均已一一列举。由此可知彼给予其他诸子与兄弟者为几何。其未分者则尽为拖雷所有。按照继承法、此等军队与其诸异密,如人之所目睹者,皆属拖雷汗之后裔。除某些因为谋叛而强令遣散各方,以受诸宗王控制者外,其余者或随从合罕,或服事于伊斯兰君主(真主佑其国祚永存!)。

　　拖雷为一伟大之战胜者。诸宗王中征服诸国之多,无有逾于彼者。事实之发生于其父生时者将摘要叙及,后此者则将详述之。方成吉思汗之伐契丹也,至于太原府 Tayanfu。[①] 此为一极大之城市,城中居民众多,城守坚强,无人敢于接近。成吉思汗遣拖雷汗与弘吉剌部按出那颜 Alchu noyan 之子赤驹古列坚 Chigü Küregen 任前锋。[②] 与战,彼等登墙而拔其城。其后彼围取涿州

165　　Joju,于是分遣其诸长子与诸异密为左、右军,而己则与拖雷为中军。彼等称中军为 qol,至于邳州 Bi-jiu。[③] 道经之每一城市、乡村、

---

① 周按:原注以此太原府为德兴府,是。考见后。

② 周按:《元史·太祖纪》:"八年秋七月,克宣德府,遂攻德兴府。皇子拖雷,驸马赤驹先登,拔之。"又《公主表》:郓国公主位:秃满伦公主,适赤窟驸马。

③ 周按:原注以为可当江苏北部之邳州 peichow。《元史·太祖纪》:"帝与皇子拖雷为中军,取雄、霸、莫、安、河间、沧、景、献、深、祁、蠡、冀、恩、濮、开、滑、博、济、泰安、济南、滨、棣、益都、淄、潍、登、莱、沂等郡。""是岁,河北郡县尽拔,惟中都……邳、海州十一城不下。"俄译本此名阙。注作BYJYW。以之当邳州,亦无实据,姑从之。

皆残而取之。掠取契丹之一大城市真定府 JingDinFu。① 蒙古名
为察罕八刺哈孙 Chaghan-Balghasun 者，乃拖雷也。［原注］马可波
罗之 Achbaluch，即突厥语之 Aq-Balïq，蒙古语作 Chaghan-Balghasun，意即白
城。② 凡拖雷汗于此国所掠取之土地及其后裔在契丹与钦察草原
和其他地区所继承者，尽皆详加登记。对仍在契丹而属于旭烈兀
及其后裔分内之财货等物，合罕皆征收保存，直至待机送致彼等。③

彼等自契丹国返还后，成吉思汗出发往攻大食国。彼至讹答
刺后，留术赤、察合台与窝阔台等取其城。拖雷汗则伴彼至不花
剌，彼等取其城，并自此而向撒麻耳干 Samarqand，尽取其邻近之
地。彼等自此至于那黑沙不 Nakhshab④ 忒耳迷 Tirmidh。⑤ 彼更

---

① 周按：俄译本阙，注作 ḤNDN QWLN。
② 周按：考之《元史》，其年河北郡县未下者仅十一城，真定其一。太祖十年
（1215）七月，史天倪奉诏南征，八月取平州，进兵真定，所属部邑无不款附
（《史天倪传》）。然真定实拖雷后王之封邑，或即刺失德丁涉误之由。
③ 周按：《元史·忽林失传》：“父瓮吉剌带……从世祖亲征阿里不哥，以功受
上赏。俄奉旨使西域，籍地产，悉得其实。”此忽必烈在伊朗诸地拥有地产
之证。至若伊利汗在中国，亦有其封地属民。《百官志一》：兵部所属之管
领随路打捕鹰房民匠总管府：“初，太祖以随路打捕鹰房民匠七千余户拨
隶旭烈大王位下。中统二年始置。至元十二年，阿八哈大王遣使奏归朝
廷，隶兵部。”又“管领本投下大都等路打捕鹰房诸色人匠都总管府，秩正
三品，掌哈赞大王位下事。大德八年始置，官吏皆王选用。至大四年，省
并衙门，以哈儿班答大王远镇一隅，别无官属，存设不废。”又《兵志四·鹰
房捕猎》：“普赛因大王位下，管领本投下大都等路打捕鹰房诸色人匠达鲁
花赤都总管府，元额七百八十户。”诸宗王之岁赐与分拨五户丝户情况，则
《食货志三·岁赐》列之尤详，兹不赘引。
④ 周按：名见《元史·地理志六·西北地附录》，地即今乌兹贝克斯坦之
Karshi。蒙古语 Qarshi 义为宫殿。十四世纪突厥斯坦汗 Kepek 曾筑宫殿
于此。
⑤ 周按：名见《元史·地理志六·西北地附录》，《元史》又有帖里麻、塔米设
诸译，位 Surkhan 河口。

自巴达哈伤 Badakhshān 之域①至铁门关 Temür Qahalqa。② 彼遣拖雷攻取呼罗珊。〔拖雷〕于是冬掠马鲁 Merv,③马鲁察 Maruchuq,④撒剌黑思 Sarakhs,你沙不儿 Nishapur,⑤及此境三月程内之地。春,奉成吉思汗之命,返自你沙不儿,首途前往掠忽失斯坦 Quhistan,⑥以及也里全境之地。当成吉思汗初下塔剌寒堡 Tālaqān,并予尽毁之时,彼来与成吉思汗军会合。是夏,偕其兄察合台、窝阔台伴其父逐算端扎阑丁 Sultan Jalāl al-Dīn 于欣都河岸。彼等败算端军,〔算端〕本人渡河走。彼等自此返还其旧有之禹儿惕及各自之斡耳朵。

166　　　其后,当成吉思汗往征唐兀惕国时,彼令察合台以一军留后,于斡耳朵以充监护,窝阔台与拖雷则偕行,直至彼之病倒。如彼之本纪所述,彼亲与诸子密商,立遗嘱后遣彼等引还。彼等皆返归其国之居地,而彼则死于是役。

---

① 周按:名见《元史・地理志六・西北地附录》。又《世祖纪六》至元十三年正月八答山,疑即其地。《秘史》作巴惕客先。

② 周按:当时名为铁门关者有四。一见《元史・扎八儿火者传》,当在晋北。一在新疆阿拉湖西南,《西使记》所谓之铁木儿忏察。一在里海西岸之打耳班。此处之铁门关在乌兹贝克斯坦之 Shahr-i Sabz,今称为 Buzghala 隘口。《四夷广记・撒马儿罕山川》:"铁门峡:碣石城西,悬崖绝壁。夷人守此名铁门关。《唐书》:自焉耆过铁门。"参见《克拉维约东使记》(杨兆钧译,商务印书馆本)第 116 页及第 123 页注一。

③ 周按:名见《元史・太祖纪》,《地理志六・西北地附录》作麻里兀,《西使记》作马兰。今土库曼斯坦之 Marï。

④ 周按:《元史・太祖纪》作马鲁察叶可。早期之阿拉伯地理学家以 Merv 为 Mew Shahidjan;而以此 Maruchuq 为 Merv al-Rud,以资区别。两城均位于 Merv-Rud 河上。

⑤ 周按:名从《元史・地理志六・西北地附录》,《元史》又有乃沙不耳,匿察兀儿诸译。《西使记》作纳商城。

⑥ 周按:Quhistan 是对由你沙不儿向南伸展,及于阿富汗边境之山国之称呼(《世界征服者史》第一卷,第 314 页,注 97)。

纪其父死后拖雷汗之业绩；彼之住居于其父原有之禹儿惕与居地；彼与其兄弟之和协；彼所经历之战事与所取得之胜利；彼之死

拖雷汗遵依父命，伴同由成吉思汗所钦定为继承人之彼之兄长窝阔台返自唐兀惕，抵达彼之居地与斡耳朵。成吉思汗旋即死去。当彼等既奉其灵柩至斡耳朵举哀发丧，其他诸兄弟、诸宗王及其他人等皆返其旧居之禹儿惕；拖雷则于成吉思汗尝居、并为其大斡耳朵所在之旧禹儿惕稳守王位。

与彼诸兄之和协及其父死后彼所历之战争与胜利

其父死后，拖雷汗极度关心于其诸兄长及诸弟并帮助彼等，故彼等咸表示感激。大部分时间彼侍从于窝阔台合罕左右，尽力保证以置彼于汗位。当窝阔台合罕往伐阿勒坛汗时，彼亲往位于黄河岸契丹境之南京 Namging，[①]而遣拖雷汗由它道进。拖雷取道吐蕃前进，经契丹之一省。此处之民名为 Hulan-Degeleten，义即"服红袄者"。因合罕之进军道路漫长，拖雷乃绕道缓行，直至翌年。彼之军士缺乏给养，甚至以人肉为食和以死动物与干草充饥。彼成一猎圈阵形下至一平原，于一称为潼关 Tungqan Dahalqa 之地。[②] 与阿勒坛汗之主力正面遭遇。拖雷以奇谋力败其军倍于己之强敌，其详如合罕本纪所具。然后彼于前此并无津渡之处择渡口而渡过黄河，与其兄胜利会师。合罕极喜其至，盛赞之，欢宴庆贺。

其结局与致病及死之由

拖雷汗还自前述之战役后，彼至其兄窝阔台处。从事此战役历时甚久之后，合罕乃留脱豁勒忽扯儿必 Toqolqu cherbi 率大军

167

---

① 周按：即汴京，金海陵王贞元元年(1153)更号为南京。

② 周按：俄译本阙，注作 TWNKQAL QHALQAN。

以完成亡金之役,而己则返还老家。拖雷汗伴兄同行。合罕突患病。依彼等之习惯,集诸哈木 qams① 施行巫术,为彼之病而书写符咒,以水涤之。其时拖雷恰至,彼以真挚之感情仰天而祝曰:"长生天明鉴:如系因罪而致怒于彼,则我之罪固较彼为大。缘我于战场杀人更多,掳人妻女,奴人父母也。如因彼之美好,英俊与富于才艺,欲取彼以为奴仆,则我更适合任此。宜取我以代窝阔台,痊彼之疫病而加此病罚于我身!"彼满怀至诚而发此言,举哈木为涤合罕疫病之符咒水杯而饮之。合罕竟因神佑而告痊复,拖雷亦早于〔彼原定之日期〕而离去,与其辎重会合。彼于道中遇疾。蛇年,当回历 630 年/1232—1233 死去。② 至若其后裔之最优者,伊斯兰君主合赞汗(真主佑其国祚长久!)彼为世上所有算端之纯精。祝全能之真主佑其长寿,使之永享广大之王国与富丰之汗权。藉先知者之恩宠,并及其纯良之后裔。

纪拖雷汗之妻唆鲁和帖尼别姬;纪自拖雷汗死后,其诸子因其母之聪明、干练与努力而使彼等成为合罕与统治者之历史

拖雷汗死后,其诸子及彼等之母皆随从窝阔台合罕。彼极加尊礼,如有所求,常立予所请。一日,唆鲁和帖尼别姬求斡脱

---

① 周按:突厥语称巫为 qam。《新唐书·黠戛斯传》称巫为甘,即此。

② 周按:《元史·睿宗传》:"四月,由半渡入真定,过中都,出北口,住夏于官山。五月,太宗不豫。六月,疾甚。拖雷祷于天地,请以身代之,又取巫觋被除衅涤之水饮焉。居数日,太宗疾愈,拖雷从之北还,至阿剌合的思之地,遇疾而薨,寿四十有幞。"《秘史》第 272 节:窝阔台因"金国山川之神,为军马掳掠人民,毁坏城郭,此次为祟"。"其病愈重,惟以亲人代之则可"。拖雷祈祷云:"如今我代哥哥,有的罪孽,都是我造来。我又生的好,可以事神,师巫你咒说著。其师巫取水咒说了。拖雷饮毕,略坐间,觉醉,说:比及我醒时,将我孤儿寡妇抬举教成立者。皇帝哥哥知也者。说罢,出去,送死了。"

ortaqs，彼难之。唆鲁和帖尼别姬泣而言曰："我渴念与期望之人，彼为谁而牺牲自己哉？彼之死又为何故哉？"合罕闻此言，曰："唆鲁和帖尼别姬诚是也。"即为致歉意而允其所请。彼极聪明能干，为世间妇女之最，具有坚定、高洁、谦谨、贞操等品德。其诸子当其父死去时，其数人尚在孩幼。借彼之能力，含茹忍苦，进行教育，教以各种才干与良善之品质，不容许彼等间有些小不和之迹象。彼使彼等之妻间亦相互和好。〔彼〕精明审慎，以抚育与保护其子孙若辈，及由成吉思汗和拖雷汗所遗、现仍随事彼等之诸大异密与军队。彼等亦知彼极聪明能干，故从不违忤其命令于毫发。一如成吉思汗少孤之时，其母诃额伦额格 Hö'elün Eke① 育其子而抚其军；有时且亲历戎行，以资装备与维持彼等，直至成吉思汗成长自立，成为世界之君主，完成大业，此皆资其母之力也。唆鲁和帖尼别姬亦循此道以教育诸子。且据云：彼于某方面且更较成吉思汗之母受苦益甚，贞洁过之。成吉思汗在得其母之隐迹，知其欲得一丈夫之后，即以之嫁予蒙力克额赤格 Menglik Echige，②〔同样〕，窝阔台合罕亦遣人于唆鲁和帖尼别姬，欲以彼嫁其子贵由，并遣

____〔原注〕诸稿本皆阙。为使，以任其事。当使者已致合罕之诏旨后，彼问云："诏旨何容更改耶？虽然，我之所愿乃仅欲抚此等诸童孩，成长自立，使彼等皆有善行，不生离异与相互为害，以使彼等相互团结，或可成就大业也。"因彼无意于贵由汗，拒其提议，则明其无意再醮。以此，彼被认为高出于成吉思汗之母诃额伦额格。

当拖雷已死，合罕在位之期内，〔窝阔台〕以己之诏旨将拖雷汗及其诸子所属之速勒都思部 Süldus③ 之二千 havāras 以予其子阔端，而未商之于诸兄弟。与也可那颜有关之诸万户、千户首领如

169

---

① 周按：《元史·太祖纪》作月伦。
② 周按：晃豁台部人。
③ 周按：《元史》又译为逊都思。

____[原注]诸稿本皆阙。知其事之后,聚陈于唆鲁和帖尼别姬、蒙哥合罕及彼等之兄弟之前,大旨云:"此二千户速勒都思军队,照依成吉思汗之旨意,原隶属我等。彼乃以之予阔端。我等何能允此违反成吉思汗法令之行为乎?我等将陈于合罕之前。"唆鲁和帖尼别姬答云:"汝等之言诚是。然我等无论就继承与请求而言,皆无所短缺,无所需求。军队与我等本人皆属于合罕者也。彼当自知彼所行者为何事。彼之职责在发布命令,而我等则惟有服从耳!"唆鲁和帖尼别姬所言如此,诸首领默然,所有与闻者皆表赞同。

通过彼之知识与能力,无疑使彼之诸子高出于诸侄之上,并致使其取得合罕与皇帝之阶位。其诸子成为合罕之主要原因如次:当窝阔台合罕死后,脱列哥那可敦不允许按窝阔台之遗志所确定之继承人失烈门 Shiremün 践合罕位,而自充统治者。当彼立其长子贵由汗为皇帝后,年居最长之拔都以风疾为词,拒不与会。贵由汗衔之,蓄谋称兵于拔都。彼藉口叶密立之气候有益于其疾病,出发前往。唆鲁和帖尼别姬知其意图,秘密遣使警告拔都。贵由汗旋即逝去。窝阔台合罕诸子与族人冀立失烈门为合罕,遣使先召拔都。彼言:"我方患风疾,彼等宜来此处为宜。"脱列哥那可敦与窝阔台合罕家族拒绝此提议,言:"成吉思汗之都城在此,我等何可至彼处哉!"其时,拔都于诸宗王年事最长,于属为尊,有权拥立新统治者。唆鲁和帖尼别姬言于其长子蒙哥合罕云:"诸人皆不愿去拔都处。然彼于诸宗王年事最长,而身罹疫病。汝宜急往彼处,一若探望其病者。"彼从其母之命而至。拔都出于感谢,且因先前恩惠,誓臣于彼,而拥之为合罕。如所述及,因唆鲁和帖尼别姬之能干,彼不吝于予阔端以速勒都思部之军队,故彼深为感谢而与彼等友善。当窝阔台合罕之后裔与蒙哥合罕争夺汗位,图谋叛乱时,阔端则与彼联合,给予支持。阔端死后,蒙哥合罕任其子管领屯驻唐兀惕境之军队,恒以尊礼待之。迄至今日皆行事如旧,此军现属完

泽笃合罕 Öljetü Qa'an。[①]　如神意胤允，此事将于蒙哥合罕纪详及之。赞礼真主与世界之君主，祝福于我等之主人摩诃末及其全体神圣之家族，并赐予和平！[原注] 此处维尔霍夫斯基本接第三部分之标题，并注云：诸稿本皆阙。

---

① 　周按：即成宗铁穆耳。

第五章　贵由汗纪

成吉思汗子窝阔台合罕子贵由汗 Güyük Kan 纪

第一部分：纪贵由本人，详叙其诸妻妾及迄于今之诸后裔之枝系（因其世系表已具其父本纪，此处从略）。

第二部分：其在位之〔一般〕历史与〔特殊〕行事；其在位时之王位及其诸妻、诸宗王与诸异密之图画；叙其所经历之战争与所获之胜利；导使登位之事件。

第三部分：可称颂之品格与德行；所发布之嘉言圣训；在位时所发生之事件散见于诸人及诸书之报导而为前两部分所不及者。

贵由汗纪第一部分

叙其世系；详述其诸妻及诸子孙分衍迄于今日之枝系（其世系表已具于其父本纪）

贵由汗为窝阔台合罕之长子，乃其长妻脱列哥那可敦 Töregene Khatun 所生。[①] 彼妻妾甚多，其最长者为斡兀立海迷失

---

① 周按：《元史·后妃传一》："太宗昭慈皇后，名脱列哥那，乃马真氏，生定宗。岁辛丑十一月，太宗崩，后称制摄国者五年。丙午，会诸王百官，议立定宗，朝政多出于后。"《定宗纪》："母曰六皇后，乃马真氏，以丙寅年生帝。"丙寅，太祖元年，1206 年也。

Oghul-Qaimish,①有子三人：长忽察斡兀勒 Khwāja Oghul，次脑忽 Naqu，皆斡兀立海迷失所生。脑忽有子曰察八 Chabat。当八剌 Baraq 渡河犯阿八哈汗时，海都任此察八领其私属之一部计千骑偕之，以为辅助。彼与八剌发生纠纷而自行引还。行至不花剌，为别帖木儿 Beg-Temür 所击，②偕九骑间道经沙漠亡走海都，因惧致疾而死。贵由汗第三子名禾忽 Hoqu，为一妾所出。彼有子曰脱克蔑 Tökme。此人有子亦曰脱克蔑，方与海都子察八儿 Chapar 争取汗位，拒不臣服于彼。忽察斡兀勒之子无所闻。③ 诸子世系表已具窝阔台合罕本纪。

贵由汗纪第二部分

176

其在位之〔一般〕历史与〔特殊〕行事；其在位时之王位及其诸妻、诸宗王与诸异密之图画；叙其所经历之战争及其获之胜利

序　　纪

当窝阔台合罕死时，其长子贵由汗尚未返自钦察地之远征。木哥可敦 Möge Khatun 后不久亦死。长子之母脱列哥那可敦大运交际权术，不经诸兄弟之商议，亲摄王权。并大行货贿，收揽族人及诸异密之心，使皆倾向于彼，并受其控制。其时，镇海及合罕之诸官员、异密仍继续在任，各处之官员亦留任原位。当合罕在位时，诸人中有曾于彼有所冒犯者，脱列哥那可敦愤恨之情，深植于

---

① 周按：《元史·后妃表》：斡兀立海迷失三皇后。谥名钦淑皇后。
② 周按：俄译本作 Борак 于伯帖木儿。
③ 周按：《元史·宗室世系表》：定宗皇帝三子，长忽察大王，子二人：亦儿监藏王，完者也不干王。次二脑忽太子。次三禾忽大王，子南平王秃鲁。

心。因今既成为绝对之统治者，乃决意对此等人尽加报复。彼有一仆役，名法梯马 Fāṭima，系征服呼罗珊时自蔑设 Meshed① 所得。此妇人极狡诈能干，为可敦之心腹，熟知其秘密。各方之要人在处理要事时习以之为居间人。脱列哥那可敦与此仆共商解除合罕在位时任以高位之诸异密及国之柱石，而以群愚代之。彼等欲捕合罕之主要维昔儿镇海，镇海得悉其谋，乃亡走阔端处，受其庇护。法梯马对合罕任为计相 Ṣāhib-dīvān 之马哈木牙剌瓦赤 Maḥmūd Yalavach 怀有宿怨，彼乘机任奥都剌合蛮 ʿAbd al Raḥmān 代之。② 并派此人偕斡合勒火儿赤 Oqal Qorchi 为使往捕牙剌瓦赤，使并其那可儿尽拘系之。使者既至，牙剌瓦赤以笑颜相迎，行致敬之礼，款留二日，好言语云："今日容我等痛饮，待明日始聆取旨令。"然暗中则准备亡走。斡合勒火儿赤令尽逮其那可儿而予以拘禁。牙剌瓦赤乃指使其那可儿喧嚷以抗拒之，声言："我等皆告密而反对牙剌瓦赤之人也，竟缘何罪而拘执我等哉？我等曾祈祷真主，久望能有今日矣！"第三夜，牙剌瓦赤强使者以酒，直至使其沉醉就寝。于是彼偕数骑亡走阔端处，得免毒手。彼与镇海皆以阔端为庇护所，备受恩遇。次日，斡合勒火儿赤知牙剌瓦赤逃遁，乃解诸那可儿之缚而追捕牙剌瓦赤。彼既至阔端所，奉上其母之旨令，备言牙剌瓦赤当拘捕带回。另一使臣持同一使命亦旋踵而至。阔端语之云："往告汝母：③免沦鹰爪之鸢，藏匿深林，始得保全而免于愤怒之敌人。此诸人既求庇于我等，若将彼等遣还，将远违于义行。忽里台召开在即，届时我将亲携彼等以至，使彼等之罪

① 周按：俄译本作 Тус 之 Мешхед。Meshed 今译作迈谢德，途思之遗址在其西北。
② 周按：《元文类・中书令耶律公神道碑》："奥都剌合蛮方以货取朝政，执政者亦皆阿附。……时，后已称制，则以御宝空纸付奥都剌合蛮，令从意书填。"
③ 周按：俄译本作"我母"。

能在族人与诸异密之前勘明,按章责罚。"脱列哥那又数遣使者至,阔端以同词拒之。管领突厥斯坦与河中诸地之异密麻速忽别 Mas'ūd Beg 见此情景,亦思不宜留居领地,当以速走拔都王廷为佳。哈剌斡兀勒 Qara-Oghul 与斡儿乞纳可敦 Orgïna Khatun 及察合台诸妻遣忽儿巴哈乙里职 Qurbagha Elchi① 偕异密阿儿浑阿合 Arghun aqa 至呼罗珊捕阔里吉思。当阿儿浑带来阔里吉思后,即将其处死。阿儿浑乃被遣至呼罗珊以代阔里吉思。

当汗位虚悬与混乱之际,诸人各皆遣使于四方,广发证券。诸人又各属朋党,纠结庇护,各持口实。惟唆鲁和帖尼别姬及其诸子则反是。彼等谨遵扎撒,不违大约速于丝毫。至若脱列哥那则遣使于东、西方之地,召集诸宗王、察合台诸子,左、右手诸异密,诸算端、蔑力、要人,撒的 ṣadrs 等,以赴忽里台。

其时,境土尚称清谧。贵由未曾返还,成吉思汗之弟斡赤斤那颜 Otchigin noyan 图以暴力夺取王位。彼怀此企图而率装备优良之大军前赴合罕之斡耳朵,以此,全军与全兀鲁思皆大为惊震。脱列哥那遣使致言:"我等为叔父之媳 Kelins,②于叔父有厚望焉。以装备如此精良之军队加临,是何意邪? 全兀鲁思与全军皆已惊乱矣!"彼遣侍从合罕之斡赤斤子斡鲁台 Orutai③ 偕同之孙明理斡兀勒 Mengli Oghul[原注]此处诸稿本咸阙(惟《世界征服者史》不阙)。明理 Mengli 或蔑里 Melik 乃窝阔台之子,成吉思汗之孙。为其民众与追随者之首领,第二次与之交涉。斡赤斤颇悔此图谋,托言:不幸罹灾难,彼心悲伤,以为开脱。与此同时,贵由汗已返至其在叶密立河畔之斡耳朵之消息传来,彼后悔有加,乃返

① 周按:俄译本作 Куртака。乙里职,蒙古语义为使臣。
② 周按:Kelin,突厥语媳也。
③ 周按:俄译本作 Орай。据《元史·宗室世系表》斡赤斤第七子斡鲁台大王。

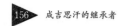

还其本土之禹儿惕。①

要之，近三年之内，汗权为脱列哥那可敦所控制，彼之文书遍行国内，撤换所有政府要员，皆缘诸宗王不至，忽里台不得举行也。当贵由汗至其母处时，彼亦不预国政；脱列哥那仍继续秉政，直至其子被立为汗。其后两三月，脱列哥那可敦死。②

有来自撒麻耳干之阿里圣裔，名叫失剌 Shira，为合答 Qadaq 之持杯者，讽示法梯马可敦曾行盅咒于阔端，使之致病。当阔端病势转剧时，彼遣使告其兄贵由汗言：因法梯马之巫术，彼遂染此病。设有不讳，贵由当为取报于此妇人。继〔此使者〕之后而阔端之死讯至，重执大柄之镇海乃为〔其主上〕提及此使者之事。迨贵由汗即位后，首即审讯法梯马。彼于严刑拷打之后，始行款服。于是缝其全身上下之诸窍而投诸河；其仆从亦尽皆处死。

贵由死后，叶密立之阿里忽察·Alī Khwāja 控前述失剌之阿里以同一罪名，谓彼曾施巫术于忽察斡兀勒。彼被捆缚，在苦痛与难以忍受之各种刑讯下，觉无生望，乃诬服此彼不曾有之罪状。彼亦被投诸河，诸妻与子皆伏诛。

迨蒙哥合罕于吉日良辰始践汗位之后，乃遣不怜吉觟 Büri-lgitei 治别失八里。③ 当忽察被带至后，彼即遣使取充其臣属之一

---

① 周按：《元史·耶律楚材传》：“癸卯五月，荧惑犯房。楚材奏曰：‘当有惊扰，然讫无事’。居无何，朝廷用兵，事起仓卒，后遂令授甲选腹心，至欲西迁以避。楚材进曰：‘朝廷天下根本，根本一摇，天下将乱。臣观天道，必无患也。’后数日，乃定。”此即斡赤斤之犯阙也。

② 周按：《元史·定宗纪》：“帝虽御极，而朝政犹出于六皇后云。”据加宾尼的记载，其年十一月十三日，当他们离汗庭西返时，贵由仍令其至可敦处。“她给了我们每人一件狐皮长袍（长袍外面是毛皮，里面有衬里），和一段天鹅绒。”（《出使蒙古记》第 67 页）十一月十三日当阴历十月初四日，贵由以七月即汗位，可证此处所云“两三月”不确。

③ 周按：《元史·宪宗纪》元年（1251）“诸王也速忙可、不里、火者等后期不至，遣不怜吉觟率兵备之”。火者即忽察之异译。

之阿里忽察,缘有人亦以同一罪名控彼也。蒙哥合罕令自左至右,痛加责打,直至两腿皆糜,因伤致死;其诸妻与子皆勒充奴婢。

诗云:尔既为恶,难免灾祸。天网恢恢,疏而不漏。

此为脱列哥那可敦及其从者之简单叙述。既经叙讫,设真主之意胤允,将详叙贵由汗即位之情况。

纪贵由汗之即汗位

窝阔台合罕在世时,曾择其第三子、脱列哥那可敦所生之子阔出为嗣。然彼先合罕而死。因合罕爱彼出于诸子之上,故抚〔阔出〕之长子,极聪慧之失烈门 Shiremün 于己之斡耳朵,且谕将立之为嗣。

合罕长逝之年,彼曾遣使召贵由,贵由应召返还。然在彼返抵之前,命运之大限已临,父子无由再见。贵由得父噩耗后,倍道兼行,抵叶密立,由此而赴其父之斡耳朵。诸野心奢望者因彼之来临而始感沮抑。

当使者远近四出,以召集诸宗王、诸异密、诸算端、蔑力及诸书记时,彼等皆奉命自其境地来至。马年春月,当回历 643 年四月〔1245.9.26—10.23〕,〔原注〕当为 Ramaḍān(九月)之误,即 1246 年 1 月 20 日—2 月 18 日,马年始于该年 1 月 27 日。左、右手诸宗王、异密各率其从属齐集阔阔脑兀儿 Köke-Na'ur,①拔都因与彼等有隙,以体弱

---

① 周按:俄译本阙。注作 KWKA,即 Köke Na'ur 无疑。《元史·定宗纪》:"会诸王百官于答阑答八思之地,遂议立帝。"Dolan-Daba,义为"七十山口"。《太宗纪》六年(1234)作"八里里答阑答巴思",而《察罕传》载是年窝阔台返自河南,居"清水答兰答八之地"。八里里之义不明。至若清水,则与青色之湖之 Köke Na'ur 自可联系。前文窝阔台本纪谓阔阔脑兀儿为大汗秋狩之地,离和林四日程,疑答阑答八思地近阔阔脑兀儿,故中外所纪,名虽不同,地望实一也。

风疾为辞，不赴。① 唆鲁和帖尼及其诸子携各式装饰与全幅装备最先莅临。斡赤斤与其八十子，[原注]疑为"八"字。据《元史·宗室世系表》斡赤斤有八子。按吉歹 Elchitei② 及其他诸叔、诸侄来自东方。181 哈剌旭烈兀、也孙脱及察合台之其他诸子、诸孙与诸侄③自察合台之斡耳朵来。拔都以其兄弟斡鲁朵、昔班、别儿哥、别儿克怯儿、唐兀惕与脱花帖木儿自术赤之斡耳朵来。有关各部分之诸重要那颜、诸大异密皆侍诸宗王以偕来。有来自契丹之诸异密与官长，突厥斯坦与河中地区之大公亦偕异密麻速忽别以来。异密阿儿浑与呼罗珊及伊拉克、鲁尔 Lūr、阿哲儿拜占、设里汪诸省之异密与要人偕来。算端鲁克那丁 Rukn al-Dīn 来自鲁木，两大维德 Davids 来自谷儿只。来自阿勒波 Aleppo 者，为其统治者之兄弟。[原注]此为阿勒波（1236—1260 年）与大马司（1250—1260 年）两地区之统治者 Aiyubid Nāsir Ṣalāh al-Dīn Yūsuf。算端别儿丁鲁鲁 Babr al-Dīn lu'lu' 之使者来自毛夕里 Mosul。[原注]即毛夕里之 Zangid atabeg（1233—1259 年）。首要之哈的 Cadi 法黑兰丁 Fakhr al-Dīn 来自八哈塔之哈里发。又有来自法兰克 Franks 之使者，④有自法儿思与起儿漫来者。阿剌模忒 Alamūt 之统治者、忽失斯坦之长官失哈不丁 Shihab al Dīn

---

① 周按：《元史·速不台传》："壬寅，太宗崩。癸卯，诸王大会，拔都欲不往。速不台曰：'大王于族属为兄，安得不往？'甲辰，遂会于也只里河。"可知癸、甲、乙三年，皆图集会。癸卯以拔都抵制而无法作出选汗的决定。甲辰会议移于也只里河（伏尔加河），明是对拔都之迁就，然亦无结果。至丙午，则已不待拔都之至而立贵由为大汗。双方之忌刻从此更深矣。

② 周按：成吉思汗弟哈赤温子。

③ 周按：俄译本作：Кара〔- Хулату〕、Йису〔- Менгу〕、Бури、Байдар、Йисун-Бука 及察合台之其他子孙。

④ 周按：即普兰诺·加儿宾一行。加儿宾《蒙古历史》记其亲历此会，可资参考。

与瞻思丁 Shams al-Dīn 自阿剌丁·Alā-al Dīn 处偕来。① 与会者皆携来与之相称之行囊、礼品。树有近二千帐幕以供彼等备用。因人众极多,近斡耳朵之地无下马之余地。饮食之价格高腾,难以取给。

　　诸宗王及诸异密关于汗位之议论如下:"成吉思汗曾指定阔端为合罕之继承人,②然彼有小疾。脱列哥那宠爱贵由,而合罕之嗣位人失烈门尚幼。我等宜立合罕之长子贵由为汗。"时,贵由以其实力与权威著闻,脱列哥那可敦爱之,多数异密皆与可敦一致。既经会商之后,彼等皆同意定之为汗。彼则按其风俗拒〔此荣誉〕,推举此王或彼王〔以代之〕;且以己身有疾为辞。经诸异密之坚持后,彼乃言:"如若此汗位永属我家,则我当俯徇所请。"彼等皆签立文书保证云:"虽汝之后嗣块肉仅存,甚至为裹于脂肉内或草中而为犬与牛所不取者,我等亦不以汗位奉于他人。"③于是,诸哈木施行巫术,诸宗王咸脱帽,解其腰带,奉彼置于汗位。时,马年,当回历634 年〔1245.9.16—10.13〕也。按彼中风俗,饮宴整一周。宴毕,彼取大量财物遍赐诸可敦、诸宗王、诸万户、千户与十夫长。④ 然后彼等乃开始处理国家大政。首先则开庭审判法梯马可敦;然后斡赤斤称兵之事,彼等亦详加审理。因此事案情微妙,非常人可予信托,故以蒙哥合罕与斡鲁朵为审判者,而不任用他人。当彼等审讯既毕,彼为群异密处死。

　　哈剌斡兀勒 Qara Oghul 系察合台之继承者,⑤而也速蒙哥则为诸子,不容承袭。然因贵由汗与后者交谊甚笃,彼乃言:"有子

182

---

① 　周按:即亦思马因派。
② 　周按:此处成吉思汗当为窝阔台合罕之讹;阔出死后诸书皆不见有立阔端之记载,此处阔端当为阔出之讹。惟下文谓彼小疾,则又显就阔端而言,殊难决断。
③ 　周按:此为当时奉大汗登位时之誓约,参见《秘史》第255 节。
④ 　周按:《蒙鞑备录》:"十户谓之牌子头。"
⑤ 　周按:即哈剌旭烈兀 Qara-Hülegü。

在，何得以孙为嗣哉！"乃置也速蒙哥于察合台之位，诸事皆鼓励其放手为之。

合罕死后，诸宗王等人插手活动者甚多。彼等填发官府文券，滥给牌符予各色人等。贵由汗乃下令收回。彼等因违背约速与扎撒而深蒙耻辱，狼狈低头。诸人所有之教令，牌符尽皆收取，以付之有司。"你读你的本子吧！今天，你已足为自己的清算人。"[1] 〔惟〕唆鲁和帖尼别姬及其诸子严正自持，昂然如故。因其不曾违反扎撒于分毫也。贵由汗于言论中每引以为诸人之榜样，甚表尊奖；而对诸人则颇为轻视。

彼认可其父发布之所有法令，且令凡盖有合罕印玺之每一诏旨，无论〔其本身如何〕均重予签发。

其后，彼派遣军队以征伐四方，以速不台拔都儿与察罕那颜 Jaghan noyan 领大军征伐契丹与蛮子之一部分。[2] 以野里知吉带 Eljigitai 领别部军西征。[3] 彼命令于波斯之大食军中，每十人中拣选二人，以平服称叛之地，首及赫里梯克 Hertics 之境。〔原注〕即 Ismā 'ilīs 或 Assassins，《马可波罗行纪》之山老。彼且欲亲身随往。彼虽以所有此等军队与被征服之人民置于野里知吉带之指挥下，然特委任以鲁木、谷儿只与阿勒波之事务，[4]使他人不得干预。此地区之诸统治者皆得应彼之所求，缴纳贡赋。彼处死脱列哥那可敦任

---

① 周按：引自《古兰经》第 17 章〔14〕。

② 周按：《元史·速不台传》："丙午，定宗即位，既朝会，还家于秃剌河上。戊申，卒。年七十三。"不言其更有南征，想已老病不能行矣。察罕，《元史》有传，云："定宗即位，赐黑貂裘一，镞刀十，命拓江淮地。"

③ 周按：《元史·定宗纪》：二年（1247）八月，"命野里知吉带率撒思蛮部兵西征"。撒思蛮即《亲征录》之撒力蛮；《秘史》作绰儿马罕、搠儿马罕 Chormaqan。可证"撒思蛮"之"思"，乃"里"之讹。Eljigitei（作 Elcheltay）曾致书路易九世。

④ 周按：俄译本尚列毛夕里 Мосул 与的牙儿巴克儿 Дияр бекр。

为契丹长官之奥都剌合蛮,而另任牙剌瓦赤管领契丹国。① 于突厥
斯坦、河中地区则改任麻速忽别。呼罗珊、伊拉克、阿哲儿拜占、设
里汪、鲁尔、起儿漫、谷儿只与邻接欣都〔之地〕则委之于阿儿浑。
对从属于彼等之诸异密与蔑力,彼则给予玺书牌子,赋予重任。彼
授鲁克纳丁 Rukn al-Dīn 为鲁木之算端,而免黜其兄弟;令乞思蔑
里 Qïz-Malik 之子大维德臣服于另一大维德。因绰儿马罕之子失
烈门对哈里发之控告,乃通过来自八哈塔之使者致以威胁。同样
以最严厉之语言写成对所带来的备忘录之答复,交阿剌模式之使
者带回。至于镇海,彼则示以恩宠,授以维昔儿之职。来自各处之
诸要人咸归本土。赞礼真主,世界之主宰者。

纪贵由汗临御之终极;彼之宽仁与公平;出巡
叶密立;其死于撒麻耳干 Samarqand 地区

　　基督教徒合答 Qadaq,自贵由汗之幼年即以阿塔别之职充其
侍从,故于其品性留下某种影像。此影像嗣后又为镇海之影响而
更加加深。故彼于基督教徒与传教士加倍尊敬。是以名播远方。
传教士皆自西利亚、鲁木、阿思 Ās、斡罗思来至彼之王庭,因有合答
及镇海之侍从,彼有攻击伊斯兰真义之倾向。在彼之临御期内,基
督教之事业趋于繁荣。诸穆斯林于彼等皆噤不敢出声。

　　因贵由欲求己宽仁之名誉能超过其父,彼恒于所有方面慷慨
过之。彼命所有来自各地商人之货物皆如其父在世时之办法估
值,如数付予。其值一次达七万巴里失。为此而填发文券,责付其
值于各地。四方之货物堆积成山,难于搬运。国之大臣因此奏言:
"似此,将烦于守卫。"彼即言:"此将无益于我等,宜分赐诸军士及

---

① 　周按:《元史·太宗纪》十三年(1241)"命牙老瓦赤主管汉民公事"。脱列
　　哥那执政期,牙老瓦赤亡阔端所,故以奥都剌合蛮代之,至是仍复其职。
　　《元史·定宗纪》失载。

184

所有在场者。"于是彼等整日大加分赐，及于所属诸人；然剩余犹多，彼即令诸人争相取之。

185   其年，彼驻冬于此地。新年既届，彼言："叶密立之气候宜于我之体质，其地之水泉有益于我之疾病。"于是大张威严，自此西巡。当彼行经耕地与道遇平民时，即厚赐巴里失与衣服，使之免困于贫穷。时，聪慧而机敏之唆鲁和帖尼别姬识彼急于成行，于中不无诡计。乃秘遣使者告拔都言："宜修备！缘贵由汗已率大军前临此地区也。"拔都深为感谢，整军以应之。① 然当〔贵由汗〕行至离别失八里一周程之撒麻耳干 Samarqand 境，大运已临，更不得由此处再前行一步，溘然长逝____。② 在位一年。③ 愿伊斯兰君主永远欢乐！常葆青春与幸福！

贵由汗既死，驿道封闭，并发布扎撒，规定任何人即于其所抵达之处，不问其为有否居民之村庄或荒漠，均就地停止。④ 从斡兀勒海迷失之命，贵由汗之坟墓迁至彼斡耳朵所在之叶密立。唆鲁

---

① 周按：《元史·定宗纪》：二年(1247)，"秋，西巡"。加宾尼《蒙古历史》亦记贵由在即位不久时，"照料我们的鞑靼人把我们带到皇帝那里。当他听到这些鞑靼人报告说把我们带到他那里时，他命令我们回到他母亲那里去，他这样作的理由是：他打算在次日举起他的向整个西方世界进攻的旗帜——如我在上面所提到过的，这是知道这个消息的人明确地告诉我们的——他希望使我们不知道这件事"（第 64 页）。

② 周按：俄译本无阙号。《元史·定宗纪》："三年戊申，春三月，帝崩于横相乙儿之地。"

③ 周按：贵由在位三年（1246—1248 年）。然 1246 年七月既立之后，朝政仍出于乃马真皇后之手，其年冬，乃马真皇后死，贵由始亲政。至 1248 年春三月，贵由死，实际临位才一年有零。

④ 周按：姚燧《牧庵集》卷一六《兴元行省瓜尔佳公神道碑》："故事，祖宗宾天，所授臣下制书，符节，悉收还之。"又卷一七《颍州万户邸公神道碑》："世祖即位，如故事，尽收臣下先朝制书符节。"尤外尼亦载此制度，可参考《世界征服者史》第一卷第 262 页。

和帖尼别姬遵俗致以忠言和安慰之词，并馈送衣服及故姑boqtaq。① 拔都亦同样致以吊慰，且言："容海迷失依旧管理国政，其与镇海及〔其他〕诸大臣共同商议，使彼无所荒忽。我因年老体弱，且患风疾，艰于行动。尔等诸弟咸在彼处，当共商事之所必须行者。"然海迷失在大部分时间内与哈木闭门施行巫术，除处理商贾之事外，无所事事。至于忽察与脑忽，彼等分设二王庭，与其母者并立，故一地而有不同统治者之三公堂。所在之诸宗王亦皆各恣行所欲，处理并发布令旨。因其母、子及其余诸宗王各不相同，意歧政异，国事遂不可制。至于镇海，则为致事所苦恼，彼之言语忠告，无人听从。族人中唆鲁和帖尼别姬常致劝告，然诸子幼稚无知，率意行事；更有也速蒙哥之鼓励，故〔彼等〕继续沦于紊乱。直至蒙哥合罕即位为汗，国事始得臻至于正轨云。②

此为撰就之贵由汗纪。

贵由汗纪第三部分③

彼可称颂之品格与德行；其发布之嘉言圣训；其在位时所发生之事件、散见于诸人及诸书之报导而为前二部分所不及者

贵由汗为一无上威严之统治者，威仪甚盛，且极骄傲自大。当其践位之消息传于世界时，彼执法之严厉与恐怖深为人所知，故当

---

① 周按：baqtaq 为当时蒙古妇女之一种头饰，汉语称之曰故姑或故姑冠。请参考《出使蒙古记》第 71 页注 5。

② 周按：《元史·定宗纪》："是岁大旱，河水尽涸，野草自焚，牛马十死八九，人不聊生。诸王及各部又遣使于燕京迤南诸郡，征求货财、弓矢、鞍辔之物；或于西域回鹘索取珠玑；或于海东楼取鹰鹘，驲骚络绎，昼夜不绝，民力益困。然自壬寅以来，法度不一，内外离心，而太宗之政衰矣！"

③ 周按：俄译本仅有标题而无以下全部文字。

其军队未至之先,对手畏惧彼,此种心理已作用于彼等刚愎自用之心。各地领主闻此报告,皆因惧怕贵由之狂暴与残忍而昼夜不得休眠。彼之官吏、幸臣、宫臣在彼始言及某事之前,皆不敢在人前举足,亦不敢以任何事务而使其烦神。远近之来朝者除非彼之召请,不得较乞列思之所更高登一腕之地。① 彼在位之日,众异密、大臣、经理人与使者自北、南、东、西各方齐赴彼之斡耳朵。故忽里台举行之时,树帐二千以居宾客。斡耳朵邻近之地,已无下鞍之余地。然犹有大人贵族自各方而来。如此盛会,诚前人所未睹,亦前史之所未载也。

188

诗云:人帐杂然陈,平原无隙地。

彼既践位之后,一如其父合罕支持其祖父所发布之扎撒,不〔容〕有任何改变之作法,〔同样〕,彼亦恪守其父之扎撒,不因偶有所出入而致破坏。彼命所有加盖有窝阔台合罕高贵印玺之法令,均予重新盖印,不论彼本人圣见如何均予重行金署。

贵由身体生来甚弱,大部分时间病魔缠身,然彼仍晨昏昼夜沉湎于醇酒女色。此等习惯更加深其病状,然彼亦不能戒除。

基督教徒多人如彼之阿塔别合答、维昔儿镇海,自幼充彼之侍从。随侍之医生亦奉此教。故彼之性格习受熏染,其图像深锲胸中,"如图刻石"。彼在尊循与敬礼基督教徒与传教士之途径上前进甚远,名噪一时。故传教士与僧徒向往汗庭,无远弗届。② 彼癖近于攻击摩诃末(真主赐福于彼,并予彼以和平)之真义。当彼在位之时,其心恒怀忧郁,不喜交谈。以故,彼事无巨细尽付合答与镇海,使完全任其利害祸福之责任。故在彼临御之期,基督教繁

---

① 周按:《元史·太祖纪》:"乞列思,华言禁外系马所也。"此处原文为"系马之所",故以乞列思当之。

② 周按:贵由与基督教之关系,可参见拙作《元和元以前在中国的基督教》,《元史论丛》第一辑。

荣,而穆斯林则不敢置一喙于彼等。

彼希图使其令名能超过其父,恒慷慨赐予,远逾常度,然不永其年。

> 略纪自虎年、即豹年之初,相当于回历 639 年八月〔1242.2.5—3.14〕至马年年终,相当于回历 643 年九月〔1246.1.21—2.19〕凡五年中,与脱列哥那可敦及贵由汗同时之契丹与摩秦皇帝及波斯、埃及、西利亚、马黑里卜之诸异密、哈里发、算端、蔑力与阿塔别

纪契丹与摩秦之皇帝。在此时期内,其统治为五年

契丹王国此时期已全为成吉思汗家族所控制,其末代皇帝名守绪者,已于窝阔台合罕临御之初被征服。王朝告终。至若此时期之摩秦皇帝。名为理宗 Lizun,其在位之年如次:

理宗,共四十一年,已在位七年,此时期五年之后,尚维持二十九年。①

纪此时期在位之诸异密、哈里发、蔑力与阿塔别

纪诸异密

管领呼罗珊之异密阔里吉思因一项金钱而与察合台家族之一成员争吵,口出粗言。按依已具载于上文之窝阔台合罕之法令,彼②被缚执而去。当任拘捕之护卫抵达此处时,窝阔台合罕已死,彼等执之以至长房 ulugh-ef [原注]突厥语 ulugh-ef 义为大家族(great House),此指察合台之裔。之斡耳朵,由异密进行审讯。彼言:"设汝

---

① 周按:理宗(1224—1264 年在位)。此处误,当云已在位十七年,此时期五年之后,尚存十九年。又贵由之统治,止于 1248 年,故合脱列哥那可敦摄政与贵由在位,共为七年。

② 周按:俄译本下有"于途思 Tyc"。

能主我之讼事，我当为汝言之。否则，宜以缄默为尚。"以此之故，其讼事转付于脱列哥那可敦之斡耳朵。时，镇海已亡走。阔里吉思于有关系之其他诸异密殊不措意，亦不贿馈任何金钱，以弥戢其事。彼被带至察合台之斡耳朵，待其罪既经勘定，乃被处死刑。彼之晚年已成为一名穆斯林。异密阿儿浑阿合代为呼罗珊之长官，萨剌夫丁 Sharaf al-Dīn Khwārazmī 被任为其代理人。

纪诸哈里发

此时期之初，阿布思朝‘Abbāsid 哈里发为木思坦昔儿 al-Mustansir bi'llāh。〔原注〕1226—1242 年在位。蒙古军在拜住那颜 Baiju noyan 之指挥下，以小分队掠八哈塔地区。① 彼等围亦儿必勒 Irbīl，强攻下之。以故此城之居民藏庇内堡，仍继续猛勇作战。然堡中水尽，人多渴死。死者无法掩埋，乃以火焚之。其城既残之后，蒙古军树投石机于内城〔之墙上〕。哈里发得讯，即遣赡思丁阿儿思兰的斤 Shams al-Dīn Arslan Tigin 以骑兵三千增援。蒙古军闻其将至，突然撤去。时，哈里发以朝圣是否优于圣战之问题询之于诸法学者。彼等发出一致之决议 fatwā，谓圣战为优。哈里发乃下令其年内人皆不得外出朝圣。所有法学者、ulema、贵族、平民与外国人、市民皆忙于备置弓矢武器。彼令修整八哈塔之城垣、壕沟，于城上立投石机。蒙古军再次来攻亦儿必勒，居民满怀惊恐。异密阿儿思兰的斤率军立于城外，严阵以待。蒙古军悉此，乃引军反向答忽黑 Daqūq 及八哈塔之附庸，俘杀掳掠。教士沙剌甫丁亦黑巴勒沙剌比 Sharaf al-Dīn Iqbāl Shārābī 敦促人民进行圣战〔原注〕Sharaf al-Dīn Iqbāl Shārābi(不当如布洛歇及维尔霍夫斯基之 Shīaīzī)为木思坦昔儿之 mamlūks 之一，初充彼之 shārābī(尚膳 butler)，后升任司令官。彼等〔由此城〕前往，军队之首领为扎木丁忽失帖木儿 Jamāl al-Dīn Qush Temür。诸军集合于扎巴勒哈木林 Jabal Hamrīn。哈里发木思坦

---

①　周按：时拜住代绰儿马罕统西亚之蒙古军。

昔儿往八哈塔城外以资号召贵族与贫民。彼致词于人群言：“真义之敌人已自各方来犯我国家，我无以驱逐之，惟有此宝剑而已；我欲亲身前赴沙场矣！”诸蔑力与异密同言：“哈里发无烦此行，我等奴仆愿往！”彼等乃皆前往，勇敢战斗。蒙古军假道扎巴勒哈木林而退。哈里发之突厥人与忽难 ghulāms 逐之，①杀蒙古人无算，归其于亦儿必勒及答忽黑所掠之俘虏。回历 640 年六月十日之礼拜五〔1242.11.6〕，真义之指挥者木思坦昔儿死去。其子木思塔辛 al-Musta'ṣin bi'llāh 继立为哈里发。

纪诸算端

在鲁木，当其兄弟鲁克纳丁 Rukn al-Dīn 既赴合罕之庭，算端也速丁 'Izz al-Dīn 代行算端事。蒙哥合罕既立，算端位即以付之，其兄弟即被免黜。

治毛夕里者为巴剌丁鲁鲁 Badr al-Dīn lu'lu，时正值其鼎盛之期。彼遣使至合罕汗廷。蒙哥合罕即位后，以厚礼遣还。示巴剌丁鲁鲁以殊遇，付以玺书牌符。此时期内，算端巴剌丁鲁鲁据有你昔本 Nisibīn。

埃及之算端为蔑里沙力黑 Malik Ṣālih Najm al-Dīn Aiyūb ibn al Kāmil ibn al'Ādil。彼为慢性病所苦，常与法兰克战争。

起儿漫之算端为鲁克纳丁 Rukn al-Dīn，其为治公平正直，无异可述。

统治昔思坦者为蔑力赡思丁喀儿惕 Malik Shams al-Dīn Kart。〔原注〕也鲁喀儿德 Kard 朝之建立者(1245—1278 年)。

192

纪诸蔑力与阿塔别

在马扎答兰＿＿＿〔原注〕诸稿本阙。

在的牙儿巴克儿与西利亚，赛义德塔兹丁摩诃末沙剌亚 Sai-yid Tāj al-Dīn Muḥamend Salāya 于 639 年/1241—1242 被任为亦

---

① 周按：ghulām 义为奴隶。

儿必勒之长官。同年，倒剌沙 Daulat-Shāh 之子、算端扎阑丁之一异密巴剌喀汗 Baraka Khan [原注] 据 Nasawī：巴剌喀汗之父称蔑力倒剌沙，为算端迦太丁 Ghiyath al-Dīn 之舅父。1222 年在赞章 Zanjān 附近与蒙古军作战时被杀。巴剌喀时为孩童，走阿哲儿拜占，并于此处依例入事扎阑丁。率领花剌子模败亡所余之军，求婚于阿勒波统治者之母，蔑力阿的勒 Malik ʿĀdil 之女。[原注] 埃及之阿尤布朝算端名 al-Malik alʿĀdil 二世 (1238—1240 年)。阿勒波统治者为 al-Malik al-Nāṣir Ṣalāh al-Dīn Yūsuf (1236—1260 年)。彼令折辱其使者。巴剌喀汗乃集其军队，侵入其境。阿勒波之军队来迎，战于漫必支 Manbiz 之地，花剌子模人败阿勒波人，俘杀掠夺。于是阿勒波与希木 Ḥims 之统治者 [原注] 当时 Ḥims 之阿尤布朝算端为 al-Manṣūr Ibrāhīm (1239—1245 年)。联军攻花剌子模人。两军胜负相当。同年，在起儿漫之花剌子模一部来与在阿纳 ʿĀna① 之余众会合。巴剌喀汗之子摩诃末 Muḥammad② 来至八哈塔，隶籍于掌印官 Davāt-Dār 木扎希丁爱别 Mujāhid al-Dīn Ai-Beg。[原注] 实际为小掌印官或副掌印官。640 年/1242—1243，花剌子模人与阿勒波人间又发生战争。花剌子模人败，尽弃其妻子、马匹与牲畜。阿勒波人掳获甚多。642 年/1244—1245，蒙古军之一部重侵的牙儿巴克儿，掠哈儿兰 Ḥarrān 与鲁哈 Ruḥā，不战而取马儿丁 Mārdin [原注] Ruḥā 即 Edessa，今之 Urfa。希哈不丁哈只 Shihāb al-Dīn Ghāzī [原注] Al-Muẓaffar Shihāb al-Dīn Ghāzī 为 Maiyā-fāriqīn 之阿尤布朝统治者 (1230—1245 年)。亡走埃及，并于此处定居，且得到支持。

在法而思，阿塔别不别 Atabeg Abū Bakr 在位，正忙于整军。

---

① 周按：俄译本阙。
② 周按：俄译本无摩诃末之名。

第六章　蒙哥合罕纪

成吉思汗子拖雷子蒙哥合罕
Möngke Qa'an 纪之始

蒙哥合罕纪计三部分

第一部分：叙其世系；详叙其诸妻及其分衍及于今日之诸子孙枝派；其圣容；其后嗣之谱系表。

第二部分：其登祚之始末；其临汗位时诸妻、诸宗王及诸异密之画图；纪其在位之事件；纪其所历之战争与胜利。

第三部分：其可称颂之品格与美德；其所发布之嘉言懿训；以及其在位时所发生之事散见于诸人及诸书之报导，而为前二部分所未及者。

蒙哥合罕纪第一部分

叙其世系；详叙其诸妻及其分衍迄于今日之诸子孙枝派；其圣容；其后嗣之谱系表

蒙哥合罕[原注] Möngke 为其蒙语形式，突厥语作 Mengkü，加宾尼作

Mengu，鲁不鲁乞作 Mangu。① 为拖雷汗之长子，其长妻克烈部统治者王罕之兄弟扎合敢不 Jagambo② 之女唆鲁和帖尼别姬所生。彼有妻妾多人，长妻忽都台可敦 Qutuqtai Khatun，③成吉思汗之婿，亦乞列思部 Ikires④ 不忽古列坚 Buqu küregen 之子兀剌台 Uladai 之女也。⑤ 此妻生子二人，长班秃 Baltu，⑥次玉龙答失 Ürüng Tash。玉龙答失有二子：长撒里蛮 Sarban，⑦次＿＿＿，[原注]诸稿本皆阙。⑧ 皆早逝而无嗣。撒里蛮伴那木罕 Nomoghan⑨ 参与迭列速 Deresü 之役。彼与昔里吉 Shiregi 协同拘系那木罕，致送尤赤兀鲁思之统治者忙哥帖木儿所。昔里吉后被执至忽必烈合罕处，投诸滨海燠热之区而死。⑩ 蒙哥上述之妻尚有女名伯雅仑 Bayalun，适王子扎忽儿陈 Jaqurchin＿＿＿，[原注]布洛歇本作

① 周按：《元史·宪宗纪》："蒙哥，华言长生也。"
② 周按：《史集》第一卷第一册第130页：克烈部忽儿扎忽思三子，其三为扎合敢不。他的名字原为客列台 Керайдай，因被唐兀惕所俘，以机敏而被称为 Джакамбу，джа 义为国家，камбу 义为大。即国家之大异密。
③ 周按：即鲁不鲁乞之 Cotata Caten。
④ 周按：据《史集》，亦乞列思系出 Кубай Ширэ 之长子 Инкирас，为弘吉剌部之近族。《元史》有亦启列、亦其烈、亦乞剌诸译。
⑤ 周按：忽都台可敦，据《元史·后妃传》《后妃表》及《薛特禅传》，皆云系弘吉剌氏，按陈那颜之从孙忙哥陈之女（或云薛特禅孙忙哥陈之女）。此云亦乞列思部，误。
⑥ 周按：元人译例中，母音后之-1，常读如-n。鲁不鲁乞记班秃已有二妻，显为景教的信奉者。
⑦ 周按：名从《元史》，b 与 m 常互用故也。
⑧ 周按：《元史·宗室世系表》：宪宗五子：长班秃、二阿速歹、三玉龙答失、四昔里吉、五辩都。玉龙答失有二子：撒里蛮、完泽。完泽子即郯王彻彻秃；又有子卫王宽彻哥（见《蒙兀儿史记·宗室世系表》）。
⑨ 周按：俄译本作 Нусуган，显误。
⑩ 周按：俄译本此处作："彼等执那木罕，送致于合罕。彼死于此地；昔里吉则投诸燠热之海边而死。"

MRYK。① 其人为兀鲁歹 Huludai 之兄弟。兀鲁歹为此女之外祖
父。彼之另一长妻名斡兀勒火亦迷失 Oghul Qoimïsh，②斡亦剌
部，出自忽都合别乞 Qutuqa Beki 之家族，③乃完泽可敦 Öljei
Khatun 之姊妹。[原注]完泽可敦为旭烈兀之一妻，实为斡兀勒火亦迷失
之侄孙女。此妻极为能干，彼最先许婚于拖雷汗，以故，常呼其丈夫
之兄弟忽必烈合罕与旭烈兀汗为子，彼等对之亦恒怀敬惧。④ 此妻
无子而有二女：长曰失林 Shirin，⑤幼曰必失哈 Bichqa，又名阔兀
捏 Kö'ünen。⑥ 彼以失林嫁太丑古列坚 Taiju küregen 之子＿＿＿[原
注] 其名为 Chochimtai，见《史集》第一卷第一册，第 164 页。（实为
Джуджинбай）。太丑娶〔成吉思汗〕之幼女〔按坦仑 Altanlun〕。[原
注] 括号内诸稿本皆阙，此系据《史集》第一卷第一册第 164 页补入。⑦ 彼属
斡勒忽奴惕 Olqunut，⑧失林死，必失哈亦嫁于太丑古列坚之子。
彼有主要之妾二人：一为巴牙兀惕之巴牙兀真 Bay'ujin，生一子曰

---

① 周按：《元史·诸公主表》："昌国大长公主伯雅伦，宪宗女，适扎忽尔陈子
　　昌忠宣王忽怜。"又《孛秃传》："忽怜，尚宪宗女伯牙鲁罕公主。"忽怜，《元
　　史》卷一一八有传。俄译本无阙号，误。
② 周按：俄译本作 Огул Тутмыш。
③ 周按：俄译本阙"忽都合"。《秘史》第 239 节：1207 年，尤赤伐林木中百
　　姓，斡亦剌部忽都合别乞率万斡亦剌部投降。忽都合有女 Огул-Каймиш，
　　为蒙哥所娶（《史集》第一卷第一册第 119 页）。鲁不鲁乞记此可敦为一聂
　　思托利派基督教徒，早死。
④ 周按：《史集》第一卷第一册第 119 页谓："先时成吉思汗曾有意娶之，不
　　果。据云：彼虽为忽必烈合罕与旭烈兀汗之嫂，然彼恒呼彼等为子。彼等
　　对之亦十分尊敬。"
⑤ 周按：鲁布鲁乞记蒙哥有女名 Cirina，为一"极丑而完全成人之女孩"，当
　　即此。
⑥ 周按：俄译本阔兀捏阙。
⑦ 周按：据《史集》第一卷第二册第 70 页，按坦仑嫁太丑子扎兀儿薛禅。
⑧ 周按：此部与亦乞烈思同为 Кубай-Шире 之二子所分衍，与弘吉剌部为近亲。

昔里吉 Shiregi。昔里吉有子名兀鲁思不花 'Ulus Buqa。① 其取此巴牙兀真之缘由如下：此妾之父窃取弓弦于武库，其后搜获赃物于彼所穿之长靴上，因罪将被处死，并其女带至合罕前。蒙哥合罕见此女色美而悦之，乃纳为妾。另一妾名贵帖尼 Küiteni，② 系出溺儿斤 Eljigin 部。此妾有子曰阿速台 Asutai。彼联阿里不哥反对忽必烈合罕。阿速台有四子：长完泽 Öljei，次兀剌出 Hulachu，三安童 Hantum，四完泽不花 Öljei Buqa，皆居合罕之庭，其境况无详细报导。③

199

蒙哥合罕纪第二部分

纪汗位转属蒙哥合罕之缘由及其即位之事实

汗位转属于彼之缘由及借其母唆鲁和帖尼别姬能力之运用与措置

贵由汗死，国事重趋混乱，朝政皆操于斡兀勒海迷失及其官员之手。先是，当窝阔台合罕率军伐契丹时，拖雷汗病死。合罕常怀死别之哀伤，每醉，辄潸然垂泪而言曰："我为失弟而极感悲伤。故此而沉醉于酒，俾稍舒胸中之哀绪耳！"由于彼对拖雷诸子之深切关心，乃令国之大事与军队之控制，皆必商于拖雷之长妻，世上最能干之妇女唆鲁和帖尼别姬。诸宗王与军队皆属其指挥。唆鲁和

---

① 周按：俄译本作：昔里吉有二子，Тура-Тимур 与 Тукан-Тимур。Тукаи-Тимур 有子曰 Члус-Бука。《元史·宗室世系表》则谓：昔里吉二子：兀鲁思不花王，并王晃火帖木儿；《蒙兀儿史记·宗室世系表》又有嘉王火儿忽。

② 周按：名从《元史·太祖纪》，亦作要儿斤，为弘吉剌部之别部。

③ 周按：《元史·宗室世系表》阿速台下不列子裔。据《元史·后妃表》蒙哥诸后妃除上述之忽都台外，尚有明里忽都鲁皇后，泰定三年(1326)，诏守班秃营帐。也速儿皇后，忽都台之妹。出卑三皇后，岁己未，从宪宗南伐，继蒙哥之后，死于六盘。又有妃火里差，火鲁剌部(《宪宗纪》)。另据《元史·李秃传》：锁儿哈有女，为宪宗皇后而不名，屠寄谓即出卑云。

帖尼别姬于教管诸子,及处理彼等与军队、兀鲁思之大计中,树立如此牢固控制之基础,虽须眉亦不能与之匹敌。合罕常以国事相商,从不曾违拂其忠告或改变其语言。彼之属从在彼之监护与关切下,于不稳定之时期内,皆以不违新旧扎撒而异于众人。每于皇帝即位时,所有诸宗王均因其所行而蒙羞辱;惟唆鲁和帖尼别姬与其高贵之诸子则否。此皆因彼之多能、聪慧、机警与善于料事所致也。自拖雷汗死后,彼利用赐予礼物以和辑族人;借助于广施恩惠而使军队及陌生之人皆成为服从之追随者。以故,当贵由汗死后,众人皆同心拥立其长子蒙哥合罕为汗。如是,彼继续和辑各方,通过彼之调护,直至全能之真主以王权授予蒙哥合罕。虽则彼为一基督教信奉者,然亦大力宣布木思塔法 Muṣṭafā 之教规。① 对伊瞒 imams 与沙亦黑 shaikh 发放施舍。② 此事之证据为:彼曾拨 1,000 银巴里失,于不花剌建一学院 madrasa,③ 以司教赛甫丁 Shaikh al Islām Saif al-Dīn of Bakharz(真主神化彼高贵之精神!)为管理者与监督人。彼令收购农田,设立基金,供应〔在学院中〕之诸教师与学生。彼常向各方发放施舍,分赐财物予穆斯林之贫困者。直至 649 年十二月〔1252.2—3〕死去。真主全知,并善于抉择!④

200

————

① 周按:《元史·百官志三》:有"亦思替非文字"。亦思替非 iṣtifa' 波斯语义为选择,质言之,即"被选择"muṣtifa'(指穆罕默德)之文字。
② 周按:波斯语 imam 即教长,shaikh 即司教。
③ 周按:madrasa 为穆斯林之学院。
④ 周按:《元史·后妃传二》至大二年(1309)加谥唆鲁和帖尼为显懿庄圣皇后册文云:"钦惟庄圣皇后,英明溥博,圣善柔嘉。尊俪景襄,阴教纯被。逮事光献,妇职勤修。勋肀著于承天,祥两占于梦日。迹圣绪洪源之有渐,知深仁厚泽之无垠。玄符肇自坣山,顾前徽之末称;苍箓兴于文母,岂后嗣之能忘。是用参考彝经,丕扬景铄。敷绎宝慈之谊,形容青史之规。"推崇备至矣。

其即位前之事件

贵由汗死时,拔都方罹风疾。作为长兄,彼分遣驿使于四方,召其族人戚属,言:"诸宗王咸宜来此,我等将召开忽里台,选举适合而且为我等同意之人,以即王位。"然窝阔台合罕、贵由汗及察合台诸子拒绝,且言:"成吉思汗之禹儿惕与居地在斡难、怯绿连之域,我等缘何而去钦察草原哉!"[原注]据尤外尼之意见,拔都不是召集诸王至其领地,而是至离海押立 Qayalïq 一周程之地,即今南部哈萨克斯坦之 Kopal。① 忽察、脑忽遣晃忽儿塔海 Qonqurtaqai② 与哈剌和林之异密帖木儿那颜 Temür noyan 作为彼等之代表前来,指令使者记录诸宗王所同意之计划。彼等并云:"至于拔都,彼系所有诸宗王之长兄,众人皆需服从其命令。我等将不违背其决定。"其后唆鲁和帖尼别姬语蒙哥合罕言:"因诸宗王不服从长兄之命,拒不赴会。尔当与尔兄弟前往访之。"蒙哥合罕乃从其母之建议,前赴拔都之王庭。彼既至,拔都自彼之眉宇之间察识其老成干练,乃云:"所有诸宗王中,独蒙哥合罕宜居汗位。缘彼备尝世事之顺逆甘辛,多次用兵于各地,以其聪明与能干而卓异于众。彼之高贵尊荣,自昔迄今,皆如窝阔台合罕及诸宗王、诸异密与军队所见之巨大。合罕曾令彼与其兄弟阔列坚、贵由偕同我、即拔都,以及斡鲁朵与尤赤家族往征钦察之地,以便征服彼等。蒙哥合罕亲降玉里儿里克 Ülirlik③ 与钦察人、兀鲁沙黑人 Uruqsaq、[原注] 无可考。④ 薛儿客速人、擒钦察人之首领八赤蛮、薛儿客速人之首领秃哈儿 Tuqar。与阿思 Ās 人之首领阿吉思 Ajis。[原注] 俄译本无八赤蛮以下两句。Tuqar 此处拼作 TWQQAS,参见前文。Ajis 之名,前文作 Qachir-Ukula。彼

---

① 周按:亦即甲辰之会于也只里河(伏尔加河)者。
② 周按:当即《秘史》第 278 节之晃豁儿塔孩、《元史·食货志三·岁赐》之黄兀儿塔海。
③ 周按:俄译本阙,注作 WAWLBRLYK。
④ 周按:俄译本阙,注作 AWRQSAQAN。

又取明克儿漫 Men-Kerman 城，①[原注]此 MR·KRMAN 当作 MN KRMAN。Men-Kerman 为基辅 Keiv 之突厥语名。据俄罗斯史料，蒙哥至少曾进行过对基辅之侦察，见 Vernadsky 第 52 页。基辅之陷在 1240 年 12 月 6 日，谓城陷时蒙哥在场，与上文所纪不符，因其年秋蒙哥已与贵由动身返还蒙古。然后，在牛年 ut yil，[原注]突厥语 ud，"牛"。即回历 638 年/1240—1241，[原注]实为 1241 年。合罕发布诏谕，召诸宗王返还。然彼等抵达之前合罕已死。遗诏由其孙失烈门袭位。脱列哥那可敦违诏立贵由汗为汗。今则蒙哥合罕实为最适合之统治人。彼为成吉思汗之圣裔。在此之诸宗王，舍我贤叔之子蒙哥合罕之外，人谁能以洞察之思想，与切中之熟虑，以管理帝国与军队哉！我叔拖雷乃成吉思汗之幼子，而掌其主要之禹儿惕者也。（如所周知，按扎撒与习惯，父亲之位置传于幼子）以此言之，蒙哥合罕实最具有为汗之资格。"

202

拔都致此词毕，即遣使于成吉思汗诸妻、窝阔台合罕之诸妻与子、拖雷汗之妻唆鲁和帖尼别姬，及其他左、右手诸宗王、诸异密，言："诸宗王中，惟蒙哥合罕眼之所视，耳之所听，皆遵成吉思汗之扎撒与法令。立彼为合罕实乃兀鲁思、军队、人众及我等诸宗王之利益也。"彼令彼之兄弟斡鲁朵、昔班及别儿哥与所有尤赤之后裔、右手诸宗王、[原注]即西方。及察合台之裔哈剌旭烈兀举行集会，欢宴数日，然后合议奉蒙哥合罕即汗位。蒙哥合罕拒辞此加诸彼之重任。诸人强之，彼则坚辞不受。以故，其兄弟木哥起立而言曰："我等与会之人，皆应许并立定誓书，具言将从命于赛音汗 Sayin Khan 拔都。蒙哥合罕何得违离彼之忠告哉？"拔都是其言而称许彼等。蒙哥合罕乃认许。于是拔都按蒙古风俗起立，诸宗王与诸那颜齐解其腰带下跪。拔都持杯，以汗位置于其适当之所。所有在场者皆宣誓效忠，并同意在翌年举行一大忽里台。诸宗王怀此计划各归己之禹儿惕与营帐。佳讯乃传遍于四方。

---

① 周按：俄译本阙，注作 MRKRMAN。

于是拔都令其兄弟别儿哥、脱花帖木儿①以及大军伴蒙哥合罕
至成吉思汗居地之怯绿连，召集忽里台。所有诸宗王皆将前来莅
会，奉彼即王位。彼等离拔都而去——光荣与幸福居右，胜利在
左。——形猎圈形驻营。〔原注〕尤外尼谓别儿哥与脱花帖木儿只是作为
代表拔都出席忽里台，而不是伴同蒙哥返还。②

唆鲁和帖尼别姬以其殷勤礼貌，以获胜于族人戚属，招致彼等
来会。合罕与贵由汗家族之某些宗王以及察合台后裔之也速蒙
哥、不里，皆托词推诿，迁延不作〔决定〕，借口汗位当留属于合罕与
贵由汗之家族，彼等再三遣使诣拔都言："我等皆持异议，不容默
认。王位原属我等，尔焉得另授他人？"拔都答言："此议乃诸兄弟
所同拟，计议已定，不容更易。若事生窒碍，舍蒙哥合罕而任之他
人，则国势将受损失以至于斯极，诸事皆不能循正理而行矣！若诸
宗王能详察此由，并以远见而加熟虑，则明见此事完全符合合罕诸
子孙之利益。因管理自东亘西、如此广阔之帝国，决非童稚所能胜
任也。"如此往复，预定之年已尽，次年又去其半，年复一年，国事益
趋无望。缘彼等相去甚远，不能共商也。蒙哥合罕与唆鲁和帖尼
别姬则继续遣使于此等宗王诸人，铺筑协商与友谊之路。然彼等
之劝告对于此等人毫无效应。诸人皆一再遣使前来，时或哄骗，时
或威胁。彼等仍示容忍。〔彼等〕每次反覆辩论，尚冀诸人能以仁
慈与和解节制之，而自骄傲与玩忽中警醒。

其年又届岁尽，彼等已遣使四方召集诸宗王族人，齐集于怯绿
连，彼等遣失列门必阇赤 Shilemün bitikchi 于斡兀勒海迷失及其子

---

①　周按：俄译本作 Бука-Тимур。在波斯文中，b 与 t 原易致误。然尤赤十三
　　子为 Тука-Тимур（第 66 页），无名 Бука-Тимур 者，显误。

②　周按：俄译本作彼等驻于＿＿＿之地。注云：塔什干本作 J̇RKA，伊斯坦布
　　尔本、列宁格勒本、不列颠本作 ḤRKA，巴黎抄本、东方研究所本、布洛歇
　　本作 J̇RKAY。

203

204

忽察与脑忽,遣阿兰答儿必阇赤'Alam-Dārbitikchi 于也速蒙哥,致书
内容如次:"成吉思汗家族之大部已经齐集,忽里台大事因汝等之故,
推迟至今,现已无可容忍与迁延矣! 若汝等尚存心于协调团结,当即
前来赴忽里台,俾使王国之大事能共予襄处。"当彼等认识已无其他
选择,脑忽斡兀勒乃出发前来,合答那颜及贵由汗庭之某些异密亦如
之。察合台之孙也孙脱①亦自其居地偕彼等同往失列门处,三人乃
于一处会齐。于是忽察亦首途前往。诸人犹存有彼等不至,忽里
台不能进行之心。时,别儿哥遣使报拔都言:"我等坐待立蒙哥合
罕即位之事已逾二年。窝阔台合罕、贵由汗诸子与察合台之子也
速蒙哥犹拒不肯来。"拔都答云:"宜即拥彼即汗位。凡有违扎撒
者,无论何人,予斩。"

附于蒙哥合罕之所有诸宗王、诸异密——若别儿哥、大异密哈
儿合孙 Harqasun、拙赤哈撒儿 Jochi-Qasar 子也苦 Yekü 与移相哥
Yesüngge、②哈赤温 Qachi'un 子按吉歹 Elchitei、斡赤那颜 Otchi
noyan 子塔察儿 Taghachar③ 与别里古台 Bilgütei④ 诸子,彼等皆
成吉思汗之侄,代表左手诸王。察合台子哈剌旭烈兀、窝阔台合罕
子合丹 Qadan、孙蒙哥都 Möngedü⑤ 以及旭烈兀汗、忽必烈合罕、
木哥与阿里不哥等蒙哥合罕诸兄弟,代表右手诸王——一时俱集。
星者选卜吉辰。⑥

205

---

① 周按:俄译本作"子",误。

② 周按:《元史·宗室世系表》搠只哈撒儿子淄川王也苦、移相哥大王、脱忽大王。

③ 周按:《元史·宗室世系表》塔察儿为铁木哥斡赤斤子只不干大王子。

④ 周按:俄译本作 Таку-Нойон,注:TKKWY。

⑤ 周按:俄译本下有"及阔端 Кутан 之子"。

⑥ 周按:《元史·宪宗纪》元年(1251)辛亥夏六月,"西方诸王别儿哥、脱哈帖
木儿,东方诸王也古、脱忽、亦孙哥、按只带、塔察儿、别里古带,西方诸大
将班里赤等,东方诸大将也速不花等,复大会于阔帖兀阿阑之地,共推帝
即皇帝位于斡难河。"

其时，此地区连日阴霾，常雨，不见太阳。迨星者选定之吉辰既至，彼等方希望观察天空时，太阳忽闪耀于云端，天宇清澈，使星者易见其高度。此其幸福增益之明兆也。所有在场之人——前述诸宗王、诸高位任重之异密、各色人等之首领、无数之军队——皆脱出其帽，悬腰带于其肩。猪年，648 年十二月〔1251.2—3〕，于成吉思汗之居地哈剌和林附近，奉蒙哥合罕即汗位。大斡耳朵外之诸异密与诸宗王齐跪拜九次。

在即位之吉辰中，彼等思着手定出扎撒，规定席次。别儿哥因有风疾，决定坐于其位置之处，忽必烈可坐于彼之次。①

所有诸人均需听从忽必烈之言语。彼令蒙哥站立于门旁，以便阻诸宗王及诸异密由此〔进入〕。② 旭烈兀则站立于博儿赤 ba'urchis 与火儿赤 Qorchis 之前。使诸人无得妄说妄听。如此布置后，彼等二人来回巡视，直至忽里台诸事务告竣。

当彼被置于王位之吉庆之际，思广施宽仁，使天下万〔物〕均将因此而得享安乐。彼于是制定扎撒，规定于此幸福之日，无人得事忿争，而必致力于欢乐。所有之生物或无生物亦皆当如同人类，应得各种欢乐与宽容。故此，家畜之用于骑行与载重者皆不得过载，不得捆缚与枷镣。供食用者则依穆斯林法规 sharī-'at 之法，不使流血。至于野兽之飞翔于天、啮草于野与活动于水中者，皆得免遭猎人之弓箭与机陷，得以任意逍遥于安全之乐园。大地之表土亦免受帐钉与马蹄破坏之苦痛。流水亦不得被沾污。全能之真主创造怜悯之源泉，会议之在所之公平一至如此程度，彼且图使所有生物与无生物皆得安谧。彼为改进弱者之命运，及遍施正义与怜悯

---

① 周按：俄译本"其时至规定坐次"一段置于后文"直至忽里台诸事务告竣"之后，而在"一时俱集"之后，作"在即位之吉辰中，考虑分班序列。别儿哥 Берке 决定，因拨绰 Бучек 病足，使坐于己位。忽必烈亦以同样原因坐。"注云："Бучек 系拖雷第八子。"然前文《拖雷纪》拖雷第七子 Бучук。

② 周按：此言蒙哥立于门首，于理不通。俄译本作木哥 Муке，迨得其实。

于贵人与平民之高贵心情宁有任何界限哉！全能之真主永赐福于彼光辉之家族以帝王之欢愉，并永远幸福！

彼等举行如此仪式从早至晚。次日，彼等宴于牙剌瓦赤所备置之殿帐。此帐为纳赤思 nasij 制成，五彩绣金，织就与构筑如此之殿帐，诚前所未有。如图所示，世界之皇帝高坐王位，诸宗王如昂座之宝项圈，聚于右；彼著名之七兄弟肃立而侍；其诸妻若黑眼之仙女坐于其左。银翼之持杯者以瓮和杯运送马奶与酒。如奴仆侍立之诸那颜中，立于火儿赤班前者，乃其首领忙哥撒儿 Mengeser① 与以孛鲁合阿合 Bulgha aqa② 为首之诸必阇赤、诸维昔儿、诸侍从与诸官长皆雁行秩立。其他诸异密与从者则肃立于宫帐之外。

207

整一周中，彼等皆如此欢饮纵乐，每日之食饮为两千车马奶与酒，马、牛三百匹，羊三千只。由于有别儿哥在，其屠宰皆如法式。[原注] 别儿哥已改宗回教。一种意见认为他是算端扎阑丁之姊妹、花剌子模公主之子。

宴会之中，合丹斡兀勒与其兄弟蔑里斡兀勒及哈剌旭烈兀抵达。彼等照常仪举行祝贺仪式，加入纵饮狂欢之列。

纪窝阔台合罕家族之某些宗王等如何谋叛于蒙哥合罕；克薛杰忽失赤如何发奸告变；彼等如何被拘捕

彼等仍等待其他宗王之至，继续纵饮寻欢。彼等无人梦想成吉思汗之古扎撒能被改变；家族之中亦不曾有任何纠葛与不和。

---

① 周按：《元史·忙哥撒儿传》："察罕扎剌儿氏。曾祖赤老温恺赤，祖搠阿，父那海，并事烈祖……那海事太祖……忙哥撒儿事睿宗，恭谨过其父。尝从攻凤翔，首立奇功，定宗升为断事官。……宪宗在藩邸，深知其人。从征斡罗思、阿速、钦察诸部，常身先诸将。……宪宗由是益重之，使治藩邸之分民。"

② 周按：其家世详《元史·也先不花传》。其行事见《忽必烈合罕纪》。

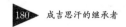

以故在欢饮之时,疏于戒备。

与之同时,窝阔台合罕之孙失烈门与脑忽、哈刺察儿子脱脱 Totoq① 共谋以车满载武器前来,图谋叛乱。有蒙哥合罕之一忽失赤 qushchïs,即鹰人,系出康里部 Qanqlï② 名为克薛杰 Kesege 者,〔原注〕在《世界征服者史》第二卷第 574 页注 75 中,我以这一名字当蒙古语 Kesig(Keshig) 宿卫。现在则依《元史》之克薛杰 K'ó-hsieh-chieh,即 Kesege,警告者而读 KSKH。③ 忽失一驼,后证此实为佳运。彼荡游寻找,偶入失列门与脑忽之人众中。彼见大批军队与无数之车辆,装载沉重,乃认为所载者为参与庆祝之食物与饮料。克薛杰既不识其阴谋,故继续寻找其亡失之骆驼。方行走间,偶遇一童子坐于一坏车之旁。童子意彼为己之骑士,央请助修车辆。克薛杰下马助之。瞥见载于车上之武器与战争装备,乃询童子所载为何物?童子答云:"武器也。其他诸车所载皆同。"克薛杰认识彼等以满车武器而来,不无诡计与叛谋,但伪为不在意者。修理既毕,彼进入一帐中,若为一宾客者,〔与主人〕友好周旋,渐识其事实之由。当彼得知真相,肯定此等人心中满怀奸诈与伪善,企图于吉庆之宴会中,乘诸人大醉之际,撕下庄重之假面具,展其邪恶残酷之手,以遂其所谋("恶行应得同样的恶报"④)克薛杰弃其骆驼,放辔疾驰,一日而毕三日之路程。彼不经允许,不稍畏惧,突造朝堂,大胆申述。彼言:"君等从事于欢乐,然君等之敌人已起而谋乱,正等待时机,预备武

① 周按:俄译本作 Хутук,误。

② 周按:突厥语康里义为车子。黄缙《金华黄先生文集》卷二八《敕赐康里氏先茔碑》:"康里,古高车国也。"

③ 周按:《元史·忙哥撒儿传》:"宪宗既立,察合台之子及按赤台等谋作乱,刳车辕,藏兵其中以入。辕折兵见,克薛杰见之,上变。忙哥撒儿即发兵迎之。按赤台不虞事遽觉,仓卒不能战,遂悉就擒。"按赤台即《宪宗纪》之按只觯,《世界征服者史》则不言脱脱与乱。俄译本此处且并下文克薛杰之名均阙。

④ 《古兰经》第 42 章第 40 节。

器矣!"彼乃亲告其所见之一切,促其火速为备。然此等阴谋不经
见于蒙古之习俗,于成吉思汗时代及其家族之中尤难于想象,故彼
等完全无法相信。彼等再三讯问,彼则重述所言,毫无二致。蒙哥
合罕于彼之所言殊不足入耳,毫不在意。克薛杰继续剀切陈辞,以
明其不安与急迫,然蒙哥合罕镇静自持。在场之诸宗王与诸异密
厉声反对此坚执之态度,因恐由此而招致不幸也。诸宗王咸请不
失时机前往处理此事,并亲加调查。最后,彼等同意由朝廷异密之
首忙哥撒儿先行前往,勘查其事。彼遵命上马,率二三千人乘夜近
其营地。彼以五百勇敢之骑卒前驰,近其营帐;大队人马则自两方
逼进。先是,失列门留其军及辎重于麻思契 Maski,[原注] 或作
Baski,无考。而己则率五百骑士为先行。前述之异密忙哥撒儿,领
军之宗王木哥、与克烈部之绰黑班古列坚 Choqbal küregen 以军围
失列门、脑忽、脱脱及党附之其他诸宗王于撒里克额儿 Sari-Keher
[原注] Sari-Keher 义为"遍布小园丘之山谷"。① 然后遣使者致言:"有事
涉及汝等,已达于合罕之圣闻,谓汝等之来怀有恶意。今欲证其为
伪,汝等宜速诣汗庭。否则,我等则受命逮捕汝等以往。汝等将
作如何抉择?"彼等闻使者之言,以势若圈中之一点,朋从远隔,陷
于极度之窘困与无措之中。彼等于是出于无奈而委身于命运,且
矢口抵赖云:"我等皆善意而来也。"在以彼等需分别伴送至蒙哥
合罕处为条件下,前述之异密一一持杯至失列门与诸宗王之前。
然后,彼等仅携少数骑卒,伴送以至合罕汗廷。待其行近时,大部
分彼等之那可儿被留下,解除武装;伴随诸宗王之异密亦被命站
立在外。彼等全被阻留,然后九拜进入斡耳朵。三日之内,惟事
宴乐,不加讯问。第四日,当彼等至朝堂,方欲进入时,一使者自
蒙哥合罕处来,谓:"今日且止!"另一使者立至,并谓:"诸随彼等
而来之那可儿即各归其所属之千户、百户及牌子头,有留此者

① 周按:俄译本阙。伯希和谓其地在克鲁伦河大折流而东之河南西部之地。

斩!"彼等遵命而还;惟诸宗王独留,由一军士看押。

纪蒙哥合罕莅临成吉思汗之斡耳朵,亲审诸宗王

次日,蒙哥合罕至成吉思汗之斡耳朵,踞坐椅上,亲自审讯失列门及〔其他〕诸宗王。彼询以下述之辞云:"此即所云事关汝等者,虽则事涉难于相信与想象,亦理性之耳所曾不经闻者。然其事亦需于公开与友好之状态下进行讯问与调查,以便拭出遮面之疑尘。如纯系乌有诽谤之词,则谎言与诽谤者将抵于罪,以惩人众。"诸宗王抵不认罪,言:彼等于此事毫无所知。然后蒙哥合罕指令将失列门之阿塔别合答曲怜 Qata-Kurin① 讯以笞蹠之刑。彼于是承伏言:"诸宗王本无所知,乃我等诸异密谋乱。然蒙哥合罕之洪福,遂使我等之阴谋挫败。"乃引剑自裁而死。

211

纪忙哥撒儿那颜审讯附从诸宗王叛乱之诸异密

次日,彼下令拘禁大群异密人等如大那颜按只歹 Elchitei、②答兀阑 Taunal、③畅吉 Jangi、④刚疙疸 Qan-Khitai、⑤锁儿欢 Sorghan、小答兀阑 Taunal the younger、脱欢与牙撒兀儿 Yasa'ur。此等诸人持其高位,自以为皇天亦无可奈何于彼等。外另有其他万户与首领多人,烦于列举。彼令扎鲁忽赤

---

① 周按:名见《元史·宪宗纪》。中华书局标点本分断为二名(第 45 页),误。俄译本阙,注作:BAKRW YDY。
② 周按:《元史·宪宗纪》作按只觯。
③ 周按:俄译本作 Бубал,注作 BWBAL,布洛歇本作 TWNAL。此名之后部分明为 NĀL,在元人译例中 nal>nan,音译通作"难"、"阑",此人明系《元史·宪宗纪》元年(1251)从叛伏诛之"爪难"。
④ 周按:名见《元史·宪宗纪》。
⑤ 周按:同上。

Yarghuchi、异密忙哥撒儿就座，①与其他异密共同审讯。历时数日，彼等以极其微妙之方式提问，以便使其矛盾之言词最后终归大白，叛谋暴露，更无疑义。彼等率皆款伏，言："我等实阴谋为叛。"蒙哥合罕循其可赞颂之习俗，尚希被以恩宥之荣光。然诸那颜与异密言："当事机已呈而犹忽视或迟延于消灭敌人者，远违正道也。"

无论何处，欲留形迹。置奴其间，终归无益。

鉴于此言发自衷心，毫无私利与伪善，彼令将诸人械系下狱。同时为彼等之命运而沉思。

一日，彼高踞宝座，令各异密与朝之大臣背诵其视为与罪人切合之圣训 bilig。诸人各就所能陈言，然皆不契圣心。马哈木牙刺瓦赤立诸人之末，蒙哥合罕言："此老者 ebügen 何独无言邪？"彼等语牙刺瓦赤曰："可趋前而言之！"彼答云："处君主之前，宁有耳而不有舌。虽然，如有旨，我愿为陈我所忆及之故事。"蒙哥合罕令曰："可言之。"牙刺瓦赤所言如下："当亚历山大 Alexander 征服世界之大部分后，彼欲往欣都 India，然有数异密与大臣颇涉不臣，专纵自恣。亚历山大甚感为难，遣使于彼卓越之维昔儿、鲁木之亚里斯多德 Aristotle，告以其异密之骄纵难驯；且询当以何术处之。亚里斯多德与使者进入一园中，令尽挖根深之大树而另植幼弱之嫩苗以代之。彼无答覆以交予使者。当使者疲于〔等待〕后，乃返抵亚历山大处，言：'彼未予我以答覆。'亚历山大问云：'然则尔见其所行为何哉？'使者云：'彼进入一园中，拔出大树，而植小树以代之。'亚历山大言：'此即其答覆也。然尔未之省耳！'彼乃尽诛此等大权在握而专制自为之诸异密，立其诸子以

---

① 周按：《元史·忙哥撒儿传》：定宗时升为断事官；宪宗在藩，以功，"乃以为断事官之长，其位在三公之上，犹汉之大将军也。"断事官，蒙古语称扎鲁花赤，《百官志三·太宗正府》："国初未有官制，首置断事官，曰扎鲁忽赤，会决庶务。"

代之。"

蒙哥合罕极称许此故事,乃悟此等人必须消除,而以他人代之。彼命将在监之唆使诸宗王为叛,致其罪于深渊之诸异密当众斩首。为数七十七人尽处死。[1] 其中有野里知吉带 Eljigitei 之二子,皆以石塞满其咀,以迄于死。至于其父,则于巴德吉思 Bādghīs 擒捕,解送拔都处处死。[2]

213

纪察合台之孙也孙脱与其妻脱哈失及不里之到来与其遭际

时,也孙脱 Yesün-To'a[3] 与其妻脱哈失 Toqashi 以及不里 Büri 亦至。彼等留其军队于道,而〔仅〕与三十骑前来。彼遣不里偕使者去拔都处,拔都论罪将其处死。脱哈失可敦被哈剌旭烈兀当也孙脱之前拘捕。彼令将其手足踢成烂肉,以泄其满腹之宿怨。

当失列门、脑忽出发时,合答认识已实为叛乱之唆动者,离间之尘实已所煽起,无由改过,乃图返走。而宫庭之执事者如死神之群候至,且言:

诸友皆云亡,依次已及汝!

彼伪称有病,彼等故以车载之。当彼抵达宫庭时,虽则彼之罪行彰明昭著,较伊比力思 Iblis 之不忠犹且过之。然犹令拘系,待其款伏之后,始令其从诸同谋者之后。赞颂真主,祝福我主摩诃末及

---

[1] 周按:《元史·宪宗纪》:元年(1251),叶孙脱、按只觯、畅吉、爪难、合答曲怜、阿里出及刚疙疸、阿散、忽都鲁等,务持两端,坐诱诸王为乱,并伏诛。

[2] 周按:此 Eljigitei,贵由在二年八月遣之总中亚蒙古军,率绰儿马罕西征。《元史·宪宗纪》作宴只吉带。元年冬:"以宴只吉带违令,遣合丹诛之,仍籍其家。"巴德吉思今为阿富汗之一区,位也里(今赫拉特)北与土库曼斯坦接境之地。

[3] 周按:俄译本作察合台子也孙不花 Йисун-Бука。注:子当作孙。该书载察合台孙有 Йису-Дуьа(木额秃干之第三子)。此 Йисун-Бука 之名,虽见于同书第 118 页参与贵由即位典礼之察合台后王名单中,恐皆为 Йисун-Toa 之误。

其优秀神圣之家族！

纪蒙哥合罕遣人传召斡兀勒海迷失及贵由之子忽察；
海迷失之被处死；对亦都护之处分

　　其时部分罪犯迄未到来，人心不靖。故蒙哥合罕遣不怜吉觲那颜 Bürilgitei noyan 率领由十万户勇猛之突厥人所组成之军队，前至兀鲁黑答黑 Ulugh taq、①杭海山 Qanghai② 及处于哈剌和林与别失八里间之横相乙儿 Qum-Sengir③ 之边地，以使彼之猎圈阵形从此得与弘忽阑斡兀勒 Qonquran Oghul④ 之猎圈阵形相接。时弘忽阑在海押力 Qayaliq 之境，其猎圈阵形伸展至讹答剌之地。彼遣木哥那颜 Möge noyan⑤ 率军二万，进据乞儿吉思 Qïrqïz 与谦谦州 Kem-Kemchi'üt 之境，〔原注〕此地区（严格说，此种人）居于谦河（上也儿的失河）及其左岸之支流 Kemchik 之间。此地区当时为乞儿吉思突厥人之居地。⑥ 对于尚未到来之斡兀勒海迷失与忽察，彼遣失列门必阇赤 Shilemün bitikchi 为使，致言如下："如汝等果无与于诸人之谋叛，则宜速来朝，此于汝等之幸福至关重要。"当失列门致词毕，忽察斡兀勒欲以可鄙之愚行凌犯使者。然彼有一妻，位在诸妻之末，而聪慧过之，阻其所欲为，且言："传命，使者之责也。自古从无折辱使人者，〔虽〕强贼之使者亦然。吾人何得加害于来自蒙哥合罕

---

①　周按：突厥语义为大山。原注谓其在今科不多之境。《元史·宪宗纪》：元年(1251)，"诸王也速忙可、不里、火者等后期不至，遣不怜吉觲率兵备之。"

②　周按：俄译本阙。

③　周按：俄译本阙。

④　周按：斡鲁朵之第四子。前文尤赤纪作 Qonqïran。此处 Qonquran 用《世界征服者史》之拼写法。

⑤　周按：俄译本作 Бука-Нойон。

⑥　周按：《元史·地理志六·西北地附录》："谦州亦以河名，去大都九千里，在吉利吉思东南，谦州西南、唐麓岭之北。"《世界征服者史》则云所遣领军者为 Yeke noyan。

之使臣乎？杀此一人，何害于彼之王权？特恐诸恶将从此而生矣！动荡之海将致盛怒，和平之世界将陷于混乱，灾难之火焰将肆燃烧。后悔将无及矣！蒙哥合罕秩为兄长，位居父执，我等当从命而诣彼所。"忽察纳其忠言，致礼于失列门。彼与其妻同至汗庭。缘于好运而倾听忠言，彼得免陷于无边苦恼之泥潭，而登于安全之彼岸。

215　　　至若忽察之母斡兀勒海迷失，彼遣使回覆云："汝等诸宗王曾具誓书，应允王位当永留窝阔台合罕之家族，而不背叛其后裔。汝等缘何竟食言而肥？"使者既述讫，蒙哥合罕震怒，乃书写下述之圣旨云："成吉思汗之兄弟拙赤哈撒儿、斡赤斤与别里古台那颜之诸妻，皆来与忽里台，共商大计。然斡兀勒海迷失则否。若诸哈木与贵由汗斡耳朵之诸异密合答、镇海及巴剌 Bala 将拥任何人为统治者或可敦，其人竟因其众人之言而为统治者或可敦者，则彼当见其所当见者。"彼立即遣使执之，以皮绳接缚其双手带至。当彼既至后，彼被遣与失列门之母合达合失 Qadaqach 同诣唆鲁和帖尼别姬之斡耳朵。忙哥撒儿扎鲁忽赤剥其衣裸之，曳至王庭，开始审讯。彼言："此身惟一王者得见，何得于人前裸之？"彼之罪行既已勘定，乃裹以毡而沉诸河中。① 镇海亦至，彼于 650 年九月〔1252.11—12〕为答失蛮哈只卜 Dānishmand Ḥājib 所处决。②

　　别失八里之亦都护 idï-qut 者，〔原注〕畏吾儿 Uighur 之统治者。idï-qut（毋宁为 ïdhaq-qut，陛下）为一自早期拔悉密 Basmïl 沿袭而来之尊号。③ 偶像教徒之首领也。纠众谋于某礼拜五当其时穆斯林齐集

① 周按：《元史·宪宗纪》二年(1252)，"定宗后及失列门母以厌禳事觉，并赐死"。
② 周按：俄译本作"镇海亦至。其重任交达失蛮合只卜处置。"下另起一段云"650 年九月别失八里之亦都护……"。《元史·镇海传》："定宗即位，以镇海为先朝旧臣，仍拜中书左丞相。薨，年八十四。"不言附贵由后王被诛事，盖讳之也。
③ 周按：《元文类》卷二六姚燧《高昌王世勋碑》："亦都护者，其国主号也。"

于礼拜寺时举事，尽杀彼等于寺内。彼中有一奴，悉知其谋，首发其罪于伊斯兰人，转而告发，尽揭其罪行。亦都护被逮至斡耳朵审讯。彼既承伏，于是令执归别失八里，于一礼拜五祈祷之后，当众处死。[1]

纪蒙哥合罕分遣诸异密于四方，处理谋叛之其余诸人；及如何赦免其罪状

因某些谋叛者仍〔隐〕留于各角落，将难于解至王庭；或因此将费时过久，彼于是遣巴剌扎鲁忽赤 Bala Yarghuchï 与群那可儿往也速蒙哥军中，讯问诸人，处死全部预叛者。又别遣一异密去契丹执行同一任务。

当对此等邪恶之人之顾虑既已退去圣心，其幸运帝王之优秀品质乃要求其以尊重族人之请求作为首要之任务。彼令：以失列门随从忽必烈合罕，脑忽与察罕那颜 Jaghan noyan 前往契丹之地。[2] 至于脑忽，出于对其妻所发之可称赞之言词之感激，彼宥免其从征，置其禹儿惕于近哈剌和林之薛灵哥 Selenge 地区。

从此，不和始产生于蒙古人中。成吉思汗常劝谕诸子团结和协，言："只要尔等彼此团结一致，幸福与胜利将为尔等之友，而尔等之敌人亦将永无从得胜。"借此品德，成吉思汗及其后裔得以征服世界之大部分。据云：当彼新兴之时，一日，彼以譬喻之方式忠

---

[1]　周按：此事不见于汉文资料而详《世界征服者史》第一卷第 48—53 页。此亦都护为 Salindi 与巴剌必阇赤 Bala Bitikchi 合谋为叛。同谋者有 Bilge-Quti、Bolmish-Buqa、Saqun 与 Idkech。Bilge-Quti 有一仆人名 Tegmish，泄其谋，事败，伏诛，惟 Saqun 杖免。当巴剌临刑之日，正值唆鲁和帖尼重病，大赦，获免，遣往西利亚、埃及充使者。Salindi 死后，其兄弟 Ögünch 袭位，即《元史》本传之玉古伦赤的斤。

[2]　周按：《元史·宪宗纪》：二年（1252），"谪失烈门、也速、字里等于没脱赤之地。禁锢和只、纳忽、也孙脱等于军营"。

告诸子。彼自箙中取一矢以授彼等,云:"折之!"其断也至为轻易。
于是,彼复予二矢。亦断之无难。彼渐增其数至于十矢。虽军中
之力士亦无能断之。彼乃言:"此亦同于尔等。只要尔等互相支
持,则无人可得胜于尔等,尔等将可久保王权矣!"设若伊斯兰之算
端能遵循此道,彼等之王朝亦可免沦于绝灭矣!

217

纪诸宗王诸异密取得蒙哥合罕之胤允返归其家;
及彼如何以最大之尊荣礼送彼等

当蒙哥合罕之圣虑既释所有要务之操虑,错乱之帝国终归于
宁息,所有诸宗王皆已一致委彼以王权后,诸宗王与诸异密始恳请
允许各返己之禹儿惕。彼于大施恩泽之后,乃令各返其居地。因
来自拔都处之别儿哥与脱花帖木儿距离遥远,违别最久,乃赐礼物
无算,最先送还。并致送拔都礼物,一如王者。至于阔端、合达罕斡
兀勒 Qadaghan Oghul 与蔑里斡兀勒 Melik Oghul 之诸子,彼各赐以
合罕之诸斡耳朵各一所及与合罕之诸妻在内之住所。次则以厚礼送
哈剌旭烈兀还,以原为其叔所据之其祖父之位畀之。哈剌旭烈兀胜
利而归。然行近阿勒台,不偿所愿而死。至于其他诸宗王、异密、那
颜等,彼各依其阶位,加恩遣还。至若克薛杰,则受封为达剌罕
tarkhan,[①]广赐财物,遂成巨富,阶位极崇。诸宗王、异密既返还之
后,彼乃转移其注意于整治王国,以彼之公正致世界于繁荣。

218

纪蒙哥合罕自此而垂意于王国之行政与组织;彼
如何垂怜于各阶级之人众;各地区长官之免黜

当蒙哥合罕之圣断直接及于促进正义与敉平叛乱,彼吉庆之心缰

---

① 周按:陶宗仪《辍耕录》卷一:"答剌罕,译言一国之长,得自由之意。"《世界
征服者史》谓 tarkhan 为"免征贡纳,战场中之掳获物皆以付之,且不须征
得允许,可直入御前如所欲者。"参考韩儒林《蒙古答剌罕考》(《穹庐集》)。

转驰于救济人们与减轻强迫劳役之路后,彼宁严肃而不轻谴,屏绝滥饮。彼首遣军于东西极远之域,及阿拉伯与非阿拉伯 non-Arabs 之地。彼以帝国之东部委任于牙剌瓦赤 Ṣāḥib Maḥmūd Yalavach,[原注]此人以前功而蒙恩赐,于彼即位前已经抵达。畏吾儿、费儿合纳 Farghāna 与花剌子模之地,〔彼则任〕之于异密麻速忽别 Ma'sūd Beg。[原注] 此人以忠诚于皇帝而历尽艰危,故得先于众人而受接见之殊典,一如其父所受者。彼等于蒙受礼赐后首被遣还;各地之随行者亦备受宠异。其后即为异密阿儿浑。彼因路途遥远,抵达时忽里台已经竣事。彼前此即以忠诚于皇帝而显异于众,故被拣选而得恩宠。凡有所请,皆得如其所望。彼受任管领波斯诸国,如呼罗珊、马扎答兰、伊拉克、法而思、起儿漫、阿哲儿拜占、谷儿只、鲁尔、阿儿兰、阿儿明尼亚、鲁木、的牙儿巴克儿、毛夕里及阿勒波等地。[原注] 随行之诸蔑力、异密、官长、必阇赤皆因其推荐而尽沾恩赐。彼于 650 年九月二十日〔1252.11.24〕首途返还。阿里蔑里'Alī Malik[原注]《世界征服者史》记其名为 Nāṣir al-Dīn 'Alī' Malik。被派充彼之那可儿,特以亦思法杭与你沙不儿两地任之。彼等受命对兀鲁思与军队进行人口调查,推行固定之税制。[原注] 一俟此任务完毕,即返回宫庭。彼

---

① 周按:《元史·宪宗纪》:元年(1251),"以牙剌瓦赤、不只儿、斡鲁不、睹答儿等充燕京等处行尚书省事,赛典赤、匿咎马丁佐之"。又《世祖纪一》:"宪宗令断事官牙鲁瓦赤与不只儿等总天下财赋于燕。"

② 周按:俄译本尚列有土耳其斯坦与河中二地。《元史·宪宗纪》:元年,"以讷怀、塔剌海、麻速忽等充别失八里等处行尚书省事,暗都剌兀尊、阿合马、也的沙佐之"。

③ 周按:《元史·宪宗纪》:元年,"以阿儿浑充阿母河等处行尚书省事,法合鲁丁、匿只马丁佐之"。

④ 周按:此一措施当时同在东西方推行。《元史·宪宗纪》:二年,"是岁,籍汉地民户"。又《元典章·户部·户口条画》:"乙未年原钦奉合罕皇帝圣旨,抄数到民户,诸王、公主、驸马各投下官员,分拨已定。壬子年抄奉先帝圣旨,从新再行抄数。"壬子,宪宗之二年也。《食货志三·岁赐》所列之"壬子原查"云云,即其年重新抄查之人户也。

219　令各人询访前此之税制,因彼关心于缓和人们之命运,而不欲多增帑入故也。彼发布诏令,减轻人民〔之赋税〕。缘贵由汗既死之后,多数之可敦与宗王滥发令旨牌符,遣使于帝国之四方,以与彼等共同经营之斡脱之名,曲庇权贵,如此等等。彼发布诏令,命令诸人于各自之境土内进行追究,拘收所有成吉思汗、窝阔台合罕及贵由汗在位时,人们自彼等及诸宗王处所受之圣旨、令旨和牌符。① 并命令后诸宗王未经与朝廷之长官共商,不得颁布有关本省行政之任何教令。至于诸王使臣,所乘不得超过驿马十四匹。② 彼等需沿驿站而行,沿途不得强取人们之牲畜。合罕在位时,商人来蒙古者例乘驿马。彼指责此办法云:"商贾往来,为取利耳! 安得取乘驿马?"彼下令彼等需使用己所有之牲畜进行旅行。彼又令使者不得擅入与公务无关之任何城镇与乡村,不得多取规定以外之供应。由于非义与压榨已成风气,尤以农民,在混乱与诛求之下已陷于绝望。其赋税之苛重如此,致秋收所获,犹不及税收之半数。彼下令:贵族,卑官,斡脱及财政与行政之官吏,必须怜悯与同情彼等之属民。各人皆须按力所能及缴纳所估定之赋税,不得延捱抵误。

220　惟依成吉思汗及合罕法令豁免赋税者,如穆斯林、诸大赛义德 saiyid、③司教 shaikhs 与优秀之教长 imams,基督教徒、也里可温 erke'ün、④传教士、和尚、学者 aḥbār、偶像教徒之著名道人 toyin。乡镇之年高者及无能谋生者。〔原注〕此等权益,不及于犹太教徒(见《世界征服者史》第二卷第 599 页),故剌失德丁于此处忽而不论。Spuler 举此以为作者系犹太人之证明。为使每一总管能每日作出〔新〕配给方法,彼制定年度计划。据此,契丹之巨富者纳十一的纳儿 dinars;依次递减,至贫人则纳一的纳儿。

---

①　周按:姚燧《牧庵集》卷二四《武略将军知宏州程公神道碑》:"宪宗即位,凡中土列圣符节告身,尽收之官。"《元史·宪宗纪》元年(1251),"凡朝廷及诸王滥发牌印、诏旨、宣命,尽收之"。

②　周按:《元史·宪宗纪》:元年,命"诸王驰驿,许乘三马,远行亦不过四"。

③　周按:即摩诃末之后裔,明译作赛夷。

④　周按:指聂思托利派基督教徒(景教徒)。

河中地区,所收亦同。于呼罗珊及伊拉克①则富人纳七的纳儿,贫人一的纳儿。官员、书记不得徇私取贿。至若牲畜之征,彼中名为忽卜赤儿qubchur。每种及百取一,不足则不取。不论何时,赋税有尾欠,不论其负者为谁,彼等均不得征足于农民。②

彼于所有诸民族及宗教中,尤敬重穆斯林,重加施赏。其证明如次:650 年开斋节 īd-i fitr〔1252.12.5〕,哈的扎阑丁 Cadi Jalāl al-Dīn Khujandī 及群穆斯林在斡耳朵之前,哈的进行讲道,及引领祷告者以哈里发之徽号,进行礼拜 khuṭba,③且为蒙哥合罕祈祷,赞礼于彼。〔蒙哥〕令以满车之金银巴里失及贵重之衣料予之,如大宴之礼品。以此,大部分人均沾恩泽。

彼下令于全国释免俘虏与罪犯,并为此而遣使于四方。

基于彼之公平正义,有人如欲记述此每日发生于其王廷之事迹,将泛溢满卷,无尽无休。故姑举其数端,以示其大部。

由于彼公平正义之名遍及天涯地角,远近之突厥与大食人咸诚心归服,求庇于彼。其尚未臣服之国王亦来纳贡请降。

因彼可赞颂之品格已略加叙述,我等将叙一包含此众多高贵属性之故事,以使人们肯定此叙述毫无夸大之嫌。各地之商人恒来贵由汗之王廷,与彼之官员广行交易,而领取从各地付款之文券。然因彼之死,此款已被搁阻,不得达彼等之手。彼之奴仆、诸子与侄等亦沿此法交易,而书文券加之于地方。群商人相继而至,大兴交易,然所受者惟文券而已。蒙哥合罕即位后,诸人地位变化,商人有不及〔取偿〕其货物所值之十分之一者;有所得不及转运之所费者;又有不得文券者;有未递送彼等之货物者;有给价不定

221

---

① 周按:俄译本无伊拉克。
② 周按:《元史·宪综纪》元年(1251),"诸王不得擅招民户;诸官属不得以朝觐为名赋敛民财;民粮远输者,许于近仓输之"。
③ 周按:khuṭba,义为在礼拜堂内之星期五讲道。

者。彼等于才穷智竭之情况下，来至宫廷，冀幸一试，以求〔取惠于〕彼之公正与慷慨。彼等进入朝堂，向蒙哥合罕具陈其故。宫廷之官吏与国家之大臣以无需由国库清偿此等交易之款项为由，而不允所请；且〔如拒绝付予〕，亦无人可加反对。然彼以同情心切，乃覆其仁爱之翼于彼等，发布旨令，其全部款项均由皇帝之财政付偿。其数超过 500,000 金银巴里失。由于彼抑止，故无人得以反对。彼以如此之慷慨而尽掩如国王哈惕木 Hātim 之荣光。史书中宁闻有国王而为另一国王偿清债负者乎？此乃彼高贵与欢愉习性之显例，准此可推及其余。

222　　　　彼令：凡涉及人们之大政，均需由忙哥撒儿与数名富有经验之异密一起议处，因此彼等应巩固正义之基础。彼任命因旧日之劳绩而得权之孛鲁合阿合为书记之长，撰写与记录法令。穆斯林必阇赤则任于窝阔台合罕与贵由汗时任是职之伊摩德木勒克·ʻImād al-Mulk，以及王廷之旧仆异密法黑剌木勒克 Fakhr al-Mulk。彼等对商人不颁发牌子 paizas，使之有别于从事省 Divan 中公务之人员。此等商人携来货物卖与国库，或为珍宝，或为毛皮，或为金币。彼又委派熟练而富有经验者颁布法令，制造牌子，〔管理〕武库，治理各地人民等事宜。且令官吏无得营放高利贷，或行过分之贪墨。彼等皆得以己之事务迅速呈报皇帝，无人得以阻挡。彼等皆随从有波斯、畏吾儿、契丹、吐蕃与唐兀惕之书记。以故，无论〔对〕何处其法令皆可以其语言布发于人们。古之国王与算端之治下，宁能有此组织与习俗耶？诚哉！设若彼等得生于今日，彼等亦将遵行此道矣！①

――――――――――

① 　周按：《元史·宪宗纪》：二年（1252），十二月，"大赦天下。以帖哥绅、阔阔尤等掌帑藏；孛阑合剌孙掌斡脱；阿忽察掌祭祀、医巫、卜筮，阿剌不花副之"。"以只斡带掌驿传所需，孛鲁合掌必阇赤写发宣诏及诸色目官职"。中外记载，可互相补充，亦可见当时政治设施之大略。

纪蒙哥合罕遣其弟忽必烈合罕与旭烈兀汗率军赴东方与西方;纪其亲率军征服尚未臣服之契丹国土

当蒙哥合罕既御大位,予胜利以与彼之朋友,予敌人以失败之后,彼留驻窝阔台合罕之禹儿惕,渡此整冬。此处位哈剌和林之域,名曰汪吉。忽里台既毕之第二年来临,大位已固,彼已不再萦心于敌友之事,于是其圣心转注于征服东西世界之远地。首因众人之吁请,进讨赫里梯克 Heretics。此议早已蓄于圣心,彼乃遣其幼弟旭烈兀汗于牛年率军入大食,伐之。① 盖彼已察见其前额,明其臣服、主权、尊荣与幸福之朕兆也。豹年,彼又遣其仲弟忽必烈合罕征服东方之国。② 扎剌亦儿部之木华黎国王 Muqali guyang 偕之③(〔此等战役之〕详情,将分别具二汗本纪)。忽必烈既发,于途中遣使还言:沿途缺乏给养,无法通行。设若有令,彼等愿前往哈剌章省 Qara-Jang。④ 此请既得胤允,忽必烈合罕乃残此名为罕答哈儿 Qandahār 之省。⑤ 然后返抵蒙哥合罕处。其后,蒙哥合罕召开忽里台于蒙古中部之豁儿豁纳黑主不儿 Qorqonoq Jubur 之

223

---

① 周按:《元史·宪宗纪》三年(1253),"夏六月,命诸王旭烈兀及兀良哈台等师师征西域哈里发八哈塔等国"。

② 周按:豹年即 1254 年,宪宗蒙哥四年。忽必烈南征大理实发师于二年七月。四年冬,忽必烈已还自大理。

③ 周按:木华黎死于 1223 年。副忽必烈南征者,其孙霸都鲁。

④ 周按:《元史·兀良哈台传》:"哈剌章,盖乌蛮也"。又有"察罕章,白蛮也"。元时习以哈剌章为大理之通称。《重喜传》、《孛儿速传》皆可为证。伯希和 Pelloat 认为章 Jang 即爨 Ts'uan 之对音。顾炎武《天下郡国利病书·云南》:"唐自曲州、靖州西南,通谓之西爨白蛮;自称鹿、升麻二州至步头,谓之东爨乌蛮。"

⑤ 周按:《史集》第一卷第二册第 66—67 页:哈剌章,"欣都人和哈剌章居民〔自己〕称之为 Кандар,大食人则称之为 Кандахар"。Кандар 当即建都之音译。

地。此处即忽图剌合罕 Qutula Qaan 既得胜利之后，与其那可儿于一树下欢舞，地践为沟之所也。① 忽里台既毕，大部之人众皆散去，每一异密与宗王皆述一格言 bilig。其中亦乞列思之成吉思汗之女婿帖列客古列坚 Derekei küregen 言：②"南家思王国距离甚近，与我为仇。何得稽延于〔征讨〕？"蒙哥合罕赞同此言，曰："我等之父兄，先我为统治者时各务其事业，降服领土，扬名于人间。我亦将亲历戎行，往征南家思。"③诸宗王众口一词，答云："有七兄弟之世上之王，何必亲历戎行哉！"彼言："我既出言而自食之，是远违协议与政事也。"兔年，当回历 653 年正月〔1255.2—3〕蒙哥合罕即位后之第六年，彼出征契丹之统治者赵官 Jaugan。〔原注〕源自汉文之赵官 chao kuan，为蒙古对赵宋皇帝之蔑称。④ 以幼弟阿里不哥留守斡耳朵，并统率留成蒙古之军队。彼且以兀鲁思之事付之〔阿里不

---

① 周按：《元史·宪宗纪》：六年（1256）春，"帝会诸王、百官于欲儿陌哥都之地，设宴六十余日。"七年，夏六月，"谒太祖行宫，祭旗鼓，复会于怯鲁连之地，还幸月儿灭怯土"。此"欲儿陌哥都"、"月儿灭怯土"即《窝阔台合罕纪》所载驻夏之地 Örmügetü，在和林东南半日程。此处所记之忽里台，即怯鲁连地区之会。然南征之议，当早在六年六月之会决定，故七年春月，宪宗蒙哥即有"诏诸王出师征宋"。Qorqonaq Jubur 位斡难河岸。Jubur，旁译为川。《秘史》第 57 节："因俺巴孩合罕被拿时，将合答安，忽图剌两个名字提说上头，众达达泰亦赤兀百姓每于豁儿豁纳川地面聚会着，将忽图剌作了皇帝，就于大树下作筵席，众达达百姓喜欢，绕这树跳跃，将地践踏成深沟了。"

② 周按：俄译本作"亦乞列思之 Даракан"。《通制条格》卷二《户例》有帖里干驸马。据《史集》卷一，第一册第 164 页，Дайркай гургэн，娶成吉思汗女 Тумалун 公主，然此 Дайркай 为弘吉剌部人。又《元史·公主表》昌国公主位有亦乞列思部孛秃子帖坚干，不审孰是。

③ 周按：《元史·宪宗纪》六年六月，"幸斡亦儿阿塔。诸王亦孙哥、驸马也速儿等请伐宋。帝以宋人违命囚使，会议伐之。七月，命诸王各还所部以居"。七年春，"诏诸王出师征宋"。九月，蒙哥本人"出师南征"。可知七年六月 Qorqonaq 之行，实祭旗鼓祃师也。

④ 周按：考见王国维《观堂集林》卷一六《赵官》。此处之兔年（蒙哥五年，1255）实误。

哥〕，并留己子玉龙答失 Ürüng-Tash 与俱。至若将领诸军，彼则任如下之诸宗王，古列坚及大异密统领。右路——[原注]即西路。诸宗王为：〔出自〕合罕之枝系：也可合丹 Yeke-Qadan，脱脱 Tataq；①察合台之枝系：忽失海 Qushiqai 与其他诸宗王：②阿必失哈 Abishqa、纳怜合丹 Narin-Qadan、与合答黑赤薛禅 Qadaqchi Sechen。③〔出自〕拖雷汗诸子之枝系者：木哥、阿速台；④出自堂兄弟牙忽都 Ja'utu 之枝系及其他诸宗王＿＿＿⑤异密为属蒙哥合罕一房 house 之拜住 Baiju，又有豁儿赤那颜 Qorchi noyan。⑥ 左路——[原注]即东路。⑦ 诸宗王为：斡赤斤那颜之子塔察儿 Taghachar；〔与〕朮赤哈撒儿子移相哥 Yesüngge。异密按吉歹那颜 Elchitei noyan 之子察忽剌 Chaqula、木华黎国王之子忽林池 Qurumshi，⑧弘吉剌部之按陈那颜 Alchi noyan、弘吉剌部之纳陈

---

① 周按：俄译本仅列 Кадак-Гутак 一人。此名该书仅此一见，显误。

② 周按：忽失海 Qushiqai（俄译本 Кушгай，音同）之名，全书仅此一见。察合台子撒儿班有子名忽失乞 Qushïqï，当即其人。

③ 周按：俄译本无此三人名。此 Narin-Qadan 之名亦不见于《察合台汗纪》。下文《忽必烈合罕纪》一则曰此人属左手（东方）诸王，疑为哈赤温之孙合丹；然又一处谓为不里子阿必失哈之弟。查《察合台汗纪》不里五子，无名合丹者。存疑待考。Narin，蒙古语义为"小"，犹言小合丹，以区别于大合丹 Yeke Qadan。

④ 周按：俄译本 Мука-Исутай 连读，显误。

⑤ 周按：俄译本无阙号。古畏吾儿文中 J 与 y 互用，故 Yaqutu 牙忽都亦可读如爪都 Ja'utu。此处之 Ja'utu，当即拖雷子拨绰之孙牙忽都，《元史》卷一一七有传。然传云："牙忽都年十三，世祖命袭其祖绰统军"。则宪宗南征时，此人尚在童稚，或为其父薛必烈杰儿之误。又别里古台有孙名爪都，然系左手诸王，按此次出征序列，当属左路。不应与此相混。俄译本此 Ja'uty 作 Дауту，则离真相恐愈远矣。

⑥ 周按：俄译本作："异密中出自 Курчи-Нойон 所部之 Балчик。"

⑦ 周按：汉文史料中称东师。

⑧ 周按：俄译本木华黎前有异密二字。忽林池为木华黎曾孙，字鲁孙，速浑察子。

225 古列坚 Nachin küregein；①亦乞列思部之帖列客古列坚 Derekei küréngen、②兀鲁兀部 Uru'ut 之怯台 Kehetei③ 与不只儿 Bujir。④ 忙兀惕 Mangqut 之忙哥合勒扎 Möngke-Qalja 以及察罕那颜 Chaghan noyan。⑤

所有上述诸部族〔组成〕蒙古大军出征，凡属右路诸军与乣军 Jauqut 所部，皆伴随蒙哥合罕，二者全数达六十万。乣军包括契丹、唐兀、女真与肃良合 Solangqa〔之人〕，此等地区蒙古人称之曰乣忽惕 Jauqut。⑥ 左路军属前述之塔察儿，由别道进，全数为三十万，其领统〔为〕前述之塔察儿。⑦ 前此会议间，别里古台那颜言："忽必烈合罕方出征回，已完成所负之任务。今方患风疾。若如所请，宜令其还家。"蒙哥然之。别里古台那颜为百十岁之老人，死于是年。⑧

龙年，即回历 654 年〔1256.1—2〕，彼等出发，⑨蒙哥合罕与速

---

① 周按：并见《元史》卷一一八《特薛禅传》。

② 周按：俄译本无此人。

③ 周按：《元史·术赤台传》，术赤台，兀鲁兀台氏，子怯台，"自太宗及世祖，历事四朝"。

④ 周按：俄译本作"出自 Урук 部之 Кетхай 与 Бучир"。不只儿，《元史》卷一二三有传，蒙古脱脱里氏。

⑤ 周按：《元史》卷一二〇《察罕传》，本唐兀乌密氏，死于乙卯，宪宗蒙哥五年（1255），实不与此役。子木花里，"事宪宗，直宿卫，从攻钓鱼山"。

⑥ 周按：有关 Jauqut 即乣军之考释详下文《忽必烈合罕纪》。

⑦ 周按：原文如此。宪宗蒙哥南伐，分军两道。据《元史》：蒙哥所率西师"军四万，号十万，分三道而进。帝由陇州入散关，诸王莫哥由洋州入米仓关，孛里叉万户由渔关入沔州"。其主攻方向为四川重庆。东师由塔察儿总领，攻湖北之荆山，以分宋之兵力。

⑧ 周按：《元史》本传："宗王别里古台者，烈祖之第五子，太祖之季弟也。"其生年后于成吉思汗。此言其年为一百十岁，明系妄传。

⑨ 周按：当作蛇年，1257 年。

不台拔都儿之子阔阔出 Kökechü 为右翼，①军十万。是夏，蒙哥合罕抵唐兀惕与南家思之边境，驻夏于六盘山 Liu pan shan。② 此即成吉思汗前往契丹时抵此而病殁之处也。然后彼前临九关 Yesün Qahalqa，③此南家思之边境也。掠其二十堡寨。此省名为 Khan Siman。④彼进围一大山寨名钓鱼山 Do Li shang，困之。⑤ 彼曾遣塔察儿那颜以骑兵十万，取道大河合罕江 Qa'an-Keng⑥ 攻大镇襄阳府 Sang Yang Fu 与樊城 Fang-Cheng。⑦ 当彼抵达之后，围〔城〕一周，然无法得手，退屯原地。蒙哥合罕大怒，切责之。遣使言："待汝还，我将予以适当之处分。"移相哥之兄弟火里黑赤 Qorïqchi 亦遣使言："忽必烈合罕掠取城寨甚多，然尔竟以徒手无胜归，此乃

226

---

① 周按：俄译本无阔阔出名。此阔阔出当即《元史·世祖纪一》中统三年（1262）九月之都元帅阔阔带，速不台之孙，兀良哈台之子。其年卒于军，以其兄阿术代之。

② 周按：《元史·宪宗纪》：八年（1258）二月，帝猎于也里海牙（《秘史》作额里合牙 Egrigaia），即今宁夏。自此而南，"次于河，适冰合，以土覆之而渡。帝自将伐蜀，由西蜀以入"。然下文复有"帝由东胜河度"之语。夏四月，驻马六盘山。此处之行军路线殊纷错难辨。

③ 周按：蒙古语 yesün 义为九；Qahalqa 义为门。《金史·宣宗纪》兴定二年（1218）九月"置秦关等处九守御使"，疑即此九关。

④ 周按：原注引罗依果说，以之对"汉水南"Han shui nan（汉水之南）或"汉西南"Han hsi nan（汉水之西南）。

⑤ 周按：此无疑为钓鱼山 Tiao-yu-shan 之音差。地在四川合州（今合川），宪宗蒙哥围城而未下，旋病死。

⑥ 周按：即长江，义为"大汗之江"。欧阳玄《圭斋文集》卷一一《高昌偰氏家传》："王（斡赤斤）薨，长子质卜早世，嫡孙塔察幼。庶兄脱忒狂恣，欲废嫡自立。撒吉思与火鲁和孙驰白皇后帖列聂氏，乃授塔察以皇太弟宝，袭爵为王。"可知塔察儿之嗣位在 1246 年贵由即位之后，脱列哥那未死之前。

⑦ 周按：襄、樊为长江中游重镇。窝阔台八年（1236），游显以城降于蒙古。十年，襄阳别将又执游显，重归南宋。

尔仅忙于饮啖也。"①

纪忽必烈合罕奉旨出发至南家思，
进围岳州及彼如何返还与渡江

227　　　于是,蒙哥合罕发旨言:"忽必烈合罕虽病,已再次参与出征。宜令彼将此次征伐付之于塔察儿,而以塔察儿代彼。"当圣旨已至时,忽必烈合罕遣使言如次:"我之风疾已好转。我兄出征在外,我何可在家安闲耶?"彼即出发至南家思。因道路险远,境有叛乱,气候不宜,为保存自己,日常二三战,直至彼进至岳州 Yauju,②围之,直至十万之众,所剩才二万。于是忽必烈合罕留兀良合台随木华黎国王之孙,赤老温国王 Chila'un Guyang 之子霸都鲁那颜 Bahadur noyan。③ 以五万之众留后,而己则撤还。彼以舟建浮桥

---

① 周按:《元史·宪宗纪》八年(1258)十一月,"诸王塔察儿略地至江而还,并会于行在所。命忽必烈统诸路蒙古、汉军伐宋"。此时塔察儿已因罪夺军。

② 周按:俄译本作 Явзу。注作鄂州。波义耳则以为此段乃忽必烈征云南之记载,错植于此。故以 Yauju 对 Yao chou(姚州)即《元史》之押赤 Ya-Ch'ih(马可波罗之 Iaci),今云南之昆明。合下文观之,此种可能性不大。我意此 Yauju 为岳州。宪宗九年(1259)忽必烈代塔察儿统东师,围鄂州。且遣大将霸都鲁以舟师趋岳州,以接应按原计划由云南北上,会师于长沙之兀良合台军。兀良合台转战桂、湘,抵潭州城下,霸都鲁遣铁迈赤将练卒千人、铁骑三千迎之于岳州(《元史·铁迈赤传》)。则此次忽必烈之南征,前锋实抵岳州。又《元史·不忽木传》:"宪宗将伐宋,命(忽必烈)以居守。燕真曰:'主上素有疑志,今乘舆远涉危难之地,殿下以皇弟独处安全,可乎?'世祖然之,因请从南征。宪宗喜,即分兵命趋鄂州。"合中西史料而观之,始可于当时形势洞烛无隐。

③ 周按:《元史·木华黎传》:霸都鲁系木华黎子孛鲁之第 三子。"己未秋,命霸都鲁率诸军由蔡伐宋,且移檄谕宋沿边诸将,遂与世祖合兵而南,五战皆捷,遂渡大江,傅于鄂。会宪宗崩于蜀,阿里不哥构乱和林,世祖北还,留霸都鲁总军务,以待命"。

于长江 Keng Müren。① 南家思之大军涌至，蒙古军图通过此浮桥，然〔此举〕已势不可能，大多堕水或死于南家思人之手；一部分人则流落此地区，迨南家思被征服，其存者始得以返还。忽必烈合罕离此而至其近中都 Jundu 之斡耳朵居焉。② 此时蒙哥合罕正从事于围攻前述之城镇。

<h2 style="text-align:center">纪蒙哥合罕之患病与死；彼之灵柩如何
运至斡耳朵；纪其如何举哀发丧</h2>

当蒙哥合罕进围前述堡塞时，夏暑方至，天气炎热，致病疫流行，霍乱漫延军中，死者无算。此世界之君主为避疫而开始饮酒，且如是坚持。一日忽感不适，且病势转剧。蛇年，当回历 655 年一月〔1257.1〕，③彼瞄然长逝于此坏运之堡塞之下，享年五十二岁。时在位之第七年也。④

由于〔蒙哥合罕〕之死，阿速台斡兀勒以军事付浑都海那颜 Qundaqai noyan，⑤而奉其父之灵柩返还斡耳朵。⑥ 彼等于四斡耳朵为彼举哀发丧。第一日于忽都台可敦之斡耳朵，次日于豁台可

228

---

① 周按：Müren，蒙古语义为河。

② 周按：即今北京。成吉思汗于 1214 年下金中都，初置燕京路，忽必烈至元元年（1264），始改名中都；九年，始定名大都。

③ 周按：实为 1259 年 8 月。

④ 周按：《元史·宪宗纪》：九年（1259）六月，"帝不豫"。七月癸亥，"帝崩于钓鱼山，寿五十有二，在位九年"。

⑤ 周按：名见《元史·世祖纪一》中统元年（1260）九月。此人为留屯六盘山，守辎重之大将。

⑥ 周按：冯译《马可波罗行纪》第一册第六八章："尚有一不可思议之事，须为君等述者。运载遗体归葬之时，运载遗体之人在道见人辄杀。杀时语之云：'往事汝主于彼世。'盖彼等确信凡被杀者皆往事其主于彼世。对于马匹亦然，盖君主死时，彼等杀其所乘良马，俾其在彼世乘骑。蒙哥汗死时，在道杀所见之人二万有余，其事非虚也。"

敦 Qotai Khatun。① 第三日于伴随彼南征之出卑可敦 Chabui Khatun 之斡耳朵。② 第四日于乞萨可敦 Kisa Khatun 之斡耳朵。彼等每日以灵柩置于〔不同〕斡耳朵之王位上,哀悼极虔诚。然后葬之于彼等称为大禁地 Yeke Qoruq 之不儿罕哈勒敦 Bulqan Qaldun。〔原注〕Bulqan Qaldun,义为佛山;或按 Rintchen 之说,作神柳、圣柳。Johannes Schubert 教授认为即蒙古东北部大肯特山脉之 Kentei Qan。③ 位成吉思汗与拖雷汗之旁。全能之真主使伊斯兰君主永成为〔无数〕生灵之继位人,并赐彼君王之欢乐与权力。一切皆借真主之恩宠与宽仁!

更纪忽必烈合罕此次出征期内之情况
及如何得悉蒙哥合罕之丧

其时,忽必烈合罕已离此而抵南家思境,彼等称为淮河 Khui Kho 之大江。当彼闻蒙哥合罕之恶噩,④乃与木华黎国王之孙霸都鲁那颜议曰:"我等宜不介意于此种流言。"彼遣巴鲁剌思部之不鲁海合勒察 Bulqai Qalcha 之子额儿克那颜 Erke noyan 为前锋。⑤ 而已随之。彼等捕杀南家思之斥候,以此阻止彼等传递消

---

① 周按:即鲁不鲁乞所记之 Cota,为蒙哥之第二妻。

② 周按:原注谓此即忽必烈之主要妻子察必可敦。实误。此名俄译本亦作 Забун,注作 ЈABWN;布洛歇本作 ČABWN。汉译为"出卑"。《元史·后妃表》:"出卑三皇后,岁己未,从宪宗南征。七月,宪宗崩,九月八日,后亦薨于六盘山。"

③ 周按:此名见《秘史》。Qoruq,突厥语有禁忌之义。《元文类》卷二五《驸马昌王世德碑》:"葬于乞只儿,仍禁其地三年,如国家之制。"加儿宾对此有亲历之描述。

④ 周按:《元史·世祖纪一》:忽必烈于宪宗九年(1259)八月丙戌渡淮河,入大胜关。"九月壬寅朔,亲王穆哥自合州钓鱼山遣使以宪宗凶问来告,且请北归以系天下之望。帝曰:'吾奉命南来,岂可无功遽还?'"东师按原定计划有在长沙与自云南北上之兀良台会合接应,故忽必烈坚持继续前进。

⑤ 周按:《元史·世祖纪一》:充先锋者为茶忽。

息。然后，彼乘舟通过宽二程 parasang① 之江，而抵鄂州城 Oju，围而下之。② 攻打蒙哥合罕之一军已返还，增援此城。其长官为 Gia Dau 与 Ulus taifu。［原注］Gia Dau，布洛歇之稿本 B 作 KYA DAW。③ 当其至时，忽必烈合罕已取此城。④ 随即有使者自察必可敦 Chabui Khatun 及彼斡耳朵之异密泰亦赤乌台那颜 Taichi'utai noyan 与也苦那颜 Yekü noyan 处前来。使者之名为脱欢 Toqan 与爱不干 Ebügen，带来蒙哥合罕之死讯。⑤ 当忽必烈既证实此消息为确后，彼离军为其兄长致哀。其时彼孤身困于南家思，旭烈兀远在西方大食之境，二人皆与都城远隔。以此故，当阿里不哥闻其兄之死讯时，彼觊觎汗位，诸异密与侍从亦皆怂恿之，终至于称叛于忽必烈合罕。⑥ 有关阿里不哥及蒙哥合罕诸子阿速台、玉龙答

230

① 周按：古波斯之长度名，约等于三浬余。

② 周按：实未下。

③ 周按：波义耳与俄译本均注其人为贾似道。很可能它们是"贾"与"道"二字的译音，而脱"似"字。Taifu 为太傅之译音。ulus Taifu，犹言"国之太傅"，当指吕文德。《元史·世祖纪一》：蒙哥九年（1259）九月，"大将拔都儿等以舟师趋岳州，遇宋将吕文德自重庆来，拔都儿等迎战。文德乘夜入鄂城，守益坚。"据《宋史·理宗纪五》，时，吕文德阶检校少师。度宗咸淳五年（1269）十二月死，赠太傅，赐谥忠武。

④ 周按：当作"已围"。

⑤ 周按：蒙哥九年十一月，《元史·世祖纪一》："时先朝诸臣阿兰答儿、浑都海、脱火思、脱里赤等谋立阿里不哥。阿里不哥者，睿宗第七子，帝之弟也。于是阿兰答儿发兵于漠北诸路，脱里赤括兵于漠南诸州，而阿兰答儿乘传调兵，去开平仅百余里。皇后闻之，使人谓之曰：'发兵大事，太祖皇帝曾孙真金在此，何故不令知之？'阿兰答儿不能答。继又闻脱里赤亦至燕，后即遣脱欢、爱莫干驰至军前密报，请速还。"

⑥ 周按：郝经《班师议》中分析忽必烈当时之形势，有云："宋人方惧大敌，自救之师虽则毕集，未暇谋我。第吾国内空虚，塔察国王与李行省肋髀相依，在于背胁；西域诸胡窥觇关陇，隔绝旭烈大王。病民诸奸各持两端，观望所立。莫不觊觎神器，染指垂涎。一有狡焉，或启戎心，先人举事，腹背受敌，大事去矣！且阿里不哥已行赦令，令脱里赤为断事官。行（转下页）

失之一般与特殊事迹,设真主胤允,当包括于《忽必烈合罕纪》中。

蒙哥合罕之历史及其在位时之事件详述既毕,如全能之真主胤允,我等将简明叙述始于猪年初,当回历 648 年/1250,迄于蛇年末,即当回历 655 年正月〔1257.1—2〕间,与彼同时之契丹、摩秦国王、及波斯、西利亚、埃及及同时西方之诸异密、哈里发、算端、蔑力及阿塔别之历史。

> 纪自猪年初,当回历 648 年/1250—1251,至蛇年,当回历 655 年/1257—1258 间,与蒙哥合罕同时之契丹与摩秦之国王,与波斯、西利亚、埃及诸国及西方之境之诸异密、哈里发、算端、蔑力、阿塔别之历史

纪契丹与摩秦国王

纪诸异密、哈里发、阿塔别、算端与蔑力

纪诸异密

统治波斯大部分国家之异密阿儿浑阿合于 649 年五月/1251.7—8 出发至蒙哥汗廷参加忽里台。彼抵达时,忽里台已经完毕,诸宗王、诸异密正被遣还。蒙哥合罕亦正忙于国务。彼既抵达之翌日,入觐皇帝,为奏波斯之混乱情况。时为 650 年正月一日〔1252.3.16〕。[1] 彼特被恩宠。此地区之人丁 qalan,前此富人岁纳七的纳儿,贫人则纳一的纳儿。蒙哥合罕令于此之外更无所取。并赐彼以圣旨,令彼遵成前行之同样方针。彼启程返还,且为巴哈丁尤外

(接上页)尚书省,据燕都,按图籍,号令诸道,行皇帝事矣! 虽大王素有人望,且握重兵,独不见金世宗、海陵之事乎! 若彼果决,称受遗诏,便正位号,下诏中原,行赦江上,欲归得乎?"

[1] 周按:当作 1251 年。

尼 Bahā al-Dīn Juvanī① 及代表别姬 Beki② 之必阇赤昔剌扎丁
Siraj al-Dīn 请得计相 Ṣāḥib-dāvān 之职。并为彼等受玺书、牌符。
彼等于 651 年/1253—1254 启行,当异密阿儿浑既抵呼罗珊时,彼
令宣布法令与扎撒,人们欢忭。彼下令:人皆不得违犯〔此扎撒〕及
肆虐于农民。波斯之政事既得整治,然后彼遵依诏令,与纳只木丁
Najm al-Dīn Gīlābādī 假道打儿班前往拔都王庭。在波斯完成人
口调查与妥定税制之后,彼留任此境,直至旭烈兀汗之到来。

纪哈里发

八哈塔之哈里发为木思塔辛,乃虔诚与禁欲之人,绝不沾酒并
染指于非法之行为。此数年中,曲儿忒 Kurds 首领忽萨木丁合力
勒 Ḥusām al-Dīn Khalīl Badr ibn Khurshīd al-Balūchī 背叛于哈里
发而得庇于蒙古。[原注]事实上,彼为小鲁尔 Lesser Lur 之阿塔别之旁
枝,方推翻与杀死其统治者也速丁ʿIzz al-Dīn Garshāsf。彼与苏黎曼沙
Sulaimān shāh 为仇的原因是因为其姊妹,即也速丁之寡妻及其三子提供避难
所。彼先时服布教人 Ṣūfīs 之服装,自认为赛义德阿合马 Saiyidi
Ahmad 之门人。[原注]显为曾在伊拉克留住过一段时期之伊斯兰托钵圣
僧 Aḥmad al-Badavi 者。当此时,彼方与一部分蒙古人同设阴谋,行至
纳扎夫 Najaf 之邻地曲兰赞 Khulanjān,袭击某些苏黎曼沙
Sulaimān-Shāh 之部族,大加杀掠。然后离此至于属苏黎曼沙之瓦
哈儿堡 Vahār,围之。[原注]今之 Bahār,位 Hamadān 西北八公里。苏
黎曼沙闻讯,得哈里发之允许,前来此城驱逐之。当彼行至兀勒完
Ḥulwān[原注]其地近今之 Sar-Pul-i Zuhāb。其身边已纠合成大军。合
力勒亦集众多穆斯林与蒙古人。两军相遇于沙黑儿 Sahr 之
地。③ 苏黎曼沙设伏;战既酣,转而退走。忽萨木丁合力勒追之,入

---

① 周按:俄译本作 Ала ад-Дин 之父巴哈丁。
② 周按:即唆鲁和帖尼别姬。
③ 周按:俄译本阙。

伏。彼返军,伏发。〔合力勒与其军〕陷重围中,被杀甚众。合力勒被执杀死。其兄曾藏匿一山上,请求停止攻击而下山来。苏黎曼沙掠其国之二堡,即坚固之昔干 Shīgan 与沙不儿忽思特 Shāpur-Khwāst 城。[原注]即后来之 Khurramābād。中心之的兹巴思 Dizbaz。①

此数年间,约一万五千蒙古骑兵自哈马丹 Hamadān 进击八哈塔之近郊。其中一枝进击哈纳斤 Khānaqin,袭苏黎曼沙军之一部,抵于＿＿。[原注]两布洛歇本皆阙。② 另一部重抵沙黑剌祖儿 Shahrazūr[原注]今 Sulaimaniya 之 Liwa 之 Halabja 平原。哈里发令沙剌甫丁 Sharaf al-Dīn Iqbal Sharābi,③付掌玺官木扎希丁爱别 Mujāhid al-Dīn Ai-Beg 与大掌玺官 Davāt-Dar 阿老丁阿勒敦巴而思'Alā al-Dīn Altun Bars[原注]大掌玺官'Ala al-Dīn Abū Shujā 'Altun-Bars ibn,'Abdullāh al Ẓāhiri 于哈里发扎喜儿 Jāhir(1225 年)时充掌玺官,死于 650 年/1252—1253。④ 率领由奴隶和阿拉伯人组成之大军出〔城〕,并于八哈塔城上设投石机。当得悉蒙古军已达＿＿堡,[原注]诸稿本皆阙。苏黎曼沙与此群那可儿准备迎战。蒙古人进至扎发里牙 Ja'farīya[原注]巴格达之西郊。夜中举火,然后退还。忽又得蒙古人残都扎亦勒 Dujail 之讯,沙剌比 Sharābī 率军逐之。蒙古军引退。[原注]其事发生在 1238 年。

纪诸算端

鲁木之算端为也速丁'Izz al-Dīn Kai Kā'us。其兄弟阿老丁'Alā al-Dīn 谋叛,前去安库里牙 Ankūriya。[原注]即今之 Ankara。彼自其地被拘絷而归,因于忽失牙儿堡 Hushyār 达七年。[原注]当为 Malatya 之某地。⑤

---

① 周按:俄译本阙 Shāpur-Khwāst 与 Dizbaz 二名。

② 周按:俄译本无阙号。

③ 周按:俄译本 Шираби 前有 Икбал 字样。

④ 周按:俄译本 Bars 作 Таш。

⑤ 周按:俄译本阙。

　　毛夕里之算端为别儿丁鲁鲁 Badr al-Dīn lu'lu'。此数年之中，彼装备一军，求助于亦儿必勒 Irbīl 之统治者塔兹丁摩诃末 Tāj al-Dīn Maḥammad ibn Sallāba，[原注] Zaʻim 实际为哈里发之代表，Begtiginids 朝之最后统治者 Muẓaffar al-Dīn Kök-Böri（死于 1232 年）曾以主权遗赠于他。遣千人助之。马儿丁 Mārdin 之算端[原注] Najm al-Dīn Ghāzī Ⅰ（1239—1260 年）。亦集一军，且求助于阿勒波。双方遭遇，马儿丁之右翼败，毛夕里军追之，掳获甚多。同时，阿勒波军之统领者海马里 Qaimarī[原注] 关于 Malik al-Ashraf 之女婿 Ḥusām al-Dīn al-Qaimarī，见前文《窝阔台合罕纪》第 46 页。① 之子进击毛夕里之中军而败之。别儿丁算端亡走，仅与十人抵毛夕里。彼之财货被掠，其将卒亡走，从彼等归还。

　　埃及之算端为蔑力沙力黑 Malik Ṣāliḥ Najm al-Dīn Aiyūb ibn al Kāmil。彼死后，诸异密与埃及之人众遣使告于其子、希申凯法 Ḥiṣn Kaifā[原注] 在 Jazīra 或上美索不达米亚，今土耳其南部之 Hasan Keyfin。之长官蔑力木阿扎木 Malik Muʻaẓẓam Tūrān-Shāh。当彼行至大马司 Damascus 时，得讯，由此而向埃及进发。648 年/1250 彼即位为埃及算端。彼与占有答密塔 Damietta 与埃及各地之法兰克 Frank 战而败之。法兰克人被杀凡三万人。其统领之一阿佛利的思 Afrīdīs[原注] 为通常之 Raid Ifrans "roi de France"（法兰西之王）之误。此处指路易九世 Louis Ⅸ。与其他多人被俘。答密塔得以解放。于是巴黑里突厥人 Baḥrī Turks[原注] 即 Baḥrī Mam luks。baḥri 义为"江的"，因其营舍在尼罗河之 Rauḍa 岛上。谋弑算端。异密之长爱亦伯 Ai-Beg the Turcoman[原注] 即 al-Muʻizz ʻIzz al-Dīn Ai-Beg，马木鲁克朝 Mamluk 之 Baḥri 系之第二人（1250—1257 年）。于用餐之时往见算端。当彼与算端交谈时，后者出语粗鲁。爱亦伯立起，拔剑刺算端。算端以臂格之，然受伤甚重，乃亡入一木房。突厥人语爱亦

234

----

① 　周按：俄译本阙。

伯云："尔当善其始终。"彼等取来挥发油之投掷器，以油喷射房上。〔房屋〕着火，算端爬上房顶。爱亦伯射箭，中之。彼投身江中，泅而登岸。彼等追及，踢之至死，掷入江中。法兰克俘虏闻此，破其镣铐，开始杀戮穆斯林。突厥蛮那可儿至而围攻彼等，拔剑直取。一时被杀之法兰克人达一万三千人之多。与突厥人留在门苏剌 Mansūra 与自法兰克人之手完全解放答密塔，且据而有之之同时，阿拉伯人乃撤回至彼等之家，曲儿忒人亦返抵开罗 Cairo。彼等于阿佛利的思索值 200,000 的纳尔，而留其只弟、儿子及族人为质。彼携一穆斯林同行，而以款付之。652 年/1254—1255，突厥蛮人爱亦伯自立为埃及之统治者。蔑力哈密勒 Malik Kāmil 之子息无有子遗者。〔爱别〕突然处死尚服官 The Jāma-Dār 阿黑塔亦 Aq-Tai。彼于是命在星期五礼拜 Khutba 时诵己之名，并铸其王位名于钱币上，即算端之位。

　　起儿漫之统治者为鲁克纳丁 Rukn al-Dīn，650 年/1252—1253，忽惕不丁 Qutb al-Dīn 来自汗庭，鲁克纳丁立即亡走，求庇于哈里发之位下。然以畏惧蒙古之故，所求未得允许。彼自此而委身于汗之皇庭；忽惕不丁亦随之而往。彼被交付审判。其罪既勘定之后，鲁克纳丁被交付予忽惕不丁执刑。后者被授为起儿漫算端，即其王位。[①]

纪诸蔑力及阿塔别

　　在马扎答兰＿＿＿

　　在的牙儿巴克儿＿＿＿

　　在马黑里卜＿＿＿

　　法而思之阿塔别为不别 Muzaffar al-Dīn AbūBakr＿＿＿＿

　　在昔思坦＿＿＿[原注] 诸稿本皆阙。

---

① 周按：忽惕不丁君临起儿漫至 1258 年。其父为塔尼古，为博剌克之弟，仕哈剌契丹为答剌速之长官。

此时期中发生之奇特与一般事迹[原注] 诸稿本皆阙。

蒙哥合罕纪第三部分①

236

其可称颂之品格与道德；其所发布之嘉言圣训；其在位时所发
生之事件，散见于诸人诸书之报导，而为前二部分所不及者

前纪已详叙其高贵之品质与行为，然为使人们坚信此叙述无
沾于夸张之嫌，当以一萃公正与宽仁为一之故事以证明之，使之更
坚实可信。故事如下：商人自世界各地来至贵由汗之前，从事大宗
贸易。然贵由汗享年不永，此款大部分未及付予商人。彼既死之
后，彼之诸妻、诸子及诸侄等仍大行交易，甚至超过其生时，且以同
样之方式书写帝国之文券。当此等人位势既变之后，彼等之事业
尽失，前此运货来之商人中，或所得不及交易之十一，或所入不侔
其运费之所耗，或已交货而价未定，或有尚未得到文券者。迨蒙哥
合罕即位之后，此等交易者半出于希图〔沾益〕于彼之正义，半出于
绝望于请求〔得取任何〕交易之钱款，乃求一试。彼等请见于彼，以
其情形陈之于圣览。宫廷之执事与国之大臣〔咸认为〕此款不须由国
库偿清；且〔如拒不付清〕，任谁亦无由非议。然合罕普覆彼等以宽仁
之翼，令全数由国库偿给。其数超过 500,000 银巴里失。设若彼拒
不付予，任谁亦无由反对。此其高贵惯行之一例，准此可律其余。②

237

---

① 周按：俄译本但有标题，下文皆阙。
② 周按：《元史·宪宗纪》赞："帝刚明雄毅，沉断而寡言，不乐燕饮，不好侈
靡，虽后妃不许之过制。初，太宗朝，群臣擅权，政出多门。至是，凡有诏
旨，帝必亲起草，更易数四，然后行之。御群臣甚严，尝谕旨曰：'尔辈若得
朕奖谕之言，即志气骄逸；志气骄逸，而灾祸有不随至者乎？尔辈其戒
之。'性喜畋猎，自谓遵祖宗之法，不蹈袭他国所为。然酷信巫觋卜筮之
术，凡行事必谨叩之，殆无虚日，终不自厌也。"

第七章　忽必烈合罕纪

成吉思汗子拖雷汗子忽必烈合罕
Qubilai Qa'an 纪之始

忽必烈合罕纪

当阿里不哥蓄意自立为合罕时,彼叛其兄忽必烈合罕,援助蒙哥合罕之子阿速台与玉龙答失及其诸子亲属,然其谋终无成效。彼等乃归命于忽必烈合罕。此等事实,具述于此纪中,共计三部分。

第一部分:纪彼之世系;详叙其诸妻与子及其分衍及于今日之枝派;其圣容;其世系表。

第二部分:纪其登大位以前事实;彼与诸妻、诸宗王、诸异密于彼御位时之图画,其在位时期之事迹,纪阿里不哥及党附之诸宗王;纪合罕所历之战争与其所获之胜利;纪其诸异密。

第三部分:彼之可称颂之品德;彼所发布之优秀格言与嘉言懿行;其在位时所发生之事件,得之于个人与书籍之个别报导,而为前二部分所不及者。

忽必烈合罕纪第一部分

纪其世系;详叙其诸妻、诸子及其分衍及于今日之枝派;其圣

容;其世系表

纪其显耀之世系

忽必烈合罕 Qubilai Qa'an① 乃拖雷汗第四子,唆鲁和帖尼别姬所出。其乳母乃木哥 Möge 之母,系出乃蛮 Naiman 部之一姜也。彼之生长木哥两月。成吉思汗见之,曰:"吾子孙肤色皆红,独此子褐黑,类其舅氏。② 使语唆鲁和帖尼别姬,宜付好乳母使育之。"故以付木哥之母名莎鲁黑 Saruq 者。再逾月,木哥生,其母以付唐兀惕乳母以育之。〔彼〕躬育忽必烈合罕及于成长,视若己出,抚爱无所不至。合罕恩遇之极隆,死后仍追念不已。广为施布,以邀冥福云。

纪彼之诸妻及诸子

忽必烈合罕妻妾甚众,其最长者曰察必可敦 Chabui Khatun,弘吉剌氏统治者家族之按陈那颜 Alchi noyan 之女。③ 彼极美且媚,甚受宠爱。于猴年,当回历 682 年/1283—1284,早于忽必烈合罕死。④ 忽必烈合罕有主要之子十二人。如成吉思汗由其主要之

242

---

① 周按:蒙古语 qubi 义为分子,乌拉基米索夫以为 qubilai 当义为"任分配的人"(伯希和《马可波罗注》卷一第 566 页)。

② 周按:指克烈部,属突厥。

③ 周按:《元史·后妃传一》:"世祖昭睿顺圣皇后,名察必,弘吉剌氏,济宁忠武王按陈之女也。"

④ 邵按:《元史·后妃传一》:言后死于至元十四年(1277)二月,误;应从本纪作十八年二月。此云猴年(甲申)至元二十一年,亦误。周按:《后妃表》列世祖妻妾名十人:帖古伦大皇后(大斡耳朵),察必皇后,南必皇后(第二斡耳朵),塔剌海皇后,奴罕皇后(第三斡耳朵),伯要兀真皇后,阔阔伦皇后(第四斡耳朵),八八罕妃子,速哥达里皇后,撒不忽妃子。帖古伦其人,据《特薛禅传》乃按陈孙脱邻之女。《世祖纪一》中统元年(1260)十二月记赐赏,(转下页)

妻孛儿台兀真所生之四子享有高位一样，此十二子之中，由察必可敦所生之四子地位亦最高。十二子之名如下：①

忽必烈合罕长子朵儿只 Dorji

彼为察必可敦所生，未婚，无子。② 彼长于阿八哈汗 Abaqa Khan。彼常罹疾病，竟以慢性病卒。③

忽必烈合罕第二子真金 Jim-Gim

彼原名金真 Gim-Jim，为正妻弘吉剌部之太后 Tai-khu 所生。④ 太后者，义为"合罕之母"也。此真金死于青年，⑤遗有贤子三人，如次：

长子——甘麻剌 Kamala⑥ 彼有子三人：也孙铁木儿 Yesün Temür，松山 Jungshan，迭里哥儿不花 Delger Buqa。⑦

（接上页）有"先朝皇后帖古伦"，"皇后斡者思"。屠寄以既称先朝，则系蒙哥之妻。此说明与《特薛禅传》不合。伯希和则认为此"先朝"二字乃得自蒙古语之粗俗文字，只是意味帖古伦早在忽必烈即位前已死去。我倾向伯希和说，怀疑"先朝"的"朝"字衍。实为"先皇后帖古伦"，此后先此已死，故汉文史料虽记其大斡耳朵，然行事则不彰。

① 周按：《元史·宗室世系表》仅列十子。

② 周按：俄译本作：有子曰 Ананда。

③ 周按：《元史·食货志三·岁赐》有"世祖长子朵儿只太子位：腹里、江南无分拨户。"此其无后之明证。

④ 周按：俄译本此下有："或云，此即察必可敦其人。Тайху 为一称号，此妻为弘吉剌氏。"《元史·裕宗传》："母昭睿顺圣皇后，弘吉烈氏。"邵按：即察必，称太后者，成宗时追称之语也。

⑤ 周按：考《元史·世祖纪十》真金死于至元二十二年（1285）十二月丁未。本传谓其"寿四十有三"。则亦不得云死于青年。

⑥ 周按：俄译本作 Камбала。

⑦ 周按：《元史·宗室世系表》：显宗皇帝三子：长梁王松山，次二泰定皇帝（即也孙帖木儿），次三湘宁王迭里哥儿不花。甘麻剌，《元史》有传（卷一一五《显宗传》），大德六年（1302）死，年四十。

次子——答剌麻八剌 Tarmabala① 彼亦有三子：海山 Khaishang，阿木哥 Amogo 及爱育黎拔力八达 Ajur-Pariya-Batra。②

第三子——铁穆耳合罕 Temür Qa'an 即今日临御之合罕，尊号完泽笃合罕 Öljeitü Qa'an，③彼有二子：德寿太子 Tishi Taishi 及麻合巴伦 Maqabalin。④

忽必烈合罕第三子忙哥剌 Mangqala

243

彼亦察必可敦所生。彼之主要妻子名忽推 Qutui。此名欣都语义为"神生"。[原注] 布洛歇推想此 Qutui 为 putrī 或 Kumārī 之讹。此二词皆公主之意。⑤

此妇为弘吉剌部按陈那颜之孙女。彼有三子如次：

长子——阿儿思阑不花 Arslan-Buqa

次子——按檀不花 Altun Buqa

三子——阿难答 Ananda⑥

其得名之由：盖因彼出生时，附近适有部落叛乱，其部长名阿难答，遂取以名之。彼为一穆斯林。合罕以唐兀惕界之为封地。彼有一子曰月鲁帖木儿 Örüg-Temür；一女，佚其名。⑦

———————

① 周按：《元史·顺宗传》："答剌麻八剌，裕宗第二子也。"至元二十九年（1292）死，年二十九。

② 周按：俄译本无爱育黎拔力八达而作 Барма。《元史·宗室世系表》：顺宗皇帝三子：长魏王阿木哥，次二武宗皇帝（即海山），次三仁宗皇帝（即爱育黎拔力八达）。

③ 周按：《元史·成宗纪四》：帝讳铁穆耳，"谥号钦明广孝皇帝，庙号成宗，国语曰完泽笃皇帝"。

④ 周按：俄译本德寿太子后有"又一子名 Тагайлан。"邵按：此 Maqabalin 似钞胥沿下文忙哥剌而讹出。据《元史》，成宗仅有一子，早卒。

⑤ 周按：俄译本作公主。

⑥ 邵按：阿儿思阑不花之名，不见于《元史》，《宗室世系表》忙哥剌二子，阿难答实长于按檀不花。以《世祖纪十一》至元二十四年（1287）十一月丁酉纪事证之，无可疑也。

⑦ 邵按：当即《元史·巴而术阿儿忒的斤传》之兀剌真公主。

忽必烈合罕第四子那木罕 Nomoghan

彼亦为察必可敦所出。有关彼之事迹甚多,将分别于适当之处叙之。① 有主要之女二人,皆佚其名。

忽必烈合罕第五子豁里台 Qoridai

彼为蔑儿乞部火鲁黑臣可敦 Qoruqchin Khatun 所生,②忽必烈合罕娶彼于所有其他诸妻之先,其年亦较诸妻为长。其后失其阶位。彼为蔑儿乞部统治者脱脱别乞 Toqta Beki 之兄弟忽都忽 Qutuqu 之女。③ 脱脱于成吉思汗临御期叛乱,连兵不休,卒以力拙臣服。

244

忽必烈合罕第六子忽哥赤 Hügechi

彼为朵儿边部 Dörben④之朵儿伯真可敦 Dörbejin Khatun 所生,忽必烈合罕以合剌章之地界为封地。一日,彼于村中强取水禽,其数逾〔彼之所需〕。合罕闻之,命责杖七十,皮肉俱裂。有一子,名也先帖木儿 Esen-Temür。忽哥赤死,合罕使袭其父封,领合剌章。合剌章,欣都语作犍陀罗 Kandar,犹言"大国"也。⑤

---

① 周按:蒙古语 Nomγan、Nomoqan 义为和平,《元史》中有那木罕,南木合、那没干、那木干诸译。

② 邵按:此子与此可敦之名均不见于《元史》。

③ 周按:《史集》第一卷第一册第 115 页:蔑儿乞部长脱脱之兄弟 Куду,有女名 Туру Кайчин"尽管忽必烈合罕娶她早于所有其他诸妻子,然因彼无子,故其地位低于所有诸妻"。

④ 周按:dörben,蒙古语义为四。《秘史》第 11 节朵奔蔑儿干兄都蛙锁豁儿有子四人,其后为朵儿边姓氏。《史集》则云塔马察五子,长子豁里察儿嗣位,其余四子渡水而去,自成朵儿边姓氏。Hügechi 即蒙古语 ükärci,义为牧牛者。ükär 牛在加尾缀čin 者时,尾音-r 脱落。《秘史》第 232、234 节并见 Hügäči。参考伯希和《马可波罗注》卷一第 394 页。

⑤ 周按:俄译本此下尚有:"有子三人:Тус-Бука、Тоглук 及 Пулад。"犍陀罗之名,从冯承钧译,见多桑《蒙古史》第一册第 271 页注 1。历史上之犍陀罗通指月氏,与此无涉。

忽必烈合罕第七子奥鲁赤 Oqruqchi

彼为朵儿别真可敦所生。合罕以吐蕃行省之地封之。有二子：

长子——铁木儿不花 Temür-Buqa。彼有子曰搠思班 Shas-gaba。① 奥鲁赤死后，吐蕃省之地即以畀铁木儿不花。

次子——益智礼不花 Ejil-Buqa。②

忽必烈合罕第八子爱牙赤 Ayachi

其母为旭失真 Hüshijin，旭申 Hüshin 部孛罗忽勒那颜 Boroqul noyan 之女也。③ 此子娶一妻，相处移时，然无生育。④

忽必烈合罕第九子阔阔出 Kököchü

此子与爱牙赤同母，旭申部旭失真所生。现时____［原注］稿本阙。彼前偕那木罕往帖烈速 Deresü 之地，与海都作战，彼与那木罕俱被执。后不久〔送〕还合罕处。⑤

忽必烈合罕第十子忽都鲁帖木儿 Qutluq-Temür

母失名，生于阿里不哥称兵叛合罕之岁，死年二十，已婚，无嗣。⑥

忽必烈合罕第十一子脱欢 Toghan

彼为巴牙兀惕部 Baya'ut 孛剌黑臣 Boraqchin 之女巴牙兀真

245

---

① 周按：俄译本下有："彼有二子：其一名 Cacкиэ，另为____"。注作 ĴWŠBAY；德黑兰本作ĴWŠBAL。《元史·宗室世系表》：镇西武靖王铁木儿不花，二子：长云南王老的罕；次武靖王搠思班。搠思班二子：乞八大王，亦只（失）班大王。又据《明实录》卷八三《洪武实录》搠思班又有子作梁王脱班。邵按：《元史·武宗纪》：至大二年三月，梁王（松山）在云南有风疾，以诸王老的代梁王镇云南，可知搠思班以次子袭父封，故其兄老的罕之名转不见于此也。

② 邵按：《元史》无此人。据《宗室世系表》：奥鲁赤次子西平王八的麻的加。

③ 周按：俄译本作 Уруку л-Нойон。邵按：即《元史》卷 一一九之博尔忽，许兀慎氏。

④ 邵按：据《元史·宗室世系表》：爱牙赤二子：长阿木哥，次字颜帖木儿。

⑤ 邵按：《元史·宗室世系表》：宁王阔阔出二子：薛彻秃、阿都赤。

⑥ 邵按：《元史·宗室世系表》有子曰阿八也不干。

可敦 Baya'ujin Khatun 所生。① 彼名老章 Laujang。②在称为摩秦 Māchīn 之蛮子 Manzi 省有一大城曰扬州 Jingju，有民近十万户，合罕界之为其封地。③

忽必烈合罕第十二子____[原注]诸稿本阙。④

彼为纳陈古列坚 Nachin küregen 之女南必可敦 Nambui Khatun 所生。⑤ 合罕于察必可敦死后一年娶〔彼〕，且以所属之禹儿惕与斡耳朵界之，缘彼为察必可敦之侄女也。

上述诸子世系列表如此所示：

246

忽必烈合罕纪第二部分

纪其登大位以前事件；其御位时之王位、诸妻、诸宗王、诸异密之图画；其在位时之大事；纪阿里不哥及党附于彼之诸宗王之历史；忽必烈合罕所历之战役及彼所取得之胜利；其遣往四境之统军诸将帅；纪在朝诸宗王及彼之诸异密之姓名

---

① 周按：《元史·后妃表》世祖第四斡耳朵伯要兀真皇后。Baya'ut，《元史》有伯岳兀、伯岳吾、伯要兀诸译。《史集》谓其分数枝，其著者有二：一为者台 Джадай（原义为"河谷"）；一为克赫伦 Кэхэрин。

② 周按：此误，俄译本作"有一子曰老章 Лаучанк"。是。邵按：《元史·宗室世系表》：脱欢子三人：镇南王老章、文济王蛮子、宣德王不答失里。卷一一七《帖木儿不花传》："帖木儿不花……镇南王脱欢第四子也。脱欢死，子老章袭封镇南王。老章薨，弟脱不花袭封镇南王。"脱不花应从表作老章子。

③ 邵按：脱欢徙封扬州，见《元史·世祖纪十》至元二十一年（1284）。《帖木儿不花传》谓脱欢为世祖第九子者，盖黟里台之名不传，而忽鲁帖木儿则史表以为脱欢弟也。

④ 邵按：即《元史·后妃传一》南必皇后之子铁蔑赤。

⑤ 周按：《元史·后妃传一》："南必皇后，弘吉剌氏纳陈孙仙童之女也。至元二十年，纳为皇后，继守正宫。"

纪其登大位以前之事件

当圣明君主蒙哥合罕登汗位时,其居地在斡难——怯绿连地之哈剌和林附近。彼既处理国政,乃遣其弟忽必烈合罕往东方诸国及契丹国,又遣幼弟旭烈兀汗往西方及大食地,一如彼之本传所纪。彼命自蒙古及扎忽惕 Jauqut 诸军①中签发八十万,随忽必列合罕前赴契丹,即留镇守,以征服毗邻契丹之南家思。忽必罕合罕遂行,但避开通向南家思之诸道路,因该地君主绝除沿道路两旁地区之食粮,以致沿此道前进已完全不可能。彼遣使赴蒙哥合罕,以实情奏明,请准其先征合剌章与察罕章 Chaghan Jang,使得军粮,然后再进伐南家思。此两省契丹称之曰大理 Dai- Liu,义即"大帝国":欣都语作罕答儿 Qandar。② 此地区之语则作罕答哈儿 Qandahār。其地毗邻吐蕃、唐兀惕、欣都之某些国家与山地,以及契丹、扎儿丹丹 Zar- Dandān 等处 [原注] Zar-Dandan,波斯语义为金齿,即马可波罗之 Cardandan。③ 蒙哥合罕是其言,允之。龙年,当回历 654 年一月/1256.1—2,④忽必烈合

---

① 邵按:《元史·世祖纪》爪忽都之地,即指此。《秘史》之扎忽台、扎兀惕忽里、察兀惕忽里等名皆自此出。窃意此即乣字。乣字应读如扎或查。所谓"扎忽惕诸军",犹《元史·太祖纪》所云:"以木华黎为太师,封国王,将蒙古、乣、汉诸军南征"之乣、汉军也。周按:关于乣与乣军,中外学者多有考证,晚近贾敬颜(《乣军问题刍议》,中央民族学院学报 1980 年第一期)、蔡美彪(《乣与乣军之演变》,元史论丛第二辑)等同志多有讨论,可参考。

② 周按:俄译本阙。注:塔什干本作 KNDRQY。

③ 周按:俄译本直译为金齿 Золотозубий。《元史·地理志四》:云南行省金齿等处宣抚司:"其地在大理西南,澜沧江界其东,与缅地接其西。土蛮凡八种:曰金齿,曰白夷,曰僰,曰峨昌,曰骠,曰缥,曰渠罗,曰比苏。据唐史,茫施蛮本关南种,在永昌之南,楼居,无城郭。或漆齿、或金齿,故俗呼金齿蛮。"《马可波罗行纪》第二册第一一九章:"其地之人皆用金饰齿,别言之,每人齿上用金作套,如齿形,套于齿上,上下齿皆然。男子悉如此,妇女则否。"

④ 邵按:当云牛儿年(1253)。

罕尽掠此省,擒其主名摩合罗 Mahārāz,义为大王。① 絷之,使其随于彼,而留其师〔于后〕。其后当蒙哥合罕伐南家思时,有令:因忽必烈既患风疾;且前已出征,平定敌国,今可着留家休息。〔忽必烈〕遂依诏休闲于蒙古之合剌温只敦 Qara'un Jidun 之地已之斡耳朵。② 一年之后,当征南家思之塔察儿那颜与左手诸宗王无功而退,蒙哥合罕下诏切责彼等,并发布诏旨,其大意如下:忽必烈已遣

---

① 邵按:摩合罗即大王,为 Prakrit 语,即梵语 Mahārāz,亦即《元史·宪宗纪》六年之摩合罗嵯。mahāraz 又常作 maharaj。蒙古无语尾之- j,间或译以-š。如《兀良哈台传》作马合剌昔 maharaši 者是。汉语或竟省去,如元曲中之马合罗,皆自 maharaj 来也。旧译摩诃罗嵯,《元史·信苴日传》取之,甚是。惟《元史》本纪与《信苴日传》指段兴智;《兀良合台传》指权臣高祥,故云:"擒其国王段智兴(应作兴智)及其渠帅马合剌昔以献。"参以《信苴日传》世祖甲寅年还师,乙卯年兴智入觐(《本纪》漏纪),丙寅年献地图云云(即《本纪》所谓"云南酋长摩合罗嵯……来觐"),与此微有不同。至《信苴日传》所云:"宪宗赐兴智名摩合罗嵯",实不可信。大理旧崇佛教,原有此号。《传》意犹云:复其王号耳。周按:大理崇佛教,郭松年《大理行纪》:"此邦之人,西去天竺为近,其俗多尚浮屠法。家无贫富,皆有佛堂。"

② 邵按:哈剌温只敦,名见《圣武亲征录》王国维校注本第 14 页。《秘史》第 183、206 节,可参阅。《元史·撒吉思传》所谓黑山是也。近金源边堡,与薛凉格河畔之哈剌温隘 Qara'un qabčal 无关。《元史·太祖纪》:壬戌(1202 年),"知乃蛮兵渐至,帝与汪罕移军入塞。亦剌合自北边来……寻亦入塞。将战,帝迁辎重于他所,与汪罕倚阿兰塞为壁,大战于阙奕坛之野……乃蛮大败。"《亲征录》纪事略同,惟继云:"冬,上出塞。"此所谓塞即金源边堡,亦犹《亲征录》(第 32 页)所谓"扎阿绀孛居汉塞之间"之"汉塞"也。《史集》纪事则云帖木真、汪罕秋间退居哈剌温只敦,逾隘即汪古地,与"移军入塞"虽详略微有不同,而实指一事。故谓哈剌温只敦为近塞之地,殆无庸议。且《史集》亦言二人同逾汪古(即边堡,非长城),与国史合。《史集》忽必烈合罕纪前后所言忽必烈在哈剌温只敦诸驻地,实泛指其汉塞前后诸宫帐,犹《元史》所谓"驻爪忽都之地"(此地固属汪古幺)耳。近人多谓爪忽都即金莲川,是矣!然世祖诸斡耳朵实不限于金莲花甸一隅。《元史·不忽木传》:"宪宗崩,燕真统世祖留彩,觉阿里不哥有异志,奉皇后稍引而南,与世祖会于上都。"知其原驻之处距上都之北必不甚近,或即此文所指者也。

使奏闻云："我之足风痛少愈。① 如何能坐息家中，而视蒙哥合罕出征耳？"彼可将塔察儿所统之军，前往南家思。〔忽必烈〕奉此诏命，乃率己之兵一万及塔察儿所统之前此自彼所取走之十万扎忽惕军前进。② 当彼抵南家思界，攻取省城甚多。方是时，蒙哥合罕率师围攻堡寨钓鱼山，因气候恶劣，疠疫流行，蒙哥合罕染恙而死。忽必烈时在淮河 Quiqa Mören 之滨，闻讯，乃与霸都鲁那颜计议。霸都鲁者，扎剌亦儿部木华黎国王之孙安童 Hantun noyan 之父也。③ 云："我等率大军临此，如蚁如蝗。事功未成，奈何以谣诼而返还邪？"彼进入南家思境，出敌不意，进袭，尽获其斥候。④ 然后彼以桦皮制就之符咒，渡过宽为二程、汪洋如海之江 Keng，⑤围鄂州城 Oju。此为一大城市。前者蒙哥合罕遣偏师约三万从他路攻南家思，以速不台拔都儿之子兀良合台为将，并遣察合台之孙阿必失哈 Abishqa 及左手诸宗王五十人与行。⑥ 因道路艰阻，城寨复皆险固，难于攻取。彼等反覆与战，进兵匪易；且气候不宜，士卒多病

------

① 周按：《元史·许国桢传》："世祖过饮马湩，得足疾。"
② 周按：前引《元史·不忽木传》，足见蒙哥与忽必烈之间成见之深。合《元史》所纪蒙哥七年（1257）阿蓝答儿，刘太平之钩考观之，其矛盾关系益明。其年，忽必烈从姚枢议，遣质入觐，蒙哥始为罢钩考局，然犹尽撤其所创之经略，安抚诸司。其时改法革新者惟忽必烈。足见蒙哥"自谓遵祖宗之法，不蹈袭他国所为"者，乃为忽必烈改行汉法而发也。
③ 周按：《元史·木华黎传》：霸都鲁子四人：长安童、次定童、次霸都虎台；又一子和童。
④ 周按：蒙古语斥候作 qara'ul。《秘史》旁译作哨望者。
⑤ 周按：即长江。
⑥ 周按：此即前从忽必烈征云南而留于此区任继续经略之兀良合台之师。己未（1259年）夏，蒙哥遣使约其北上会师于长沙，期以明年正月。兀良合台"率四王兵三千骑，蛮爨万人，掠横山寨栅，辟老苍关，徇宋内地……且战且行。自贵州蹂象州，突入静江府。遂破辰沅，直抵潭州"（王恽《秋涧先生大全文集》卷五〇《兀良氏先庙碑》）。四王之名，汉文史料失载。阿必失哈，察合台子木额秃干子不里之子，当云曾孙。

死,总计死者达五千以上。及闻忽必烈大军至,彼等移军趋之。逾二十日,突于该城附近与彼会合。① 城中之人因虚弱而遣使纳款。然前往拒蒙哥之军队因彼已死,突欢忭而还。城中之人因其至而士气大振。同时,察必可敦及其斡耳朵诸异密泰亦赤乌台那颜,②及也苦至,致书云:"阿里不哥遣其大异密朵儿只 Dorji 与阿兰答儿·Alam-Dār 至,征发蒙古及扎忽惕之秃鲁花 turqaq,③其意不明,予之乎?抑不予?"彼等以谜语〔之形式〕致谚语云:"大鱼、小鱼之头被断,汝与阿里不哥外,复有谁留?汝能归来否?"逾二日,阿里不哥使者数人亦来至忽必烈合罕处,〔言〕:彼等被遣前来,乃问安致意。彼询彼等所征秃鲁花及军队 Cherig 将赴何地?使者答云:"我等奴仆也,事非所知。想必谎言也。"忽必烈见其守秘若此,大疑。因思:"汝欲发军于某地,何必讳言?其中必有诡计。"彼乃暗与霸都鲁那颜、兀良合里计议曰:"今情况若此,不知阿里不哥对我辈有何打算?汝二人可留军守此,我当迳返契丹地之哈剌沐涟。俟确悉彼中情况,再谕汝等知之。"议遂定。④

诸宗王塔察儿、合丹、移相哥各率所留之军而行,攻取并残破其城邑。至若忽必烈合罕,进至黄河上之南京 Namgin,彼乃知朵

① 周按:前引《家庙碑》谓忽必烈驻师鄂渚,寻遣曲里吉思将千人来援。《元史》本传则谓遣也里蒙古领兵二千人来援。《铁迈赤传》则谓遣铁迈赤将练卒千人,铁骑三千迎之于岳州。

② 周按:邵译作太丑台那颜,名见《元史·尤赤台传》,太丑台为泰亦赤乌台之疾读。至于此泰亦赤乌台与《尤赤台传》之太丑台是否即为一人,亦他无佐证。《史集》第一卷记塔塔儿部时说他们中有一种习惯,凡出身于这一部的男人,则在氏族名后缀-tai,女性则缀-jin,作为自己的名字。

③ 周按:《元史·世祖纪一》蒙哥九年(1259)十一月,阿蓝答儿发兵于漠北诸部,脱里赤括兵于漠南诸州。《赵炳传》:"己未,王师伐宋。未几,北方有警,括兵敛财,燕蓟骚动。"《元朝名臣事略》卷七《廉希宪传》:阿里不哥"用事臣脱忽勒征兵河朔,大肆凶暴"。

④ 周按:《元史·木华黎传》:"世祖北还,留霸都鲁总军务以待命。"

儿只、阿兰答儿前来征军，对蒙古人与扎忽惕之众大施压迫。彼遣
使告阿里不哥曰：“于蒙古人家与扎忽惕地征取秃鲁花与军士，殊
无益于事。至若在各省所征发之财物、牲畜，宜各归还原所，以之
予我与随我、塔察儿、移相哥、纳邻合丹，及左手诸军，以及随蒙哥
合罕出征，现随木哥、合丹、阿速台、牙忽都之右手诸军，〔以此等物
资皆归我等〕。以便一俟舟车、粮秣与兵械齐备，同伐南家思。”彼
以此意遣使前往。

　　其时，阿兰答儿已离此而去，朵儿只则留于彼等称之为汗八里
Khan Balïq 之中都 Jungdu。[1] 忽必烈合罕寄语谕之曰：“汝亦宜遣
那可儿随我之使者同往。”朵儿只命其那可儿私告阿里不哥曰：“忽
必烈合罕似已悉君所蓄之谋。计惟有于诸大异密中择那颜一人，
赍海青及〔捕猎〕兽随同其使臣同往，以使忽必烈合罕祛其疑虑。”
阿里不哥其以为然，乃遣一那颜将海青五充礼物，随同使者前往。
彼言：“彼之前来，乃为问安耳！”彼使其人与朵儿只那颜同以好语
慰忽必烈合罕，以便使彼心安而能速归。阿里不哥之使者曲为温
语，且同声于彼之前宣称：彼已撤销征发秃鲁花及军士之事。忽必
烈答言：“倘如汝等之所解释，此类流言皆不经之言，则任何人心皆
安矣！”彼善遣使者还归；并遣使至霸都鲁那颜及兀良合台处，谕以
“即解鄂州之围，急引军还。良因我等之心如命运之旋转，亦已改
变矣”！使者至时，塔察儿、移所哥及纳邻合丹已还。霸都鲁及兀
良合台乃还军至忽必烈合罕处。

　　当朵儿只及脱欢返至阿里不哥处，以情状闻，彼云：“忽必烈既
已稍觉我等之诡计与背叛，为今之计，惟有召诸宗王、诸异密之留
处本土及家居者，以解决〔此长期〕迁延与被忽视之汗位问题。”计

[1]　周按：即今北京，汗八里义为大汗之城，Balïq，突厥语城之意。伯希和认
　　为：早在金代，中亚就有称金中都为 Khan Balïq 者（《马可波罗注》卷二）。

议既定，乃遣使四出。塔察儿之子乃蛮台 Naimadai[①] 及只必帖木儿 Jibik Temür 之幼弟也速 Yesü[②] 二人皆至，然其他诸宗王皆托辞不来。时，患来会者寡，阿里不哥乃与诸异密〔言〕："计惟复遣使至忽必烈合罕处，以语诳之使安。"彼遣朵儿只偕诸异密与必阇赤中各一人，传此语云："为吊蒙哥合罕之丧，忽必烈与〔其他〕诸宗王皆应前来。"（彼等意欲俟其来而尽縶之也。）当使臣等至忽必烈合罕处时，诸宗王塔察儿、移相哥、纳邻合丹等及其他人众、万户之指挥者皆来，与彼会集于中都。使者陈词毕，诸人同言曰："此言诚当。此举亦最为得策。我辈必当前来。惟我等皆出征未归。今当先各还本土，然后聚集人众，同来赴会。"朵儿只言："我之那可儿当与此使人等返还。我则留此以俟与君等结伴同行。"彼即依此遣其那可儿去。忽必烈合罕于是遣使赴前此随蒙哥合罕伐南家思之军中；又遣使于阿速台，嘱彼前来。至若木哥，则已死于此役期中矣。

当朵儿只之那可儿既至阿里不哥处覆命。诸宗王在场者同声言："我等将候若辈至于何时耶？"在此之诸人达成一致决议，奉阿里不哥即合罕位于阿勒台之驻夏之所。[③] 此群人中，包括哈剌旭烈兀之可敦兀鲁忽乃妃子 Orghuna Qïz，[原注] 此讹形，布洛歇读如突厥文之 qïz，女儿，义即公主。[④] 以及蒙哥合罕子阿速台、玉龙答失；察合台孙阿鲁忽；塔察儿子乃蛮台；只必帖木儿弟也速、合丹之子睹尔赤

---

① 邵按：《元史・宗室世系表》寿王乃蛮台。

② 周按：俄译本作 Чинг-Тимур 幼弟 Тису。皆波斯文音点讹误所致。只必帖木儿为窝阔台孙、阔端之子。然邵译作赤因帖木儿，则为察合台孙阿只吉之子。至于也速，则无论前者或后者，皆不见有弟名此之记载。

③ 邵按：《元史・世祖纪一》作"僭号于和林西按坦河"。周按：此则云阿勒台山，为阿里不哥封地驻夏之所，去和林绝远。

④ 周按：兀鲁忽乃妃子参与阿里不哥即汗位之忽里台。邵译已注意到《元史・世祖纪一》中统元年（1260）十二月赐银之数倍于皇后斡者思。此盖忽必烈行重赏以资拉拢也。

Durchi;斡鲁朵之子忽鲁木失 Qurumshi 并哈剌察儿 Qarachar,①及别里古台那颜之一子。因彼等既自军中召走阿速台,乃遣阿兰答儿为此军之指挥与萨黑纳 Shaḥna,以便〔取得彼等〕对彼之信任,使其确信彼能保护彼等,并示以仁爱,使之不致离散。然后遣人至窝阔台合罕之斡耳朵,及其子阔端与只必帖木儿以及蒙古、唐兀惕与扎忽惕各地。〔彼等〕分致诏命,流播谣言,大意谓:"旭烈兀、别儿哥及〔其他〕诸宗王同心推戴,奉予即大汗位。尔等宜勿信忽必烈、塔察儿、移相哥、也可合丹 Yeke-Qad-an、纳邻合丹之浮言,亦勿从其命令。"彼等编就如此谎言,且书就分颁于彼等。只必帖木儿及契丹诸异密执诸使者,并〔其所携之〕书信送于忽必烈合罕。于是,彼确知阿里不哥谋逆。因之,塔察儿、移相哥、也可合丹、纳怜合丹、只必帖木儿、牙忽都及其他诸宗王;诸异密中木华黎国王之子忽林池 Qurumshi、②纳陈古列干、帖列客古列坚 Derekei küregen;来自左手诸异密,宿敦那颜 Sodun noyan③ 之子孛里察 Borcha、④孛儿只 Borji 之子额只勒 Ejil⑤ 及两达剌罕 Tarkhan;⑥及右手所有之异密咸集。〔且〕彼此同议曰:"旭烈兀已去大食,⑦术赤汗之子孙相去绝远。

---

①　周按:俄译本乃蛮台之后作:Чинг Тимур 之幼弟也速 Есу;合丹子 Курмиши 与 Начин;斡鲁朵子 Карачар。此 Qarachar 为术赤十二子云都儿子。

②　周按:实为曾孙。

③　邵按:《元史·食货志三·岁赐》有"宿敦官人",据《廉希宪传》知其为纽邻兄,则珊竹带氏。

④　邵按:《元史·世祖纪一》中统二年(1261)宿卫将军孛里察,当即此人。亦即《宪宗纪》之孛里叉万户。

⑤　周按:俄译本 Borji 作 Турчи Нойон。Borji 当即博尔术。

⑥　周按:《元史·世祖纪一》"邢州有两答剌罕言于帝曰:'邢吾分地也……'。"据《元文类》卷五五姚燧《故提刑赵公夫人杨君新阡碣铭》:"邢则今中书右丞相之祖封国。"此中书右丞相即哈剌哈孙。其曾祖启昔礼(《秘史》第169节之乞失里黑与其兄弟巴歹)以汪罕图谋突袭帖木真之阴谋来告,以功封千户,赐号答剌罕。

⑦　周按:俄译本下有"察合台家族相去辽远"。

与阿里不哥相结诸人行此愚昧之事,旭烈兀、别儿哥未至之前,兀鲁忽乃妃子受诸异密之言,迳自察合台〔之兀鲁思〕赴阿里不哥处。如我辈今不另立一人为合罕,事将不堪矣!"集议既毕,彼等一心于猴年、当回历 658 年/1259—1260 夏季中,①于开平府 Kai-Ming-Fu 城,〔彼等〕拥忽必烈合罕即皇帝位。时,彼年四十六岁。② 所有诸宗王、诸异密皆依国俗具誓书,并跪拜于彼之前。③

纪忽必烈合罕即位后,遣使至阿里不哥处;纪〔阿里不哥〕 对合罕之二三战役;纪其如何终至败北

其后,任使者百人代表诸王至阿里不哥处,致语云:"我等诸宗王、诸异密方经共议,推忽必烈合罕即合罕位矣!"是日,彼等镇日宴乐。及夜,朵儿只亡去。诸人闻之,遣人急追。站赤 Yamchi 执之以还。彼等进行刑讯,其人乃悉款伏,吐其他逆谋之始末及所怀之打算。彼等乃予囚系。命木额秃干子不里子阿必失哈主其祖之兀鲁思事,使其弟纳邻合丹与俱行。至唐兀惕之地,遇阿里不哥之使臣率大批甲士,将彼等拘絷而带至彼之前,投狱监禁。对忽必烈之使者则释之使还。

是年夏间,双方使者往返,卒无成议。④于是彼等发出消息,意谓旭烈兀汗、别儿哥及其他诸宗王已至,阿里不哥已接受彼等之忠

---

① 邵按:据《元史》,阴历之三月也。

② 邵按:《元史·世祖纪十四》至元三十一年(1294),"帝崩……在位三十五年,寿八十"。则其时正四十六。多桑《蒙古史》作四十四,乃以西历计。世祖以阴历八月二十八日生也。

③ 邵按:多桑书引瓦撒夫 Wassaf 言:世祖命诸臣具誓 mučalqā,约日后奉真金为帝。即此誓书也。

④ 周按:程钜夫《雪楼文集》卷九《秦国文靖公(安藏)神道碑》:"亲王阿里不哥潜谋不轨,天子重以骨肉之情,命公往调护之,而反状益闻。乃遣近侍孟速思、帖木不花亟召以归。"

告，并受其支持，即位为合罕。彼等继续散布此种谣言，至于秋季。其时阿里不哥以旭烈兀汗长子玉木忽儿 Jumqur 与斡鲁朵儿哈剌察儿 ① 及其他诸宗王数人将兵进攻忽必烈合罕。合罕之先锋为移相哥、纳邻合丹，② 两军相战于 ＿＿＿ 之地。［原注］BASYKY 或 BABBKY，明即上文《蒙哥合罕纪》失烈门谋叛时留其辎重之麻思契 Maski。③ 阿里不哥兵败，玉木忽儿、哈剌察儿以残部奔却。至于阿里不哥与其军则惊怖溃散，事先杀其所囚系之两宗王及使者百人。

彼等进入乞儿吉思 Qïrqïz 之域。据惯例：自契丹之地为哈剌和林以车载来食物与饮料。忽必烈合罕乃断绝交通，其地遂大困于饥饿。阿里不哥智穷力竭，曰：“为今之计，莫若使久事汗庭、谙习法度之察合台子拜答儿子阿鲁忽归，主其祖之居地与兀鲁思事，以便以粮食兵械为济。且可防守阿母河之边界，使旭烈兀、别儿哥之军不能自彼方赴援忽必烈合罕。”彼怀此念，好言于彼而遣之就途。阿鲁忽踊跃而去，如箭发自弦，始自谋其事。当彼至可失哈耳 Kāshghar 时，已聚合骑卒约十五万人，遂叛而抗命。

同时，合罕已前往征伐，急速进军，直至罕吉达班 Qangï Daban

254

---

① 周按：此误，当作云都儿子。

② 周按：上文言纳邻合丹与阿必失哈同为阿里不哥使臣所俘，则其为察合台后王。此处之纳邻合丹当另为一人，疑属左手诸王。

③ 周按：是役也，《元史·世祖纪一》中统元年(1260)七月，“帝自将讨阿里不哥。”九月丁卯，“帝在转都哥儿之地”。十月戊午，“车驾驻昔光之地”。时间不详，地望复不可考。据《藁城志》所载王磐撰《藁城令董公(文炳)遗爱碑》：中统元年，夏，“戎辂北征，公率汉军以从”。又《赵国忠献公神道碑》：五月，“车驾幸北庭，公帅汉军以从”。则师发在五月。《元文类》卷一六李冶：中统元年九月《为真定廉宣抚作车驾班师贺表》：“衣暂试于一戎，月连飞于三捷。”则战役在七、八月中，一月三捷。九月已告班师。又据《清苑县志》李本《明威将军后卫亲军总管李公先茔碑铭》：“今上北征，复将兵隶忠武，至吉河。”吉河即汪吉河，在和林南，与后文合。

之地，[原注] QNQY DYAN。此名之第二部分为蒙古语 dabagh-a(n)，义为山口。此明为离乌兰巴托 Ulan Bator 西南三十五公里之今 Khangin-Daba。闻阿里不哥杀阿必失哈及与俱之二宗王并使者百人，大怒，乃亦杀拘系之朵儿只那颜。出征之先，彼遣也可合丹及尤赤合撒儿子哈阑出 Qaralju① 及他宗王数人，②以及诸异密中之不里 Büri③ 以大军趋唐兀惕境。因已得报：阿里不哥已命阿兰答儿、浑都海均为异密与萨黑纳，将领前随蒙哥合罕征南家思之军。此军在合罕死后属火速与之相会合之阿速台指挥，现则屯于唐兀惕境。当也可合丹、哈阑出与之相遇时，大战，阿兰答儿被杀。其军或死或溃，残卒亡至乞儿吉思，与阿里不哥相合。④

① 周按：此名俄译本作 Тайджу、太出，邵译作合必赤。然此三名均不见《元史·宗室世系表》。汉文资料中固有此著名之宗王合必赤，中统、至元初崭露头角。然其世系、始末终不可考。屠寄谓此合必赤即拖雷子拨掉 Böchek，《秘史》作不者克，是。然谓 Böchek"实菩萨二字之译音。克为合罕之译音，亦即'可汗'之急读之音"。"蒙文《秘史》凡曰合者，小汗也；曰合罕者，大汗也。旁解并云皇帝。此之合必赤，例如《秘史》之称罕蔑力"（《蒙兀儿史记》卷一四八《宗室世系表》）。郢书燕说，此之谓也。屠寄论语音，大率皆然。多不可信。

② 邵按：《元史·按竺迩传》尚有阿曷马，亦宗王，世系不详。

③ 周按：俄译本作 Тури。

④ 邵按：《元史·世祖纪一》：中统元年（1260）九月，"阿蓝答儿率兵至西凉府，与浑都海军合，诏诸王合丹、合必赤与总帅汪良臣等率师讨之。丙戌，大败其军于姑臧，斩阿蓝答儿及浑都海，西土悉平"。又卷一八〇《耶律希亮传》：浑都海"自灵武过应吉里城，至西凉甘州。阿里不哥遣大将阿蓝答儿自和林帅师至焉支山"。又卷一二一《按竺迩传》："遂引兵出删丹之耀碑谷，从阿曷马，与之战。"综观诸文，知阿蓝答儿、浑都海会师之地非西凉府，乃甘州之焉支山（本纪误）。而所谓焉支山者，或即耀碑谷。本纪姑臧乃泛用旧名，其实大战之地乃删丹耀碑谷外合纳忽失温之地（据《李忽兰吉传》。《赵阿哥潘传》作"拔沙河纳火石地"，译音有脱落），即阿只吉大王分地（见《地理志六》）。阿只吉党于世祖，见下文。《汪良臣传》："兵至山丹，置营，按兵不战者凡二月。"知奉诏出师必不在九月。（本纪亦误）。（转下页）

忽必烈合罕进至哈剌和林附近之地,发现阿里不哥之四斡耳朵及阔列坚 Kölgen 之斡耳朵,①乃予以恢复。冬,驻于汪吉沐涟 Ongqï Mören 河畔。[原注]今翁金河 Ongin Gol。② 与此同时,阿里不哥慌乱无措,以饥瘦之兵驻谦谦州 Kem-Kem chi'ut 之玉须 Yus 河岸。[原注]此讹错之名字据韩百诗 Hambis 之推测,当即《元史》之 Yu-hsü 玉须。Yus 河为也儿的失河之一支流。③ 恐合罕来攻,乃遣使求宥云:"我等诸弟愚昧无知,致于罪戾。君乃我之兄长,以权力著闻。不论何地,我当前往,不敢违兄之令。俟畜肥马壮,我当亲至兄前。别儿哥、旭烈兀、阿鲁忽皆正来此间,我愿候彼等之至。"此使者至合罕所,致词毕,彼乃言曰:"迷途之诸宗王今已觉醒,明理返智,自认罪责。"因回谕之曰:"当旭烈兀、别儿哥、阿鲁忽至时,我等将共定集会之所。至若尔,当首先信守尔之诺言。尔如能先彼等而来,则更为善事!"于是彼命使臣返还,其本人亦返合剌温只敦之斡耳朵居

255

(接上页)《史集》"出征之先"云云,明西师之行,实在亲征漠北之先,甚可信也。
  周按:《商挺传》:"大战于甘州东。"唐魏王李泰撰《括地志》下:"焉支山,一名删丹山,在甘州删单〔丹〕县东南五十里。"浑都海原受命帅精骑屯守六盘山辎重。蒙哥死后,从征诸王散归,其主力哈剌不花则撤至六盘,与浑都海相合。在陕西、四川的蒙哥旧部刘太平、乞带不花、明里火者与之声势相通,故关中形势最为严重。忽必烈于四月以八春、廉希宪、商挺为陕西、四川等路宣抚使镇兴元,六月,诛刘太平及乞带不花、明里火者。浑都海等当是在失刘太平之策应后在本月西撤。忽必烈以八春节制诸军,尾随西进。受阿里不哥命南来之阿蓝答儿军与西撤之浑都海、哈剌不花合军。哈剌不花因意见不合单独北返。浑都海与阿蓝答儿复引军东向,遂有删丹之战。其时,忽必烈秦陇之形势已趋稳固,诸军齐集。故一战而胜。

① 周按:俄译本 Kölgen 作 Кулюк(曲律,义为英雄、骏马)。
② 周按:《元史·世祖纪一》中统元年(1260)十月戊午,车驾驻昔光之地。十二月乙巳,帝至自和林,驻跸燕京近郊。屠寄谓昔光为黄兀之讹,黄兀即汪吉。
③ 周按:《元史·地理志六·西北地附录》:吉利吉思、撼合纳、谦州、益兰州等处条:"东北有水曰玉须,皆巨浸也。会于谦,而注入于昂哥剌河,北入于海。"

焉。遣散诸军,使各还其本人之禹儿惕;并解散据有阿里不哥及阔列坚诸斡耳朵之占领者,返还彼等之禹儿惕,并命彼等留于其地。彼任其侄移相哥以十万军守兀鲁思之边境,命留此候阿里不哥之至,并与之俱来。

其时,旭烈兀与阿鲁忽皆向于合罕,彼此遣使不绝。旭烈兀遣使责让阿里不哥之所行,并予以抑制。彼亦常遣使来合罕所。阿鲁忽亦如之。及闻海都 Qaidu 与忽都虎 Qutuqu[1] 与阿里不哥联结,彼数度进袭逼迫彼等。正值其时,合罕遣使告旭烈兀汗与阿鲁忽曰:"各地叛乱,自阿母河岸至埃及之门、大食之地,尔旭烈兀善自管理而守卫之。自阿勒台山之彼侧至阿母河之人民 el 与兀鲁思,令阿鲁忽管领。自阿勒台山此侧直至海滨〔所有之地〕,我自守之。"其时别儿哥则双方通使,图使调和。

至若阿里不哥,当历夏入秋,马匹肥壮时,彼食言败约,复引兵来攻合罕。当彼逼近当时戍守边境之移相哥时,遣使来告云:彼正来降,以此使移相哥无备,突以兵袭之,击溃其军,复夺回察合台汗、阔列坚[2]及彼本人之斡耳朵。同时,移相哥逾沙漠往趋合罕之所,报告叛军已近。合罕乃遣使于塔察儿召集诸军。彼亲与塔察儿、按吉歹 Elchitai 子忽剌忽儿 Hulaqur[3] 及纳邻合丹率彼等所指挥之军队先〔为备〕。忽剌忽儿与纳陈古列干及亦乞列思部之帖列客 Derekei 古列坚、斡剌台 Oradai 与合丹 Qadan 各将己所统之万军为前锋以进,[4]战甚力。至若移相哥,因其军溃散,故未与此战。

---

① 邵按:盖禾忽 Qaqu 之讹。《元史·麦里传》:"世祖即位,诸王霍忽叛,掠河西诸城。麦里以为帝初即位,而王为首乱,此不可长。"是也。

② 周按:俄译本作 Кулюк。

③ 邵按:即《元史·宗室世系表》之忽列虎儿。此处译名从《本纪》中统元年(1260)纪事。

④ 周按:俄译本无 Oradai 与 Qadan,而作 и Даракан-гургэн из псемени икирас и Кадак。

合罕与上述诸军击阿里不哥于沙漠之边缘，彼等合战于忽察孛勒答黑 Khucha-Boldaq 山前与昔木土脑儿 Shimultai na'ur 之旁名为阿不只牙阔迭格儿 Abjiya-köteger 之地。① 阿里不哥军败，斡亦剌 Oirat 部众多被杀。② 当阿里不哥军败退时，合罕言："可勿穷追，此辈年少无知，当容使思过，悔其前此所为。"（战役之图如所示）旬日后，率领阿里不哥后军之蒙哥合罕子阿速台来会〔阿里不哥〕，闻塔察儿及合罕之其他军队已引还，阿里不哥乃与阿速台商议，于午后进战于失儿干脑儿 Shirgen na'ur③ 及失鲁格力克 Shilügelig 山④之沙碛名额列惕 Elet 之地。[原注] Elet，明即 Qalaqaljit-Elet，即合剌合勒只惕沙碛，见《秘史》第 170 节。1203 年成吉思汗败王罕于此。Shilügelig《秘史》第 153 节、173 节作失鲁格勒只惕。据罗依果博士的意见，诸地均在今蒙古人民共和国东部 Tamzag-Bulak 之东与大兴安岭西坡之间。合罕军击败阿里不哥之右翼，然左翼与中军则相持直至黄昏。入夜，

---

① 周按：Shimughultai 蒙语义为有蝇蚋处。蒙语中尾缀之—tu 与—tai 常互用，故有析门台（《双溪醉隐集》）、失亩里秃（《元史·朵罗台传》）、昔木土（《世祖纪二》）诸译。Abjiya-köteger，俄译本阙。此即《秘史》第 187 节、191 节之阿卜只合阔帖格儿 Abjiqa-köteger。《亲征录》作阿不扎阙忒哥儿。成吉思汗在阙奕坛之战后曾与王罕同在此处住冬，此处原属弘吉剌部（《史集》第一卷第二册第 122 页）。伯希和与韩百诗认为其地在近哈尔哈河 Khalkha 附近之大兴安岭山区。

② 周按：《元史·世祖纪一》：中统二年（1261）十一月壬戌，"大兵与阿里不哥遇于昔木土脑儿之地。诸王合丹等斩其将合丹火儿赤及其兵三千人。塔察儿与合必赤等复分兵奋击，大破之，追北五十余里。帝亲率诸军以蹑其后。其部将阿脱等降。阿里不哥北遁"。又《尤赤台传》："战于石木温都之地，诸王合丹，驸马腊真与兀鲁、忙兀居右，诸王塔察儿及太丑台居左，合必赤将中军。兵始交，获其将合丹斩之，外剌之军遂败衄。"

③ 周按：俄译本作 Щиркан-Тагун。此第二字之首音，波斯文诸本音点不清。证以《元史·尤赤台传》"又战于失烈延塔兀之地"，可知其正写当从塔什干本作 TAQWN。俄译本是。此处作 na'ur，原注谓义为"（夏日的）干湖"，恐不确。

④ 周按：俄译本阙。

合罕被迫退却。二宗王军皆疲,各还其己之斡耳朵。其军卒因路途甚远,步行跋涉,多致死亡。是冬,二人各留驻其本土,历春与夏。至若阿里不哥数度征粮食器械于阿鲁忽,迄无效应。彼乃以兵征之。真主最善知何者为是!

纪阿鲁忽之叛于阿里不哥之原因;其与阿里不哥军队之战与失败;其复振;阿里不哥之始趋衰败

阿鲁忽者,拜答儿子,察合台孙也。阿里不哥曾命主察合台兀鲁思事。当彼离去,至于突厥斯坦时,遂聚骑卒十五万人。察合台兀鲁思之统治者兀鲁忽乃可敦前往阿里不哥之廷,阿鲁忽则遣捏古伯斡兀勒 Negübei Oghul 率骑卒五千,及诸异密中之乌察察儿 Uchachar、诸必阇赤之哈八失阿密德 Habash-‘Amīd 之子苏黎曼别 Sulaimān Beg、诸扎鲁忽赤中之阿必失哈 Abishqa 前赴撒麻耳干、不花剌及河中之地,以防守彼方之边境,行彼之号令。诸人既至,乃尽杀戮别儿哥之臣属及其那可儿。甚至大司教赛甫丁 Saif al-Dīn Bakharzī 之子、伊斯兰教长之子不儿哈丁 Burhān al-Dīn 亦因之牺牲。彼等尽取此等人众之所有财产,并以珍贵之货物送致捏古伯斡兀勒。乌察察儿赴花剌子模。时适阿里不哥之诸使者前来,其长为不里台必阇赤 Büritei bitikchi、岳失木 Yoshmut 之子沙的 Shādī 及额儿克昆 Erkegün,[①]传达诏令,征集财货、马匹、兵器。短期内彼等已征集大量财货。阿鲁忽垂涎于此,乃以种种借口留难使者。直至一日,有报告于彼云:使者曾言:“我辈奉阿里不哥诏令征得货物,此事何预于阿鲁忽哉!”彼以受犯而大怒,乃令囚系使者,取其财物。其诸异密言:“今有此举,已失阿里不哥之欢。尤以兀鲁忽乃可敦已曾诉怨于彼,我等〔本人〕实已无力再受其咎。今

---

① 周按:俄译本无此 Erkegün。

我等既已为阿里不哥之敌人,计惟有归命于合罕耳!"谋议既定,彼等乃杀诸使者,以货物散给诸军。

阿里不哥闻之大怒,杀阿鲁忽使者,曰:"哈剌和林居民其助我等。"①然诸教长 imāms 法师 bakhshi② 与基督教徒宣称:"扎撒森严,吾辈何能〔为助〕?"彼乃云:"何种军队能败于此三种人?彼等临阵又有何能哉?可留彼等于此祷告助我。合罕若来,尔等可速往依之。"彼遂往攻阿鲁忽。③〔阿里不哥〕既去,合罕立以大军进至哈剌和林前,以猎圈阵环其城。诸教中人有出而告阿里不哥消息者。合罕令厚待诸众,仍遵窝阔台合罕及蒙哥合罕之旧例,许其为达剌罕。④ 彼方欲追赶阿里不哥,会使者报,因彼远出,契丹变起,于是急回彼处之都城。⑤ 与此同时,阿里不哥之前锋哈剌不花

①　周按:昔木土脑儿之战,两军胜负相当,各自引退。和林仍在阿里不哥控制之中,观此文益明。乃屠寄在《蒙兀儿史记·忽必烈汗纪》中统二年(1261)十一月,引旧史"诏怯烈门、赵璧各以本官兼大都督,帅诸军从塔察儿北上"之后,添"抚定和林"一语,注云"语出多桑书"。多桑实无此记载也(参见第一册第 291 页)。旧史于昔木土之战,载:"癸酉,驻跸帖买和来之地。以尚书怯烈门、平章赵璧兼大都督,率诸军从塔察儿北上。"据王恽《秋涧先生大全文集》卷六《飞豹行》序:"中统二年冬十有一月,大驾北狩,时在渔儿泺。诏平章塔察公以虎符发兵于燕,既集,取道居庸,合围于汤山之东。"与上文所纪塔察儿以军溃,不与此战相符。

②　周按:指佛教僧侣。伯希和认为此字可能是汉语博士 poshih 之音译。

③　周按:《元史·耶律希亮传》:中统三年(1262),"乃从大名王至忽只儿之地。会宗王阿鲁忽至,诛阿里不哥所用镇守之人唆罗海,欲附世祖。复从大名王及阿鲁忽二王还至叶密立"。"五月,又为阿里不哥兵所驱,西行千五百里"云云。则阿里不哥西征,当在其年初。

④　邵按:旧译自由。此言仍旧豁除三教诸众税役。多桑书第一册第 305 页言豁除此城一切税课,实出误解。

⑤　周按:指中统三年(1262)二月李璮之叛。其时忽必烈方在北方前线,故《元史·姚枢传》引姚枢之分析形势云:"使璮乘吾北征之衅,濒海捣燕,闭关居庸,惶骇人心,为上策。"

Qara-Buqa 于孛罗 Pulad 城附近①之速惕湖 Süt-Köl [原注] 突厥语乳湖，即赛里木湖。之地，与阿鲁忽战。② 阿鲁忽因败阿里不哥前军与杀哈剌不花，惊喜过望，趾高气扬，不复设备，返军向亦列河 Hila，③归居己之斡耳朵，遣散其军士。阿速台率其所部充阿里不哥之后军突至，逾其所谓之铁门关 Temür Qahalqa 之山。④ 以精兵攻亦列沐沦 Hila Mönen 与阿力麻里之地，掠阿鲁忽之兀鲁思。

　　因阿鲁忽之军队已散遣，彼乃携其妻及引阿速台尚未及近之右翼军亡走和阗 Khotan 及可失哈耳 Kāshghar 之地。阿里不哥踵追，遂在亦列沐沦与阿力麻里之地越冬，高宴大会不休，杀掠阿鲁忽之军士与兀鲁思。⑤ 一月之后，阿鲁忽亡散之兵卒陆续会集，乃尽携其辎重出发，前赴撒麻耳干。⑥〔此〕同时，旭烈兀汗子玉木忽儿 Jumqur 抱微恙，请于阿里不哥，允其离去，言彼欲往撒麻耳干就医。乃于鼠年、当回历 662 年三月〔1264.1〕离去。因阿里不哥肆行

----

① 周按：名从刘郁《西使记》。《西游录》、《元史·耶律希亮传》作不剌。pūlād，波斯语义为钢。不莱士奈德谓其城在注入艾比湖 Ebinor 之博罗塔拉河 Boro tala 河流域（《中世纪探讨》第二册第 42 页）。鲁不鲁乞谓孛罗城在塔剌思 Talas 东一月程，蒙哥曾在拔都之允许下，将不里所属之条顿人奴隶迁居于此，从事挖金和制造兵器（《出使蒙古记》第 153 页）。

② 周按：《元史·耶律希亮传》："至出布儿城，又百里，至也里虔城，而哈剌不花之兵奄至，希亮又从二王兴师，还至不剌城，与哈剌不花战，败之，尽歼其众。二王乃函其头，遣使报捷。"据危素《危太朴集·续集》卷二《耶律希亮神道碑》：哈剌不花之死在中统三年（1262）九月，其地在不剌城西五里。

③ 周按：今伊犁。

④ 周按：此即刘郁《西使记》之铁木儿忏察，耶律楚材《西游录》则称松关。地在今新疆伊宁北之 Talki 山口。

⑤ 周按：俄译本作"合罕之军士与人众"。

⑥ 邵按：《元史·耶律希亮传》：中统四年，"至可失哈耳城。四月，阿里不哥兵复至，希亮又从征，至浑八升城"。蒙古住冬常至二三月，则《史集》所　（转下页）

杀戮,凌辱阿鲁忽无辜之兵民,①其诸异密皆怀厌恶,托词他去。彼
等咸言,曰:"肆行杀戮由成吉思汗所收集之蒙古士卒,吾曹何得不
叛而反对乎?"是冬,彼等大部分离去。及春,②阿力麻里大饥馑。
士卒以小麦代大麦饲马,而彼等则不得以草果腹,死者甚众。阿力
麻里人民大多饿死。幸存者举手祈祷,求上苍庇护,免其暴政与军
士之压迫。一日,阿里不哥方纵情宴乐,旋风忽起,裂其千钉之朝
会大帐,帐柱亦折。与会者受伤多人。廷中之长官及诸异密咸以
此为阿里不哥福运衰落之预兆,乃决背弃之,相率四散。以故阿里
不哥与阿速台仅以少数之士卒留。彼等固信其困境乃饥困中丧生
之阴魂为祟所致。无数之名门望族皆覆灭于被压迫者之嗟怨声
中,览此夫复何疑哉!

下民嗟愤气如魔,为害等逾箭与枪。

此时蒙哥合罕子玉龙答失 Ürüng-Tash 在蒙古之地,近阿勒台
之一河名扎布罕沐沦 Jabqan Mören 者,③当诸千夫长至此境时,彼
等遣使告之曰:"吾曹悉率士卒前往归命合罕,汝于此事意见如
何?"玉龙答失同意而与之合军。④ 彼遣使于阿里不哥,索其父之玉
玺 tamgha 而为阿里不哥所保存者,阿里不哥予之。彼乃与诸千夫
长往归合罕。

至若阿鲁忽,见阿里不哥势衰,乃前来进击。阿里不哥知其意
图,悉其进兵已近,乃遣麻速忽别 Mas'ūd Beg 护送兀鲁忽乃可敦
还阿鲁忽处,以平其愤。〔阿鲁忽〕娶之。为使可敦安心,乃厚赏麻
速忽别,任之为国中之计相,使赴撒麻耳干与不花剌,管理此区。

260

261

（接上页)云一月后者,正与四月合。《传》所云四年,盖年初事,其从征云云,乃
　　阿鲁忽更引退避阿里不哥之锋也。
①　周按:俄译本作"合罕之兵民"。
②　邵按:即 1264 年之春,当阴历三、四月也。
③　邵按:即今之匝盆河 Dzabkhan。周按:俄译本作 Мурэн。
④　邵按:玉龙答失前党阿里不哥,此时弃之归命世祖。多桑言其将（转下页)

彼至其地,始自民众中不断征取赋税,尽送至阿鲁忽处。于是阿鲁忽之势复振。彼大集失散士卒,与别儿哥军战,败之。大掠讹答剌。逾年,彼死。①兀鲁忽乃可敦得诸异密与维昔儿之同意,立己子木八剌沙 Mubārak-Shāh 继位,如察合台汗纪所述。主呵!援我,使得令终。

纪阿里不哥因穷蹙而被迫归命合罕之廷与自认罪戾;其结局

当阿里不哥之军士与诸异密离叛,诸宗王亦各自分走时,彼智穷力尽,迫于穷蹙而归命合罕。时,鼠年,当回历 662 年/1263—1264 也。② 及至合罕所,合罕盛陈士卒,行受降之礼。蒙古惯例:罪人至待罪之所,众人以御帐之帘覆被其肩。阿里不哥即如此蒙被降服。逾时乃许其入,彼于诸必阇赤处立。合罕目嘱之良久,兄弟之情油然而生,哀之。阿里不哥哭,合罕亦涕出盈睫。彼以手拭之,问曰:"噫!吾爱弟,此纷争对抗之中,吾与汝孰是耶?"阿里不哥对曰"曩者吾是,今日则兄是也。"时,来自旭烈兀汗处之使者钦忽儿 Chingqur 适在场,及归,详以事状告旭烈兀。旭烈兀汗使人致言于合罕曰:"扎撒俱在,如何可使宗亲行此降服之仪,而使兄弟皆因此而蒙辱乎?"合罕是其言,致下述之词云:"旭烈兀之言良是也。我之所行,实出无知。"自后经年,彼不允阿里不哥来见。

(接上页)世祖军屯阿勒台沙漠云云,事出乌有,误读《史集》。《元史·世祖纪二》至元元年(1264)七月庚寅,"赐诸王玉龙答失印,仍以先朝猎户赐之"。赏其归命也。惟继云:"庚子,阿里不哥……与玉龙答失、阿速带、昔里吉……等来归。"则总括追记之词,易滋误解。玉龙答失必非与阿里不哥同来者。若昔里吉且鞫问阿里不哥等,知其归命更早,必非至元元年七月始来也。

① 周按:即至元二年(1265)。

② 周按:《元史·世祖纪二》至元元年七月,庚子,"阿里不哥自昔木土之败,不能复军。至是与诸王玉龙答失、阿速带、昔里吉,其所谋臣不鲁花、忽察、秃满、阿里察、脱忽思等来归"。

其时，被阿速台处死之阿必失哈之兄弟阿只吉 Ajïqï① 言于阿速台云："杀我兄弟者即汝耶？"彼答云："我奉昔以为君之阿里不哥之命而杀之也，且我不欲我等之宗胄死于平民 qarachu 之手耳！今且忽必烈为天下之君主，如有所命，我且将杀汝矣！"合罕语阿只吉云："此非出此等语之时，彼等皆狂怒也。"塔察儿那颜于争论扰攘之中起立而言曰："合罕有命，今日不追究前事，但事宴乐耳！"合罕是之。是日，众人沉溺于饮晏。塔察儿于是言："阿里不哥尚立，皇帝宜示以坐处，使令之坐。"合罕乃命坐于诸宗王处。是日，彼等镇日纵情欢宴。

翌晨，诸宗王、诸大异密如斡赤斤那颜子塔察儿、②尤赤哈撒儿子移相哥、忽剌忽儿 Hulaqur、也可合丹、阿只吉 Ajïqï 之子只必帖木儿 Jibik Temür、③辛忽儿 Shingqur 之子失烈门 Shiremün 之子扎忽都 Ja'utu④ 及察合台孙、不里子阿只吉 Ajïqï⑤ 咸集朝堂。合罕乃命诸异密执阿里不哥前来，系之。彼乃命诸王昔里吉 Shiregi、⑥塔海 Taqai、察剌忽 Charaqu 及别帖木儿 Bai-Temür、⑦诸异密安童那颜、朵儿伯歹 Dörbetei，及已至此国之孛罗丞相 Bolad chingsang，列坐鞫问阿里不哥与其异密奏闻。阿里不哥言："散布如此广远之罪恶之主犯，乃我也。彼曹尽皆无罪。"众皆不听此言。合罕乃令人告诸有罪之诸异密曰："昔蒙哥合罕在

---

① 邵按：多桑误读为 Atchigai（Ačigāi）；屠寄沿误读为斡惕赤斤 Otčigin，意将-tch-分读，其昧于审音大率如此。

② 周按：当作孙。

③ 周按：只必帖木儿为阔端之子。

④ 周按：Shingqur 为尤赤第九子。

⑤ 周按：上文俄译本也可合丹后作"Кадак 之子 Чинг-Тимур；Джавуту 及 Ачиги"。

⑥ 周按：俄译本作 Тиреки。

⑦ 邵按：《元史·世祖纪九》至元十九年（1282）四月，"收诸王别帖木儿总军银印"，当即此人。

位,当时诸异密未曾以一矢以反对于彼,亦无大举之反叛;仅有心
怀之小不和而已。举世咸知彼等曾受如何之惩处。然则汝辈煽起
如此之纷扰,播散如此混乱于人间,残害如许宗王、异密与军士,将
当如何处置哉!"彼等默然。于是年纪最长、出身名族之秃满那颜
Tümen noyan 言曰:"噫! 诸异密,何不发一言以答哉! 岂尔等能
辩之舌咸哑耶? 当我辈奉阿里不哥登大位之日,我等互为誓言曰:
我等将死于王位之前。今日即效死之日也。容我等皆践守己之所
言。"合罕曰:"此诚尔等之佳约,尔已实践尔之所言矣!"彼于是诘
阿里不哥曰:"教汝为逆者谁耶?"彼对曰:"孛鲁合 Bulgha① 与阿兰
答儿语我曰:'忽必烈合罕与旭烈兀二人远征在外,合罕以大兀鲁
思付托于君,君意云何? 将欲使彼等断我辈之颈如绵羊乎?'我言:
'尔等已与朵儿只计议否?'对曰:'尚未也。'我云:当与秃满、脱忽
思 Toquz、阿里察儿 Alichar、②与火者 Khoja 相商。'彼等所谋佥
同。朵儿只因病,未能来议。我云:'当召之来,俾得最后定议。'彼
亦亲至,赞同众议。故此事乃彼等佥同所决定者。其中〔独〕秃满
未违我之语言,凡我所令:皆遵行之。若只必帖木儿 Jibik Temür
者,③徒致损害。彼所发有关合罕之言,皆非彼流辈所当言者。"

　　诸异密同声言:"事之经过诚如阿里不哥所陈,其言皆实也。"
然只必帖木儿言:"阿里不哥令我所行诸事,今则委过于我,孛鲁合
阿合可以为证。〔事之所以如此〕,渠尽知之。"合罕乃令只必帖木

---

① 邵按：名从《元史·宪宗纪》;《世祖纪二》作不鲁花。《也先不花传》作孛鲁
　　欢。《传》云:"蒙古怯烈氏……幼事睿宗,入宿卫。宪宗即位,与蒙哥撒儿
　　密赞谋议,拜中书右丞相,遂专国政……至元元年,以党附阿里不哥论罪
　　伏诛。"故阿里不哥诸臣中,孛鲁合乃文臣之领袖,阿兰答儿乃武臣之领袖
　　也。其系原出高昌,后为克烈部人,与镇海同。周按：此即鲁不鲁乞所纪
　　之掌玺官,宫庭大书记 Bulgai,《至元辩伪录》之丞相钵剌海。

② 周按：俄译本无 Alichar。

③ 周按：俄译本作 Чин-Тимур,下同。

儿与阿里不哥对质。彼面对阿里不哥重述前言。阿里不哥不悦，曰："既如此，则尔当生而我则赴死。"此语奏闻合罕，彼知只必帖木儿语实，乃宥。彼与诸宗王兄弟计议后，宣言如次："孛鲁合必阇赤习闻窝阔台、蒙哥合罕之言，[1]我愿宽宥其死，留充为其党所谋之见证人于旭烈兀及其他诸宗王。"诸宗王皆表同意。〔彼〕于是赦之。

阿速台闻彼被赦，乃曰："奈何赦死于孛鲁合乎？我愿与彼对质，揭露其罪状。"遂语彼云："汝曾引蒙古谚语，意谓我辈既举事，义无反顾、不可中道而废。此汝之大罪也，应死。"孛鲁合那颜不辩，承以为是。此语奏闻合罕，合罕乃令曰："既如此，宜刑之。"

至若按赤歹 Elchitei，其罪重于他人，因其诬陷合丹 Qadan 子忽林池 Qurumshi，故彼等将其处死。脱忽思之罪亦大，因彼曾力主杀合罕之兀鲁思多人。[2] 上述诸异密皆被处死。[3] 至若贵由汗子禾忽，脑忽子察儿，哈剌察儿子脱脱，彼等与其他若干宗王悉被合罕遣赴突厥斯坦。然后，彼欲审问阿里不哥。为此，彼方俟旭烈兀汗及别儿哥、阿鲁忽之至。然因道路遥远，时日俱逝。于是在此境之诸宗王如塔察儿、移相哥、也可合丹、[4]忽剌忽儿、只必帖木儿[5]及其他蒙古与契丹诸宗王异密，乃齐集会，鞫问阿里不哥及阿速台。

当既杀阿里不哥之异密十人，并鞫问其本人后，乃颁发圣旨于各地，〔具告其情〕。诸异密共商云："我等将如何审处阿里不哥及

①　邵按：《元史·宪宗纪》二年（1252），"孛鲁合掌必阇赤，写发宣诏及诸色目官职"，故云。

②　邵按：应指杀使者百人。

③　周按：《元史·世祖纪二》至元元年（1264）《改元诏文》："据不鲁花、忽察、秃满、阿里察、脱火思辈，构祸我家，照依太祖皇帝扎撒正典刑讫。"又《安童传》："四年，执阿里不哥党千余，将置之法"，以安童谏免死。

④　周按：俄译本此下有 Нарин Кадак。

⑤　周按：俄译本作 Чин-Тимур、又列有 Чавтух。

阿速台之罪乎？将为合罕而贷其罪耶？"彼等乃遣使者至旭烈兀、别儿哥及阿鲁忽处，云："因尔诸王路远事繁，故未能亲临。然其事延候过久，将导致国事于削弱与混乱，不能置之于正道。故我等已将彼等之异密处死；又已讯问此二人讫。现特来以此事相商。我等，即所有之兄弟咸欲宥阿里不哥而欲释阿速台，不审诸宗王以为何如？"使者先至阿鲁忽处，传达使命。彼答云："我即察合台汗位亦未商于合罕及旭烈兀阿合。当所有诸兄弟聚会时，将审定我之是非。如彼等赞行我，我将言其事之孰是孰非也。"使者继至旭烈兀汗处，奏其情状毕，彼言："诸兄弟既备集合议，众议是决，即此可矣！俟别儿哥动身赴忽里台时，我亦迅速动身前来也。"彼〔旭烈兀〕遂遣其使者随彼等至别儿哥处，以便确定会合之地点，并〔同〕赴合罕〔与〕忽里台所。彼等既至别儿哥处，具以情告。彼云："不论合罕、旭烈兀及诸兄弟同议者为何，宜皆如所议。我将于牛年首途，虎年跋涉长途，俟兔年当与旭烈兀同来赴忽里台。"使者返至合罕所报命。乃允阿里不哥、阿速台朝见，许其进入斡耳朵。是年秋，即豹年，①当回历 664 年/1265—1266，阿里不哥以疾卒。至若旭烈兀与别儿哥，彼等之间兵连祸结，悉如其本纪中所述者。二人不久皆死。今伊斯兰之君主合赞汗 Ghazan Khan（真主祐其国祚永存！）遥承〔先绪〕，千秋万祀，国运无疆，熙朝康泰！当合罕闻彼等之死，乃命旭烈兀汗长子阿八哈 Abaqa 继其父位，为波斯地之蒙古、大食、②之君长。使忙哥帖木儿 Möngke-Temür 主尤赤兀鲁思事。至于阿鲁忽，其时亦久病，未能赴忽里台，不久亦死。兀鲁忽乃可敦得其诸异密之同意。立己子木八剌沙继位。察合台子木额秃干子

①　邵按：意盖云使者返命之年。突厥历之豹年即蒙古历之虎年，亦即马可波罗之狮年。

②　邵按：《史集》大食一语，与《元史》之回回、《秘史》之撒儿塔兀勒 Sarta'ul 相等。

也孙脱之子八剌 Baraq。① 向合罕进言曰："木八剌沙奈何承吾叔
阿鲁忽之位乎？若有命以我承吾叔位，我将效劳奉命惟谨。"合罕
乃降诏旨，令由彼主兀鲁思事，直至木八剌沙成立。彼遂至而取其
位。阿鲁忽诸子出伯 Chübei、合班 Qaban 及彼等之兄弟皆弃八
剌、率其军归命于合罕。

纪合罕遣其子那木罕 Nomoghan 与阔阔出 Kököchü 及其他诸宗王出御海都 Qaidu；及诸宗王谋叛于彼二人

266

合罕既息心释念于阿里不哥之叛乱，所有诸宗王皆束带臣服。
独窝阔台合罕子合失之子海都及察合台之后王数人尚否。合罕乃
遣使于彼等，图使之来服，曰："其他诸宗王已皆亲自来此，汝等何
独不至？我衷心期望彼此能以相见为快。待同商诸事之后，尔等
将备承恩宠而归。"海都无心归服，乃作下述之托词云："我之牲畜
瘦弱，俟其肥壮之时，我等愿遵所命。"如是迁延者三岁。② 于是彼
与火你赤 Qonichi noyan 纠合，③驱走附于蒙哥合罕子玉龙答失并
与彼等共处之纳邻 Narin，大行杀掠，进行叛乱。为镇压叛乱，合罕
命其子那木罕及下述左右手诸宗王：蒙哥合罕子昔里吉、④阿里不

---

① 邵按：《元史·世祖纪三》：至元五年（1268）五月，"赐诸王禾忽及八剌合
币帛六万匹"。即此八剌合也。自多桑读如 Borāq，其后欧洲学者多沿其
误。《元史》此文，前人多将"合"字连下读，亦非也。《宗室世系表》作"八
剌"。周按：刘迎胜近著《察合台汗国史研究》谓"八剌合，即八剌名字
Baraq 的另译"（第 249 页）。此中所涉问题甚多，难于确论。

② 邵按：《元史·昔班传》："昔班奉使，奔走三年。"与此合。周按：《铁连
传》："至元初，宗王海都叛，廷议欲伐之。世祖曰：朕以宗室之情，惟当怀
之以德。"云云。盖其时忽必烈方专意于谋南宋，故图招抚而已。

③ 周按：尤赤后王、斡鲁朵孙、撒儿答台子。

④ 周按：俄译作"窝阔台后王 Ширеки"，误。

哥子玉木忽儿 Yobuqur；①及明理帖木儿 Melik-Temür、②合罕之侄、岁哥台 Sögedei 之子脱黑帖木儿 Toq-Temür③ 及兀鲁台 Urughtai；④彼之堂兄弟、斡赤斤孙察剌忽 Charaqu，⑤偕异密与军士无算。诸异密中安童那颜 Hantum noyan 为长。⑥

---

① 周按：俄译本 Yobuqur 作 Букур，以下皆同。首音节脱落所致。《元史》Yobuqur 有玉木忽儿、要木忽而、药木忽而，篡木忽儿诸译。b 与 m 常互用故也。

② 邵按：名见《元史·伯颜传》。

③ 周按：岁哥台为拖雷第九子。

④ 邵按：即《元史·脱欢传》至元十五年（1278）西征之亲王斡鲁忽台，亦即《牙忽都传》之兀鲁兀台。周按：阔列坚之孙，《宗室世系表》作忽鲁歹大王。俄译本作 Уградая。

⑤ 周按：《元史·宗室世系表》斡赤斤有曾孙察剌海，当即此人。俄译本作"合罕之侄——与 Укина"。此阙文注作 JRAQ。

⑥ 周按：《元史·地理志·西北地附录》：阿里麻里，"至元五年，海都叛，举兵南来，世祖逆败之于北庭，又追至阿力麻里，则又远遁二千余里。上令勿追，以皇子北平王统诸军于阿力麻里以镇之，命丞相安童往辅之。"盖综叙也。至元五年（1268）之役，《元史》中无其他踪迹可寻。那本罕之建幕阿力麻里，事在至元八年，见《元史·世祖纪十》至元二十一年三月纪事。缘其时海都势力浸强，至元六年，海都、八剌与党附之诸宗王召开忽里台于塔剌思河上，分划河中地区权益，且宣誓保持蒙古旧俗与游牧生活，西北地区形势急转严重故也。《巴而尤阿而忒的斤传》："十二年，都哇、卜思巴（八剌第五子）等率兵十二万围火州，声言曰：'阿只吉、奥鲁只诸王以三十万之众，犹不能抗我而自溃，尔敢以孤城当吾锋乎？'……受围凡六月，不解……以其女也立亦黑迷失思吉，厚载以茵，引绳缒城下而与之，都哇解去。"屠寄考其事当为二十二年之误，固然有理。然亦不排除十二年时西北亦有战事发生。《世祖纪五》十二年正月，"敕追谥诸王海都，八剌金银符三十四。"七月，以右丞相安童行中书省枢密院事，从太子北平王那木罕出镇阿力麻里。其时伯颜军次建康，对南宋的战争正处决定关头，忽必烈却抽调安童加强西北。其冬，又有火忽之叛，和阗一线，道路不通（《世祖纪六》至元十三年正月戊子纪事）。又《方技·田忠良传》："五月，车驾清暑上都，遣使来召曰：'叛者浸入山陵，久而不去。汝与和礼霍孙率众往视 （转下页）

军在河滨渡夏，围猎远征数日。脱黑帖木儿、昔里吉与诸军分散，而在猎所相会。彼等共商曰："我等可密执那木罕与安童那颜以送于敌人。"脱黑帖木儿诱昔里吉曰："尔宜有汗位。合罕之遇我辈及我辈诸兄弟甚无理也。"入夜，彼等执此二人。① 以那木罕及其

（接上页）之，'既至，山陵如故。俄而叛兵大至，围之三匝，三日不解。"此皆至元十二年内西北边事孔亟之明证。《元史·巴而尤阿而忒的斤传》所纪，取材于虞集《高昌王世勋碑》。我以为虞集之误当是把十二年与二十二年两次战事混而为一所造成。要之，从当时形势看，我们决不能因这一误记而否定十二年亦有战事。惟受危者，并非近边之和州，而是远边之阿力麻里也。

① 周按：昔里吉之叛，诸书所纪，其时间殊多分歧。《元史·世祖纪六》至元十四年（1287）七月，"癸卯，诸王昔里吉劫北平王于阿力麻里之地，械系右丞相安童，诱胁诸王以叛，使通好于海都。海都弗纳，东道诸王亦弗从，遂率西道诸王至和林城北。诏右丞相伯颜帅军往御之。"此盖叛军东征，威胁和林之日，前此皆追叙也。《元史·忠义·伯八传》："至元十二年，亲王昔列吉、脱铁木儿叛，奔海都。伯八闻，且愿提兵往讨，未得命，为彼所袭，死焉。"《方技·田忠良传》：十二年十二月，"诸王昔里吉劫皇子、丞相以入海都"。萧斛《勤斋集》卷三《石天麟神道碑》："至元乙亥（十二年），边将盗兵，劫皇子北安王。"皆以昔里吉之叛在至元十二年。然考《安童传》：其以行中书省枢密院事，从北平王那木罕镇西北极边，事在十二年七月。本年下半年内，诸王禾忽叛，沙州以西，道路不通。安童引军"克火和（即禾忽）大王部曲，尽获其辎重"（《昔班传》）。上文明指昔里吉之叛在夏月，则完全可以排除事在十二年夏之可能性。其次，此次军叛，安童"一军尽没"（《本纪》二十五年十二月），皇子、宰臣尽陷于敌，西北之震动可知。然十三年前半年内，虽然临安已下，然不见大规模抽军北上，以为救援之迹象。李庭护送宋主赴大都，十三年五月至上都，七月壬寅，始有"以李庭出征"的记载。八月己巳，"敕汉军都元帅阔阔带、李庭将侍卫军二千人西征。"其冬，又以重臣相威、阿尤西征。十四年二月，而以伯颜帅大军北征（《洪俊奇传》）。故从整个形势看，叛乱之发生，如依《田忠良传》定为十二年十二月，亦似嫌过早。当从《牙忽都传》"至元十二年，从北安王北征，十三年，失列吉叛，遣人诱胁之"为是。至若耶律铸《双溪醉隐集》卷二《后凯歌词九首并序》所云："至元丙子冬（十三年），西北诸王弄边。明年春，（转下页）

弟阔阔出送忙哥帖木儿，①以安童那颜送海都。彼等言曰："我等
受厚恩于君，不敢忘德。今以谋图进伐君之忽必烈合罕诸子及诸
异密相送。我等均须不念彼此之恶，戮力同心以逐敌人。"使者
返，以其答辞报云："奉承厚惠，所望实同。彼间水草丰美，可仍留
驻也。"②

　　脱黑帖木儿乃远征窝阔台及察合台之诸斡耳朵，执掌诸斡耳
朵之撒里蛮 Sarban③ 及明合帖木儿 Minqa Temür 之兄弟。④ 彼散
布谣言，谓拔都诸子与海都及诸宗王已结成联盟，且随后将至。彼
等乃尽与脱黑帖木儿出发同行。然别乞里迷失 Beklemish⑤ 将合
罕军突至。诸斡耳朵人乃知拔都诸子与海都俱来之说为虚诳。同
时，脱黑帖木儿、撒里蛮乃与昔里吉军合，与合罕军战。脱黑帖木
儿、昔里吉与撒里蛮俱遁，转而袭在也儿的失河岸八邻 Bārin 之属
地 el，⑥各人皆于此处忙于战争准备。脱黑帖木儿自此出军进袭乞

（接上页）诏大将讨之。"盖就昔里吉等东扰和林而言，若据为举叛之期，又晚于
　　事实矣。又《田忠良传》："昔里吉之叛，以安童之食不及彼也。"知其为军
　　资给养分配不均所激成也。

①　邵按：《元史·铁连传》：铁连奉使，与此当有关，而本传未及也。

②　邵按：《元史·世祖纪六》至元十四年（1277）七月，诸叛王遣使通好于海
　　都，"海都弗纳"。所谓弗纳者，不能与合谋奉昔里吉为主耳！

③　周按：蒙哥孙、玉龙答失子。

④　周按：此人不可考。

⑤　周按：《元史》有别急列迷失、别乞里迷失、别急里迷失诸译。累迁金书枢
　　密院事淮东行枢密院、中书右丞（《本纪》至元十三年七月）、同知枢密院事
　　（十六年正月）。后以罪诛（见《伯颜传》）。据《史集》，其人系出斡亦剌部，
　　巴儿思不花之子（第一卷第一册第119页）。

⑥　周按：(il)el 义即属地，汉译作伊利，即伊利汗国一名之所自。八怜之名，
　　见《元史·世祖纪十二》至元二十五年十二月丁巳，"先是，安童将兵临边，
　　为失里吉所执，一军皆没。至是八怜来归，从者凡三百九十人"。又《玉哇
　　失传》有海都部将八怜，恐另为一人。

儿吉思之地。① 合罕之军进至，掳其辎重车辆。② 彼返还寻找，并求助于昔里吉。昔里吉拒绝，脱黑帖木儿衔之。于返军途中突遇撒里蛮，因怀怨于昔里吉，彼乃复诱撒里蛮以汗位。其时，彼与昔里吉之驻地相去甚远，然有——部人亦忒不花 It-Buqa[原注]诸本皆阙。在场，彼与昔里吉有旧，乃急以所发生之事件告之于明理帖木儿及其他诸宗王。昔里吉与明理帖木儿乃聚军，驻于＿＿＿草原。③ 遣使于脱黑帖木儿言："我等为何于兀鲁思中致此扰攘混乱乎？"彼答云："昔里吉无勇，故我愿奉适合此位之撒里蛮为主。"昔里吉计无他择，乃遣人于撒里蛮言："汝欲取汗位，可诣我索取，奈何求之于脱黑帖木儿乎？"脱黑帖木儿答曰："我等缘何须向汝索取汗位并前往汝所耳？汝实应前来我处。"昔里吉知难敌彼等，欲战亦徒伤士卒，于是遂赴彼等处。与此同时，脱黑帖木儿乃索取亦忒不花。彼〔亦忒不花〕亡走。彼等追缉，寻及之。彼〔亦忒不花〕乃自引刃而死。

于是，彼等乃共决奉撒里蛮为首，且责昔里吉曰："尔果诚心而来，可火速遣使至拔都诸子与海都处，告以我等自愿奉撒里蛮为长。"彼立即遣使以往。于是，彼等语彼云："且返归汝之斡耳朵，而命明理帖木儿留此，以俟玉木忽儿之至。"昔里吉以告玉木忽儿，然彼拒不至撒里蛮处。脱黑帖木儿乃帅师伐之。当彼行近时，遣使语之曰："我辈已达成此决议，汝从命，则善；否则可备一战。"玉木

268

①　周按：《元史·忠义·伯八传》："世祖即位，以伯八旧臣子孙，擢为万户，命领诸部军马屯守欠欠州。至元十二年，亲王昔列吉，脱铁木儿叛，奔海都。伯八以闻，且愿提兵往讨之，未得命，为彼所袭，死焉。"

②　周按：黄溍《金华黄先生文集》卷二五《刘国杰神道碑》："十六年夏四月，至和林，叛王脱脱木犯边。公曰：彼全军而来，巢穴必虚。乃出其不意袭击之，俘其生口、畜牧万计。脱脱木以骑兵来追，及谦河，溺死者过半。十七年，朝廷以别列迷失同知枢密院事，与公同领边事。脱脱木及其党失列乞、撒里蛮等复拥兵而至。公与别列迷失追击之。"

③　周按：俄译本注：塔什干本作 ṢHRA ǦWNKAH；布洛歇本沿不列颠本作 ǦWRKL。

忽儿答云："战非所愿。请宽期五日，以备前来归降。"彼急整治军旅，至第五日乃引军出，列阵，迎战。脱黑帖木儿进击，其军顿时释刃尽降于玉木忽儿。脱黑帖木儿乃以十二那可儿逃去。越三日，至一被黑毡之蒙古帐中乞水。彼等识认，取凝乳以予。随即有〔追者〕数人踵至，发现其踪迹而随之。彼突前临一泥淖之溪，乃语其那可儿曰："我等不如迎战，虽死犹可得令名。"彼等答云："君为其族属，彼等将不致伤君；然我辈则定无生望。"彼知无望于其那可儿，乃掷其兵器而为敌所系执，被送至玉木忽儿前。昔里吉向玉木忽儿索彼〔脱黑帖木儿〕，玉木忽儿云："汝若获彼，则汝将为我之大敌。"昔里吉答云："如彼曾行一恶，则虽有十善亦将无益于彼。"遂杀脱黑帖木儿。① 撒里蛮至昔里吉处，言："我之所行，实脱黑帖木儿有以致之。"昔里吉夺其军。彼与二、三那不儿徘徊流浪。彼等旋结为小群亡走于合罕处。昔里吉欲追逃亡者，取之以还，恐撒里蛮为乱，乃以五十名那可儿送其往尤赤孙火你赤处。行至毡的 Jand 及讹迹邗 Özkend 之地时，②经行撒里蛮之私产 Khail khāra 处，彼之部众毕集，执此五十名那可儿而释撒里蛮。彼乃引军进攻昔里吉之辎重车队，命送之合罕所，并先遣使呈奏彼之情况。昔里吉得报，急来与战，而其军尽降于撒里蛮，彼仅余孑然一身。撒里蛮乃令以五百骑看守之。③ 玉木忽儿闻知，急引军来战撒里蛮。其军亦悉投降。彼亦被执，交与五百骑看守。彼等皆前往合罕所。

---

① 周按：《金华黄先生文集·刘国杰神道碑》："脱脱木最号强盛，以兵屡动而弗戢，士马离散，众皆怨怼，且苦其酷虐。失列乞、撒里蛮等因拉杀之，而率众来归。"

② 周按：Jand 遗址在锡河尔右岸离 Kzyl Orda 不远处。Özkend 名见《元史·地理志六·西北地附录》，作讹迹邗。此同名之城有二处。一在费尔干纳，即今之 Uzkend；此处所云者当系位于锡尔河上 Suqnaq 与 Jand 之间者。

③ 周按：《元史·世祖纪九》至元十九年（1282）正月，"撒里蛮悔过，执昔里吉等。北平王遣扎剌忽以闻"。即指此。

玉木忽儿托辞有疾,请延迟二、三日。期间彼暗以巨赏珍宝遗斡赤
斤 Otchigin,①请求援救其出险。斡赤斤为成吉思汗之侄,其禹儿
惕即在是处。斡赤斤宗王乃集军突袭,尽驱散其马匹,围其军士。
撒里蛮以单骑与其妻俱遁。斡赤斤之一拔都儿 bahadur 见其妻逃
跑,图执之。其妻大呼,撒里蛮回身仅以一箭射其人,得与其妻脱
走至合罕所。昔里吉已先撒里蛮而至。合罕不允入见,命流之于
一瘴疠之岛,度其余生,终至于死。至若撒里蛮,合罕大示恩宠,且
以军队、封地予之。彼不久亦死。

　　至若玉木忽儿,彼取昔里吉、撒里蛮之诸斡耳朵,而归附于火
你赤之属下哈亦勒 Khail。② 明理帖木儿与忽儿巴合 Qurbaqa 归
附于海都。昔里吉子兀鲁思不花 Ulus Buqa 归于火你赤之属下,并
于一时期内留居彼处。玉木忽儿倦事海都,乃逃往归命于合罕。
兀鲁思不花与其母及其斡耳朵亦然。③ 当尤赤孙忙哥帖木儿死,脱
帖蒙哥 Töde-Möngke 继位,那海 Noqai、脱帖蒙哥与火你赤共议送
那木罕归合罕处,且云:“我辈皆已臣服,将来赴忽里台也。”海都亦
释安童那颜使归,④然终不赴忽里台。彼等亦取消此意图。逾年,
那木罕死。真主最知何者为是。⑤

———————————

①　周按:指斡赤斤后王,即乃颜也。俄译本作 Укин。
②　周按:俄译本但作“归附于火你赤”。
③　周按:《元史·成宗纪二》大德元年(1297)三月,“赐诸王岳木忽而及兀鲁
　　思不花金各百两,兀鲁思不花母阿不察等金五百两,银钞有差”。即指此。
④　周按:《元史·世祖纪十》至元二十一年(1284)三月丁巳,“皇平王南木合
　　至自北边。王以至元八年建幕庭于和林北野里麻子北里之地,留七年,至
　　是始归。左丞相安童继至”。
⑤　周按:那木罕之死,《元史·诸王表》:“北安王那木罕,至元十九年赐印,大
　　德五年薨。”然屠寄《蒙兀儿史记》卷七六引《元史·泰定帝纪》“初,世祖以
　　第四子那木罕为北安王,镇北边,北安王薨,显宗以长孙封晋王代之”。并
　　据《元史·显宗传》:“二十九年,改封晋王,移镇北边。”断定那木罕死于至
　　元二十九年,与《诸王表》所记矛盾,待考。

270

纪合罕之发兵攻取南家思 Nangiyas

合罕寝兵息战数载,乃思契丹全境已服,而图再取南家思。方蒙哥合罕在位时,该国主与彼极为友好,时互遣使通问。因南家思国诸君主出身华胄,素拥高名,昔时且领有契丹国之地。阿勒瑁汗者,女真 Jürchen 部人也,崛起而尽有此国之地,故前之统治者乃迁南家思。其事迹于本书之末叙述彼国之历史时当别作详述。因彼等与契丹为仇,故当成吉思汗征服此国时,尤当窝阔台合罕在位时,彼等曾以军助攻,直至契丹之统治者完全失败。其事已具〔窝阔台合罕〕纪。

蒙哥合罕首有志于征服南家思。忽必烈合罕所愿亦如之,尤以迁都于契丹境与此国为邻之后。虽屡遣军扰边,然无有建树。直至巴怜部 Bārin ① 阔阔出 kököchü 之子伯颜 Bayan____ 时,〔原注〕诸稿本皆阙。伯颜祖阿剌黑那颜 Alaq noyan 以大罪伏诛。此伯颜隶属忽必烈合罕之分内,因彼事阿八哈汗于波斯,忽必烈合罕遣宿敦那颜 Sadun noyan 之子撒儿塔那颜 Sartag noyan 偕奥都剌合蛮 'Abd al-Raḥmān 使阿八哈汗求伯颜。牛年,〔原注〕1265 年。旭烈兀汗死,〔伯颜〕及撒儿塔那颜被遣至合罕处;奥都剌合蛮则留此国理算。② 伯颜既至,合罕发蒙古军三十万、契丹军八十万。契丹军

271

---

① 周按:《秘史》第 41 节:"那妇人孛端察儿根前再生一个儿子,名巴阿里歹,后来作了巴阿邻人氏的祖。"汉籍有八邻、把邻、霸邻诸译。其分枝有蔑年巴阿邻 Mänän-Ba'arin、你出古惕巴阿邻 Ničügüd-Ba'arin 与速合奴惕巴阿邻 Suqanut-Ba'arin 等。

② 周按:Bayan,蒙古语义为富。《史集》第一卷第二册,第 91 页,巴邻部 Ширкату 携二子 Ная 与 Алака 投附于成吉思汗。此 Ширкату 即伯颜高祖。《元文类》卷二四元明善《丞相淮安忠武王碑》:"伯颜,姓八邻氏,蒙古部人。曾祖考尤律哥图,以其兵从太祖,讨定诸部,尝为千夫长。……祖考阿剌嗣官,平忽禅有功,得食其地。从宪宗皇帝征蜀,卒于军。……考晓古台,佐宗王旭烈,开西域,执国事以殁。……至元初年,王奉(转下页)

以三哥拔都 Semeke Bahadur 为首。此人系巴剌哈孙 Balghasun
城之契丹将军，蒙哥合罕时归降，忠忱夙著。①蒙古军以兀良哈台
部 Uriyangqat 速不台那颜孙、异密阿术 Aju 为首。因三哥拔都纪
律严明，屡具劳绩，令总全军伐南家思。三哥因病，中道留。② 于
是，伯颜、阿术总领全军。因南家思境地广阔，军卒无算，难于征
服，故时日迁延。彼等劳苦四载，得地仅一部分。于是遣使以军士
不足奏闻合罕。合罕因不能迅速签军，乃发诏尽以契丹全境之囚
犯带以前来，其数近二万名。彼语彼等云："尔辈罪固当死。然我
今释尔等，予以马匹，器杖、衣甲，俾往从征。效力有功者可得为异
密，以致于高位。"于是，彼予以训练，任其能者为千户、百户及牌子
头而遣之，使与大军相合。然后遣使召伯颜、阿术驰驿还。彼等经
七驿而至，合罕亲授机宜。③ 然后彼等还归军中。师出之第七年，

274

（接上页）使天子，世祖见其貌伟，听其言厉，曰：'非诸侯王臣也。其留事朕。'"
　　所谓"卒于军"者，盖讳之也。其父名晓古台，Wassaf 书作 Högütä。此云
　　阔阔出，误。又据刘敏中《平宋录》，伯颜以中统四年（1263）来事世祖。

①　周按：三哥拔都即史天泽。天泽行三，故称三哥拔都。《元史·兵志二》：
　　"中统元年四月，谕随路管军万户，有旧从万户三哥西征军人，悉遣至京师
　　充防城军。"此三哥即指史天泽。蒙哥南征时，天泽从征四川，故称"西征
　　军"。balghasun 义为城。《史集》此处当脱 Čagan 白字，Čagan balghasun，
　　白城即真定，见上文拖雷汗纪。此即马可波罗之 Achbaluch (aq-balïq)。

②　周按：《元史·史天泽传》："十一年，诏天泽与丞相伯颜总大军，自襄阳水
　　陆并进。天泽至郢州，遇疾，还襄阳。"又《元文类》卷二八姚燧《江汉堂
　　记》："方将百万之众南伐，至郢而疾，诏他将专制而还公于军。其辞若曰：
　　'画籌宋策，汝也。成功而疾，汝安可言；诚有不讳，碑汝之勋，班汝之爵，
　　于不可必死者之（？）知，能知之者，非人与汝子孙耶？"与《史集》"总全军"
　　之说合。

③　周按：元军伐南宋，以至元十一年（1274）九月发襄樊，翌年二月下建康，军事进
　　展迅速。然随着元军之深入，开始暴露"军力分散，调度不给"的弱点。加以
　　"利财剽杀。降城四壁之外，县邑邱墟"，激起人民之反抗。故"自夏徂秋，一
　　城不降"。特别是在西北海都、笃哇之叛扰加剧，不得已而遣丞相安童西
　　征。忽必烈颇以南征之师轻入为虑，故于五月驿召伯颜赴大都，（转下页）

败南家思军八十万于江 Keng Mören 岸，得其国土，杀其国主名
＿＿＿者。[原注]稿本阙，俄译本作 Cy-чy，或即宋主之音译。又征服犍陀罗
Kandar、①亦奚卜薛 Ikibüze、[原注]稿本 AʏKY BWRH，即中国史籍之
I-Ch'i-pu-hsieh 亦奚卜薛，为南中国之一部族。布洛歇改校为 ANKR PWRH，
此为柬埔寨 Cambodia 之 Angkor，当然不能接受。② ＿＿＿、＿＿＿、＿＿＿、[原
注] MQWMAN、KLNK、KYAY。③ 及交趾国 Kafje Guh 等。[原注]即
马可波罗之 Caugigu、《元史》之交趾国。④

　　肃良哈 Solangqas 之地在蒙哥合罕时即已臣服，后又生叛乱。
忽必烈合罕即位后，复纳款输诚。⑤ 至若欣都之一国爪哇 Jaua 省，
彼遣军攻下之。⑥ 彼遣使乘海于大部分欣都诸国，〔劝谕〕归顺。诸
国胁服。迄今使者往来，讨论臣服之条件。⑦

　　彼以南家思之地分属诸宗王，且于各边地屯戍军队。据通晓

(接上页)商讨军事。八月，伯颜重返军前，而阿术实不与此行。发囚为兵之记
　　载，波义耳颇疑之，然事诚实有。《宋季三朝政要》卷一："八都鲁者，皆死
　　囚为之，攻城以自赎。"《黑鞑事略》有"八都鲁军"，《元史·兵志二》有"霸
　　都鲁"，即此。《元史》中以罪徒、重囚充军，以伐日本、占城、缅国之记载累
　　见（《世祖纪九》至元十九年（1282）十一月；二十年三月、五月），皆其明证。
　　其时元军兵员不足，发囚为军之外，又有答剌罕军（或作无籍军、乾讨虏
　　军）系诸王权贵自动组织军士以从征者，凡有虏掠，皆得为军官所私有。
① 　周按：俄译本阙，注作 KND。上文蒙哥纪作 Qandahar，疑即"建都"。
② 　周按：俄译本阙，注作 AYKYBYRH。
③ 　周按：俄译本无 KYAY。
④ 　周按：《元史·安南传》："安南国，古交趾也。"
⑤ 　周按：《元史·高丽传》："当定宗、宪宗之世，岁贡不入。故自定宗二年至
　　宪宗八年，凡四命将征之。凡拔其城十有四。宪宗末，暾遣其世子倎入
　　朝。世祖中统元年三月，暾卒，命倎归国为高丽国王，以兵卫送之，仍赦其
　　境内。"
⑥ 　周按：《元史·世祖纪十四》至元二十九年，遣也黑迷失、高兴、史弼伐爪哇。
⑦ 　周按：《元史·世祖纪七》至元十五年八月，"诏行中书省唆都、蒲寿庚等
　　曰：'诸蕃国列居东南岛屿者，皆有慕义之心。可因蕃舶诸人宣布朕意。
　　诚能来朝，朕将宠礼之。其往来互市，各从所欲。'"

此境情况之异密孛罗丞相 Bolad chingsang 言：①虽然南家思籍户时，通常仅录其人之为首领者及有从属人役之有高名者，人民入籍数为九十九万户。世上更无一国再较其广阔。典籍记载：五洲之地，始原于此境。境内之建筑鳞次栉比。境内驻有蒙古军及扎兀惕 Jauqut 军，从不离去。每万户之指挥者皆分驻特定之地区，委以当地之政务。当该地征税时，合罕以诏令谕此等指挥官，彼即据之于本管诸城内〔征税〕而输〔于合罕〕。彼等于赋税之外，不预他务。至于上述之囚犯，均成为重要之异密，各得冬夏驻牧之地。真主最知何者为是！遵彼之神意，我等言归正传。

忽必烈合罕自肇生，迄于践阼并绥服契丹与摩秦之生平详述既毕，设惟一全能之真主胤允，我等将述关于彼之帝国之其他事实，及彼创行之政令与屯兵戍守疆界之情况。

纪合罕在契丹境所兴建之建筑，及该国所遵行之管理、统治与行政、组织②

契丹之地，土地极广，人口稠密。据可靠之权威称：人们所居之地，人口之繁，无逾于此者。东南海洋之岸，蛮子 Manzi 与高丽 Goli 之间，有不大之海湾伸入契丹内地，离汗八里四程 parasang。

274

---

① 周按：程钜夫《雪楼文集》文五《拂林忠献王神道碑》：癸未（至元二十年，1283）夏四月，"择可使西域诸王所者，以公尝数使绝域，介丞相孛罗以行。还，遇乱，使介相失。公冒矢石，出死地，两岁始达京师。以阿鲁浑王所赠宝装束带进见。令陈往复状，上大说，顾廷臣叹曰：'孛罗生吾土，食吾禄而安于彼；爱薛生于彼、家于彼而忠于我，相出何远哉！'"此即为剌失德丁提供蒙古、汉地情况之孛罗丞相。

② 周按：此二章多桑有译本，作为第三卷附录一，冯承钧已译成汉文。张星烺《中西交通史料》第三册则用玉耳 Yule《东域纪行丛录》第三册（据多桑及克拉勃罗斯译）译为汉文。岑仲勉根据张氏译文，撰成《拉施特史十二省之研究》，载《中外史地考证》下册。可参考。

人们往汗八里者乘船以至。以邻海故，此境多雨。此等省之部分
地方天气燠热，部分寒冷。成吉思汗曾在其统治期内征服此国之
大部分，窝阔台合罕时则全部被征服。如前述诸人之历史所述，
成吉思汗及其子均不曾定都于契丹之境。然蒙哥合罕以此境属
忽必烈合罕。彼以高瞻远瞩之眼光见此为极繁荣之王国，并与许
多重要之国土为邻，彼乃择为其都城〔之所在〕。彼建其驻夏之所
于汗八里城，契丹人称曰中都 Jungdu。① 此城曾为契丹统治者都
城之一，系于古昔吉日良辰，在星卜与有识者之指导下建成，恒视
为极度幸运与繁荣之所。因曾为成吉思汗所毁，②忽必烈合罕图重
修之。为己之声名计，彼乃于其旁另筑一城，名曰大都 Daidu，故两
城相接。③ 城墙有城楼十七座，两楼相出为一程 parasang，城中人
众繁庶，故〔城〕外亦屋宇无数。④

　　各种种类之果树皆自各地取来，植于园中，大多垂实累累。城
之中部，彼建筑巍峨之宫殿，为己之斡耳朵，称之曰合儿失 Qarsh
（宫殿）。宫柱及地板均以大理石为之，⑤既美且洁。其周有四墙，

---

① 周按：《元史·地理志一》大都路："初为燕京路，……世祖至元元年，中书
　省臣言：'开平阙廷所在，加号上都；燕京分立省部，亦乞正名。'遂改中都，
　其大兴府仍旧。"

② 周按：成吉思汗伐金中燕京破坏情况之描叙，散见中外史籍。巴托尔德
　Barthold《蒙古入侵时期的突厥斯坦》第 393—394 页载 1215 年当蒙古破
　金中都时，花剌子模沙所遣以巴哈丁 Bahā al-Dīn Rāzī 为首的使团来到这
　里，见其膏脂满野，疾疫流行，可为参考。

③ 周按：金之中都，其遗址在今北京市市区之西南，忽必烈始于其东北以琼
　华岛（今北海公园）为核心另建新城。工程自至元三年（1266）冬开始，九
　年正式定名大都。

④ 周按：《马可波罗行纪》第二册第九四章记大都城"内外人户繁多，有若干
　城门即有若干附郭。此十二大郭之中，人户较之城内更众"。

⑤ 周按：《辍耕录》卷二一《宫阙制度》：大明殿"青石花础，白玉石园碣，文石
　甃地"。

每重距一箭之地,外墙为系马之所。① 其内之墙为诸异密早朝休憩之所。第三重居禁卫,第四重则为廷臣。② 合罕冬日居于此宫。其设计图已为艺术家雕刻于史书中,所刻如〔图〕所示。

　　汗八里、大都有一大河,北自通往驻夏地之路之察马赤牙勒Chamchiyal 流来,③此外尚有其他诸河。城外筑大湖 na'ur,湖上筑堤,以备放舟游乐。④ 此河之水恒流入另一运河,⑤注入自大洋通往汗八里邻近之海湾。然因此地附近海湾狭仄,船舶不能接近,货物常须畜力驮运以入汗八里。故契丹之工程师与学者经仔细调查,声言船舶能自契丹大多数地区,包括摩秦之都、行在Khingsang、⑥刺桐 Zaitun⑦ 及其他诸地皆可抵汗八里。合罕乃命凿大运河,将上述之河水及其他数河引入此运河。⑧ 舟行四十日可达刺桐,刺桐乃通往欣都之海港,乃摩秦之都城。此河上筑有水坝多

---

① 周按:当即蒙古语之"乞列思","华言禁外系马所也"。

② 周按:古者禁卫之制,范镇《东斋纪事》卷二载:"禁卫凡五重:以亲从官为一重,宽衣天武官为一重,御龙弓箭直、弩直为一重,御龙骨铢子直为一重,御龙直为一重。凡入禁卫一重,徒一年至三年止,误者减二等。"然此处之重,似指宫廷之三门而言。《元史·王磐传》:磐上疏,有云:"按旧制,天子宫门不应入而入者,谓之阑人。阑人之罪,由第一门至第三门,轻重有差。"

③ 周按:《秘史》第 251 节"察卜赤牙勒",旁译为"居庸关"。b 与 m 常互用,故 Chabchiyal>Chamchiyal。玉耳 Yule 认为此为沙河,然沙河在大都城北东流,相去尚远。联系下文之湖水观之,似应指通惠河之上源,至元末由郭守敬所设计开凿,汇昌平之白浮,一亩诸泉流,大体沿今京密引水渠开河,注入瓮山湖,东南入大都城内之海子,与大都至通州间之运河相接。

④ 周按:na'ur,蒙语湖。指瓮山泊,即今之北京昆明湖。

⑤ 周按:即通惠河。

⑥ 周按:从冯承钧译。

⑦ 周按:即泉州,当时外人称泉州为刺桐。

⑧ 周按:此通指会通河与通惠河之开凿而言。

处,〔以供〕各省之水。① 当船行近此等坝时,不问其大小轻重,均以绞车连船并货举起,置于坝之另一侧之水中,以便前行。运河宽三十厄勒 ell。② 忽必烈合罕令以石为堤,以免泥土落入。沿河岸为通往摩秦之大道,全程为四十日。全部路面均铺以石块,当大雨时载重之牲畜得免陷于泥淖。道之两旁植柳及其他树木,故全程浓荫蔽覆。不论其为军卒或他人皆不敢折取树之一枝,或以一叶喂其牲畜。③ 道之两侧建有村落、商店与寺庙,故尽此四十日程所经,皆满布居民。

大都之城垣以土为之。此国之习惯,立二木板,倾湿土于其间,以大木椿夯之,迄于坚固,去木板后即成墙。因其境多雨,土质松软,故墙须如此始较坚固。合罕晚年,曾命取来石料,用以瓮城。然彼旋逝。由于真主胤允,铁穆耳合罕将毕其功焉。④

合罕决定于驻夏之所之开平府 Kemin-Fu 修筑同样之宫殿。开平府距大都五十程 Parasang,自驻冬之所,有三道可通。一专供狩猎,命使之外,皆不得通行。⑤ 一道沿桑乾河 Sangin,⑥取道

---

①　周按:《元史·河渠志一》:通惠河分筑广源等十牐。节水以通漕运。会通河"其长二百五十余里,中建牐三十有一,度高低,分远迩,以节蓄泄"。

②　周按:古尺名,等于 45 英寸。

③　周按:《通制条格》卷一六《农桑》:"至元九年二月,钦奉圣旨节该,据大司农司奏,自大都随路州县,城郭周围并河渠两岸,急递铺道店侧畔,各随地宜,官民栽植榆柳槐树。令本处正官提点本地分人护长成树……仍禁约蒙古、汉军、探马赤、权势诸色人等,不得恣纵头匹啯咬,不得非理砍伐,违者并仰各路达鲁花赤管民官依条治罪。"

④　周按:元时大都城墙始终未以砖瓮。《元史·王伯胜传》:"初,大都土城,岁必衣苇以御雨。日久土益坚,劳费益甚。"张昱《可闲老人集》卷二《辇下曲》:"大都周遭十一门,草苫土筑哪吒城。讖言若以砖石裹,长似天王衣甲兵。"

⑤　周按:周伯琦《扈从北行前纪》:过居庸关而北,遂至东道。自瓮山、经车坊、黑谷、色泽岭、龙门、黑店头、黄土岭、程子头、磨儿岭、颉家营、白塔儿、沙岭、黑咀儿、至失八儿秃(又名牛群头),始与驿道相合,至于开平。此道为皇帝纳钵经行之辇道,一般人不能通行。周伯琦随驾经行,认为是一种旷典。

⑥　周按:俄译本阙,注作 T(?)KYN。

Joju,①地多葡萄及其他果品。其旁有小城曰荨麻林城 Sinali② 城中泰半为撒麻耳干人 Samarqand。循撒麻耳干习俗，多辟园林。③ 另一路道出一低山名新岭 Sing-Ling，人过此山后由此去开平府尽为草原，〔宜于〕夏牧。④ 城之东，彼建一宫殿 Qarsh，号曰凉亭 Lang-Ten。⑤ 然一夜因得噩梦，遂弃之。彼于是商之于学者及

----

① 周按：张星烺译涿州，与此音合。然自大都出开平而取道涿，南其辕而北其辙矣！伯希和怀疑是抚州 Fuju 之讹，理或可通。

② 周按：荨麻林，名见《元史·世祖纪一》中统二年(1261)十月庚子、《成宗纪》大德二年(1298)五月辛卯、《百官志一·工部》及《郭守敬传》《哈散纳传》。柳贯《柳待制文集》卷六《滦水秋风词四首》作西麻林。今作洗马林。《明经世文编》卷一六杨士奇《西巡扈从诗序》："洗马林者，旧名荨麻林，语袭讹也。"伯希和认为汉语荨麻林之对音为 Sim-ma-lin。因蒙古语不知有叠声，n 与 m 在字尾常互用，鼻齿音收声则常省略，故读如 Simalin, Simalim 或 Simali。

③ 周按：《元史·哈散纳传》："太宗时，仍令领阿尔浑军并回回匠人三千户驻荨麻林。"与此处所记大多为撒麻耳干人相合。耶律楚材《湛然文集》卷一二《怀古一百韵寄张敏之》注："西域风俗，家必有园，园必成趣。多有方池圆沼。"《元史·成宗纪二》大德二年(1296)五月，"罢荨麻林酒税羡余"。盖以盛产葡萄，故酿造业当时甚发达也。《史集》第一卷第二册第168页记德兴府，地有许多瓜田，果园，酿酒极多。

④ 周按：《扈从北征前纪》："大抵两都相望，不满千里，往来者有四道：曰驿路，曰东路二，曰西路。东路二者，一由黑谷，一由古北口。古北口路东道，御史按行处也。"上文所记之猎道，即道由黑谷之东道，经荨麻林者当即西道，即周伯琦《扈从北征后纪》所记之自开平南还之道。此经一低山 Sing-Ling 者当即驿道。Sing-Ling，俄译本作 Сикл-Инк。注作 SYKLYHK；布洛歇本作 SYKAYNK。可音译为"西岭"，此名于汉籍中无可征对。惟有"偏岭"一名，过此处即达之旺国崖、金之金花甸或凉陉之地，是草地之分界。黄溍诗《檐子注·偏岭》："险尽得平陆，连天暗丰草。"《金华黄先生文集》卷四）景势与此 Sing Ling 完全吻合。恐即其讹。又俄译本此下复有："昔者〔合罕〕常于上述之抚州城境外驻夏，其后始定开平府为驻〔夏〕之所。"据《元史·世祖纪一》："岁壬子，帝驻桓、抚间。"甲寅、乙卯，均以桓、抚间为驻地。丙辰，始营建开平。

⑤ 周按：Lang-Ten，张星烺译作蓝亭，冯承钧疑为龙冈之对音，皆不（转下页）

277 工程师，另相营建宫殿 Qarsh 之地。诸人皆以开平城附近草原中之湖 na'ur 上为宜。①彼等决定使之干涸。其地产石一种，可以代替木炭。彼等聚集大量此种石与木炭，于是彼等以小石、破砖及相当数量之熔锡与铅置其上，填湖塞泉，直至坚固。彼等填筑高至与人身等，筑台其上。② 因水既压封于地下，故由草地不远之他处间断喷出而成许多泉水。彼等于台上依契丹式样建成宫殿。彼等于草地四周绕以大理石之墙，墙与宫殿之间树以木栅，使人们不得擅自进出。彼等于草地上聚集各色野兽，蕃息极多。③ 彼等又于城中心筑有一较小之宫殿，从外宫至内宫筑有一道，以便彼能沿此私人之通道进入殿中。至于系马之所，则在距宫殿一箭程之外，有墙围之。合罕大部分时间均驻于城外之宫殿中。

此国中有大城甚多。每城均有其语源所含之特殊意义之名

（接上页）得其实。俄译本及波义耳谓为凉亭 Cool Pavilion，是矣！忽必烈于开平城附近置凉亭，亦犹窝阔台于和林附近置图苏湖城 Tuzghu-Balïq，此亦蒙古之特别习俗。凉亭或称"驻跸凉楼"（《元史·世祖纪二》至元元年（1264）四月）。开平附近之凉亭有东、西（《元史·文宗纪一》天历元年闰七月癸巳）、北凉亭（《赵世延传》）、察忽凉亭（《文宗纪二》天历二年三月己丑）。周伯琦《扈从纪行诗》："凉亭临白海"，白海即察罕脑儿，东距开平一百五十里。亦即《金史》之鸳鸯泊。此西凉亭也。东凉亭在上都东五十里。杨允孚诗："东凉亭下水濛濛，敕赐游船雨雨红。"东、西凉亭之地，"地皆饶水草，有禽鱼山兽，置离宫。巡狩至此，岁必猎校焉"（《扈从北行前纪》）。

① 周按：《元朝名臣事略》卷七《刘秉忠事略》引韦轩李公撰《文集序》："丙辰，上始建城市而修宫室，乃命公相宅。公以桓州东、滦水北之龙冈卜云其吉。厥既得卜，则经营，不三年而毕务，命曰开平，寻升为上都。"

② 周按：元上都遗址，背依龙冈，前横滦河。故其南部，尤以东南角地势低洼。我们在 1972 年调查中尤能见一些水沼地中深植之大木桩，当是其时填湖建台之遗存。袁桷《清容居士集》卷一六《题华严寺诗》："运斤巧斗攒千柱，相杵歌长筑万钉。"其注云："殿基水泉涌沸，以木钉万枚筑之，其费巨万。"

③ 周按：周伯琦《扈从上京学宫纪事》："数树青榆延阁东，云窗霞户绮玲珑。上林文鹿高于马，时引黄麑碧草中。"

称。官吏之官阶通过城之名称即可得知。故一城之官吏其地位孰高孰低，无须载之于诏命，亦无关于此之任何争议，亦无需讨论在集会时之座〔次〕。官员应对某官员迎送跪拜，已为〔城之〕等第本身所规定。其阶次之名号如下：

第一等——京 ging；

第二等——都 du；

第三等——府 fu；

第四等——州 jo；

第五等＿＿　＿＿；〔原注〕诸稿本皆阙。

第六等——军 gün；

第七等——县 hin；

第八等——镇 jen；

第九等——村 sun。①

对第一等，彼等给予一大国如鲁木，法而思及八哈塔之类。二等给予一统治者所居之地。以次渐低。第七等为小城之称，第八等为自治城市，第九等为村或庄，又得称为 mazim。② 海滨之港口彼等称之为码头 matau。③

———————————

① 周按：此种等次之区分，当然不是元朝行政组织之实际。当时西方人根据其本来不正确之了解，又附会一些流言传说。所以他们关于中国繁复之官府组织，很难得一个比较正确的叙述。此处之京当指两都，而都则似当行省一级。元制，地方在行省以下，设路、府、州、县。"大率以路领州，领县。而腹里或有以路领府、府领州、州领县者。其府与州又有不隶路而直隶省者。"边境少数民族地区又设宣抚司、宣慰司，"分道以总郡县，行省有政令则布于下，郡县有请则为达于省。有边陲军旅之事，则兼都元帅府，其次则止为元帅府"。县之下划分里社。剌失德丁此处所纪，错乱不堪，勉为笺注，转更牵强。

② 周按：俄译本作 Мо-Чань。认为乃陌阡之音译，亦难于置信。

③ 周按：《资治通鉴》卷二四二胡注："附河岸筑土植木夹之至水次，以便兵马入船，谓之马头。"

此种序列与组织不经见于他处。此国之大部分事务皆如此管理。真主最善知！

纪契丹境之诸异密、维昔儿、必阇赤；详其品秩；
其所奉行之法规制度；人民之命名办法

职任长官与维昔儿之大异密称之为丞相 chingsang，统军者称之为太傅 taifu，万户之将领称之为元帅 uangshai。[1] 由大食人 Tāzīks，契丹与畏吾儿人担任之中书省 Divan 之诸异密、维昔儿与官长曰平章 finjan。通例：中书省 Great Divan 有自大异密中选任之丞相四名，及从大食、契丹、畏吾儿及基督教徒大异密中任命之平章四名。在中书省中，亦有诸异密与官员之官署，各如彼等之阶序。彼等之品秩如下示：

279

第一等——丞相（彼系职任维昔儿或官长者）。[2]

第二等——太傅（彼为军队之指挥者，虽为高位，须服从丞相）。[3]

第三等——平章（此为出自各族之长官与维昔儿）。[4]

第四等——右丞 yu-ching。

第五等——左丞 zo-ching。[5]

第六等——参政 sam-jing。[6]

---

[1]　周按：俄译本阙，注作 WNKŠY。

[2]　周按：《元史·百官志一》：中书省，置右左丞相各一员。正一品，"统六官，率百司，居令之次。令缺，则总省事，佐天子，理万机"。

[3]　周按：太傅为三公之一，系爵位而非官职。元代军事之最高指挥机关为枢密院，其长官为枢密院使。此职与中书令例皆由皇太子兼任，不常置，实际的长官为知枢密院事。剌失德丁以太傅为军事最高长官，显出误解。

[4]　周按：《元史·百官志一》：平章从一品，"掌机务，贰丞相，凡军国重事无不由之"。

[5]　周按：右、左丞正二品，副宰相裁成庶务。元制尚右，故右居左前。

[6]　周按：参政从二品，副宰相以参大政，而其职亚于右、左丞。

第七等——参议 sami。①

第八等——郎中 lanjun。②

第九等——（不明，所有书记皆属之）。③

忽必烈合罕在位时，其任丞相者为下列之诸异密：安童那颜 Hantum noyan。④ 乌察察儿 Uchachar。⑤ 完泽 Öljei。⑥ 答剌罕 Tarkhan。⑦ 答失蛮 Dashman。⑧ 今安童那颜已死。⑨ 余诸人皆逐一为铁穆耳合罕 Temür Qa'an 之丞相。其初平章专授契丹人，今则兼授蒙古人、大食人及畏吾儿人。⑩ 平章之长曰首平章 sufinjan，即"平章之精选者"Cream of the finjan。⑪ 方今铁穆耳合罕在位时期，所有彼等诸人之长为赛典赤 Saiyid Ajall 之孙，⑫纳速剌丁 Saiyid Nāṣir al-Dīn 之子伯颜平章 Bayan finjan。⑬ 今彼亦名

---

① 周按：参议，参议中书省事，正四品，典左右司文牍。

② 周按：郎中分左右司，正五品。俄译本下有"职司文籍"。

③ 周按：此与第八等郎中所掌相同，疑此八、九两等系分指右、左司郎中而言。

④ 周按：《元史》卷一二六有传。

⑤ 周按：即《元史》卷一一九之月赤察儿。

⑥ 周按：《元史》卷一三〇有传。

⑦ 周按：即《元史》卷一三六之哈剌哈孙。

⑧ 周按：《元史·成宗纪一》元贞元年（1295）十月平章军国重事答失蛮。又《岳柱传》之丞相答失蛮亦即此人。

⑨ 周按：死于至元三十一年（1294）。

⑩ 周按：汉籍中无平章初专授汉人之记载。然在至元十四年前，尚有汉人充任。嗣后则汉人不得充任，几成定例，惟仁宗时李孟、张珪、王毅，泰定帝时张珪，文宗时敬俨、王毅少有例外。

⑪ 周按：《元史·搠思监传》："进为首平章。"《铁木儿塔识传》："迁平章政事，位居第一。"《太平传》："任平章，班同列上。"《仁宗纪二》延祐元年（1314）正月，"敕各省平章为首者"。又《顺帝纪九》至正二十二年（1362）三月，"命孛罗帖木儿为平章，位第一"。皆其证也。

⑫ 周按：赛典赤瞻思丁，《元史》卷一二五有传。

⑬ 周按：《赛典赤瞻思丁传》：子纳速剌丁。纳速剌丁子十二人，长伯颜，中书平章政事。

赛典赤。其次为蒙古人乌马儿平章 'Umar finjan。① 第三为畏吾
儿人铁哥平章 Teke finjan，②其前任为异密松察 Sunchaq 之侄刺
真平章 Lachïn finjan，③今为其子客儿马捏 Kermane。第四为亦
黑迷失平章 Yïghmïsh finjan。④ 彼亦出畏吾儿，系代帖木儿平章
Temür finjan 而任此者。因合罕常居大都，此处系彼等称为省
Shing 之中书省 Great divan 所在之处。⑤ 彼等在此地举行政务会
议。此国之惯例，以一长官掌门卫，所接受之备忘录皆呈交此长
官。[原注] bularghui 一词之本义似为备忘录、记录，或义为失物 lost
property。⑥ 由彼进行审问，此署 divan 名为 lais。[原注] LYS，布洛歇
读作 LYŠH。审讯毕，立成文案，此报告连同备忘录一并递交较他署
divan 为高之 lusa。[原注] LWSH。由此递交第三署枢密院（?）
divan，名为 chubivan。[原注] Ch'u-mi-yüan 枢密院。然后再转名为通

---

① 周按：此人无可考。

② 周按：《元史》卷一二五有传，《宰相年表》作帖哥。《墓志铭》作铁可，乞失
迷儿部人。

③ 周按：《元史·世祖纪十四》：至元二十九年（1292）三月己酉，"以大司农、
同知宣徽院事兼领尚饎监事铁哥，翰林学士承旨、通政院使兼知尚乘寺事
刺真，并为平章政事，兼领旧职"。《小云失脱忽邻传》作腊真，为小云失之
孙，父名八里，与此处所纪异。

④ 周按：其人不可考。俄译本作 Бигмыш，注云：（?）YĪMŠ 即"不忽木"。然
从音读上显不可通。

⑤ 周按：divan 原义为中亚诸国之国务会议，"省"之义，据《元典章四·朝纲
一·省部减繁格例》："中书省管的勾当，出纳上命，进退百官，总掣纲维，
六部诸衙门分掌庶务，政府州县亲临裁决，选贤使能，责其成功。俾上下
各得任其职。如此则百职具举，宰执总其要而临之，不烦不劳，乃所谓省
也。"此盖当时流行的理解。赵翼《陔余丛考》卷二七《省》引《汉书·昭帝
纪》："帝年幼，帝姊鄂邑公主共养省中。"认为"省中"即"禁中"，讳禁故曰
省。后世以中书、尚书诸官署设在省中，遂移为官署之名，曰中书省、尚书
省，故《新唐书·杨收传》有"汉制：总制群官而听曰省，分务而专治曰寺"。

⑥ 周按：bularghui 当即《元史》常见之孛兰奚。

政院(?)tunjin uan 之第四署 divan,〔原注〕布洛歇认为可能为 T'ung
Chêng-yüan 通政院。驿站 yams 与使臣诸事皆属之。由此再转至总
兵戎,其名为御史台(?)zhushitai 之第五署 divan〔原注〕yü-shih-ta'i
御史台。再交名为宣慰司(?)sanvisha 之第六署 divan。〔原注〕
hsüan-wei-ssê 宣慰司。所有使臣、商贾、旅行者均处于此署,诏命与牌
子 paizas 皆掌于此署。① 此职独授予异密达失蛮 Dashman。历此
六署之后,始带至名为省 shing 之中书省 great divan,进行审问。
彼等取下受盘问者之指纹。指纹之义意如下：经验证明：人之指
纹各不相同。故每当彼等取得任何人之证言时,即置供纸于其诸
指之间,在该纸之背面辟一按纸纹之处。以使设一旦彼翻供时,彼
等可验证其指纹。因其为正确,彼再无法否认。在所有诸署详审
之后,彼等即予呈报,并按所予之命令施行。

281

　　其俗：上述诸异密每日到省 shing 视事,进行审讯。国事纷
繁。当此四丞相列坐时,其他诸官员各以其必阇赤亦皆各按品秩
依次就座。每人之前置一类似座椅之小桌,上置笔盒。彼等常至
此处。各大臣皆有特殊之印章 tamgha。并有指定之必阇赤数
人,其职责为登记每日至省之人之姓名。如有缺勤数日者,则扣
减其薪俸；缺勤者如无正当之理由即予解职。此四丞相奏事于
合罕。②

　　汗八里之省极庞大。数千年之案卷皆庋藏于此。彼等将〔任
何事件〕详载其上,包含有极优秀之箴言。省中服役者几近二千

① 　周按：上述记载混乱,很难从汉文资料来疏通说明。它们虽然大多可以找
　　到音读相近的官职,然除通政院之职掌是正确的外,其他都不正确。且文
　　移何以经此六署转移,更难于理解。窃意当时西方对中国之省、院、台及
　　六部、九卿分职,略有所闻而不知其详,使臣、商贾来朝中,经历某些有关
　　衙门,他们即误以为此即中书六部,因此造成上述无法说明的错误。
② 　周按：《元典章十三・吏部七・公规》："应系有禄官吏人等,无故勾当不聚
　　会,第一次罚俸；第二次决七下；第三次决十七下；已后不改,勾当罢了。"

人。并非每一城市皆设有省。省仅设于可为许多城市与省提供都城之处，如八哈塔、泄剌失 shiraz 与鲁木之觳你牙 Qoniya。合罕之国共有十二省，除汗八里之省外，所有之省均不置丞相。① 其首者为一异密，其职兼有萨黑纳 Shaḥna 与异密二者之职务。又有四平章，另有其他之官署。十二省之所在及其等级，籍全能真主之助，将记叙于此。

第一，汗八里 Khan Balïq 与大都 Daidu 省。②

第二，女真 Jürche 与肃良哈 Solangqa 省。③ 省治 Chunju，④此城为肃良哈境之最大城市。阿力麻里城之参政忽撒木丁 Ḥusām al-Dīn 之子阿老瓦丁平章 'Ala al-Dīn。⑤ 及哈散左丞 Ḥasan Zo ching 治此。⑥

第三，高丽 Goli 及____省。⑦ [原注]布洛歇正此讹书为 Kokuli，即高勾丽，高丽之古称。自成一国，其国主曰王 yang。忽必烈合罕以女妻之。故其子为合罕之亲信之一，然彼未为此处之国王。⑧

第四，南京 Namging 城之省。此为契丹之一大都市，位黄河

---

① 周按：《元史·百官志七》：行中书省，"丞相或置或不置"。一般而言，行省不置丞相。
② 周按：此即中书省，通称都省。
③ 周按：此即辽阳等处行中书省，至元二十四年（1287）十月始置。辽阳行省在元代东以慈悲岭与高丽为界，故以女真及肃良哈省并称。
④ 周按：《元史·王伯胜传》：辽阳行省省治懿州；又《世祖纪十一》至元二十三年三月，徙东京行省于咸平府，皆与此处 Chunju（俄译本作 Чанчи，注作 ḤWN ǰW；他本作 ČWNČW）音读亦不合。
⑤ 周按：名见《元史·世祖纪十一》至元二十四年十月丙戌。
⑥ 周按：《元史·成宗纪一》：元贞元年（1295）七月"壬午，立肇州屯田万户府，以辽阳行省左丞阿散领其事"。
⑦ 周按：俄译本阙，注作 BAYKWDY；布洛歇本作 KWKWLY。
⑧ 周按：至元二十一年五月，以皇女忽都鲁揭里迷失尚高丽世子愖。同年，愖（后更名曰睶）袭父位为高丽国王。

Qara Müren 河畔,为契丹之一古都。①

第五,扬州 Yangju 城省。② 此城位于契丹边境,＿＿＿之子脱欢 Toghan 治此。[原注]诸本皆阙。伯希和指出脱欢必为忽必烈之第十一子。③

第六,行在 Khingsai 城省。此城为蛮子之首都。④ 该地之长官为赛甫丁塔察儿那颜 Saif al-Dīn Taghachar noyan 之子阿老丁平章 Ala al-Dīn finjan,与一契丹那可儿名速真 Suching,及乌马儿平章蛮子台·Umar finjan Manzitai,及别火察平章秃昔 Beg Khocha finjan Ṭūsī 同治此。⑤

第七,福州 Fu-ju 城省。此为蛮子之一城。其先省治于此,后徙刺桐,今又徙回。⑥ 此城之长官一度为达失蛮 Dashman 之兄弟真 Zhen⑦,现为异密乌马儿·Umar。⑧ 刺桐为一海港,其长官为浑

---

① 周按:此名"河南、江北等处行中书省"。南京即汴梁,金之南京。《元史·地理志二》,河南江北等处行中书省·汴梁路:"至元二十八年,以濒河而南、大江以北,其地冲要,又新入版图,置省南京以控治。"

② 周按:俄译本作 Никджу。注作 HYK ĴW;布洛歇本作 ŠKSW。

③ 周按:镇南王脱欢,以伐安南,丧师无功,忽必烈责其移镇扬州,终身不许入觐。此省即江淮行省,至元十三年(1276)置,治扬州。二十一年省治迁杭州。翌年,以江北地划归河南行省,遂更名为江浙行省。

④ 周按:即杭州,当时沿南宋之旧称行在。此明即江浙行省,与上文扬州城省重出。

⑤ 周按:俄译本此最后一名阙。《元史·成宗纪四》大德十年(1306)四月甲子,"倭商有庆等抵庆元贸易,以金铠甲为献,命江浙行省平章阿老瓦丁等备之"。当即此阿老丁。

⑥ 周按:元平南宋,置福建行省。至元十五年以江西行省并入。十七年复分两省,福建行省治泉州。十八年迁福州,十九年复还泉州,二十年再迁福州。二十二年,福建行省并入江西,二十三年改并入江浙。其变迁纷繁,自非剌失德丁所能尽知。

⑦ 周按:俄译本阙。注作:布洛歇本作 WQTYŽN。

⑧ 周按:俄译本作"伯颜平章之兄弟乌马儿"。《元史·赛典赤瞻思丁传》:纳速剌丁子乌马儿,江浙行省平章政事。亦即吴文良《泉州宗教石（转下页）

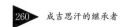

都思 Qunduz 之巴哈丁 Bahā al-Dīn。

283   第八，Lukin Fu 省，此为蛮子省之一城市，其一面属唐兀惕 Tangqut，①其长官为伯颜平章 Bayan finjan 之兄弟哈散平章 Ḥasan finjan 及剌真平章 Lachīn fanjan 之兄弟亦名为哈散 Ḥasan 者。②

     第九，Kongi 省，③大食人称之曰辛喀兰 Chīn-Kalān，④此为刺桐之下海岸之极大城市，为一大海港。［原注］伯希和以 Kongi 似为 Konfu 或 Kongfu 之讹写，此即广州。⑤ 有名为那海 Noqai 及鲁克纳丁平章 Rukn al-Dīn finjan 者治此。⑥

     第十，哈剌章 Qara-Jang 省。此为单独之国度，有大城曰押赤

（接上页）刻》第 7 页之赛典赤乌马儿。陆峻岭、何高济《泉州杜安沙碑》有考（《考古》1980 年第五期）。

①　周按：此 Lukin Fu 之释说，纷纭难据。伯希和作龙兴，即江西南昌。冯承钧作 Loukinfou，疑为桂林府。注云："此误，后文既云城在唐兀边境，则舍四川莫属。原名应有讹写。"张星烺译作鲁京府。注云："此省为四川等处行中书省，毫无疑义。鲁京府即成都府。"然又云："拉施特何由而得此名，不可知。"岑仲勉对丽江府，亦具一说。此名俄译本注作 LWKYNFW。俄译作 Лукин-фу。此名究指何处，不敢妄拟，列之以待高明。

②　周按：《元史·赛典赤瞻思丁传》纳速剌丁有子忽先，云南行省平章政事。又《小云石脱忽邻传》八丹子阿散，甘肃行省平章政事。当即此二 Ḥasan。

③　周按：俄译本阙，注作 KWNKY；布洛歇本作 KWYLKY。此首音节当即"广"字，疑为广州。

④　周按：俄译本作 Великий Чин 大秦。

⑤　周按：Chīn-Kalān，斡多里克 Odoric 作 Cencalan，马利诺里 Marignolli 作 Sinkala'n，伊本拔都他 Ibn-Batuta 作 Chinkala'n。

⑥　周按：俄译本于 Рукн-ад-дин 之后，пин-чжан 之前有阙号，注作 ALŠTRY；布洛歇本作 ALTSTRY。

Yachi,① 省治即设于此。② 民皆穆斯林。③ 其长为也罕的斤
Yaghan Tegin 及牙剌瓦赤 Yalavach 之后阿里别 ʿAlī-Beg 之子牙
忽伯 Yaʿqūb Beg。④

第十一，京兆府 Kinjanfu 省。此为唐兀惕 Tangqut 境之一城。
忙哥剌 Mangqala 之子阿难答 Ananda 居于此国。⑤ 其长为达失蛮
平章 Dashman finjan 之兄弟＿＿＿［原注］稿本阙。⑥ 及乌马儿乞答
ʿUmar Khitā'i。阿难答之禹儿惕居察罕脑儿 Chaghan Na'ur 之
地。彼于此处筑有宫殿 qarshi。

第十二，甘州 Qamju 省。亦唐兀惕 Tangqut 境之一城。此为
一极大之王国，辖地无算。⑦ 阿只吉 Ajïqï 据于此。有异密名火者

---

① 周按：俄译本阙，注作(?)AHY；布洛歇本作 YAČY。

② 周按：即云南诸路行中书省。yachi，据《元史·世祖纪五》至元十年
(1273)闰六月丙子，"以平章政事赛典赤省云南，统合剌章，鸭赤、赤科，
金齿、茶罕诸蛮"。鸭赤又作鸭池(至元十五年十二月，十九年七月，二十
八年十二月)，押赤，柙赤。《兀良合台传》：忽必烈征云南，大破高升兵于
滇可浪山下，"遂进至乌蛮所都押赤城。城际滇池，三面皆水，既险且坚"。
马可波罗至哈剌章，离 Brius 河(金沙河)五日程，"抵一主城，是为国都，名
称押赤 Jacin，城大而名贵"。押赤城即今之昆明，元为中庆路。其旧址今
城东南十五里，滇池之旁(《马可波罗行纪》第二册第 462 页)。

③ 周按：《马可波罗行纪》谓押赤"有回教徒"。冯注云："云南在蒙古时代以
前，似无回教徒；波罗所见者，殆随兀良合台或赛典赤来之回回教徒。"

④ 周按：《元史·世祖纪九》：至元十九年二月甲午，"议征缅国，以太卜为右
丞，也罕的斤为参政，领兵以行"。即其人。卷一三三有传，云：至元十七
年，"征斡端，拜云南行者参知政事"。

⑤ 周按：此即陕西等处行中书省。京兆 Kinjan 即今西安，无可疑义。忽必
烈至元九年十月，封皇子忙哥剌为安西王，赐京兆为封地，据兵六盘山。
俄译本 Mangqala 作 Нумуган，显误。

⑥ 周按：俄译本补作 Каитмыш。

⑦ 周按：即甘肃等处行中书省，治甘州。

Khojo 者充其长官。①

由于此等地区彼此相去甚远，故于每一地区内均有一宗王或异密率军镇守。彼负责省内之人民及有关权益，并予管理与保护之。诸省皆设于该地区中之最大城市。省之大如一村，因彼等建造房屋及各种附属物甚多也。侍从彼等之奴仆众多。

此等省安排与组织之细节皆极为美好精巧。此处风俗，对获罪犯法之人予以处死，或离其家族及其他成员，没其货物财产，罚使掘土、辂车、运石，以便使人知诸异密及显贵者之地位如此，而知所敬畏。彼等之扎撒与组织，种类甚多，有关此国之故事亦多。然因此境之历史将于本书之附录中单独叙述，故我等仅限于上之所述如此。

纪合罕之帝国之边境，及屯边防戍之诸宗王与诸异密

东南之地，无合罕之敌国，因此一方向所有之土地，迄于大洋，皆包括于彼之帝国中。惟近女真 Jürche 与高丽 Goli 不远之大洋中之一大岛，称日本国 Jimingu 者除外。此国周围约有四十程 parasangs，其地城镇村庄甚多，自有君长，迄今叛命如前。其人矮小、短颈、大腹。境多矿山。

东尽大洋及乞儿吉思 Qïrqïz 之地，彼无敌对者。

---

① 周按：元代行省之设置，变化纷繁。迁设迁废者甚多。《元史·地理志》列其常置者十有一；岭北、辽阳、河南、陕西、四川、甘肃、云南、江浙、江西、湖广、征东。《史集》上列十二省，其一为中书省亦即都省，实止十一行省。然其第五扬州城省、第六行在城省，第七福州省均即江浙行省。第八之 Lukin Fu 省、第九之 Kongi 省，似均指湖广。另岭北、四川、江西三省则或不及载，或恍忽难定。盖四川行省初并于陕西，江西亦与福建几经分合，均易造成记忆上之错误。岭北行省之建则在大德十一年（1307），已不及为修《史集》时所知也。

蛮子之西南,Kongi 省①与刺桐之间,为一大森林,蛮子国之王
子曾亡匿于此。彼虽无力量,然以抢劫与无赖为生。②

西方有省曰交趾国 Kafje-Guh,其地有森林及其他难于通行之
地。此境与哈剌章、欣都之一部分及海岸相接。有二城名为 Locak
与 Khainam。[原注]明即雷州半岛与海南岛,然无完全满意之论证。③ 自
有其君长,叛命于合罕。合罕之子脱欢 Toghan 统军驻蛮子境之
Lukinfu,以防蛮子,亦以保持其注意于此叛乱者。④ 彼一度率军攻
此濒海诸城而掠之,据其王都历时一月。然伏兵突自海岸之丛林
及森林、山间涌出,进击正事劫掠之脱欢军。脱欢走免,迄今仍居
于 Lukinfu 之境。⑤ 西北邻吐蕃与扎儿丹丹 Zar-Dandān,除忽惕
鲁黑忽察 Qutlugh Khwāja 军外,[原注]此为阿富汗斯坦哥疾宁 Ghazna
地区之 Qaraunas。别无合罕之敌人。然彼等之间山路险峻,敌人不
能由此进入,但仍有军若干戍屯于此境。

东北全境与海都、笃哇〔之地〕相接。⑥ 彼等与合罕之边界之间

_____

① 周按:俄译本阙,注作 KWYLKY。

② 周按:元军下临安后,张世杰、文天祥、陈宜中等奉益王、福王等图抵抗恢
复,其主要活动地区在东南闽、广沿海一带。《元史·世祖纪十一》迟至至
元二十二年(1285)四月癸丑,犹有"诏追捕宋广王及陈宜中"之记载。盖
崖山之役,陈宜中亡走,广王之存否,亦多流说也。

③ 周按:以下文叛命于合罕观之,明指安南。俄译本俱阙。注作 AWǏK,布
洛歇本作 LWČK,与"老告"音近。后者为 ȘYLM,布洛歇本作 XYNLM,
岂"安南"之讹耶?

④ 周按:《元史·世祖纪十》至元二十一年六月,封脱欢为镇南王,驻鄂州。

⑤ 周按:忽必烈统治时期,两次入侵安南。至元二十一年,以皇子镇南王脱
欢、李恒求假道安南,以伐占城。安南国王陈日烜拒之。脱欢六道进攻,
陷其王京,终以师老兵疲败退。二十四年复以脱欢督程鹏飞等三道伐安
南,再陷王京,日烜亡走入海。已而元军疾疫、乏粮,被迫再度退军。安南
军遏其归路,大败元军。脱欢亦受伤,间道亡归。忽必烈怒其丧师无功,
责令改镇扬州,终身不许入觐。

⑥ 周按:当作西北。

须通过沙漠为四十日程。双方均以军士、斥候屯据边境，保护疆土，守望警戒；且时有战争。合罕之边界自此方向向东伸展为一月程。在大多数重要地点设有军队与斥候。自东面开始，〔沿边〕有诸宗王、异密驻守。最东者为合罕之叔、宗王甘麻剌 Kambala① 其次为合罕之婿阔里吉思古列干 Körgüz küregen。② 次为忽必烈合罕之大异密土土哈 Totoq 之子床兀儿 Jungqur。③ 次为另一大异密乃颜贵由赤 Nayan Küyüchi④ 之子囊加台 Nangiyadai。⑤ 次为铁穆耳合罕之叔阔阔出 KöKöchu，⑥然后入于唐兀惕境，此境由忙哥剌之子宗王阿难答 Ananda 治领。彼率兵驻察罕脑儿 Chaghan

---

①　周按：此合罕指成宗铁穆耳。《元史·显宗传》：至元中，奉旨镇北边，二十七年(1290)，封梁王，出镇云南。二十九年，改封晋王，移镇北边，统领太祖四大斡耳朵及军马、达达国土。

②　周按：《元史·公主表》："赵国大长公主忽答迭迷失，裕宗女，适爱不花子赵忠献王阔里吉思。继室以赵国大长公主爱牙失里，成宗女也。"《阿剌兀思剔吉忽里传》：阔里吉思，"成宗即位，封高唐王。西北不安，请于帝愿往平之，再三请，帝乃许"。

③　周按：《元史》本传：床兀儿以大德元年(1297)袭父职，佐海山总军北边。

④　周按：俄译本作 Баяна-Кубукчи。

⑤　周按：《元史·伯颜传》，伯颜有子囊加台，则当从俄译本作 Баян, Иауаи 误。然伯颜在史籍中不见伯颜贵由赤之称呼。《元史》卷一三一另有乃蛮人囊加歹，尝从海山北征有功，惟其父名麻察，与此不合。贵由赤 Küyüchi 当即《元史》常见之"贵赤"。《辍耕录》卷一："贵由赤者，快行是也。每岁一试之，名曰放走，以脚力便捷者膺上赏。故监临之官齐其名数而约之以绳，使无后先参差之争，然后去绳放行。在大都，则自河西务起程；若上都，则自泥河儿起程。越三时，走一百八十里，直抵御前，俯伏呼万岁。先至者赐银一饼，余则缎匹有差。"张昱《可闲老人集》卷二《辇下曲》："放教贵赤一齐行，平地风生有翅身。"

⑥　周按：忽必烈第八子，至元二十六年十二月封宁远王。大德三年，总兵北边，因怠于防御，为海都所袭，失利，改由海山代之(见《元史·武宗纪》)。武宗即位，晋封宁王。

Na'ur 附近之地。① 复次为畏吾儿城之哈剌火州之边境。该处有美酒。其地处合罕与海都边界之间。人民皆结好并奉事于两方之间。又次为察合台之孙阿只吉及阿鲁忽之子出伯 Chübei。然后迄于上述险峻山岭之吐蕃。此境夏日因乏水故，不能通行，仅冬日如以雪水为饮，道路始可得通。真主最善知何者为是！

---

① 周按：姚燧《牧庵集》卷二五《武略将军知秦州史君神道碣》："俄，秦藩肇建。方冬，发万人筑白海行邸。"白海，蒙古语作察罕脑儿 Chaghan Na'ur。《元史》中关于察罕脑儿之记载甚多，然所指实非一地。若《世祖纪八》至元十七年(1280)五月，十九年七月，卷一六六《蔡珍传》及周伯锜《扈从北行前后纪》所记者，均在今内蒙古正兰旗境，开平之西南地，《金史·地理志中》桓州之白泺也。至若《元史·百官志四》管领六盘山等处怯怜口民匠都提举司所记，则即此安西王之行邸也。武宗时，以阿难答伏诛，改赐皇太子，其弟爱育黎拔力八达。英宗时降为开成路。泰定即位，元年(1324)三月，以湘宁王八剌失里镇之，为罢宣慰司，置王傅府。此湘宁王系甘麻剌孙，迭里哥儿不花之子，袭封湘宁王，见《宗室世系表》。同时又有同名之昌王八剌失里，亦乞列思部阿失之子，见卷一一八《忽怜传》。《公主表》："昌国大长公主烟合牙，适昌王八剌失里。"在《元史·泰定帝纪》中，关于两八剌失里之记载，因同名致混，几无法辨认。当泰定帝死后，文宗据大都即帝位，湘宁王八剌失里自察罕脑儿起兵，与上都王禅，倒剌沙兵相呼应，上都兵败，此八剌失里伏诛。察罕脑儿重收归有司。天历元年(1328)十一月，复立察罕脑儿宣慰司。《文宗纪二》天历二年五月"昌王八剌失里还镇"，可知其时昌王之地位并未受此次政变之影响。察罕脑儿之封地亦与昌王无涉。《泰定帝纪》谓以阿难答地封昌王者，乃湘宁王之误。迄至顺帝至正十九年(1359)，从皇后奇氏之请，复以察罕脑儿之地属资正院，有司勿得差占。二十七年八月，因元朝在中原的统治已濒于崩溃，故于此立行枢密院，谋为根据，支撑西北残局。洪武三年(1370)，明军败扩廓帖木儿于定西，遂定宁夏：乘胜逐北至察罕脑儿，复徇东胜、大同、宣府。明前期，察罕脑儿经过破坏，已无由恢复。但在与蒙古的抗争中具军事价值，而为明军所利用。中期后长城筑成，隔在塞外，此地始完全废弃。杨江《河套图考》载察罕脑儿遗址在伊克昭盟郡王旗。其确切地址，仍有待实地调查发掘。周清澍《从察罕脑儿看元代的伊克昭盟地区》一文(载《内蒙古大学学报》1978 年第二期)，可参看。

纪侍从与臣属合罕之诸宗王与诸大臣异密

诸宗王中，代乃颜 Nayan 掌塔察儿 Taghachar 之家族 uruq 者，为完泽 Öljei 丞相之婿脱脱古温 Toqta Kö'ün。[原注] Kö'ün，蒙古语义为子，同于突阙语之 Oghul 斡兀勒，系用于皇族诸宗王之尊衔。① 当乃颜既诛之后，有诏尽释彼等所得之所有驱奴与囚犯。彼等均集聚于彼之周围。另一人为____之妻脱古思 Tögüz 之子____[原注] 原本阙。居于斡难及怯绿连之禹儿惕。海山 Khai-Shang 系答亦乞 Taiki 之子，为一宗王。[原注] 与武宗海山同名，不应混为一人。② 答亦乞为阿速台 Asutai 诸妻之一，极美，合罕取以为妻。脱列斡兀勒 Töre Oghul 与牙撒兀儿 Yasa'ur 为兄弟。窝阔台后王 uruq 阔出 Köchü 之子小薛 Söse 为一显贵之宗王。③ 察合台后王〔于此间〕者有阿只吉。彼为木额秃干之孙，不里之子。彼年齿于诸宗王中最长，今日〔为〕最显要之人物。

至若合罕之诸婿，其最著者如下：一为肃良哈国主之子。另为弘吉剌部之蛮子台 Manzitai，④ 其所尚之公主名兀捏格真 Ünegejin。[原注]"泼妇"。⑤ 又一婿为蛮子国王之子。此子曾为蛮

---

① 周按：uruq，义为家族、后裔。《元史·宗室世系表》：塔察儿子寿王乃蛮台，乃蛮台孙辽王脱脱。

② 周按：俄译本作："此处又有名 Хишенк 者及____，后者系 Асутай 之一妻____之子。"此妻之名，注中诸本少异，波义耳此处系采列宁格勒萨尔特科夫谢德林图书馆本 TAYKY。

③ 周按：《元史·宗室世系表》小薛系合丹之孙。

④ 周按：即《元史·特薛禅传》怀秃之弟蛮子台，至元二十七年（1290）袭万户，尚囊加真公主。成宗即位，封济宁王。

⑤ 周按：俄译本作：蛮子台"有女名____。"注 ANKḤYN；布洛歇本作 AWTK ČYN。

子国王,今则败覆而置身于合罕子婿异密之列。①真主最善知何者
为是。为神意故,请言归正传。

纪合罕之丞相赛典赤 Saiyid Ajall Bukhārī
之子及其孙伯颜平章 Bayan finjan

牙剌瓦赤 Yalavach 死后,不花剌人赛典赤[原注]此即为赛典赤
瞻思丁乌马儿 Saiyid Ajall,Shams al-Dīn 'Umar(1210—1279 年)。② 之孙继
为忽必烈合罕皇廷之维昔儿,合罕委付以哈剌章之地。③ 当忽必烈
合罕含蒙哥合罕之命进征此国时,其军缺衣乏食,〔赛典赤之孙〕效

---

① 周按:赵㬎降元,封瀛国公。至元二十五年(1288)十月,“瀛国公赵㬎学佛
法于土番”(《元史·世祖纪十二》)。据《佛祖历代通载》卷二七:“敕令瀛国
公往多斯玛路习学梵书西番字经。”称木波讲师,知为忽必烈之所迫也。故
汪元量《湖山类稿》卷三直谓“入西域为僧”。英宗至治三年(1323),帝令瀛
国公合尊在河西自尽(《佛祖历代通载》)。合尊当即藏语之 mka'-bcun。尚
主的记载,不见于《元史》,然《寰宇通志》引余应诗:“元君召公尚公主,时蒙
锡宴明光宫。酒酣伸手扒金柱,化为龙爪惊天容。”“侍臣献谋将见除,公主
泣泪沾酥胸。”“瀛公晨驰见帝师,大雄门下参禅宗。幸脱虎口走方外,易
名合尊沙漠中。”(参见叶盛《水东日记》卷三七)又田汝成《西湖游览志余》
卷二亦谓度宗降元,尚公主。盖其时此谣言流传甚广也。

② 周按:《元史》卷一二五本传:“赛典赤瞻思丁,一名乌马儿,回回人,别庵伯尔
之裔。其国言赛典赤,犹华言贵族也。”据吴文良《泉州宗教石刻》第7页所
录《赛典赤杜安沙碑》,此家族原贯不花剌,与此合。碑云:“赛典赤这一个
尊贵的称号是他的家族所特有的,即尊贵领袖的意思。赛典赤瞻思丁乌
马儿是伊斯兰教教祖穆罕默德的直系后裔的尊贵称号。”Saiyid 是摩诃末
的后裔,Ajall 义为光荣。“别庵伯尔”,《明史·外国传》作“别谙拨耳”,泉
州通淮门街清净寺至正十年吴鉴撰《重修清净寺碑记》:“初默德那国王别
谙拨尔谟罕蓦德,生而神灵,有大德,神服西域,诸国咸称圣人。别谙拨
尔,犹华言天使,盖尊而号之也。”

③ 周按:《元史·世祖纪五》:至元十年闰六月丙子,“以平章政事赛典赤行
省云南,统合剌章、鸭赤、赤科、金齿、茶罕章诸蛮”。本传则作十一年,当
系其之省之期。

前驱,循礼服侍,克尽厥职。忽必烈合罕乃同意以彼留侍蒙哥合罕,彼遵命而行。① 蒙哥合罕爱之,多予恩赏。迨忽必烈合罕即位,亦示以恩宠,命为维昔儿,并命其子纳速剌丁 Nāiṣr al-Dīn 治哈剌章。② 彼任维昔儿达二十五年,人无间言,事皆祥庆,以寿终。此诚一大奇迹。③ 纳速剌丁留治哈剌章,前往觐见合罕。彼于五年前死,葬于汗八里之私园。④ 在先,纳速剌丁之子不别 Abū Bakr,即今称为伯颜平章者被遣为剌桐城之长官。

赛典赤既死,费纳干人阿合马 Aḥmad Fanākati 为合罕之维昔儿,尽揽政权。⑤ 缘察必可敦 Chabui Khatun 未出阁时,异密阿合马与彼等交往亲密。当察必入宫后,彼侍从于可敦之斡耳朵,遂得势,成为大异密,把持朝政。契丹诸异密嫉而憾之。真金亦不喜彼,甚至一日以弓殴其首而伤其面。及阿合马见合罕,后者问之:"何故而伤面耶?"彼答云:"马踢之使然。"真金时在座,愤然曰:"汝岂耻自言邪? 此真金之所殴也。"彼曾数次于合罕之前以拳猛击阿合马。阿合马恒惮之。⑥

其年夏,合罕离大都避暑夏都,彼留阿合马与钦察部之异密帖

---

① 周按:《元史》本传:"宪宗即位,命同塔剌浑行六部事,迁燕京路总管,多惠政,擢采访使。帝伐蜀,赛典赤主馈饷,供亿未尝阙乏。"

② 周按:《元史》本传:"会其父瞻恩丁殁……十七年,授资德大夫、云南行中书省左丞,寻升右丞。"

③ 周按:赛典赤死于至元十六年(1279),此云任 Vizier 二十五年,乃自蒙哥四年(1254)从忽必烈征云南还后,始受重用起。

④ 周按:据《元史·世祖纪十四》,纳速剌丁死于至元二十九年。

⑤ 周按:阿合马中统初元充上都留守同知,兼太仓使。中统三年(1262)领中书左右部,至元元年拜中书平章政事。三年,立制国用使司,充平章政事兼领使职。七年,立尚书省,充平章尚书省事。九年,并尚书省入中书省,又以之为中书平章政事。

⑥ 周按:《元史·裕宗传》:"时阿合马擅国重柄,太子恶其奸恶,未尝少假颜色。"

儿干 Tergen 留守中书及国库，戍守宫殿。随侍之契丹诸异密久怀
妒忌与怨恨，始图谋杀。

纪合罕之异密费纳干人阿合马；彼如何为高平章
Gau finjan 所杀；及高平章征服蛮子

方忽必烈合罕在位时，异密阿合马充维昔儿，有一契丹人名高 289
平章者亦任维昔儿。因异密阿合马拥有大权，被称为首平章，义即
"任警戒之维昔儿"alert vizier。"首"者，大平章之号也。高平章党
从甚众，忌异密阿合马特甚。前述之夏月，当合罕任彼留守汗八里
或大都之宫殿与中书省时，高平章与契丹人谋杀〔阿合马〕。从侍
阿合马之一奴仆得其谋而告变，阿合马于合罕御厩中从饲以大麦
之骟马中取四十健马乘夜亡走。契丹人知其亡走。比晓，彼已至
一离五程 parasangs 远之村名____者，[①]大食人称此村为出剌
Chula 或"赛典赤之驿"Saiyid Ajall's Jam。[②] 契丹人已速行至此，
不放其过桥。彼乃图涉水而过。契丹人障塞通路，使之不得前行。
方交涉间，高平章追至。执其马缰而言曰："合罕留我辈于此，照料
中书大事。尔何得不商于我等而潜逃？"彼对曰："合罕方召我，我
欲赴彼处。"然高平章不让其通过。正吵嚷间，有四使者因公自合
罕处而来。阿合马见使者，乃嚷云："我方欲往见合罕，而彼等却不
容我通行。"使者言："合罕令我等召取异密阿合马。"高平章云："彼
任我辈于此，料理中书政务。我等与此人有公务相商。"因使者坚
持，彼等乃释彼。彼至合罕之夏宫，取一黑盘，盛满各色珍珠，其上
置一刀，覆以红色之丝绸 torghu，[原注] torghu，突阙语义为珍美之丝织 290

---

① 周按：俄译本阙。注作 ŠZAY；东方研究所抄本作 ŠDAY；布洛歇本作
　　ŠNDAY。
② 周按：张德辉《纪行》："出德胜口，抵扼胡岭，下有驿曰字罗。自是以北诸
　　驿皆蒙古部族所分主也。每驿各以主者之名名之。"

物。呈之于合罕之前。合罕问曰："此为何物？其义云何？"彼答曰："昔者，当我〔先前〕进身效力于合罕之时，我之髭须黑如此盘。以勤劳王事，今则斑白如珠矣！然高平章欲以刀加之，使臣之须染红若此丝绸。"彼历陈其事，使者亦证其属实。合罕因令彼等捕高平章。

　　高平章知已受告发，乃亡走蛮子边界之襄阳府 Sayan Fu 城。此城位黄河 Qara-Mören 上，半在河之此岸，半在彼岸。① 昔日，此城半输税于契丹之统治者，半输于蛮子国君，彼此和平相处。迨契丹之亡于蒙古也，蛮子国遂尽有全城。城之一面为一坚垒，高墙深壕。蒙古军虽前往〔围之〕，然不能攻下。高平章既至，其人们因有如此显要之异密之来而人心大振。彼等于彼深为信任，彼遂为该城之主要异密之一。

　　合罕令伯颜 Bayan 率军往追之。先时契丹无法兰克 Frankish 式之投石机，至自巴勒别克 Baalbek 及大马司 Damascus 之投石机制造者塔里卜 Ṭālib 及其子布伯 Abū-Bakr、②亦不剌金 Ibrāhīm 与摩诃末 Muḥammad 以及其从者造成大投石机七座，发往攻城。③

---

①　周按：Qara-Mören，蒙语"黑河"，例指黄河，此盖以汉水与黄河混淆所致。襄阳隔水为樊城，故云。

②　周按：俄译本无 Ṭālib 之名。

③　周按：《元史·世祖纪五》至元九年（1272）十一月，"回回亦思马因创作巨石炮来献，用力省而所击甚远，命送襄阳军前用之"。又《方技传》："阿老瓦丁，回回氏，西域木发里人也。至元八年，世祖遣使征炮匠于宗王阿不哥，王以阿老瓦丁、亦思马因应诏。二人举家驰驿至京师，给以官舍，首造大炮竖立于五门前，帝命试之，各赐衣缎。十一年，国兵渡江，平章阿里海牙遣使求炮手匠，命阿老瓦丁往，破潭州、静江等郡，悉赖其力。"又"亦思马因，回回氏，西域旭烈人也。善造炮，至元八年与阿老瓦丁至京师。十年，从国兵攻襄阳未下，亦思马因相地势，置炮于城东南隅，重一百五十斤，机发，声震天地，所击无不摧陷，入地七尺。宋安抚吕文焕惧，以城降。"阿老瓦丁子富谋只，亦思马因子布伯、亦不剌金皆世其业。木发里，不莱士奈德意指 Moaferin，系的牙儿巴克儿 Diyarbakir 东北之一堡塞（《中世纪探讨》上册第 273 页）。旭烈，伯希和取 Moule 说，即 Alep（《马可波罗注》 （转下页）

高平章遣谍者语军队之指挥者云："我非有罪,因与异密阿合马为仇,故常彼此攻讦。我今以疑惧而亡于此,设合罕宥我之死,我当以城献于诸君之手。蛮子国之根本系于此城。此城既得,则全境可服矣!"彼等遣使送高平章之使者至合罕处,呈使者之语。合罕善遇来使,并以安全文书及宝剑赐高平章,高平章大受鼓舞。大军以投石机攻城,毁其城橹。高平章自其城内穿洞而出。蛮子国君知城已毁及高平章之叛,乃弃此堡而率大群之属众退守河之远方之地。当伯颜取河此岸之堡,纵军杀掠时,彼复率军自远方亡走,无地容身,不能正视合罕之军。于是蛮子全境尽服。至若高平章则合于合罕之军。彼既抵王庭,赏赐有加,仍拜平章,与异密阿合马同掌国政。

异密阿合马荣执大政垂二十五年,高平章亦曾与之同为执政九年,恒怀怨嫉。又经九年之后,彼复图谋害彼之生命。其事件之始末如下:有一契丹人诡称有神术,以苦行与虔诚闻名于斡耳朵。一日忽佯称得疾,并使其门弟子言于异密云:"我将死,四十日后当复生。"此辈来述此言,乃遣数人往验之。彼僵卧家中,一若死者,儿女号泣。彼等遂以为其真死。① 越四十日,彼复出,且扬言复生。契丹人争附之,其教大行。高平章与大都人争趋之,与彼相商共除异密阿合马。因彼至为警觉,常以护卫相随,其寝处亦秘不令人知。彼等乃决定派二千人去往离大都四程 parasangs 之居庸关

292

(接上页)卷一第 5 页)。《元史·成宗纪二》元贞二年(1296)十一月,则称别马里思丹炮手亦思马因。

① 周按:《元史·世祖纪八》至元十七年(1280)二月乙亥,"张易言:'高和尚有秘术,能役鬼为兵,遥制敌人。'命和礼霍孙将兵与高和尚同赴北边"。又《奸臣传》:"有益都千户王著者,素志疾恶,因人心愤怨,密铸大铜锤,自誓愿击阿合马首。会妖僧高和尚以秘术行军中,无验而归,诈称死,杀其徒,以尸欺众,逃去,人亦莫知。"

Chamchiyal 之谷口,①以便控制之。同时复使千人前往,扬言真金前来,以便当异密阿合马出迎时,彼等得以杀之。

高平章坐于轿中。该国中风俗,国主有时乘轿,尤以夜行常如此。传令官与使者乘驿由此谷口被遣前行,宣言真金驾到。阿合马极畏真金。所有彼遣以先行之人皆被彼等杀死。入夜,彼等持火炬、蜡烛〔入城〕,俨如国君之常仪。② 既近宫殿 Qarshi,异密阿合马出而奉盏,彼等遂执而杀之。③ 至若彼之那可儿帖儿干异密,则所行警觉,知事有异,乃与其那可儿立于远处取箭射中轿中之高平章,殪之。诸契丹人散走。④ 帖儿干遂据宫殿。是夜,变乱大作,被杀死者甚多,契丹人多出走,〔并藏匿〕于静僻之所。

合罕得报,即遣异密孛罗阿合 Bolad aqa 及安童那颜率军来,处死所有与乱之诸契丹人,且赐金四千巴里失为阿合马治丧。并

---

① 周按:俄译本作"十千人"。

② 周按:《元史·奸臣传》:王著与高和尚合谋,"以戊寅日诈称皇太子还都作佛事,结八十余人,夜入京城。且遣二僧诣中书省,令市斋物,省中疑而讯之,不伏。及午,著又遣崔总管矫传令旨,俾枢密副使张易发兵若干,以是夜会东宫前。易莫察其伪,即令指挥使颜义领兵俱往"。又《张九思传》:"妖僧高和尚、千户王著等谋杀之,夜聚数百人为仪卫,称太子,入健德门,直趋东宫。"

③ 周按:《元史·奸臣传》:"著自驰见阿合马,诡言太子将至,令省官悉候于宫前。阿合马遣司右郎中脱欢察儿等数骑出关,北行十余里,遇其众,伪太子者责以无礼,尽杀之,夺其马,南入健德门。夜二鼓,莫敢何问,至东宫前,其徒皆下马,独伪太子者立马指挥,呼省官至前,责阿合马数语,著即牵去,以所袖铜锤碎其脑,立毙。继呼左丞郝祯至,杀之,囚右丞张惠。枢密院、御史台、留守司官皆遥望,莫测其故。"

④ 周按:《元史》载当时发现阴谋,进行镇压者,为高觿、张九思。高觿一名昔剌。卷一六九俱有传。马可波罗则记为火果台 Cogotai。此字之原形当即 Qongqatai 晃豁台,义为"大鼻子"(见《史集》第一卷,第一册,第 167 页)。另有留守司达鲁花赤博敦(《阿合马传》)亦预镇压。

遣大官、异密为之礼葬,极尽哀荣。①

---

① 周按:《元史·世祖纪九》:至元十九年(1282)三月,丁丑(十七日)"益都
　千户王著以阿合马蠹国害民,与高和尚合谋杀之。壬午(二十二日),诛王
　著、张易、高和尚于市,皆醢之,余党悉伏诛"。《阿合马传》:"中丞也先帖
　木儿驰奏,世祖时方驻跸察罕脑儿,闻之震怒,即日至上都,命枢密副使孛
　罗、司徒和礼霍孙、参政阿里等驰驿至大都,讨为乱者。"庚辰,获高和尚于
　高梁河。辛巳,孛罗等至都。"壬午,诛王著、高和尚于市,皆醢之,并杀张
　易。著临刑大呼曰:'王著为天下除害,今死矣,异日必有为我书其事者。'
　阿合马死,世祖犹不深知其奸,令中书毋问其妻子。"王著,"字子明,益都
　人。少沉毅有胆气,轻财重义,不屑小节。尝为吏,不乐,去而从军。后与
　妖僧高北行,假千夫长,归有此举。死年二十九。时至元十九年壬午岁三
　月十七日丁丑夜也"(王恽《秋涧先生大全文集》卷九《侠义行》)。《史集》
　关于所谓高平章事,征之汉籍,实无其人。窃疑系将张易与高和尚混为一
　人,并加附会所致。张易原充中书平章政事,故有张平章>高平章之讹。
　张易,《元史》不为立传,然其人实元初重要政治人物。在元军围攻襄阳与
　招降襄阳中张易是否有其作用,于史无征。然此次谋杀阿合马,张易显系
　关键人物。张易与高和尚关系密切,观至元十七年二月荐其随和礼霍孙
　领兵赴北边一事可知。至元十年前后,阿合马权威日甚,曾参与金莲川幕
　府之汉人大僚相继受排挤,惟张易受到重用不衰。此虽出于忽必烈之素
　所依信,然亦因其善于应付,"视权臣奸欺,结舌其傍,若无为己然者"(《元
　朝名臣事略》卷一一《赵良弼事略》)有关。但实际上他们之间的矛盾是存
　在的。事变的发生,王著矫传令旨,俾张易发兵,张易即令右卫指挥使颜
　义领兵往,随即自己也领兵驻宫外。《元史·高觿传》:"觿问:'果何为?'
　易曰:'夜当自见。'觿固问,乃附耳曰:'皇太子来诛阿合马耳'"可见张易
　事先是知道当晚将杀阿合马。上引《元朝名臣事略》曾引蜀郡虞公文集,
　云:"贼之入也,传太子令索兵甚遽。易素恶相奸,即以兵与之。坐弃市。"
　然今本《道园学古录》卷一七《徽政院使张忠献公神道碑》则作:"贼之入
　也,传太子令索兵甚遽,易不能辨其伪,不敢抗,以兵与之。坐弃市。"明见
　张易对诛阿合马是清楚的。所谓的"应变不审"(《元史·张九思传》)是对
　张易的曲护。至于说这只是他"不察贼诈而与之兵"(《神道碑》),也是不
　能让人相信的。练达政事,身为副枢的张易,竟能为诈传令旨所欺,完全
　不可想象。当时正居大都的马可波罗谓此次谋乱之由,系"因其所任之长
　官是鞑靼人,而多为回教徒,待遇契丹人如同奴隶也。复次大汗之得契丹
　地,不由世袭之权,而由兵力,因是疑忌土人,而任命忠于本朝之(转下页)

　　四十日之后,合罕欲求一巨钻石以饰皇冕而不可得。有居于彼处之二商人前奏曰:"我等曾奉合罕一巨钻石,〔已〕交于异密阿合马矣!"合罕言:"彼不曾以此献于我。"彼遂遣使就其家取之,于阿合马妻引住可敦 Injü-Khatun 处索得,[①]呈于合罕。彼大为震怒,问此二商人曰:"奴仆犯如此罪行者,该当科以何罪?"彼等答云:"如彼尚生,其罪当死;如其已死,则当暴尸,以为他人之戒。"契丹人方面,亦言于真金谓:"阿合马为汝之仇人,为此缘故而我等杀之。"因此等理由,彼等种植仇视彼之意念于合罕之心中。于是彼

(接上页)鞑靼人回教徒或基督教徒治理,虽为契丹国之外人,在所不计也。"马可明言,王著谋定之后,"遂以其谋通知国中之契丹要人,诸人皆赞成其谋,并转告其他不少城市友人,定期举事,以信火为号,见信火起,凡有须之人悉屠杀之。盖契丹人当然无须,仅鞑靼人回教徒及基督教徒有须也"(冯译《马可波罗行纪》第二册,第342页)。可知此乱之实质为民族矛盾。结合事变之进行、参加者及当时之社会矛盾分析,这一说法大体是可信的。又郑思肖《心史·大义略叙》所记少有不同。其文云:"忽必烈有权臣曰阿合马,回回人也,为伪平章,久擅鞑人一国官职财赋之权,苛克货利,杀害良善,多夺人之美妻艳女。鞑之内外上下,大以为苦,独忽必烈信任焉。有子四十余人,半为权职,富宅七十余所。分置子女妻妾江南内外,宝物俱半匿聚其家。拔都自僭建宫殿于回回地面,暗通结阿合马,将谋响应,兴兵夺忽必烈之国。阿合马忽命其子亦掌兵权,伪平章张酋深疑阿合马数子皆据重权,今令子更据兵权,意不良,与其党王著谋。著勇不顾身,归家析弃妻子,密用术计,绐以忽必烈之子真金归幽州,急呼阿合马至。著持金爪锤,竟挝死在地。军民尽分脔阿合马之肉而食。贫人亦莫不典衣,歌饮相庆,燕市酒三日俱空。阿合马之党矫忽必烈命杀张酋、王著等。"此处之拔都,系海都之讹传,通读上下文义可知。这里提出阿合马与海都的关系。且云:"近拔都纵汉谷泸(即那木罕)及安东(即安童)归,问忽必烈索地,并累索所借回回之兵。拔都所据守回回之地皆阿合马族类,谋为阿合马报仇,相与拔都大兴兵攻忽必烈。"阿合马与海都关系,他书无线索可寻,恐系耳食之谈,不可相信,但亦提到了汉人与回回人之矛盾。关于此问题之详细论证,当另撰专文及之。

① 周按:《元史·奸臣传》:阿合马有妾名引住。

令发棺暴尸,以绳系其足而悬于市,任车马驰行其头之上。① 其妻引住亦处死。彼所有之诸妻四十人,姜四百人给配。家产尽籍入宫。至于其子异密哈散 Ḥasan ②及异密忽辛 Ḥusain 答而直至皮肤去尽。③ 其余诸子获免。④〔阿合马〕死后,维昔儿一职授与畏吾儿人桑哥 Senge,其事实将叙述于下。

纪异密阿合马之后充合罕维昔儿之畏吾儿人桑哥及其结局

桑哥任维昔儿期内,⑤有群穆斯林商人自豁里 Qori、巴儿忽 Barqu、〔原注〕豁里部与巴儿忽惕 Barqhut、脱额勒思 Tö'eles 及秃马惕 Tumat 皆居于贝加尔湖 L.Baikul 东岸之巴儿忽真隘 Barghujin-Tögüm。与乞儿吉思 Qïrqïz 前来合罕之廷,以白爪红喙之隼及白鹰为献。合罕厚加恩赏,并赐己案上之食品予之。然彼等不之食。彼询云:"汝等缘何不食?"彼等对曰:"此食物于我辈为不洁。"合罕为此言所激

---

① 周按:《元史·奸臣传》:"及询字罗,乃尽得其罪恶,始大怒曰:'王著杀之,诚是也。'乃令发墓剖棺,戮尸于通玄门外,纵犬啖其肉。"时为五月己未朔,去阿合马死正四十日。《心史·大义略叙》:"暨忽必烈知矫命妄杀忠良,蔓及别酋,死者几百人。籍阿合马家,生南珠一千八百余石,蓄马十余万匹,家口七千余人,并分徙入诸酋家为奴婢。诸子皆斩剐剥皮,尽拘呼市犬,令食其肉。"
② 周按:阿合马第三子,至元十九年(1282)九月受诛,"仍剥其皮以徇"。
③ 周按:时任江淮行省平章政事,系阿合马长子,十九年十月受诛于扬州。
④ 周按:据《元史》,受诛者尚有第二子抹速忽,第四子忻都及其党耿仁、撒都鲁丁。
⑤ 周按:《元史·奸臣传》:"桑哥,胆巴国师之弟子也。能通诸国言语,故尝为西番译史。为人狡黠豪横,好言财利事,世祖喜之。及后贵幸,乃讳言师事胆巴而背之。至元中擢为总制院使。总制院者,掌浮图氏之教,兼治吐蕃之事。""尝有旨令桑哥具省臣姓名以进,廷中有所建置,人才进退,桑哥咸与闻焉。二十四年闰二月,复置尚书省,遂以桑哥与铁木儿为平章政事。"

294 怒,乃下令曰:"嗣后穆斯林及其他奉圣书之人等,[原注] People of
the Book,即指基督教徒与犹太教徒。除依蒙古风俗宰羊时剖其胸膛
外,不得以它法宰羊。有犯者将按同法处死,没其妻女、财产,以予
告发之人。"①

---

① 周按:《元史·世祖纪七》至元十六年(1279)十二月,"丁酉,八里灰贡海青
回回等所过,供食羊非自杀者不食,百姓苦之。帝曰:'彼吾奴也,饮食敢
不随我朝乎?'诏禁之。"《元典章》卷五七、刑部十九《禁宰杀·禁回回抹杀
羊做速纳》:"至元十六年十二月二十四日。成吉思皇帝降生,日出至没,
尽收诸国,各依风俗。这许多诸色民内,惟有回回人每为言:俺不吃蒙古
之食上。为天护助俺,收抚了您也。您是俺奴仆,却不吃俺的茶饭,怎生
中? 么道便教吃。若抹杀羊呵,有罪过者。么道行条理来。这圣旨行至
哈罕皇帝时节,自后贵由皇帝以来,为俺生的不及祖宗,缓慢了上,不花剌
地面里答剌必八八剌达鲁沙一呵的,这的每起歹心上,自被诛戮,更多累
害了人来。自后必阇赤赛甫丁、阴阳人忽撒木丁、麦尤丁也起歹心上,被
旭烈大王杀了,交众回回每吃本朝之食。更译出木速合文字与将来。去
那时节合省呵是来。为不曾省上,有八儿瓦纳又歹寻思来,被阿不合大王
诛了。那时节也不曾省得。如今直北从八里灰田地里将海青来的回回
每,别人宰杀来的俺不吃。么道搔扰贫穷军民百姓每来底的上头。从今已
后,木连鲁蛮回回每,尤忽回回每,不拣是何人杀来的肉交吃者,休抹杀羊
者,休作速纳者。若一日内合礼拜五遍的纳麻思上头,若待加倍礼拜五拜
做纳思麻呵,他每识者。别了这圣旨若抹羊胡速急呵,或将见属及强将奴
仆每却作速纳呵,若奴仆首告呵,从本使处取出为良,家缘财物,不拣有的
什么都与那人。若有他人首告呵,依这体例断与。钦此。"八里灰,即今贝
加尔湖东之 Barqujin 河之谷地。《唐书》之拔也古、突厥文碑之 Bayïrqu 当
即此。《秘史》作巴儿浑 Barqun(= Barɣun),其地以巴儿忽真隘 Barɣujin
Tögüm 著称。《元典章》的这一段资料,极富于研究价值。窝阔台禁断喉
宰羊,事具上文本纪中。答剌必 Tarab-i 起义,见《世界征服者史》第一卷。
八儿瓦纳 Parvana(Parwānah)之诛,事在 1278 年 7 月 23 日,见《海顿行
纪》。木速蛮(木速鲁蛮)musulman 即奉伊斯兰教者,旧译回回。尤忽
Juhud 即犹太人。速纳 Sunat(Sunah),义即宗教中之条例。纳麻思 namaj
即礼拜。胡速急 Qusugi,其义当为牲口、动物、家畜。

有爱薛迭屑怯里马赤·Isā Tarsā Kelemechi、①伊本马阿里 Ibn Ma'alī 及拜答黑 Baidaq 者，当时之邪恶无行人也，利用此法令而得旨，凡宰羊于家者皆处死。彼等遂以此为借口，多肆勒取人之财货。并引诱穆斯林之奴仆曰："有能告其主者，我等将纵之为良。"诸奴仆为求放良而诬控其主。爱薛怯里马赤及其恶徒行事一此至此，至使四年之内，诸穆斯林皆不能为其子行割礼。彼等且诬陷神圣之伊斯兰司教赛甫丁 Saif al-Dīn Bākharzī（愿真主垂怜于彼）之门徒不儿罕丁 Maulānā Burhan al-Dīn Bukhārī，遣送其往蛮子之地而死。情况之发展至使留居此境之大部分穆斯林人均离契丹而去。于是，此国之主要穆斯林人物——巴哈丁 Bahā al-Dīn Qunduzī、沙的左丞 Shādi zo-cheng、②乌马儿·Umar Qīrqīzi、③纳速剌丁灭里 Nāṣir al Dīn Malik Kāshgharī、忻都左丞 Hindū zo-cheng④ 及其他贵族——共献大量礼品于维昔儿，故彼奏闻合罕云："所有穆斯林商人均离此

---

① 周按：爱薛事迹，具程钜夫《雪楼文集》文五《拂林忠献王神道碑》："西域弗林人，通西域诸部语，工星历、医药。"至元二十年（1283），副丞相孛罗使伊利汗国，还，擢秘书监、领崇福司使，迁翰林学士承旨，兼修国史。爱薛为一基督教徒。元之崇福司，掌领马儿（Mar，景教主教之尊称）哈昔（Kasisa，义为长老）、列班（Rabban，义为大教师）、也里可温、十字寺祭享等事。Tarsā，汉译作迭屑、达娑、忒尔，是波斯人对基督教的称呼。Kelemech，《草木子·杂俎篇》："怯里马赤，盖译使也，以通华夷言语文字。"叶子奇此说不确。《元史·百官志三》蒙古翰林院分设有通事、译史。许有壬《至正集》卷七四《冗食妨政》："译史则标译文字，译表章……而通事之设本为蒙古色目官员言语不通，俾之传达。"质言之，译史任笔译，而通事任口译。《至元译语》译乞里觅赤 Kālimači 为通事，诚得其正。

② 周按：沙的，桑哥党羽，名见《元史·世祖纪十三》至元二十八年十一月乙卯。卷一二五纳速剌丁有子沙的，当即其人。

③ 周按：亦见至元二十八年十一月乙卯。旧作"乌里儿"，误。中华书局点校本已校改。

④ 周按：此人当即《世祖记十二》至元二十六年四月甲戌"召江淮行省参知政事忻都赴阙"者。《奸臣传》则称参政忻都。

而去,穆斯林诸国之商人亦裹足不来,税收 tamghas 不足,珍贵之贡品 tangsuq 不至,如此已七年矣!皆缘禁宰羊之故也。如能解禁,则商贾可至,税入可全矣!"寻下允许宰羊之令。

此事之外,合罕统治时期,基督教徒表现极大之宗教狂热。反对穆斯林,大加攻击。以《古兰经》中有诗云:"尽杀所有多神教徒。"奏闻合罕,〔原注〕明显是混淆了《古兰经》第九章第五节"你们在哪里发现以物配主者,就在哪里杀戮他们……"第三六节"以物配主的人群起而进攻你们,你们也就应当群起而抵抗他们。"(马坚译,中国社会科学出版社出版,第 139 页,142 页。此文中之"物",波义耳译文是"神"gods)两处所指,当然不是一般的多神教,而是先知的反对者异教徒。合罕大怒,问曰:"彼等自何处知此?"彼被告以关于此事之信系来自阿八哈汗。合罕索其信,并召诸达失蛮 Dānishmands 至,① 而询及其中最年长者巴哈丁巴哈伊 Bahā al-Dīn Bahā'ī 曰:"《古兰经》中果有此诗句耶?"对曰:"诚然。"合罕问曰:"尔等是否认为《古兰经》为真主之语言?"彼言:"我等皆认为如此。"合罕乃言曰:"真主既令汝辈尽诛异教徒,则汝等何为而不杀之耶?"彼对曰:"时未至,吾曹尚乏此手段也。"合罕盛怒曰:"我犹至少有此手段也。"遂令杀彼。然而,任维昔儿之异密阿合马 Aḥmad,阶位亦如维昔儿之哈的巴哈丁 Cadi Bahā al-Dīn 及异密达失蛮 Dashman 以另须询问为词谏止。彼等乃召原籍撒麻耳干之哈密德丁 Maulānā Ḥamīd al-Dīn,提出同样之问题。彼言:诚有是句。合罕言:"然则何为不杀〔此等人〕耶?"彼答曰:"全能之真主曾言杀'多神教徒'。然如合罕垂允,我愿陈以何者为多神教徒。"合罕曰:"试言之。"哈密德丁曰:"陛下非多神教徒也。因陛下以真主之名冠于诏令之首也。多神教徒者,乃不承认真主,使真主与诸神朋等,而否认真主者也。"此言深契其心,合罕极喜。彼尊礼哈密德丁,恩赏有加。在其建议之下,余人亦得释放。

---

① 周按:对穆斯林教士之称呼。

桑哥任维昔儿凡七年。① 一日，合罕求珠数颗于桑哥，桑哥以
无珠对。有原系担寒 Dāmghān② 人名为木八剌沙 Mubārak-shāh
者，得宠于合罕之廷，正伺机以打击桑哥。因奏云："桑哥家珍宝盈
驮 kharvār，③我曾亲见之。合罕可以事稽留之，我于同时则前往其
家索取之。"于是合罕阻留桑哥于身边，木八剌沙乃自其家携取两
箱至。发箱视之，珍宝满篑。合罕指以谓桑哥曰："尔何得有如许
珠宝，而当我欲索取二、三数时，尔竟不以之予我？"桑哥羞赧而言
曰："此皆前述诸大食之显贵人所馈赠也"（此等人均系行省长官）。
合罕问曰："彼等为何不亦以珠宝献我哉？汝以粗劣之衣物予我，
而己则多取钱财与无价之项圈。"桑哥答言："彼等所给如此。合罕
可发一诏，则我当归还于彼等。"此言粗野悖慢，合罕乃令执之，以
秽物塞其口。彼与在场之诸大食异密同被处死。④ 至于其他在蛮
子境者，亦遣使尽捕之。及捕巴哈丁、纳速剌丁灭里、乌马儿、沙的
左丞至，并令处以死刑。彼既而曰："我得巴哈丁于彼父。"彼喝令
其以手亲批己颊者数，枷号而囚于井窖中。于纳速剌丁彼则曰：
"我自怯失迷儿召之使来者，可发还其财产。"⑤纳速剌丁既蒙赦

① 周按：桑哥以至元二十四年(1287)长尚书省，二十八年事败被诛，凡五年。
② 周按：《西域地名》(增订本)："名见《世界征服者史》。《西使记》担寒，《元
　史·郭侃传》担寒山，又《曷思麦里传》之德痕，疑皆为此名之对音，在里海
　东南，即今伊朗北部之达姆甘。"
③ 周按：《元史·世祖纪十三》至元二十八年正月癸卯上都留守木八剌沙，当
　即其人。
④ 周按：《元史·世祖纪十三》至元二十八年二月，壬午，"以桑哥沮抑台纲，
　又箠监察御史，命御史大夫月儿鲁辨之"。癸巳，"籍桑哥家赀"。七月丁
　巳，"桑哥伏诛"。
⑤ 周按：《元史·世祖纪十三》至元二十八年十一月乙卯，"监察御史言：'沙
　不丁、纳速剌丁灭里、乌马儿、王巨济、琏真加、沙的、教化的皆桑哥党与，
　受赇肆虐，使江淮之民愁怨载路。今虽系狱，或释之，此臣下所未能喻。'
　帝曰：'桑哥已诛，纳速剌丁灭里在狱，惟沙不丁朕姑释之耳。'"

宥,彼立即登马,众人拥簇而去。缘彼平日豪爽慷慨,友朋甚众也。
道逢怯里宝儿赤 Kerei ba'urchi,①怯里以年迈而乘车。因行人拥
挤,纳速剌丁不及见,故不为礼。彼大怒。曾一度来此境之摔跤手
pahlavān 巴达哈伤 Badakhshān 之灭里 Malik 谓怯里曰:"此即方
脱死之纳速剌丁灭里也,现又满脑骄傲狂妄,从骑拥簇矣。彼每年
向海都军运送 tenges 逾千数。"[原注] 14—16 世纪蒙古时代之小银币。
怯里恚彼甚,当其至合罕处时,对彼进行攻击。于是,有旨复捕归
处死。② 至于乌马儿与沙的左丞,因诸王阿吉只 Ajïgï 求免,合罕乃
宥其死。合罕又释巴哈丁,任完泽丞相 Öljei chingsang 以代桑哥。

纪合罕之诸大异密、诸首领人物之姓名及各人之职务

　　合罕之大异密中,一为来自此境之巴邻部 Bārin 伯颜那颜
Bayan noyan。彼死于合罕死后之八月,遗有子女。③ 另为安童丞
相 Hantun chingsang,彼曾与那木罕同被俘,先于合罕一年
死。④ 又有乌察察儿那颜 Uchachar noyan,彼迄今掌权,任职于
铁穆耳合罕之廷,⑤贵幸一如完泽丞相。达失蛮 Dashman 亦仍为
权势人物,掌诏旨 yarlïghs、牌子 paizas、斡脱 ortoqs 及输入、输出

---

① 周按:《元朝名臣事略》卷三《玉昔帖木儿传略》:"国朝重天官内膳之选。"
　可知宝儿赤地位尊贵。

② 周按:《元史·世祖纪十四》至元二十九年(1292)三月,"丁未,纳速剌丁灭里以
　盗取官民钞一十三万余绽;忻都以征理逋欠迫杀五百二十人,皆伏诛。王巨济
　虽无赃,帝以与忻都同恶,并诛之"。《不忽木传》,忻都之诛,不忽木所力争也。

③ 周按:忽必烈以至元三十一年正月死;伯颜则死于同年十二月,年五十九。
　有子买的、襄加歹。

④ 周按:安童死于至元三十年正月。

⑤ 周按:月赤察儿,《元史》卷一一九有传。博尔忽之曾孙,许兀慎氏。成宗
　即位,加开府仪同三司、太保、录军国重事、枢密、宣徽使。大德四年
　(1300)拜太师,副晋王督师漠北。俄译本此处作 Тимур-бука,显误。

诸事。① 至若答剌罕丞相 Tarkhan chingsang，现较前尤为贵盛，任职中书省 divan。② 纳里忽 Naliqu、只而合郎 Jirqalan 与乞儿塔忽 Chirtaqu 兄弟三人，为忽失赤 qushchi 之长。③ 掌脱脱禾孙 totqa'ul④ 及格秃孙 getüsün 两部 Divans。〔原注〕getüsün，蒙古语义为侦察、警察。⑤彼等以所闻之任何事上闻，兼司拘捕。纳思忽后合罕二年死。⑥ 八丹那颜 Badam noyan 任忽失赤之长。⑦ 松察阿合 Sunchaq aqa 之兄弟任必阇赤 bitikchi〔之长〕。后者死，其子剌真平章 Lachïn finjan 任必阇赤之大异密，⑧旋亦死。今由其子铁哥平章 Teke finjan 继任，⑨彼掌管许多部与驿站 Yams。怯里宝儿赤

---

① 周按：《元史·成宗纪一》元贞元年(1295)十月癸丑有平章军国重事答失蛮，即此人。

② 周按：即哈剌哈孙，大德七年(1303)，进右丞相。

③ 周按：纳里忽，名见《元史·牙忽都传》。只而合郎，《成宗纪》元贞元年正月，癸丑，以太仆卿迁御史大夫。忽失赤 qushchi，突厥语义为鹰人。

④ 周按：此处一'ul 当系一sul 之讹，即元史多见之脱脱禾孙。《元史·百官志四》通政院，"秩从二品。国初，置驿以给使传，设脱脱禾孙以辨奸伪"。据《世祖纪四》，至元七年(1270)闰十一月始置。《兵志四·站赤》："其官有驿令，有提领，又置脱脱禾孙于关会之地，以司辨诘，皆总之于通政院及中书兵部。"俄译本阙。

⑤ 周按：俄译本阙。

⑥ 周按：俄译本作一年。

⑦ 周按：《元史·小云石脱忽怜传》："子八丹，事世祖为宝儿赤，鹰房万户。"鹰房万户即忽失赤之长。

⑧ 周按：《元史·小云石脱忽怜传》：八丹有子腊真，官中书省平章政事，兼翰林学士承旨、通政院使。《世祖纪十四》至元二十九年三月己酉、三十年十一月己卯作剌真。

⑨ 周按：据《元史·小云石脱忽怜传》腊真子察乃。察乃有子十人，惟仅列老章、撒马笃二名。钱大昕《元史氏族表》亦不著帖克其人。惟《世祖纪》至元二十九年三月己酉，有以同知宣徽院事兼领尚膳监事铁哥为中书平章政事，兼领旧职。三十年十一月己卯，有平章政事帖哥。《宰相表》成宗大德七年、十年、十一年有平章政事帖可，当均即其人。

后合罕死。军队之大异密为暗伯 Ambai，①为诸军之长，彼现仍掌是职。木黑必勒平章 Muqbil finjan 系军中之字可孙 büks'ül，②今仍旧。晃豁台 Hoqotai 为四怯薛 Keziks 之长，今仍旧。③速古儿赤 Shükürchis④ 之指挥者为亦思马因 Ismā'il、摩诃末沙 Muḥammad Shāh、阿黑塔赤 Akhtachi、木八剌克 Mubārak⑤ 土儿迷失 Turmïsh 与亦黑迷失 Yïghmïsh。⑥ 此亦黑迷失受铁穆耳合罕之抚养，彼录写合罕之言语，一如彼之旧俗。

纪合罕与塔察儿那颜后王乃颜那颜 Nayan noyan 及党附于彼之宗王间之战；命真金 Jim-Gim 为汗位继承人

据云：猪年，当回历 688 年/1289—1290，⑦斡赤那颜 Otchi noyan 之孙，⑧塔察儿那颜 Taghachar noyan 之后王乃颜那颜⑨及移相哥阿合 Yesüngge aqa 之某后王与其他宗王谋叛于合罕，并曾

---

① 周按：《元史·暗伯传》："唐兀人，至元后期，长唐兀卫，兼金枢密院事。"历同金、副枢、同知、至知枢密院事，以疾终于位。《成宗纪四》大德七年（1303）六月庚子之"阿伯"疑即其人。

② 周按：《元史·成宗纪四》大德九年八月乙亥："字可孙专治刍粟。"原注云：büke'ül 突厥语义为尝食者、辎重监督。Muqbil，俄译本阙。

③ 周按：马可波罗记诛阿合马暴动中有守备大都之鞑靼将领 Coqotai，疑即其人。

④ 周按：《元史·兵志二·宿卫》：怯薛之"掌内府尚供衣服者曰速古儿赤"。《亦力撒合传》："速古儿赤，掌服御事。"

⑤ 周按：俄译本阙木八剌克，注作 MARKH；东方研究所抄本作 BAWKH；布洛歇本作 MBARK。

⑥ 周按：俄译本亦黑迷失前有"与其兄弟"。

⑦ 周按：此误，乃颜之叛事在至元二十四年（1287），丁亥，猪年。

⑧ 周按：即铁木哥斡赤斤 Tämüge-Otchigin，成吉思汗之弟。

⑨ 周按：乃颜之世系为 Ochigin—Taghachar—Ajul—Nayan。实斡赤斤之曾孙。

前往与海都 Qaidu 及笃哇 Du'a 结合。① 合罕之军追击,与战,为所败。消息奏闻于合罕,合罕虽身患风湿病,既老且弱,犹乘象舆亲征。② 合罕军临战,驱象负舆登山,击铜鼓。乃颜那颜及诸宗王全军逃走,合罕军踵追。彼等为其本部将校所执,献于合罕。彼命将彼等尽处死,散遣其军队。③ 其后合罕因风湿病很少能动,军队则驻于海都、笃哇之边境。④

299

先时,当那木罕尚未为海都军所执时,曾有言:欲以彼为继承人。此希望曾存于合罕之心。其后彼识真金贤能,极爱之。当脱迭蒙哥 Töde-Mongke 送那木罕还时,合罕命令立真金为合罕。那木罕不悦,云:"彼若为合罕,不知彼等将称陛下云何?"合罕怒,斥而逐去之,不使〔那木罕〕入见彼之前。后数日,那木罕竟死。合罕

———————

① 周按:《元史·世祖纪十一》:至元二十四年(1287)四月,诸王乃颜反。党附为乱者有尤赤哈撒儿后王星黑秃儿(即移相哥后王)、合赤温后王哈丹。乃颜与海都之勾结,《元史》中无明白之记载可寻。《史集》第一卷第二册,第 71 页则明著阔列坚后王也不干与乃颜之乱,勾结海都。

② 周按:《元史·世祖纪八》至元十七年十月丙申,"始制象轿"。

③ 周按:《元史·世祖纪十一》至元二十四年五月壬寅,帝自将征乃颜,发上都。六月壬戌,"至撒儿都鲁之地,乃颜党塔不带率所部六万逼行在而阵,遣前军败之"。乙亥,"车驾驻于大利斡鲁脱之地。获乃颜辎重千余"。"干大利"为"于失剌"之讹,考《洪万传》可知。《玉哇失传》:"诸王乃颜叛,世祖亲征,玉哇失为前锋。乃颜遣哈丹领兵万人来拒,击败之。追至不里古都伯塔哈之地,乃颜兵号十万,玉哇失陷阵力战,又败之。追至失列门林,遂擒乃颜。"

④ 周按:《元史·世祖纪十二》:至元二十五年正月"癸卯,海都犯边。敕驸马昌吉、诸王也只烈,察乞儿、合丹两千户,皆发兵从诸王尤伯北征"。六月戊辰,"海都将暗伯、著暖以兵犯业里干脑儿,管军元帅阿里带战却之"。十月庚午,"海都犯边"。十一月甲午,"北兵犯边"。十二月丁巳,"海都兵犯边,拔都也孙脱迎击,死之"。二十六年六月辛巳,"海都犯边,和林宣慰使怯伯、同知万满带、副使八黑铁儿皆反应之"。七月戊寅朔,"海都兵犯边,帝亲征"。盖其时虽乃颜已擒,而余党尚炽,海都频年入犯,实资策应也。

乃立真金为皇帝。真金立为皇帝三日后亦死，彼之王位遂虚悬。① 彼〔真金〕之妻名阔阔真 Kökejin，极聪慧，合罕甚爱之，言听计从。②

合罕在位之后期，蛮子国襄阳府 Sayan Fu 之外，濒海有一省名 Lukin，发生叛乱，为平服此叛乱，彼遣蒙古诸异密之亦黑迷失 Yïghmïsh、答剌罕 Tarkhan、契丹诸异密中之速真 Suching、大食人之忽难参政 Ghulām san-jing 及赛典赤之兄弟乌马儿右丞 ʿUmar yu-ching 率军征讨。彼等平其叛乱，掠〔其土地〕。③

---

① 周按：稽之汉籍，真金于中统三年（1262）十二月封燕王，守中书令，翌年，置枢密院，兼判枢密院事。至元八年（1271），令燕王署敕，十年三月册为皇太子，仍兼中书令、判枢密院事。十六年十月始参决朝政，凡中书省、枢密院、御史台及百司之事，皆先启后闻。自汉制观之，真金之储君位置，早已决定，在朝之汉人官僚，亦于彼寄望甚殷。然自蒙古固有之约速观之，合罕大位，非经宗亲聚议之忽里台无由决定也。《心史·大义略叙》谓："忽必烈老而病废已久，屡欲传国与真金，族人俱不从，谓我家无此法。汝在一日，自为一日。"与此处所纪那木罕之言契合，非尽流言也。且那木罕为忽必烈长妻察必之幼子，在蒙古传统习惯中，其于继承且处于某种优越地位。特别是在二十二年真金死后，忙哥剌亦已先卒。察必诸子，惟那木罕存。故其觊觎皇位，实亦其地位所必然。《元朝名臣事略》卷二《安童传略》引野斋李公文集："先是皇子北安王尝遣使持香祠岳渎。时桑葛领功德使……其后桑葛平章尚书省事，所忌者惟丞相安童，将甚害之。诬言北安王以皇子僭祭岳渎，安童与知而不以闻。"可知那木罕确有因僭越受谴事。
② 周按：《元史·后妃传二》："裕宗徽仁裕圣皇后伯兰也怯赤，一名阔阔真，弘吉剌氏。""后性孝谨，善事中宫，世祖每称之为贤德媳妇。"
③ 周按：Lukin Fu 省，前文谓为摩秦之一城市，其一面属唐兀惕。我怀疑它是湖广。原注以为此系征爪哇之役，恐误。亦黑迷失（《元史》卷一三一有传）、乌马儿（见卷二〇九《安南传》）皆征安南之主要统军将领（初置荆湖占城行省，后置占城行省）。答剌罕，无疑即哈剌哈孙。惟哈剌哈孙之拜湖广行省平章政事，事在至元二十八年。Suching，俄译本作 Су-Чжен，注作 PWḤYNK。此显为 YWḤYNK，yu-chign 右丞之误。此汉人之任右丞者，程鹏飞也。

与海都、笃哇相邻之境，双方斥候时有冲突，然终无战事。合罕晚年，笃哇一度率军出征，进至〔彼处之〕边境与要隘 Sübe，〔原注〕蒙古语 Sübe 义为针眼、狭道、隘口与战略要地。此为出伯 Chübei① 率军一万二千人戍守之所。笃哇谋乘夜袭彼，然〔出伯〕悉其谋，乘夜袭笃哇之前军，杀其众四千人。笃哇当夜得报，率全军而前。晨，两军相遇，双方死伤甚众。然出伯出发时不曾告阿只吉与阿难答，即全速而进。结果其后力不能支，〔故〕退走。及阿只吉得悉，乃遣人告阿难答，并率军进发。然当彼等集其军进击时，笃哇业已班师，追之不及。此盖笃哇之胆敢犯合罕军之原因也。合罕闻之，责阿只吉，令杖九下，然复予恩赏，仍令之总军。② 时至今日，彼仍受任守边。至若出伯之兄哈班 Qaban，则于此役之前不久死去。

如所周知，突厥斯坦诸国初残于阿鲁忽，后又残于右手诸宗王哈班、出伯、八剌，与火你赤之子伯颜 Bayan。哈班与出伯先依海都，后臣附于合罕。

纪合罕之维昔儿、赐名为伯颜平章之赛典赤

已故之赛典赤之一孙曰不别 Abū-Bakr，合罕赐号曰伯颜平章，令为完泽之那可儿，俾任平章，即计相之职。彼于合罕在位时曾任维昔儿二年。③ 其时合罕之中书省有控告彼曾糜费公帑 600 万巴里失者。合罕召之入，进行检核，彼对曰：“此〔税〕款我已放之百姓，因三年之中频受天灾，田亩无收，人民贫困。今合罕如有令，我将鬻其妻女以偿国库，然如此则国家亦将因此而凋残矣！”合罕喜其能

① 周按：俄译本作 Чутай，盖从布洛歇本 ČWTY。波义耳校改为 Chübei ČWBY，当得其实。出伯为旭烈兀玄孙，广平王哈儿班答，封豳王。

② 周按：《元史》卷一二七《伯颜传》：至元二十二年（1285）秋，“宗王阿只吉失律，诏伯颜代总其军”。

③ 周按：《元史·世祖纪十四》至元三十年十一月己卯，“河南江北行省平章伯颜入为中书省平章政事”。

301　同情臣民，曰："〔诸〕臣工与异密〔但〕皆为己，然伯颜平章则能为国为民。"于是厚予恩赏，赐饰有宝石之朝服。① 诸事皆委付之。

同日，铁穆耳合罕之母阔阔真可敦召彼而言曰："因汝蒙异宠，合罕委汝以国政，汝宜诣合罕处，以此问题询之云：'真金之位已虚悬九载，陛下于此有何垂训？'"（时，铁穆耳合罕方远征海都、笃哇）伯颜平章以此言入奏，合罕大喜，自病榻跃起，召诸异密而言曰："尔等谓此回回 sarta'ul② 为坏人，然悯恤臣民，以其事奏闻者，彼也；建言皇位大统之事者，彼也。惓惓于朕之诸子，俾使彼等于我身后不致阅墙争斗者，亦彼也。"复厚赏伯颜平章，以其祖父之尊号"赛典赤"称之。③ 赏以尊贵之袍服，赐以诏书、牌子，同时以牌子予在场之彼之兄弟。且曰："宜立即出发，急追领军与海都战之吾孙铁穆耳使还，使践其父之大位为合罕，设宴三日，援彼继立，使三日之后，彼能重返军中。"赛典赤衔合罕命前往，召铁穆耳合罕还，于开平府置彼登真金之王位。④ 越三日，铁穆耳合罕出发之军，赛

---

① 周按：即只孙服。

② 周按：《秘史》撒儿塔兀勒旁译作回回，这个字据认为是源自梵语 Sārtha 商人。

③ 周按：《元史·王约传》：大德十一年(1307)，"平章赛典赤、安西王阿难答与左丞相阿忽台潜谋为变。"即此伯颜也。

④ 周按：《元史·世祖纪十四》：至元三十年(1293)六月，"乙巳，以皇太子宝授皇孙铁穆耳，总兵北边"。《阿鲁浑萨里传》："初、裕宗即世，世祖欲定皇太子，未知所立，以问阿鲁浑萨里，即以成宗为对，且言成宗仁孝恭俭，宜立。于是大计乃决。""成宗抚军北边，帝遣阿鲁浑萨理奉皇子宝于成宗。"阿鲁浑萨理领太史院事，掌礼仪，故与伯颜同膺此殊命。伯颜，《元史》无传，盖因与阿难答之谋逆伏诛也。然其在成宗时代的尊荣贵幸，及其所受阔阔真可敦之特殊眷顾，在《元史》中犹约略可见。如《世祖纪十四》至元三十年十一月，伯颜由河南江北行省平章召入为中书省平章政事，位帖哥、刺真、不忽木上。成宗即位，十一月，以其弟伯颜察而为参议中书省事，伯颜以避嫌辞，帝曰："卿勿复言。兄平章于上，弟参议于下，何所嫌也。"亦可见一般。

典赤即返命于合罕所。

　　铁穆耳合罕极嗜酒,合罕屡加教谕及责罚,皆不奏效。合罕尝三次责打,且于其身旁置侍卫若干,使彼节饮。其侍从中有来自不花剌、有剌的 Raḍī 称号之一达失蛮,①自称能炼金并习魔术及符咒,以狡计欺诈得铁穆耳合罕之欢心。彼常秘密与之共饮,合罕因是甚怒。因彼为惹人喜爱之人,尤擅言词,故合罕虽尽力欲使彼自铁穆耳合罕处疏远,均不得行。当侍卫之人禁其饮酒时,剌的则建议彼等进入一浴堂,命浴官暗中以酒代水,注入管道,导流入池,相与痛饮。怯薛歹 Kezikten② 觉之,奏闻合罕。彼乃强令剌的离去,托言遣往＿＿城,〔原注〕诸本皆阙。密于途中杀之。

　　今则既登合罕大位,铁穆耳合罕乃自动戒〔酒〕,所饮甚少。当彼既为大国君长之后,全能之真主自其心中祛除酒欲。此则忽必烈合罕虽谆加劝勉,或屡加强制,而卒不能阻之者也。彼年岁虽轻——仅二十五岁——然长患足疾,出入每乘象舆。然今则以人们之怀疑与流言,甚少乘之。

纪今昔侍随合罕之诸法师 bakhshi,及彼等所享之权势

　　忽必烈合罕之后期,有二吐蕃法师 bakhshi,③一名胆巴 Tanba,④

①　周按:俄译本作 Ризa。注作 RḌY。《元史·迦鲁纳答思传》:"擢翰林学士承旨,中奉大夫,遣侍成宗于潜邸,且俾以节饮致戒。"

②　周按:Kezik 之复数形式。

③　周按:bakhshi,法师,即喇嘛僧徒。一般多认为此字源于梵文之 bhikṣu,佛教僧人。然伯希和认为这从语言学的观点看,颇难于满意。他认为可能是汉语博士之借词。这个词在今天中亚突厥语中已用来泛指巫师、乐师等。蒙古语则义同于老师、先生。

④　周按:《元史·释老传》:"八思巴时,又有国师胆巴者,一名功嘉葛剌思,西番突甘斯旦麻人。幼从西天竺古达麻失利传习梵秘,得其法要。中统间,帝师八思巴荐之。""元贞间……赐与甚厚,且诏分御前校尉十人为之导从。成宗北巡,命胆巴以象舆前导。""大德七年夏,卒。"

302

一名坎巴 Kanba。① 胆巴法师之二门牙极长,故二嘴唇不能闭合。彼等常居于合罕之私庙中,此庙南家思时称之为____。② 彼等互为联系,极受合罕之信赖与重视。彼等皆吐蕃主之后裔。虽则契丹人与欣都人中法师甚众,然以吐蕃者最具威信。③ 又一法师系怯失迷儿人 Kashmiri,名哈兰塔思 Qarantās 法师。彼亦为一权幸,铁穆耳合罕继续对彼等崇信。上述之二法师皆极有权势,彼等派谙习医术之己之那可儿侍从合罕,以阻止铁穆耳合罕使其饮食不致过量。彼等有一系在一处之二木杖,每有情况,则使二木相击发声,以使铁穆耳合罕知警而节制饮食。彼等之言极具权威。如惟一与全能之真主胤允,我等将联系铁穆耳合罕之历史,述一故事,以说明胆巴法师所享之权势。

纪忽必烈合罕之死

忽必烈合罕在位三十五年,享年八十三岁。以马年死,当回历 693 年/1293—1294 也。彼遗此无常之世界于其孙、当世之合罕、光辉之国王铁穆耳合罕。真主赐万年之欢乐与好运于其高贵之族属 uruq,特别是伊利汗之君主,最高之算端完者都摩诃末 Ghiyāth al-Dunyā Wa'l-Dīn Öljeitü Muḥammad(真主佑其国祚长存!)④

---

① 周按:俄译本作 Ламба。
② 周按:诸本皆阙。当即太庙。
③ 周按:元廷贵族多奉喇嘛教。
④ 周按:《元史·世祖纪十四》至元三十一年正月癸酉,"帝崩于紫檀殿。在位三十五年,寿八十"。癸酉为二十二日,当 1294 年 1 月 28 日。此言八十三岁者,以回历计算也。

纪与忽必烈合罕同时,自猴年之初,当回历 658 年／1259—1260 至马年、当回历 693 年／1293—1294 末摩秦之统治者、与波斯、西利亚、埃及与马黑里卜之诸算端、诸蔑力与诸阿塔别之历史;发生于此时期中之奇异与不平常事迹亦予简要述及

纪此时期间摩秦之统治者

理宗 Lizun,在位四十一年,已过二十六年尚存十五年。[1]

度宗 Tuzon,十年,度宗之后,有一人名宋主(?)Shuju 者继为国之统治者。[2] 二年之后,忽必烈合罕之军取此全王国。

纪诸算端、诸阿塔别与诸蔑力

304

鲁木之算端为算端基亚丁凯忽思剌兀 Sultan Ghiyāth al-Dīn Kai-Khusrau 之子也速丁 'Izz al-Dīn Kai-Kā'ūs。彼于科色答黑 Köse-Dagh 为拜住那颜 Baiju noyan 所将之蒙古军所败。[原注] Köse-Dagh 之战发生在 1243 年 6 月 26 日或 7 月 1 日;Aksaray 之战发生在 1256 年 10 月 14 日,剌失德丁明将二者混淆。彼与其兄弟鲁克纳丁 Rukn al-Dīn 共同统治。木亦纳丁帕儿瓦纳 Mu'īn al-Dīn Parvāna 为鲁克纳丁王国之行政长官,抚养其成长。彼等间旋发生争辩。算端也速丁让位于其兄弟,而进至尼乞亚 Niqīya 地区。[原注] Nicaea,今 Iznik。[3] 由此而至康士坦丁堡 Constantinople 之塔克弗儿 takfūr。[原注] takfūr 为一种称号,明源自阿美尼亚文之 t'agawor,国王,穆斯林作者用以称呼拜占庭皇帝。也速丁求庇于皇帝 Micheal Palaeologus 事在 1261 年 4 月。[4] 当别儿哥之军队至君士坦丁堡时,〔也速丁〕逃于别儿哥,被

---

① 周按:前文于《贵由汗纪》叙理宗事,《蒙哥合罕纪》则有标题而无文。则此十五年实自 1251 年蒙哥即位时起,至 1264 年理宗死,首尾共十五年。

② 周按:度宗死,子㬎立,即恭宗。宋亡,降元,元封为瀛国公。伯希和认为此 šūJū ŠWJW 可能是 SōnJū SWNḤW 即"宋主"之讹。

③ 周按:俄译本作:Ладикиия。

④ 周按:俄译本作"至拜占庭的罗马皇帝处"。

立为吉里木 Qïrïm 城之算端,彼死于是处。[原注] 1278 或 1279 年。
其兄鲁克纳丁为异教徒所杀。[原注] 1267 或 1268 年为其丞相木亦纳丁
帕儿瓦纳所杀,是否出于伊利汗阿巴哈汗之命令,则难于肯定。① 其子基亚
丁凯忽思剌兀伊本吉力支阿儿思兰 Ghiyāth al-Dīn Kai-Kusrau
ibn Qïlïj-Arslan 嗣立为汗。彼殉难于阿儿精赞 Arzinjān。[原注]
1282 或 1283 年或更晚一些的时候于当时之伊利汗所纵容下被杀。汗位落
于基亚丁马思兀惕 Ghiyāth al-Dīn Mas'ūd ibn Kai-Kā'ūs 之手。现仍
为算端。[原注] 最后之塞尔柱朝 Seljuqs 之统治者,死于 1304 或 1305 年。

在的牙儿巴克儿与毛夕里,巴剌丁鲁鲁 Badr al-Dīn lu'lu 为算
端____[原注] 诸稿本皆阙。

在埃及与西利亚,一突厥人征服埃及,[原注] 即 Mu'izz 'Izz al-
Dīn。屡与阿勒波与大马司之领主争战,最后彼此言和。忽都思
Quduz 起而反对突厥蛮,杀之。自立为埃及与西利亚之君主。[原
注] 不是被忽都思 Muẓaffar Saif a1-Dīn Qutuz,而是为爱亦伯 Ai-Beg 之妻
Shajar al-Durr 皇后所杀。旭烈兀既掠阿勒波与大马司返还后,忽都思
联西利亚与埃及之诸异密及算端扎阑丁残部之花剌子模诸汗,共
与乞忒不花那颜 KetBuqa noyan 战,[原注] 此为著名之 'Ain Jālūt 之
役,蒙古入侵叙利亚之军队遭到决定性的失败。蔑力纳昔儿沙剌黑丁玉速
夫 Malik Nāṣir ṣalāḥ al-Dīn Yūsuf 为西利亚之领主。彼前赴旭烈
兀汗处,而于木失 Mūsh 平原被处死。当忽都思与乞忒不花战罢返
归后,又为奔都黑答儿 BunduqDār 所处死。[原注] 关于 Ẓāhir Rukn
al-Dīn Bai-Bars al-Bunduqdārī al-ṣāliḥī(1260—1277 年)见 S.Lane-Poole 所著
《埃及中世纪史》第 262 以次诸页。此人即马可波罗之 Bondocdaire。后者取
得王位。奔都黑答儿自鲁木与脱忽 Toqu 与脱丹 Töden 战返还后
死去。[原注] Abulustān 之役,事在 1277 年 4 月 15 日。阿勒菲 Alfī 继为
统治者。[原注] 关于 Manṣūr Saif al-Dīn Qila'un al Alfī al ṣāliḥī(1279—

① 周按:俄译本有"于 664 年/1265.10—1266.10"。

1290 年）见《埃及中世纪史》第 278—284 页。阿勒菲死后，其子阿失剌夫 Ashraf 袭位。［原注］Ashraf ṣalāḥ al-Dīn Khalīl（1290—1293 年），阿克儿 Acre 之征服者，见《埃及中世纪史》第 284—288 页。

在起儿漫，忽忒卜丁 Quṭb al-Dīn 为算端。彼死后，遗二子：木扎法儿丁哈扎只 Muẓaffar al-Dīn Ḥajjāj 与扎阑丁莎余儿哈忒迷失 Jalālal-Dīn Soyurghatmīsh。算端哈扎只为名义上之算端，而实权则操于帖儿坚可敦 Terken Khatun。帖儿坚之女帕忒沙可敦 Pādshāh Khatun 曾嫁与阿八哈汗。彼常每二、三年一去汗庭，满载尊荣而归。一次，彼〔可敦〕来此间，迨其归时，算端哈扎只出而迎接。然彼〔算端〕于未见彼等时接到警报，于是返至起儿漫，动身前往欣都，求庇于底里 Delhi 之算端赡思丁 Sultan Shams al-Dīn。彼留居此地近十五年，最后死于其处。帖儿坚可敦极为公正，起儿漫王国之政务因彼之公平正直而井然有秩。算端阿合马 Saltan Ahmad 在位时，彼前往斡耳朵，死于帖必力思 Tabriz 附近。［原注］1282 年 6 或 7 月。其遗体被运回起儿漫。算端之位委之于扎阑丁莎余儿哈忒迷失。彼诚为一聪明与熟练之统治者。当乞合都汗 Geikhatu Khan 在位时，［原注］1291—1295 年。其妻帕忒沙可敦来至起儿漫，执其兄弟莎余儿哈忒迷失，囚之于一堡中。彼自堡中亡去，秘密委身于乞合都，求予庇护。乞合都送彼于帕忒沙可敦，拘系数日后乃将其处死。［原注］1294 年 8 月 21 日。当娶莎余儿哈忒迷失之女沙阿剌木 Shāh ʿĀlam 之伯都 Baidu 称叛时，彼等遣一使者与莎余儿哈忒迷失之妻、宗王蒙哥帖木儿 Möngke Temür 之女曲儿屯真 Kürdünjin，执帕忒沙可敦带至斡耳朵，作为报复而予处死于泄剌失 Shiraz 与亦思法杭 Isfahan 间。［原注］1295 年 6、7 月间。

真主最知何者为正确。

纪诸蔑力与诸阿塔别

在马扎答兰＿＿＿＿［原注］诸稿本皆阙。

在马黑里卜＿＿＿＿［原注］诸稿本皆阙。

306

在法而思，木扎法而丁不别 Muẓaffar al-Dīn Abū-Bakr 为阿塔别。当彼死时，其子阿塔别沙忒 atabeg Saʻd 曾至〔合罕〕王庭，归时健康极坏。彼于帕剌杭 Parāhān 之属地图剌忽 Tūrāqū 得其父之死讯，彼亦于十二日后死去。〔原注〕Tūrāqū 或即 Le strange 所说之Sārūk（《东哈里发之土地》第 198 页），位于哈马丹 Hamadān 与布鲁只尔德 Burūjird 间之 Farāhān（Parāhān）区之一城市。彼之死讯传至泄剌失，其十二岁之子阿塔别摩诃末 atabeg Muḥammad 立，称算端阿杜丁 Sultan ʻAḍud al-Dīn。国事则由其母阿塔别忽忒不丁马哈木沙 atabeg Quṭb al-Dīn Maḥmūd shāh 之女帖儿坚可敦 Terken Khatun 管理，此子不久亦死。〔原注〕1262 年 10 或 11 月。其母成为统治者。阿塔别不别 atabeg Abū Bakr 之侄摩诃末沙 Muhammad shāh 娶〔帖儿坚可敦之〕女沙勒忽木 Salghum，与其岳母反目，后被处死。帖儿坚可敦曾许以其幼女阿必失可敦 Abish Khatun 嫁与宗王蒙哥帖木儿。

其后，帖儿坚可敦成为塞勒柱沙 Saljuq shāh 之妻，塞勒柱沙不久将彼处死，并将其二女囚于白堡 Qalʼa yi Sapid。[1]〔合罕〕汗庭得此消息后，遣异密按塔出 Altachu 率军前〔往法而思〕，任帖儿坚可敦之兄弟、沙班哈剌 Shabānkāra 之蔑力、〔原注〕法而思之最东部分，蒙古时期被单划为一省，即马可波罗所记波斯八国之第七国名孙思哈剌 Soncara 者。也思忒 Yezd 之鲁克纳丁阿剌都剌 Rukn al-Dīn ʻAlā-al-Daula 及在此国之大食军队之助，往擒塞勒柱沙。当军至阿巴儿忽 Abarqūh，与六千名泄剌失骑兵相遇，阿剌都剌以五百骑击之，将彼等逐回泄剌失之城门。塞勒柱沙匿于哈扎隆 Kāzarūn。军队进至，大战，克其城，大行掠杀。塞勒柱沙被拉出杀死，传首泄剌失。阿剌都剌亦因伤不日死。二女被自堡中携出，由其祖母忽忒鲁黑算端八剌黑哈只卜 Qutluqh-Sultan Baraq Ḥājib 之女、起儿漫

---

① 周按：俄译本作 Белый〔Сапид〕，即白堡。

之统治者牙忽惕帖儿坚 Yāqūt Terken 送往〔合罕〕王庭。阿必失可敦嫁宗王蒙哥帖木儿，此阿必失可敦实际即为泄剌失之阿塔别。其另一姊妹比比沙勒忽木 Bībī Salghum 嫁与其表兄忒思忒之阿塔别玉速夫沙 Yūsuf Shāh。阿必失可敦于阿儿浑汗 Arghun Khan 在位时死。遗体被带回泄剌失，埋葬于马德剌沙亦阿杜的牙 Madrasa-yi 'Adudīya。此处乃其母为前述之阿杜德丁摩诃末 'Aḍud al-Dīn Muḥammad 表示敬意而建者。库儿屯真公主成为彼之继位人。虽则今泄剌失蔑力之公务由斡脱 ortaqs 与商人执行，然鼓仍击于阿塔别宫殿之门，大国务会议 Great Divan 亦于此举行。

在昔思坦 Sīstan，蔑力赡思丁摩诃末喀儿惕 Malik Shams al-Dīn Muḥammad Kart 遵依蒙哥合罕诏旨，处死昔思坦之蔑力赡思丁 Malik Shams al-Dīn of Sīstad，而成为〔此国之〕统治者。其后，已死之蔑力之侄蔑力奴思剌丁 Malik Nusrat al-Dīn 自旭烈兀汗处带回使臣，重取昔思坦于赡思丁喀儿惕之手，迄今仍充统治者与蔑力。

纪其在位时期所发生之异行与不寻常迹

659 年/1260—1261，巴剌丁鲁鲁 Badr al-Dīn lu'lu' 死于毛夕里。

644 年七月十七日〔1266.5.5〕木爱义德杜剌兀儿的 Muaiyid al-Daula 'Urdi 死。〔原注〕一著名之科学家。Naṣir al-Dīn Ṭūsī 之合作者之一。见 Sarton 之《科学史介绍》第二卷第 1013—1014 页。彼为一博学之哲学家。在数学上无与伦比。699 年二月十九日〔1270.9.8〕晨，此间①发生如此巨大之地震，几令人想到山上之岩石亦成为齑粉，平原之每一土块皆散布于天空。②

671 年/1272—1273 冬季之中期，帖必力思之首都发生巨大地

---

① 周按：俄译本"此间"作"你沙不儿"Нишапур。

② 周按：俄译本下有："十五昼夜内，余震不止。"

震,十五日之间,每时震动不止。①

672 年十二月十七日,星期日〔1274.6.25〕,日落时,忽察纳昔儿 Khwāja Nasīr[原注] 即 Nasīr al-Dīn Tūsī。死于巴哈塔,遗愿请葬于木沙 Mūsā 与扎瓦忒 Jawād 之圣地。[原注] 两 Kāẓims (Kāẓimain) 之著名圣地,因两 Shī'a Imāms 葬于此而得名。于木沙墓地之下方觅得空地一片,〔泥土〕挖起后,发现一已覆瓦完备之墓穴。经查考,〔可以肯定为〕哈里发纳昔儿里丁阿剌 Caliph al-Nasīr li-Dīn Allāh[原注] 1180—1225 年。为己所置之墓穴。然其子扎喜儿 zāhir[原注] 1225—1226 年。违其所愿,葬彼于鲁沙发 Ruṣāfa 先人之茔地。[原注] 关于巴格达东之 Ruṣāfa 哈里发之陵墓,见 G.le Strange:《阿布思哈里发朝之巴格达》第 193—194 页。忽察纳昔儿之生期为 597 年五月十一日星期六〔1201.2.18〕,恰为此陵墓竣工之期,诚为奇迹。彼享年七十七岁七月又七日。

673 年十二月二十五日〔1275.6.22〕,阿儿浑阿合 Arghun aqa 死于邻近途思 Tūs 之剌梯堪 Rādkān 之草地。

忽必烈合罕纪第三部分

纪彼可称颂之品德;其所发布之优秀格言及嘉言懿训;其在位时发生之事件,得之于个人或书籍而为前二部分所不及者

[原注] 此部分诸稿本咸阙。

纪阿里不哥死后其妻、子之情况;合罕如何以其领地分赐其诸子;纪灭里帖木儿 Malik Temür 之诸异密

叛乱之火焰既灭,阿里不哥至其兄忽必烈合罕处,立而认罪乞

---

① 周按:俄译本作"四月之间"。

宥。彼曾以其所有之妻以自随，然留下其子四人：玉木忽儿
Yobuqur、灭里帖木儿 Malik Temür、乃剌不花 Naira'u-Buqa 及探
马赤 Tamachi 于禹儿惕。其驻夏之地在阿勒台 Altai，驻冬之所为
乌尤古 Ürünge①与＿＿＿。〔原注〕布洛歇本与俄译本均有乞儿吉思，然伯
希和认为此处不可能为乞儿吉思。此两地之距离为二三百程。唆鲁和
帖尼别姬昔尝居于此。

　　阿里不哥居合罕处月有六日而殁。其遗体葬近薛灵哥河之不
答温都儿 Buda-Öndür，成吉思汗之大禁地 ghoruq。〔原注〕Buda
Öndür 义为佛顶。② 除忽必烈合罕外，唆鲁和帖尼别姬及所有其他诸
宗王、公主皆葬于此处。

　　阿里不哥诸妻中，其一名额勒乞黑迷失 El-Chïqmïsh，系出斡
亦剌部 Oirat。另一妻为乃蛮部 Naiman 古出古儿 Küchügür 氏〔原
注〕Küchügur，是乃蛮部与成吉思汗争战时之统治部族。之忽秃黑塔可敦
Qutuqta Khatun。此妻生二女，长：察鲁罕阿合 Chaluqan aqa，嫁
巴牙兀惕 Baya'ut 之纳颜合古列干 Nayanqa küregen。③ 此察鲁罕
之女名捏古觯儿 Negüder，嫁灭里帖木儿 Melik Temür 为妻。此
妻居于唆鲁和帖尼别姬之居地与禹儿惕。彼〔灭里帖木儿〕又有一
女名哈木台 Qamtai，未字。〔忽秃黑塔那颜 Qutuqta nayan〕④之另
一女名南木罕 Nomoghan，适斡亦剌部之却班古列干 Choban
küregen。其第三妻为弘吉剌部之忽惕鲁可敦 Qutlu Khatun。彼

---

① 周按：此从布洛歇本 AWRYANKQT。俄译本作 Теке，TKH。Ürünge，
　《秘史》旁译作兀舌泷古、浯舌沈古，《西使记》作龙骨河。今新疆之乌伦
　古河。

② 周按：ghoruq 即蒙哥合罕纪之 Yeke Qoruq。原注引伯希和《马可波罗注》
　卷一第 342 页指出：如 Buda-Öndür 与 Burqan Qaldu 为一地，则此处所说
　邻近完全是另一地区之薛灵哥，显为讹误。

③ 周按：俄译本作 Татакт，TATAQNH。

④ 周按：原书如此，noyan 当为 Khatun 之讹植。

亦居唆鲁和帖尼别姬之禹儿惕,无出。

彼另有一妾名亦剌灰 Iraghui,巴鲁剌思部人,系曾充使臣至此间之合丹 Qadan 之姊妹。此妾生子曰那剌忽不花 Nairaqu Buqa。彼又有一妾,名为额失歹 Eshitei,系出弘吉剌部,今仍健在,居于忽秃黑塔可敦之斡耳朵。此妾有一子名探马赤 Tamachi。

阿里不哥既死,其诸妻妾皆归彼等之禹儿惕。三年之后,合罕令曰:“使阿里不哥诸子前来见我。”迨彼等蒙恩接见,彼言:“可令玉木忽儿治也速得儿可敦 Yesüder Khatun 之大禹儿惕,①并命玉木忽儿收也速得儿为妻。”彼等同居三年,无出而死。彼继娶系出旭申 Üshin 族之_____代此位,[原注] AZTḤMH,布洛歇认为系一西藏名。② 生二子:完者帖木儿 Öljei Temür、忽剌出 Hulachu。当完者帖木儿侍铁穆耳合罕时,忽剌出随其父居于属_____[原注] γSKY,此无考之名前文作 Baski 或 Maski。③ 之阿里罕扯丹 Ariqan Chaidan 之地。[原注] 无考。其第二部分似为蒙古语 Chaidam,义为盐泽。④ 彼另有一子,较此二子年长。⑤ 为哈剌奴惕 Qaranut⑥ 之察隆可敦 Chalun Khatun 所出。⑦ 此族为弘吉剌部与火鲁剌思部 Qorulas 之分枝。彼又有一子名斡迭格 Ödege,⑧ 乃蛮部古失鲁克汗 Küshlüq

---

① 周按:《元史·后妃传一》、《后妃表》均作也速儿,蒙哥妃。

② 周按:俄译本作“继娶系出旭申族 Ушин 之〔也速得儿〕可敦之家人为妻”。然据《元史·后妃传一》:也速儿为弘吉剌部。

③ 周按:俄译本阙。

④ 周按:俄译本作“Арикан_____”,注中列有 ḤABDAN 与 ČAYDAN 二形。

⑤ 周按:俄译本下有:名 Ил-〔Бука〕。

⑥ 周按:《史集》记弘吉剌部之远祖三子,长子之后为弘古剌部;次子之后分衍成亦乞列思部与斡列忽讷兀惕二部;第三子亦有二子:哈剌奴惕与昆克力兀惕,各成一部,自昆克力兀惕又分衍出火鲁剌思部。

⑦ 周按:此 Chalun 俄译本作 Чапун,注列东方研究所抄本则作 Чатун。

⑧ 周按:俄译本作 Урла。注作 AWRH。

312

Khan① 之侄女斡兀勒的斤 Oghul Tegin 所生。

彼又有一妻，原属拖雷诸妻之一，名纳颜可敦 Nayan
Khatun,②系出弘吉剌部。彼之禹儿惕系由〔唆鲁和帖尼别姬〕遗传
于阿里不哥者。当忽推可敦 Qutui Khatun〔原注〕旭烈兀妻、阿合马算
端之母。至此境时，彼留祖木忽儿 Jumqur 与塔剌海 Taraqai 于此
斡耳朵。旭烈兀所属之民众无留此者。彼等乃言："吾等何可留此
空斡耳朵耶？"彼等乃使斡兀勒的斤可敦居此。现时此斡耳朵之地
属于斡迭格。彼今年十八岁，侍从灭里帖木儿，有妻名伯哈 Baiqa，
乃速勒都思部宿敦那颜 Sodun noyan 之孙、爪都那颜 Ja'utu noyan
之女也。③

阿里不哥之第二子〔灭里帖木儿〕受合罕令掌领领忽可敦
Linqun Khatun 之斡耳朵。④ 彼为古出鲁克汗之女，聪慧能干，为
宗王忽睄都 Qutuqtu 之母。忽睄都有子曰秃克勒不花 Tükel-
Buqa，乃其妾钦察部人名为不塔额格赤 Buta Egechi 所生。⑤ 原注：
蒙古语 egechi 义为姊，此处用以喻妾。此秃克勒不花成年而夭。忽睄都
亦有二女。长克勒迷失阿合 Kelmish aqa，适弘吉剌部之撒勒只台
古列坚 Salji'utai küregen。次失林阿合 Shirin aqa,⑥巴牙兀惕之
浑都思额格赤 Qunduz Egechi 所出，适旭申部 Üshin 之秃赤古列
干 Tuqchi küregen。当领忽可敦死后，遗有一女名额勒帖木儿 El-
Temür，适巴而思不花古列干 Bars-Buqa küregen。灭里帖木儿娶
以代彼〔领忽可敦〕之位者为吉勒忒可敦 Gilte Khatun。扎剌亦儿

---

① 周按：疑为《元史·太祖纪》之屈出律 Küchlüq。
② 周按：俄译本作 Баян-Хатун。
③ 周按：俄译本作 Чапу 那颜之女。注：布洛歇本作 ČATW。
④ 周按：领忽可敦系拖雷妃，Qutuqtu 之母。
⑤ 周按：俄译本作 Туба-Икази。
⑥ 周按：前文《拖雷汗纪》：第三子忽睄都仅生一女克勒迷失阿合，与此歧。
　　又《蒙哥合罕纪》，蒙哥有女名失林 Shirin。

部塔阑那颜 Taran noyan 之女、斡勒都忽儿那颜 Olduqur noyan 之
孙也。灭里帖木儿置彼于此大禹儿惕。此禹儿惕曾为旭烈兀之分
地，然以距离遥远，且乏族属 uruq，故灭里帖木儿据有之。吉勒忒
可敦无出。彼〔灭里帖木儿〕又有一妻名脱列 Töre，①扎撒兀勒
Jasa'ul［原注］此明系一复数形式。Yasa'ul（Jasa'ul 为其异形）在帖木儿朝为
一掌管部族法令之官吏（见巴托尔德《中亚四讲》第二卷第 118，126 页）。之
大异密之一，朵儿边部 Dörbet 之昔烈吉 Shiregi 之女。此妻生二
子。一名斡亦剌歹 Oiratai，侍从其父。另一名马哈木 Muḥmūd，亦
在彼处。此妻更有二女：一名额蔑干 Emegen，适斡亦剌部之朵阑
吉古列干 Törelchi küregen② 之孙巴而思不花 Bars-Buqa 之孙脱
黑帖木儿古列干 Toq-Temür küregen。一名亦勒忽惕鲁黑 Il-
Qutluq，适速勒都思部阔别 Köbek 之子。阔别为笃哇之异密，驻于
阿母河之此一侧。灭里帖木儿复有一妾名秃黑鲁黑完泽 Tuqluq
Öljei，百夫长，＿＿＿ 之拜哈剌 Baighara 之女。［原注］原本有
ANAQLϒQ，可能系 Almalïq 或 Qayalïq。③灭里帖木儿之诸子如下：明罕
Mingqan、阿只吉 Ajïgï、也孙脱 Yesün-To'a 及巴里歹 Baritai，〔皆〕
斡亦剌部巴而思不花之女额蔑干可敦所生也。

　　至若阿里不哥之长妻斡亦剌部之额勒乞黑迷失可敦 El-
Chïqmïsh Khatun 之斡耳朵，忽必烈以之予彼之子乃剌忽不花
Nairaqu Buqa，此人于阿里不哥死时曾图自杀，被阻。〔后〕以忧伤
而死。彼有一女在此禹儿惕，名阿失黑台 Ashïqtai。其后当彼前往
合罕处时，彼以此禹儿惕遗灭里帖木儿，今则属灭里帖木儿之子阿
只吉。

　　合罕予探马赤者为忽秃黑塔可敦 Qutuqta Khatun 之禹儿惕。

---

① 周按：俄译本作 Бура。
② 周按：俄译本作 Буралджи。
③ 周按：俄译本作 Анаклцка。

彼等未及同居而可敦已死。〔探马赤 Tamachi〕乃娶额儿的斤 Er-Tegin 以代彼。额儿的斤为乃蛮部锁儿哈都宝儿赤 Sorqadu Ba'urchi 之女,居此国之撒儿塔黑 Sartaq 与不隆秃黑 Burunduq 之侄女。当彼携此妻前赴合罕所时,此禹儿惕未属人留驻。

乃剌忽不花有五子。依次为忽儿巴合 Qurbaqa、巴陈 Bachin、桑哈儿 Samqhar、伯颜额不干 Bayan Ebügen 及阿剌帖木儿 Ara-Temür。阿剌帖木儿之母为斡勒忽奴惕 Olqunut 人兀真额格赤 Ujin Egechi。其余四子之母为忽必烈合罕之长妻察必可敦之侄女、弘吉剌部阿失黑台可敦 Ashïqtai Khatun。

探马赤有二子:一名伯颜 Bayan,另为朵儿班 Dörben。

现与海都为党之阿里不哥子灭里帖木儿之诸大异密①

首先为速勒都思部人宿敦那颜之孙、松察那颜 Sunchaq noyan 之子、左手万户异密爪都 Ja'utu。② 彼有一子名合丹 Qadan,管领一警卫队与武器,娶灭里帖木儿之女为妻。

另一人名钦察 Qïpchaq,晃豁台部 Qongqotan 人蒙力克额赤格 Menglik Echige 之孙也。③ 其父阔阔出 Kökechü 系右手千户之察忽儿赤 chaqurchi。④ 彼掌一警卫队与武器。⑤

314

---

① 周按:俄译本此节附于前节之后,不另标题。
② 周按:俄译本作 Чаяту。
③ 周按:名见《秘史》第 244 节。此处世次恐误。
④ 周按:《秘史》:蒙力克七子,其一名阔阔出,又名帖卜腾格理。关于此人之故事,《秘史》与《世界征服者史》均有记载,此处之阔阔出疑非其人。chaqurchi,俄译本译鹰人,注作 JAQDRJY。波义耳则以为系 ghajarchi 向导者之讹。
⑤ 周按:元时诸宗王均置怯薛,四队轮值。此处之警卫队,当即怯薛无疑。掌武器者,即所谓云都赤、阔端赤之属,"侍上带刀及弓矢者"也(《元史·兵志二·宿卫》)。

另一人为阿剌哈 Alaqa，合塔斤部 Qataqïn① 千夫长，来此境之乞勒格拔都儿 Chilge Bahadur 之子也。②

另一人为千户、扎剌亦儿部之章吉古列干 Jangqï küregen。此千户前属斡海 Oqai 指挥。此人遵依诏令，常与斡亦剌部之千户军守卫诸宗王茔地所在之大禁地 ghoruq 不达温都儿 Buda Öndür。当随从那木罕之诸宗王谋叛，诸军接战，此千户之多数与海都军合，一部分则仍留。此军现属斡海之子。

另一人为速勒都思部人克烈歹 Kereidei，充必阇赤之长。

另一人为克额台 Kehetei，灭里帖木儿之乳兄，亦速勒都思部人。彼主斡耳朵之事务，诸如食物〔之供给〕及其他等。

另一人为蔑儿乞部人合达哈 Qadaqa，彼为一大异密与尚食 büke ʼul 之长，主管军队之事务。

另一人为晃豁台部人撒黑台 Saqtai，怯薛 kezik 之长。③

另一人为忽秃忽那颜 Qutuqu noyan 之子拔秃哈 Batuqa 千户。

另一人为土蛮宝儿赤 Tümen baʼurchi④ 之子也孙帖木儿宝儿赤 Esen-Temür baʼurchi。

另一人为别速台拔都儿 Besütei Bahadur，斡耳朵之长。

另一人为乃蛮部之阿里不哥那颜 Arïq Böke noyan。

另一人为察兀勒答儿 Chaʼuldar，阿鲁剌惕部 Arulat。⑤ 孛儿

---

① 周按：据《秘史》：合塔斤为朵奔蔑儿干子不忽合塔失之后。

② 周按：俄译本作"来此境之 Бахадур 子 Джилке 之子"。

③ 周按：俄译本："系出 Хатакин（注 QWNKQTAY）Сакмай（注：SAQMY）为宫廷警卫。又有系出 Хатакин 之 Суке，彼系一警卫队之长。"

④ 周按：俄译本作典膳官 Нойон。

⑤ 周按：《秘史》此部为抄歹斡儿帖该子阿鲁剌惕之后。《史集》则云为 Уряут 之一分枝（第一卷第一册第 166,169 页）。此部在《元史》中习称为阿儿剌部 Arlat。

忽真扎鲁忽赤 Borghuchi yarghuchï 之子。

另一人为扎剌亦儿部卜哈剌扎鲁忽赤 Bughra yarghuchï 之子
也不干 Ebügen。

另一人为别速惕人者别那颜 Jebe noyan 之族属 uauq 脱欢阿
黑塔赤 Toqan akhtachi。①

另一人为速勒都思部人不儿塔黑 Burtaq 之子脱黑邻 Toghrïl。

另一人为哈剌契丹 Qara-Khitai 人阿巴海 Abaqai② 之子库官
khizānechi 浑答海 Qundaqai。[原注] khizānechi，义为仓库官。

另一人为豁鲁剌惕 Qorulat 之阿必失哈 Abishqa 速古儿
赤 shükürchi。③

另一人为大食人 Tāzīk 蔑力乞 Maliki，职任迭赤 tdechi。[原
注] tdechi 为司膳者；或为 E'udechi，义为司阍者。

---

① 周按：王恽《中堂纪事》：阿塔赤，"汉语群牧所官也"。
② 周按：俄译本阙。注作 ANAQY。
③ 周按：怯薛之尚衣者为速古儿赤。

第八章　铁穆耳合罕纪

成吉思汗子拖雷子忽必烈合罕子真金子
铁穆耳合罕纪之始

铁穆耳合罕纪凡三部分

第一部分：纪其华贵之世系；详列其诸妻及其分衍至于今日之枝派；其圣容；其诸子之世系表。

第二部分：纪其践位前之情况；王位之画图；其临御时之诸妻、诸宗王与诸异密之情状；叙其即位之吉庆时日（真主助之！）之始以迄于今所发生之若干事件；纪其为人所周知之战争及胜利。

第三部分：纪其可称颂之品德；其所发布之嘉言令训；及得之于个人或书籍而不载于前二部分之在位期内所发生之事件。

忽必烈合罕孙铁穆耳合罕纪第一部分

叙其世系；详叙其诸妻及其诸子分衍至今之枝派；其圣容；及其世系表

铁穆耳合罕被称为完泽笃合罕 Öljeitü Qa'an（愿其公平、正义之福荫永覆于群生之上！）①乃成吉思汗子拖雷汗子忽必烈合罕子

---

① 周按：《元史·成宗纪四》："谥曰钦明广孝皇帝，庙号成宗，国语曰完泽笃皇帝。"

真金之子，彼系真金长妻阔阔真可敦所生，其时乃牛年，当回历663 年/1264—1265 也。① 彼之斡耳朵中，妻妾甚众，惟以路途遥远，道路阻塞，不能详彼等全部之名。其最长之妻名卜鲁罕可敦Bulughan Khatun，系出巴牙兀惕 Bay'aut，②生一子名德寿太子 Tishi-taishi③，彼另有一子名麻合巴伦 Maqabalin，系另一妻所生。④

其子孙之世系表如次。

铁穆耳合罕纪第二部分

320

纪其即位前之情况；其御位时之皇位、诸妻、诸宗王及诸异密之图画；叙自其临御之吉庆时日（愿藉神助，垂于无疆！）之初迄于今所发生之若干事件，纪其为人所周知之战争与胜利

其践位前之事件

马年，当回历 693 年/1293—1294，忽必烈合罕驾崩，真金之长妻，即铁穆耳合罕之母于同日遣伯颜与大异密赴铁穆耳合罕处，⑤

---

① 周按：《元史·世祖纪三》至元二年（乙丑，1265）九月庚子，皇孙铁穆耳生。
② 邵按：《元史·后妃传一》："卜鲁罕皇后，伯岳吾氏，驸马脱里思之女。"《后妃表》："勋臣普化之孙，驸马脱里忽思之女。"
③ 周按：《元史·后妃传一》："成宗贞慈静懿皇后名失怜答里，弘吉剌氏，斡罗陈之女也。大德三年十月，立为后。生皇子德寿，早薨。"《后妃表》则称"失怜答里元妃"，早薨。是，传所云大德三年（1299）立为后者，盖伯牙吾氏。成宗仅德寿一子，《元史》灼然可考。《显贵世系》谓四子，当系讹传。
④ 周按：《元史》无可考。《后妃表》除卜鲁罕、失怜答里外，尚列有乞里吉忽帖尼皇后。
⑤ 邵按：《元史·世祖纪十四》：至元三十年（1293）六月"乙巳，以皇太子宝授皇孙铁穆耳，总兵北边"。三十一年正月"壬子朔，帝不豫。癸亥，知枢密院事伯颜至自军中"。"癸酉，帝崩于紫檀殿……亲王、诸大臣使告哀于皇孙"。（转下页）

告以合罕大故，召彼来归，以便就即帝位。铁穆耳合罕返归之前，一年之内，阔阔真总理国之政事。及其安返也，乃召开大忽里台。与会者有其诸伯叔若阔阔出、脱欢。其诸兄弟行若甘麻剌、也孙铁木儿 Yesün-Temür，①其诸伯叔兄弟若忙哥剌子阿难答斡兀勒 Ananda Oghul、奥鲁赤之诸子铁木儿不花 Temür-Byqa，②也只里不花。③ 诸大异密若伯颜丞相、乌察察儿那颜 Uchachar noyan、脱脱 Toqtaq、④月鲁 Ölüg、⑤完泽丞相，安童丞相、⑥达失蛮阿合 Dashman aqa、只而合朗 Jirqalan、纳里忽 Nalīqu、唐兀惕人暗伯 Ambai、额失格 Eshige 之后裔 urug 巴德剌哈 Badraqa、⑦塔塔儿部之忽都虎丞相 Qutuqu chingsang、⑧巴歹 Badai 之后裔 uruq 阿儿哈孙答剌罕 Arqasun Tarkhan、⑨公主如南必可敦 Nambai Khatun，⑩ 及其女别克真可敦 Bekchin

---

（接上页）"夏四月，皇孙至上都"。

① 周按：铁穆耳兄弟中无名 Yesün Temür 者，当即甘麻剌之子，后为泰定帝之也孙铁木儿。

② 周按：《元史·宗室世系表》：奥鲁赤长子镇西武靖王铁木儿不花。《世祖纪十一》至元二十三年(1286)六月，乙巳，以"皇孙铁木儿不花驻营亦奚不薛，其粮饷仰于西川，远且不便，徙驻重庆府"。《成宗纪》大德元年(1297)三月丁丑，"封诸王铁木而不花为镇西武靖王"。均系其人。

③ 邵按：名见《元史·成宗纪一》至元三十一年六月壬辰。

④ 邵按：本华黎之后，见《元史》卷一一九本传。

⑤ 周按：名从《元史·不忽木传》，此从布洛歇本 AWAWY，俄译本作 Урук，注作 AWRAWY，是。即《元史》之月儿鲁、月吕鲁、玉吕鲁，博尔术之后玉昔帖木儿也。《元史》本传：世祖时，"赐号月吕鲁那颜，犹华言能官也"。

⑥ 周按：时安童已死，此误列。

⑦ 周按：俄译本作 Абишка 家之 Баурке。

⑧ 邵按：名见《元史·世祖纪十》至元二十一年五月丁丑。《成宗纪一》元贞二年(1296)二月庚申。周按：后者作扎剌而忽都虎，与塔塔儿人忽都虎当为同名异人。

⑨ 周按：此无疑为哈剌哈孙 Qaraqasun，此处音节脱落致讹。

⑩ 周按：世祖后。

Khatun、蛮子台 Manzitai① 及阔阔真可敦② 及其他诸宗王、诸异密、诸公主,难予遍举。

　　铁穆耳合罕与其兄甘麻剌之间,③为皇位与继承而发生争执。阔阔真可敦乃极有才智之妇人,乃语彼等曰:"薛禅皇帝 Chechen Qa'an(即忽必烈合罕)[原注] Chechen 为 Sechen 之异书,蒙古语义为聪明。有言:知成吉思汗宝训 bilig 最稔者,得继大位。今汝二人可各诵宝训,令在场之诸大人视之,孰知之较稔。"因铁穆耳合罕极有口辩,〔善于〕背诵,故彼宣诵宝训出声清晰。甘麻剌微口吃,此方面之天赋较逊,不能与之争胜。众人同声呼曰:"铁穆耳合罕知记既稔,背诵复佳,诚足以当大位。"遂在＿＿马,当回历＿＿年[原注] 诸本皆阙。当作马年,回历 693 年/1294。④ 于福星高照之下,即合罕位于开平府。其仪礼习惯,悉遵彼等行此大礼之旧制,一如此处所示。⑤

────────────

① 邵按:《元史·成宗纪一》元贞元年(1295)正月乙亥:"封驸马蛮子台为济宁王,仍赐金印。"《公主表》:"鲁国大长公主南阿不剌,裕宗女,适蛮子台。"

② 周按:俄译本此下有:"Булуган-Хагун 及其他可敦。"

③ 周按:俄译本作"长彼几岁之兄甘麻剌之间"。《元史·宗室世系表》:裕宗皇帝三子:长甘麻剌,次二答剌麻八剌,次三铁穆耳。《显宗传》:甘麻剌,"裕宗长子也。母曰徽仁裕圣皇后"。然《后妃传二》:裕宗徽仁裕圣皇后,生顺宗(答剌麻八剌)、成宗(铁穆耳)而不言甘麻剌。且甘麻剌为真金长子,中外记载金同,铁穆耳为达剌麻八剌之幼弟,亦无疑问。然此言甘麻剌长铁穆耳几岁,颇疑甘麻剌实泰非徽仁裕圣皇后之亲生子。《显宗传》云云,迨泰定帝附会而成。

④ 周按:《元史·成宗纪一》:至元三十一年(1294)夏四月壬午,"帝至上都,左右部诸王毕会"。"甲午,即皇帝位"。

⑤ 邵按:《元史·完泽传》:"三十一年世祖崩,完泽受遗诏,合宗戚大臣之议,启皇太后,迎成宗即位,诏谕中外。"殊非事实。据同卷《不忽木传》:知完泽并未受遗诏。传云:"帝大渐,与御史大夫月鲁那颜、太傅伯颜并受遗诏,留禁中。丞相完泽至,不得入,伺月鲁那颜、伯颜出,问曰:'我年位俱在不忽木上,国有大议而不预,何耶?'伯颜叹息曰:'使丞相有不（转下页）

纪合罕如何组织王国之国务

当遵从庆贺之仪式,宴饮已毕,欢乐尽兴之后,合罕之圣虑转注于组织军国大事。彼分任诸宗王、诸异密赴各省区,任命中书省Divans 之维昔儿与官员。

322　　　于其长兄甘麻剌,彼以袭自彼等之父之全份财产予之,遣赴哈剌和林。此境为成吉思汗之禹儿惕与斡耳朵。彼使其他之诸军悉听其指挥。彼管领所有哈剌和林、赤那思 Chinas。① 失巴兀赤

(接上页)忽木识虑,何致使吾属如是之劳哉!'完泽不能对,人言于太后。太后召三人问之。月鲁那颜曰:'臣受顾命,太后但观臣等为之。臣若误国,即甘伏诛。宗社大事,非宫中所当预知也。'太后然其言,遂定大策。"惟此传所言,一若太后本不预其事者,亦非。《伯颜传》:"成宗即位于上都之大安阁,亲王有违言,伯颜握剑立殿陛,陈祖宗宝训,宣扬顾命,述所以立成宗之意,辞色俱厉,诸王股栗,趋殿下拜。"此稍近真。与《史集》所纪较之,可据知成宗与甘麻剌争位,诵读宝训,非仅以娴习决胜负,亦各取宝训中有利于己之言词,为争位之佐证耳。故众谓铁穆耳"知记既稔,背诵复佳",必非若梵僧唪经,塾童诵课,只求娴熟而已。伯颜亦陈宝训,实为铁穆耳之助,与《史集》所记,恰相成也。此为忽里台之良好史料,故附论及之。夸张如《完泽传》,讳避如《不忽木传》饰非之作,语常游移,不足据也。周按:姚燧《牧庵集》卷一一《普庆寺碑》:"大帝登遐,柱倾于天,维绝于地,急变之秋也。""召至成庙于抚军万里之外,授是神鼎,易天下之岌岌者为泰山之安。"赵孟𫖯《大普庆寺碑》亦谓:"当是时,徽仁裕圣皇后不动声色,召成庙于抚军万里之外,授是神器,易天下岌岌为泰山之安。"皆形容争位之激烈,此中待发之覆尚多,当有专文论之。

① 周按:俄译本阙。注列诸本音读各异。波义耳取不列颠本 ḤYNAS,Chinas,当得其实。名从《秘史》第 129 节,《元史·床兀儿传》作赤纳思。蒙古语狼曰赤那。《史集》第一卷,第二册,察剌孩领忽娶嫂生二子,名 Гэнду-Чинэ 与 Улукчин-Чинэ,其后衍为赤那族(第 25 页)。《秘史》:"扎木合把赤那思地面的大王每教七十锅煮了。""赤那孙"旁译作"地名的"。谢再善译本注云:"赤那思实为族名。"是。张翥《蜕庵集》卷一《送郑暄宣伯赴赤那思山大斡耳朵儒学教授》四首,有注:"那山下水,曾睹六龙飞。"可知赤那思地面为成吉思汗大斡耳朵所在之地,亦即成吉思汗兴龙之根据也。

Shiba'uchi。① 斡难与怯绿连、谦谦州 Kem-Kemchi'üt、薛灵哥及海
押立 Qayalïq 直至乞儿吉思之地，以及成吉思汗之大禁地 Great
ghoruq。彼等称此禁地为不儿罕哈勒敦 Barqan Qaldun，成吉思汗
之诸大斡耳朵仍置于此处。诸处近皆由甘麻剌防守，凡四大斡耳
朵及其他五斡耳朵，共数为九。② 该处无人得至。彼等奉其遗容于
此，岁时祀享。甘麻剌亦于此处为己建庙。

　　宗王阿难答被合罕遣赴唐兀惕之地，主其军队及其兀鲁思。
使宗王阔阔出及合罕之婿阔里吉思 Körgüz 前赴与海都、笃哇相接
之边境。彼遣脱欢引军赴蛮子 Manzi 之域，镇守其地。异密阿只
吉 Ajïqï 则被遣引军赴哈剌火州 Qara-Qocha。③ 彼留伯颜平章掌
计相，因大食人视"赛典赤"Saiyid Ajall 之号为极其尊贵，蒙古人亦
以此称其大维昔儿，故认为此乃最高之称号，因之合罕为提高
彼④之重要与权势，亦称彼为赛典赤。彼迄今仍为极尊贵、有权势
之维昔儿，方与完泽答剌罕 Öljei-Tarkhan、⑤ 铁哥平章 Teke

---

① 周按：俄译本阙，注有 SYBAW ĬY，波义耳从之。原注云：可能义为"鹰人
　之地"。蒙古语鹰人为 sibghuchi。邵按：《元史·明安传》："汪古昔博赤之
　城。"《元典章》卷五，正三品，"昔保赤八喇哈孙达鲁花赤"，皆指此城。布
　洛歇读 ŠYNAW ČY，sināǔčī，非。陈得芝注云："《经世大典·仓库官》载
　和林宣慰司所辖诸仓中有昔宝赤八剌哈孙，收支粮斛浩大，又系紧急支持
　去处。当即此昔宝赤地。"（《元史及北方民族史研究集刊》第四期，《史集
　铁穆耳合罕本纪译注》）
② 邵按：《元史·显宗传》：至元"二十九年改封晋王，移镇北边，统领太祖四
　大斡耳朵及军马达达国土……世祖崩……成宗即帝位……晋王复归藩
　邸"。又《百官志五》内史府："至元二十九年，封晋王于太祖四斡耳朵之
　地。"与此合。
③ 周按：当作宗王阿只吉。
④ 周按：指回回人伯颜。
⑤ 周按：据《元史》，完泽无封答剌罕之事。俄译本分断为二人，是。邵译已
　正其误。答剌罕者，哈剌哈孙也。

finjan、脱因纳 Toina、①暗都剌平章 ʾAbdallāh finjan、②异密火者
参议 Khwāja sami、③忽都不丁参政 Quṭb al-Dīn samjing④ 以及马
速忽郎中 Masʿūd lanjun 治理中书大事,共襄国务。

纪忽必烈合罕子忙哥剌之子、唐兀惕地之统治者阿难答宗王之皈依伊斯兰教;纪该地之若干情况;叙彼之王国

宗王阿难答,乃忙哥剌之子。忙哥剌为忽必烈合罕之第三子,
那木罕之兄也。⑤（后者与诸宗王出征海都,诸宗王叛之,执之以送
尤赤后王 uruq,及脱迭蒙哥 Töde-Möngke 为该兀鲁思之主,乃送
彼还于忽必烈合罕处,请求宽宥。彼不久死）。铁穆耳合罕以忽必
烈合罕原授予忙哥剌之军队及隶属于彼之唐兀惕之地悉付予阿难
答。唐兀惕为一疆土广袤之大国,契丹语称之曰河西 Kho si,其义
为大河在其西。[原注]当义为其国在河之西。盖以此地为契丹西境,
故彼中习用此名。其国统治者所居之大城如下：京兆府
Kinjanfu、⑥甘州 Qamjiu、亦儿海 Irqai[原注]伯希和踌躇于宁夏之原
名 Irqai、即马可波罗之 Egrigaia 与唐兀之另一地名 Uraqai 之间。贺兰山

----

① 周按：俄译作 Тевина,误,注列诸稿本中伊斯坦布尔本、塔什干本作
　　TWYNH,殆得其实。
② 邵按：《元史·成宗纪二》大德元年(1297)三月庚午"以中书省左丞梁暗都
　　剌为中书省右丞"。周按：此处 b 转为 m,故读作 am 暗。其人即梁德珪。
③ 邵按：《元史·成宗纪四》大德七年三月乙未参政迷而火者,当即其人。周
　　按：《宰相年表》,迷儿火者以大德三年擢参知政事。
④ 邵按：《元史·成宗纪三》大德六年七月辛酉,"以江浙行省参知政事忽都
　　不丁为中书右丞"。
⑤ 周按：《元史·世祖纪四》：至元九年(1272)十月丙戌朔,"封皇子忙哥剌
　　为安西王,赐京兆分地,驻兵六盘山"。十五年十一月,安西王死。二十四
　　年十一月,诏以阿难答嗣为安西王。
⑥ 周按：即今陕西西安。

Khalajan、[原注] 即马可波罗之 Calacian、①阿黑八里 Aq-Balïq。② 此国有大城二十四。③ 居民大都为穆斯林，惟农民田作者则皆偶像教徒。彼等状貌类契丹人，昔恒输租赋于契丹诸统治者，其诸城皆予契丹名称。其风俗、习惯、扎撒、约速亦皆相类。

因那木罕无后嗣，④故阿难答被托付予突厥斯坦 Turkistānī 之一穆斯林迷黑答儿哈散阿塔赤 Mihtar Ḥasan aqtachi 抚育。其人妻名祖烈哈 Zulaikhā，躬以乳哺，以故，伊斯兰之教义深锲其心。彼习《古兰经》，作大食字，书法极优；且恒从事礼拜、敬圣。所属蒙古军十五万，彼使其大部分皈依伊斯兰教。其臣属有名撒里塔 Sartaq 者，反对伊斯兰教，入朝合罕，怨阿难答恒于礼拜寺祈祷，置宴与诵《古兰经》。⑤ 彼为大部分蒙古男童行割礼，⑥并使大部分军人信仰伊斯兰教。合罕闻此甚怒，乃使忽失赤 qushchï 之长只而哈朗 Jirghalang 与乞儿塔忽 Chirtaqu 兄弟二人往禁敬神礼圣之事，

①　周按：《秘史》第 265 节阿刺筛，旁译"贺兰山名"。

②　邵按：此言白城子，用突厥语以别于 čāgān bālāgāsūn（蒙语白城子，即真定），即《马可波罗行纪》所谓"蛮子地之白城子"（Yule Ⅱ，33，Acbalec Manzi）。《元史·顺帝纪二》后至元二年（1336）十二月，"以甘肃行省白城子屯田之地赐宗王喃忽里。"Nanquri 无疑即此白城子。《行纪》明言在蛮子边境，则此当指六盘山之忙哥剌王府。周按：伯希和《马可波罗注》（卷一第 7—8 页）谓此白城为汉中。

③　周按：《元史》屡言"巩昌二十四城"（《世祖纪十一》至元二十三年正月癸未）、"总帅汪惟正所辖二十四城"（《成宗纪二》大德二年五月己酉）以及"二十四城"（同上元贞元年三月丙午）之说。安西王分地，据《金石萃编未刻稿》卷上《陕西学校儒生颂德之碑》："至元十载，皇子安西王胙土关中，秦、蜀、夏、陇，悉归控御。"

④　周按：此处显误。俄译本作："因阿难答之父忙哥剌子息多不育。"迨近其实。

⑤　邵按：即每日五遍之礼拜，旧译作"纳麻思"，见《元典章》五七，刑部一九《禁宰杀·禁回回抹杀羊做速纳》。

⑥　周按：即"速纳"。

摈斥其王廷中之穆斯林,促使崇敬偶像,焚香礼佛。彼梗不从命,言:"偶像者,人之所造也,我何为叩礼之哉!若太阳乃真主所创,系肉体世界之灵魂,生物之所从出,繁衍而为动植物者,我犹以为不可尊敬,何能更叩拜于人造之偶像耶?我之所敬者,乃创造我与合罕之主宰耳!"合罕闻此辩词,震怒,下令予以囚絷。然彼仍坚持不变其虔奉伊斯兰教之信仰,言:"吾辈先人皆笃信一神教,惟知奉真主一人。由于此真诚之信仰,古昔之真主赐予彼等全部之地域,以使彼等之头傲然高仰,而不为任何偶像低下。"合罕乃召之使来,问之曰:"汝果亲睹异梦,或闻声音,或有任何灵验,或系任何人导之使向伊斯兰,汝可具实以告我,使彼亦能导我如此。"阿难答言:"伟大之真主以彼自身之知以导我也。"合罕云:"然则导汝者,魔鬼也。"彼对云:"如系魔鬼指我此路,则合赞汗 Ghazan Khan 者,吾兄长也,宁亦魔鬼导之此路欤?"合罕默然,沉思片刻。阔阔真可敦忠告而言曰:"汝承大位二载,国中仍未宁静。阿难答拥有大军,其诸军及唐兀惕之民皆穆斯林,均反对此种处置。且彼等地接敌境。所愿者,彼等不改变其忠诚之心。我等勉强于彼,亦非所宜。彼于其信仰与宗教因有深识也。"合罕认识此种劝解出自同情,遂释阿难答,善言慰藉,恩赏有加,复使统领唐兀惕之军队,授以唐兀惕之国土。

　　阿难答虽自幼习染与崇奉伊斯兰教,然当其闻伊斯兰君主(真主佑其国祚绵长!)已皈依伊斯兰,成为笃信一神教及纯洁信仰之人;所有在波斯之蒙古人皆成为穆斯林,毁坏偶像,破坏庙宇之后,其信仰亦臻于极致。于是彼亦极力效法之,大力加强伊斯兰之教义。阿难答及其军中之情况可由此推之,在短期内此境伊斯兰教之事业已跻于繁盛。据《古兰经》之言:"而你看见众人成群结队地崇奉真主的宗教",[①]此辈亦皆群起而成为信仰者、一神教徒、穆斯

---

① 　周按:《古兰经》第 110 章第二段。

林与纯洁信仰之人矣！上述之迷黑答儿哈散、欣都 Hindu、倒剌沙
Daulat Shāh、哈迷忒 Ḥamid、扎蛮阿合 Jamād aqa 与摩诃末阿黑塔
赤 Muḥammad Aqtachi 之子孙等皆享有尊贵与权势，其中若干人
附从铁穆耳合罕之母，以竭力增强伊斯兰教之信仰。①

　　其后，于最近数年内，阿难答赴忽里台而见合罕，极受尊敬。
彼公开夸示彼之伊斯兰教义。合罕因闻知伊斯兰君主改奉皈依之
事，乃表示赞同。云："阿难答步合赞之后皈依穆斯林，宜随其心之
所欲，奉行伊斯兰教。我尝思而〔得之〕矣！伊斯兰系一正道与善
教也。"以此之故，阿难答〔宣扬〕伊斯兰教益力。彼再度受任为唐
兀惕之军队与唐兀惕地之首领而归。该地虽设有合罕之官吏与必
阇赤以掌税收 tamghas，然税赋之大部分供彼之军用，达于中书省
Divan 者甚少。现今甚至不奉伊斯兰，且尝攻击阿难答之撒里塔亦
成为穆斯林。任彼之大异密之一。又一人名明理 Mengli，亦为穆
斯林，阿难答现年三十，肌肤黝黑，黑髭须，身体修长硕健。有
一子名月鲁帖木儿 Örüg-Temür，于其领地内建藩称王。彼筑清
真寺与礼拜堂于己之诸斡耳朵与禹儿惕之内，常诵《古兰经》，
进行祷告。

　　铁穆耳合罕即位后四年，八剌子笃哇提兵进犯上述控御合罕
帝国边境之诸宗王、诸异密。军中旧例，每一要隘 sübe 置一逻站。
自极西边之阿只吉及出伯之要隘直至东面之木华黎之所，均置有
驿站，②驻有驿卒。以此故，彼等依次报告已有大军出现。时宗王

---

① 　周按：成宗朝廷臣中穆斯林教徒之势力大增，终至导致成宗死后阿难答结
　　伯要真皇后、阿忽台等谋取皇位。此处屡言阔阔真可敦祖庇穆斯林，甚可
　　注意。
② 　周按：此木华黎疑指其后裔脱脱，大德二年（1298）方任上都留守，通政院
　　使、虎贲亲军都指挥使。

阔阔出、床兀儿 Jungqur① 与囊加台 Nangiyadai② 已会合,设宴纵酒为乐。其夜警报至,彼等皆酩酊不醒,不能据鞍。铁穆耳合罕之女婿阔里吉思古列干 Körgüz kürgen 率军直前。敌军突至,因彼等疏于警戒,左右两翼之部分军队皆未得报,彼此距离遥远,不能合军一处。八剌子笃哇军攻阔里吉思,阔里吉思军不过六千,故不能支,〔因之〕向一山之方向亡走。敌军追及,遂俘而欲杀之。彼言:"我乃阔里吉思,合罕之女婿也。"笃哇之将军乃令不杀而〔因之〕。③ 逃众亡归合罕。阔阔出为合罕之叔,以玩忽而未能合军,故惧而逡巡躲避,召之再三,亦终不至。其后合罕使阿只吉诱之,使由〔其匿处〕来。④ 逃军既达合罕前,合罕不悦其指挥者,执床兀儿、囊加台而缚之,且言于彼等曰:"何得玩忽失机乃尔!"

正当逃军与笃哇皆在该境之时,有宗王玉木忽儿与兀鲁思不花·Ulus Buqa 及异密朵儿朵哈 Dorduqa 者,忽必烈合罕时亡归海都,海都以属笃哇者也。至是,乃共商以众一万二千离笃哇而来附铁穆耳合罕。⑤ 合罕闻彼等之至,对之甚不信任。因朵儿朵哈在忽

327

① 周按:土土哈子,《元史》有传。

② 周按:即《元史》卷一三一囊加歹。

③ 周按:《元史》本传:大德二年(1298)秋,"诸王将帅共议防边,咸曰:'敌往岁不冬出,且可休兵于境。'阔里吉思曰:'不然,今秋候骑来者甚少,所谓鸷鸟将击,必匿其形,备不可缓也'。众不以为然。阔里吉思独严兵以待之。是冬,敌兵果大至。三战三克,阔里吉思乘胜逐北,深入险地,后骑不至,马踬陷敌,遂为所执"。

④ 周按:《元史·武宗纪一》:成宗大德三年,以宁远王阔阔出总兵北边,怠于备御,令帝即军中代之。

⑤ 周按:《元史·成宗纪一》大德元年正月庚午,"增诸王要木忽而、兀鲁思不花岁赐各钞千锭"。又《土土哈传》:元贞二年(1296)秋,"诸王附海都者率众来归,边民惊扰。身至玉龙罕界,馈饷安集之,导诸王岳木忽等入朝。"《博罗欢传》亦谓:"大德元年,叛王药木忽儿、兀鲁速不花来归。"然则此事之发生在元贞二年秋,入朝则在大德元年正月,确凿无疑。《史集》误后二年。朵儿朵哈,《元史》亦作朵儿朵海、朵儿朵怀。据《史集》(第一卷第一册,(转下页)

必烈合罕时曾一度来归,后又携上述诸王偕走。①因之彼遣乞儿塔
忽 Chirtaqu、担寒人木八剌沙 Mubārak-Shāh Dāmphāni② 撒秃黑
Satuq,③偕阿只吉迎之以来。玉木忽儿与朵儿朵哈至,而留兀鲁思
不花随营帐于哈剌和林,受命缓随彼等而行。彼劫掠哈剌和林,纵
兵洗劫市集、仓库。及其至,合罕责之曰:"成吉思汗陵寝所在,尔
何得妄为如此!"枷系而投之于狱。彼乞宥曰:"我逃亡而来,笃哇
军尾随,两军混战,而掠〔其城〕。"此种辩解不能接受。阿速台之妻
答亦乞 Taiki 及其子海山 Khaishang④ 素得合罕之宠幸;兀鲁思不
花与阿速台为兄弟。彼等乃代为缓颊,彼始得释。然合罕终不信
任,不使出征,令之留居朝中。至于玉木忽儿,则予优待,且言:"彼
无罪也。"然于朵儿朵哈则怒而言曰:"因彼两次叛去,令杀之。"朵
儿朵哈哭诉曰:"我惧忽必烈合罕故逃去。然我于彼处从未抗拒合
罕之军。当铁穆耳合罕即位后,我得此良机,乃约诸王来降。我所
带来之军队较前此挟去者为多。我来图效命耳!如合罕垂怜,使
我仍领将之以来之军,或以其他任何军队予我,我将追袭笃哇,当
使其所犯之罪恶受到惩罚,且或能使阔里吉思得归。"诸异密以此
言奏闻合罕,且代为乞宥。合罕乃赦其罪,使将一全副武装之军队
出征;但令玉木忽儿不得行。彼俛请而言曰:"我等之来,为效命

328

───────────────

(接上页)第 117 页)此人出 Курлаут 部,额不干那颜 Эбугэн-Нойон 之孙,字栾
　　台那颜 Бурунтай-Нойон 之子。
① 周按:朵儿朵哈原为阿里不哥之臣属,其中统初元时之态度已无从确知,
　　其叛附海都似在至元末年。至元二十四年(1287),朵儿朵哈从土土哈共
　　御海都(《土土哈传》),二十七年奉令居守大帐(《牙忽都传》),依重甚殷。
　　其后因受所有人们之反对,忽必烈召之归,惧而亡附玉木忽儿。
② 周按:《元史·世祖纪十四》至元三十年二月己丑、《成宗纪四》大德七年
　　(1303)二月辛未之木八剌沙,当即其人。俄译本以 Дамгани 分列为一人
　　名,当误。
③ 周按:俄译本作 Саюн,SAYWN。
④ 周按:参见上文《忽必烈合罕纪》。

耳！请以我辈之属从留质于此，许我等以行。因我等熟知其国情及其军之虚实。籍合罕之福荫，我等或能一雪前仇。"合罕复厚赏玉木忽儿，温语慰之。彼等乃一道出发。

笃哇既败〔合罕军〕，自度无虞，徐引兵趋己之斡耳朵，然后往掠阿难答、阿只吉之域及在哈剌火州之出伯，图击败彼等，使之逃走。时，其军散列于彼等欲渡之一大河河岸，玉木忽儿、兀鲁思不花及朵儿朵哈提军突至，进击笃哇军。其军被杀与溺死者无算。彼等虽竭尽全力，然终不能劫回阔里吉思，但俘得笃哇之婿名＿＿者，〔原注〕诸稿本皆阙。① 奏凯而归。合罕优予礼待，大加恩赏。诸异密于是有图释笃哇之婿，以期对方亦释合罕之婿来归者。在此数日之内，笃哇之使亦至，致词云："我等之所为，已获报应。今阔里吉思在我处，而我等之婿则在君所。"阔里吉思亦遣那可儿随来传讯云："我尚无恙，然无那可儿，亦乏食物。请即遣二、三那可儿及财物以来。"彼等乃遣彼之四异密携丰厚之财物，偕笃哇之婿以往。未至而阔里吉思被杀。彼等乃诡称彼等已遣其往海都所而殁于道。②

纪合罕军与海都、笃哇军之两次大战；海都之受伤及其因伤致死

329　　　其后，斡鲁朵之族属 uruq，今为兀鲁思之统治者火你赤之子伯颜遣使来告合罕，谓：有其堂兄弟贵裕 Küilük 叛乱，而求庇于海都、笃哇，数与彼大战，如尤赤汗纪所述。使者传言如下："陛下之军队宜即自该方向进；素受其凌虐之巴答哈伤之军则自东方进；伊

---

① 周按：《元史·玉哇失传》于此役记载颇详："复从诸王药木忽儿、丞相朵儿朵怀击海都将八怜，八怜败。海都复以秃苦马领精兵三万人直趣撒剌思河，欲据险以袭我师。玉哇失率善射者三百人守其隘，注矢以射，竟全军而归。"

② 周按：《元史》本传："帝尝遣其家臣阿昔思特使敌境，见于人众中……明日，遣使者还，不复再见，竟不屈死焉。"

斯兰君主(愿真主佑其圣祚垂于无疆!)之军定自西边输援。我等
将自四面围海都、笃哇,一举而殄灭之。"方密议间,铁穆耳合罕之
母阔阔真可敦言曰:"在契丹,南家思之地我等之兀鲁思广大,而海
都、笃哇之境则相去辽远。尔如往亲征,那事办妥将需时一、二年
之久。惟愿在此同一时间之内,不致有需长期始克处理之叛乱。
我等宜忍耐而遣使回报云:'我等同意君之所言,请另候通知。'"以
此原故,事有延误。① 其后二、三年,即＿＿＿年,[原注]诸稿本皆
阙。② 合罕之军为此目的出征海都、笃哇。彼等进击离海都〔之地〕
较近之地区。两军既接,奋战,海都伤,其军返走。笃哇以相离甚
远,数日后始至,再次酣战,笃哇亦伤。至于海都,竟以伤致死。③

————————

① 　周按:据《元史·后妃传二》:阔阔真于大德四年(1300)二月死,故伯颜之
　　使,可推定为大德三年。
② 　周按:以后文考之,当系大德五年。
③ 　周按:《元史·武宗纪一》:大德"五年八月朔,与海都战于迭怯里古之地,
　　海都军溃。越二日,海都悉合其众以来,大战于合剌合塔之地。师失利,
　　亲出阵,力战大败之,尽获其辎重,悉援诸王、驸马众军以出。明日复战,
　　军少却,海都乘之,帝挥军力战,突出敌阵后,全军而还。海都不得志去,
　　旋亦死。"合剌合塔或即 Qara-qada,义为黑石岩。上文窝阔台合罕纪注引
　　俄译本,此役发生在西蒙古,近扎布干河 Dzabkhan 之名 TKLKH,
　　Таклаку,当即迭怯里古,亦即《元史·囊加歹传》之帖坚古。QRBHTAQ
　　Харбатак,即《武宗纪》之合剌合塔,亦即《阿失传》之哈剌答山。参考《史
　　集》,可知迭怯吉里之战,元师败海都军;而合剌合塔之战,则系与笃哇援
　　军相遇,两军胜负相当。此与《床兀儿传》所载"五月,海都兵越金山而南,
　　止于铁坚古山,因高以自保。床兀儿急引兵败之。复与都哇相持于兀儿
　　秃之地,床兀儿以精锐驰其阵,左右奋击,所杀不可胜计,都哇之兵几尽"
　　相合,惟所言大败笃哇军则不可尽信。《囊加歹传》则云:"武宗还师,囊加
　　歹殿,海都遮道不得过,囊加歹选勇敢千人直前冲之。海都披靡。国兵乃
　　由旭哥耳温、称海与晋王军合。"又《玉哇失传》:"时扎鲁花赤孛罗帖木儿
　　所将兵为海都困于小谷,帝令玉哇失援出之。"明见其突围而返,非全胜自
　　明。然是役也,"阿失射笃哇中其膝"(《阿失传》),故元师虽突围走而海
　　都、笃哇亦受挫引退。

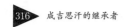

纪合罕之异密与维昔儿自商贾购置珠宝珍饰之欺诈行为；胆巴法师如何以奸计缓颊；彼等之获释

已于忽必烈合罕纪中叙及之吐蕃人胆巴法师亦系对铁穆耳合罕有极大影响之人。下述者为说明此种影响之诸故事之一。一次，有数商人携来大量珠宝、珍饰，以售予合罕。在场之诸异密、诸维昔儿与牙侩估定其价值为六十万巴里失。此款由国库支给。商人以近十五万巴里失分送诸异密、诸维昔儿。有异密名为木黑必勒平章 Muqbil finjan 者，先为其他大臣所劾而被黜，合罕令其充脱脱禾孙 totqa'ul，契丹人则称之为廉使 leng qish。① 诸牙侩中有二人受其他牙侩之排挤，不能参与彼等之交易，乃告此异密云："此等珠宝所值不超过三十万巴里失。"木黑必勒奏之于合罕，合罕即令重行估值。已罢黜之行在 Khingsai 城之丞相失哈不丁 Shihāb al-Dīn Qunduzī 当时在朝，估定其值为三十万巴里失。合罕于是令捕商人及牙侩，彼等招认贿送每异密之款数。以故诸异密与维昔儿亦被捕，共计为十二人。答失蛮丞相 Dashman chingsang、脱因纳 Toina、撒儿班 Sarban、亦黑迷失 Yïghmïsh、铁哥平章 Teke feinjan、爱薛怯里马赤·Isā kelemechi、伯颜平章之兄弟伯颜察而 Bayanchar、赡思丁 shams al-Dīn Qunduzi 及其他平章三人，皆拘于中书省 Divan，有旨尽皆处死。② 彼等之妻及侍从往求阔阔真可

① 周按：当即肃政廉访使之简称。俄译本阙。

② 周按：《元史·成宗纪四》：大德七年(1303)三月乙未，"中书平章伯颜、梁德珪、段贞、阿里浑撒里、右丞八都马辛、左丞月古不花、参政迷而火者、张斯立等受朱清、张瑄贿赂，治罪有差。诏皆罢之"。此为成宗朝之一大贪污案，除右丞相完泽外，宰执人员九人皆被牵涉而受革职处分，然不久又多复职。此疑与《史集》所纪为一事，然所列人名又多有不同。

敦调护。可敦虽极力营救,然终无效。① 于是复求于胆巴法师。时
值彗星见。② 因此胆巴法师建议请合罕禳星。合罕至,法师言:"当
释囚四十人。"③彼于是言:"可释百囚。"以此之故,彼等尽释。然后
彼提议合罕发布诏旨。合罕于庙中祷告七日,然后离去;而令诸人
各自归家,仍各事所事。彼等之从属皆大为欢悦。然其超出于
〔实〕值多付之三十万巴里失则复白彼等手中追还。④

①　周按:阔阔真已于大德四年(1300)死。设此案在大德七年,则此可敦当为
卜鲁罕皇后。此后之偏袒穆斯林,可由其在成宗死后援立阿难答一事窥
见之。

②　周按:据《元史·天文志一》:成宗朝彗星见凡三次。一在大德二年十二
月,"甲戌,彗出子孙星下。"一在五年八、九月,"自八月庚辰,彗出井二十
四度四十分,如南河大星,色白,长五尺,直西北,后经文昌斗魁,南扫太
阳,又扫北斗、天机、紫微垣、三公、贯索,星长丈余,至天市垣巴蜀之东,梁
楚之南、宋星上,长盈尺,凡四十六日而没"。一在七年十二月,"庚戌,彗
星见,约盈尺,指东南,色曰,测在室十一度,渐长尺余,复指西北,扫腾蛇,
入紫微垣"。至八年三月乙丑灭,凡七十四日。故于八年正月。"以灾异
故,诏天下恤民隐,省刑罚。杂犯之罪,当杖者减轻,当笞者并免"。此七
年之彗星见与同年之大贪贿案与《史集》所叙,情节殊合。然《元史》载胆
巴之死在七年夏,则与下文胆巴禳星之说,又生商参。复疑《史集》所纪为
大德二年事,其年固有十二月"释在京囚二百一十九人"之记载。然诸宰
执被劾事又无迹象可寻。不知何以矛盾若此。

③　周按:《元史·不忽木传》:"西僧为佛事,请释罪人祈福,谓之秃鲁麻。豪
民犯法者,皆贿赂之以求免。"

④　周按:《元史·成宗纪四》大德七年四月,"中书左丞相答剌罕言:'僧人修
佛事毕,必释重囚。有杀人及妻妾杀夫者,皆指名释之。生者苟免,死者
负冤,于福何有?'帝嘉纳之。"又《释老传》:"每岁必因好事奏释轻重囚徒,
以为福利,虽大臣如阿里,阃帅如别沙儿等,莫不假是以逭其诛。"此为元
代之一大弊政。又:俄译本此节下有标题:"第三部分:纪铁穆耳合罕;纪
其容貌起居、嘉言令训及诸书、诸人所失载,而不详于前二卷之若干佚
事。"注云:诸稿本咸阙。

附　　录

纪　年　表

公元	属相	干支	纪　年	公元	属相	干支	纪　年
1206	虎	丙寅	太祖元年	1221	蛇	辛巳	十六
1207	兔	丁卯	二	1222	马	壬午	十七
1208	龙	戊辰	三	1223	羊	癸未	十八
1209	蛇	己巳	四	1224	猴	甲申	十九
1210	马	庚午	五	1225	鸡	乙酉	二十
1211	羊	辛未	六	1226	狗	丙戌	二一
1212	猴	壬申	七	1227	猪	丁亥	二二
1213	鸡	癸酉	八	1228	鼠	戊子	拖雷监国
1214	狗	甲戌	九	1229	牛	己丑	太宗元年
1215	猪	乙亥	十	1230	虎	庚寅	二
1216	鼠	丙子	十一	1231	兔	辛卯	三
1217	牛	丁丑	十二	1232	龙	壬辰	四
1218	虎	戊寅	十三	1233	蛇	癸巳	五
1219	兔	己卯	十四	1234	马	甲午	六
1220	龙	庚辰	十五	1235	羊	乙未	七

续　表

公元	属相	干支	纪　年	公元	属相	干支	纪　年
1236	猴	丙申	八	1259	羊	己未	九
1237	鸡	丁酉	九	1260	猴	庚申	世祖中统元年
1238	狗	戊戌	十	1261	鸡	辛酉	二
1239	猪	己亥	十一	1262	狗	壬戌	三
1240	鼠	庚子	十二	1263	猪	癸亥	四
1241	牛	辛丑	十三	1264	鼠	甲子	至元元年
1242	虎	壬寅	乃马真监国	1265	牛	乙丑	二
1243	兔	癸卯	二	1266	虎	丙寅	三
1244	龙	甲辰	三	1267	兔	丁卯	四
1245	蛇	乙巳	四	1268	龙	戊辰	五
1246	马	丙午	定宗元年	1269	蛇	己巳	六
1247	羊	丁未	二	1270	马	庚午	七
1248	猴	戊申	三	1271	羊	辛未	八
1249	鸡	己酉	海迷失监国	1272	猴	壬申	九
1250	狗	庚戌	二	1273	鸡	癸酉	十
1251	猪	辛亥	宪宗元年	1274	狗	甲戌	十一
1252	鼠	壬子	二	1275	猪	乙亥	十二
1253	牛	癸丑	三	1276	鼠	丙子	十三
1254	虎	甲寅	四	1277	牛	丁丑	十四
1255	兔	乙卯	五	1278	虎	戊寅	十五
1256	龙	丙辰	六	1279	兔	己卯	十六
1257	蛇	丁巳	七	1280	龙	庚辰	十七
1258	马	戊午	八	1281	蛇	辛巳	十八

公元	属相	干支	纪　年	公元	属相	干支	纪　年
1282	马	壬午	十九	1296	猴	丙申	二
1283	羊	癸未	二十	1297	鸡	丁酉	大德元年
1284	猴	甲申	二一	1298	狗	戊戌	二
1285	鸡	乙酉	二二	1299	猪	己亥	三
1286	狗	丙戌	二三	1300	鼠	庚子	四
1287	猪	丁亥	二四	1301	牛	辛丑	五
1288	鼠	戊子	二五	1302	虎	壬寅	六
1289	牛	己丑	二六	1303	兔	癸卯	七
1290	虎	庚寅	二七	1304	龙	甲辰	八
1291	兔	辛卯	二八	1305	蛇	乙巳	九
1292	龙	壬辰	二九	1306	马	丙午	十
1293	蛇	癸巳	三十	1307	羊	丁未	十一
1294	马	甲午	三一	1308	猴	戊申	武宗至大元年
1295	羊	乙未	成宗元贞元年				

Hejira 历月份名称

1 月	Muharram	30 日
2 月	Saphar	29 日
3 月	Rabia I	30 日
4 月	Rabia II	29 日
5 月	Jomada I	30 日
6 月	Jomada II	29 日
7 月	Rajab	30 日
8 月	Shaaban	29 日
9 月	Ramadan	30 日
10 月	Shawwal	29 日
11 月	Dulkaada	30 日
12 月	Dulheggia	29 日

世 系 表

（一）窝阔台

七子：贵由、阔端、阔出、哈剌察儿、合失、合丹斡兀勒、蔑里

1. 贵由 *				
2. 阔端_{三子}	蒙哥都			
	库延	也速不花		
	只必帖木儿			
3. 阔出_{三子}	失列门			
	孛罗赤			
	小薛			
4. 哈剌察儿	脱脱			
5. 合失	海都_{二十四子、知者九}	察八儿		
		养吉察儿		
		斡鲁思		
		斡鲁帖木儿		
		脱丹		
		沙纯台		
		伊利不颜		
		乌马儿忽察		
		纳里乞		
		合哈兀儿		
		忽怜		

---

* 参见本表（五）

续　表

5. 合失	海都二十四子、知者九	锁儿合不花			
		也苦不花			
		台巴黑失			
		撒儿班			
6. 合丹斡兀勒六子	睹尔赤二子	小薛			
		亦思克别			
	钦察	忽怜			
	合丹额不克二子	剌呼里			
		木八剌沙			
	也别二子	斡鲁黑帖木儿十一子	库列思别		
			秃鲁黑不花		
			忽忒鲁黑忽察		
			秃鲁黑帖木儿		
			阿八赤		
			库失帖木儿		
			陈帖木儿		
			陈孛罗		
			阿鲁浑		
			摩诃未		
			阿里		
		也孙帖木儿	阿里忽察		
	也速迭儿				
	忽林池				
7. 蒇里二子	脱欢不花				
	脱欢				

（二）术赤

十四子：斡鲁朵、拔都、别儿哥、别儿克怯儿、昔班、唐兀惕、孛阿勒、赤老温、辛忽儿、赤木台、摩诃末、兀都儿、脱花帖木儿、辛古木

1.斡鲁朵七子	撒儿塔台	火你赤四子	伯颜四子	萨的
				沙梯不花
				迭克捏
				撒勒只兀台
			巴只吉台	也客
			察罕不花	吉烈歹
			马忽台	
	忽里五子	土蔑坚三子	察鲁黑二子	那海
				撒梯勒迷失
			木八剌二子	额勒不花
				脱列帖木儿
			古出克	
		土门六子	阿黑阔帛	孛阑奚
			达失蛮	
			忽儿塔哈赤	
			忽惕鲁黑不花	
			忽惕鲁黑帖木儿	
			额勒帖木儿	
		明罕三子	哈力勒	
			巴失马黑	
			斡勒忽图	
		爱牙赤	合赞	

			牙忽都	
1. 斡鲁朵七子	忽里五子	木速蛮四子	忽察	
			牙亦剌黑	
			亦勒牙思	
	忽鲁木失			
	弘吉阑			
	绰儿马海			
	忽秃忽			
	旭烈兀二子	帖木儿不花六子	贵裕	
			不花帖木儿	
			章忽	
			脱哈帖木儿	
			小薛	
			兀萨阑	
		斡勒忽都四子	兀乞忽儿秃花	
			别失忽儿秃花	
			不花帖木儿	
			迭烈克	
2. 拔都四子	撒里塔			
	脱豁罕五子	塔儿秃二子	脱烈不花	
			宽彻	孛思不花
		忙哥帖木儿十子	阿勒灰	
			阿巴赤	
			脱迭干	
			孛儿鲁	

			脱脱	
2. 拔都四子	脱豁罕五子	忙哥帖木儿十子	撒里不花	
			摩剌海	
			合丹	
			豁都海	
			脱黑邻察	
		脱迭蒙哥三子	斡儿明兀	
			怯怯都	
			脱别台	
		脱赤晃合二子	巴不失	
			秃克勒不花	
		兀格赤		
	也不干七子	八剌		
		不剌儿		
		秃秃赤		
		答忽合		
		阿合马		
		沙必儿		
		东古儿		
	辛古木			
3. 别儿哥				
4. 别儿克怯儿二子	阔阔出四子	额只勒帖木儿		
		必力黑赤		
		朵黑台		
		脱黑帖木儿		

4. 别儿克 怯儿_{二子}	也速不花	撒里不花		
5. 昔班_{十二子}	拜纳勒_{三子}	伊刺克帖木儿		
		别帖木儿		
		也速帖木儿		
	拔都儿_{二子}	忽惕鲁黑不花		
		术赤不花_{四子}	巴答忽勒	
			别帖木儿	
			南乞察儿	
			也速不花	
	合达	脱列不花_{二子}	明忽台	
			土门帖木儿	兀出干
	巴剌罕_{三子}	图里		
		图坚		
		脱黑台_{三子}	巴乞儿察	
			古出克	
			扎兀罕	
	怯里克	脱黑帖木儿		
	蔑儿坚_{二子}	不花帖木儿		
		额勒不花		
	忽儿秃花	乞捏思		
	爱牙赤	兀乞忽儿秃花		
	撒亦勒罕	忽惕鲁黑帖木儿_{七子}	孛剌勒台	
			别帖木儿	
			孛阑奚	

5. 昔班十二子	撒亦勒罕	忽惕鲁黑帖木儿七子	斡忒蛮	
			赛纳黑	
			也速不花	
			帖木儿台	
	伯颜察儿	额不坚古列坚	脱欢察儿	
	马扎儿	朵儿赤		
	火你赤			
6. 唐兀惕二子	速不格台二子	马扎儿	库儿克	
		乞赤克火你赤四子	孛剌察儿	
			库乞帖木儿	
			亦失田	
			笃剌图	
	脱古思三子	合隆台		
		阿儿思兰		
		孛阑奚		
7. 孛阿勒二子	塔塔儿	那海三子	绰格	
			图格	
			脱莱	
	明合秃儿九子	秃答儿	乞儿的不花	
		别都思		
		斡罗思二子	脱都干	
			忽惕鲁别	
		额不坚二子	脱忽乞	
			阿合马	
		月即别		

续　表

7.孛阿勒二子	明合秃儿九子	撒昔黑	巴撒儿	
		月即别忽儿秃花		
		脱黑鲁察		
		额勒巴思迭失		
8.赤老温				
9.辛忽儿三子	也速不花五子	孛阑奚		
		贵裕		
		脱迭干		
		脱迭出		
		阿黑塔赤		
	失烈门三子	花剌子迷		
		扎忽都		
		拜剌木		
	马扎儿三子	兀鲁撒黑		
		伯颜		
		拜忽		
10.赤木台二子	欣都	也苦三子	扎剌亦儿台	
			空迭连蒙忽台	
			塔哈出	
	脱迭兀儿二子	马扎儿三子	蔑里	
			忽察帖木儿	
			忽儿秃花出黑	
		塔里牙赤		
11.摩诃末				

续　表

12. 兀都儿	哈剌察儿五子	忽儿秃花	撒昔	
		朵儿只	阿难答	
		阿必失哈		
		额蔑坚		
		秃克勒		
13. 脱花帖木儿四子	别帖木儿三子	脱欢察儿		
		亦勒吉赤		
		阔阔出		
	伯颜二子	合赞		
		达失蛮		
	玉龙帖木儿四子	阿赤黑	巴黑的牙儿	
		阿力黑里三子	阿的勒	
			撒黑里赤	
			按巴儿赤	
		哈剌赤儿三子	捏古伯	
			克烈怯	
			失巴忽赤	
		撒里察	宽彻	
	克忒帖木儿二子	哈剌忽察		
		阿伯		
14. 辛古木				

(三) 察合台

八子：莫赤也别、木额秃干、别勒格失、撒儿班、也速蒙哥、拜答儿、合答海、拜住

1.莫赤也别十一子	迭古罕儿			
	阿合马三子	乌马儿		
		木八剌沙		
		木额秃		
	迭克失	塔不都忽儿四子	脱欢	
			火嚣勒忽	
			嚣里黑台	
			忽惕鲁黑帖木儿	
	那木忽里			
	不克不花			
	迭莫罕儿			
	火檀			
	彻彻			
	乞彻克图二子	萨德班		
		忽失蛮		
	亦萨勒二子	汗不花		
		兀剌台		
	脱欢三子	火里黑台		
		不克不花		
		那木忽里		
2.木额秃干四子	拜住	朵登	孛即	阿不都剌
	不里五子	阿必失哈		

续　表

2. 木额秃干_{四子}	不里_{五子}	阿只吉_{三子}	斡鲁格	
			斡鲁格帖木儿	
			额儿失勒古列坚	
		合答黑赤薛禅_{五子}*	纳里忽_{三子}	帖木儿
				斡剌台
				土蛮
			不忽_{二子}	杜勒哈儿纳音
				阿里
			不花帖木儿_{二子}	斡鲁格帖木儿
				完泽
			不花	
		阿合马_{二子}	巴巴_{三子}	哈必勒帖木儿
				合必勒帖木儿
				玉勒都思帖木儿
			撒梯	
		额不干		
	也孙脱_{三子}	摩门_{二子}	也别	必勒格帖木儿
			斡鲁格	

---

* 合答黑赤薛禅实四子。

续　表

2. 木额秃干_{四子}	也孙脱_{三子}	八剌_{五子}	别帖木儿	
			笃哇	忽惕鲁黑忽察
			脱脱	
			兀剌台	
			卜思巴	
		牙撒兀儿		
	哈剌旭烈兀	木八剌沙_{五子}	完泽不花	忽惕鲁黑沙
			孛阑奚	秃惕鲁黑
			斡儿合台	
			也孙孛罗	
			合达	
3. 别勒格失				
4. 撒儿班_{二子}	忽失乞			
	捏古伯			
5. 也速蒙哥				
6. 拜答儿	阿鲁忽_{三子}	合班		
		出伯_{十五子} *	脱脱	
			牙撒兀儿	
			杜库勒思	
			额只勒不花	
			那木忽里	
			那木达失	
			阿黑不花	

* 出伯实为十四子。

6. 拜答儿	阿鲁忽三子	出伯十五子	撒梯	
			答兀得	
			敢不朵儿只	
			赤斤帖木儿	
			只儿忽台	
			明塔失	
			宽彻朵儿只	
		脱黑帖木儿二子	也先字哥	
			斡黑鲁黑赤	
7. 合答海五子	纳牙			
	不忽			
	纳里豁阿			
	不花帖木儿			
	不花			
8. 拜住	莫赤	阿不都刺	忽惕鲁黑忽察	

（四）拖雷

十子：蒙哥、绰里哥、忽睹都、忽必烈、旭烈兀、阿里不哥、拨绰、木哥、岁
哥台、雪别台

1. 蒙哥 *			
2. 绰里哥			
3. 忽睹都			
4. 忽必烈 **			

---

　* 见表（六）

** 见表（七）

续　表

5. 旭烈兀 *				
	玉木忽儿四子	完者帖木儿		
		忽剌出		
		＿＿＿（俄译本作伊勒不花）		
		斡迭格		
6. 阿里不哥五子	灭里帖木儿六子	斡亦剌歹		
		马哈木		
		明罕		
		阿只吉		
		也孙脱		
		巴里台		
	忽都合			
	探马赤二子	伯颜		
		朵儿班		
	乃剌不花五子	忽儿巴哈		
		巴陈		
		桑哈儿		
		伯颜额不干		
		阿剌帖木儿		
7. 拨绰	薛必勒格儿四子	赛音不花二子	答失蛮	
			亦剌兀都儿	
		牙忽都	脱列帖木儿	

---

* 另见《史集》第三册。

续　表

		铁失		
7. 拨绰	薛必勒格儿四子	秃不申四子	不勒迭彻儿	
			速惕	
			别歹	
			不阑奚	
8. 木哥二子	昌童			
	也不干			
9. 岁哥台	脱黑帖木儿			
10. 雪别台				

（五）贵由

三子：忽察斡兀勒、脑忽、禾忽

1. 忽察斡兀勒				
2. 脑忽	察八			
3. 禾忽	脱克蔑	脱克蔑		

（六）蒙哥

四子：班秃、玉龙答失、昔里吉、阿速台

1. 班秃				
2. 玉龙答失二子	撒里蛮			
	——			
3. 昔里吉	兀鲁思不花			
4. 阿速台四子 *	完泽			
	兀剌出			

---

* 阿速台又有子海山，见本书忽必烈纪；铁穆耳纪。

续　表

4. 阿速台_{四子}	安童			
	完泽不花			

(七) 忽必烈

十二子：朵儿只、真金、忙哥剌、那木罕、豁里台、忽哥赤、奥鲁赤、爱牙赤、阔阔出、忽都鲁帖木儿、脱欢、＿＿

1. 朵儿只				
2. 真金_{三子}	甘麻剌_{三子}	也孙铁木儿		
		松山		
		迭里哥儿不花		
	答剌麻八剌_{三子}	海山		
		阿木哥		
		爱育黎拔力八达		
	铁穆耳_{二子}	德寿		
		麻合巴伦		
3. 忙哥剌_{三子}	阿儿思阑不花			
	按擅不花			
	阿难答	月鲁帖木儿		
4. 那木罕				
5. 豁里台				
6. 忽哥赤	也先帖木儿			
7. 奥鲁赤_{二子}	铁木儿不花	搠思班		
	益智礼不花			
8. 爱牙赤				
9. 阔阔出				

10. 忽都鲁帖木儿				
11. 脱欢				
12. ＿＿				

汗位承袭表

钦察诸汗承袭表

拔都　1227—1256

撒儿塔　1257

兀剌赤　1257

别儿哥　1257—1266

忙哥帖木儿　1267—1280

脱脱蒙哥　1280—1287

秃剌不花　1287—1291

脱脱　1291—1312

月即伯　1312—1341

梯你别　1341—1342

扎你别　1342—1357

比儿的贝　1357—1376

秃海牙　1376—1378

脱脱迷失　1378

伊利汗承袭表

旭烈兀　1256—1265

阿八哈　1265—1281

阿合马　1281—1284

阿鲁浑　1284—1291

乞合都　1291—1295

伯都　1295

合赞　1295—1304

完者都　1304—1316

不赛音　1316—1335

阿儿巴合温　1335—1336

木撒　1336

摩诃末　1336—1337

脱花帖木儿　1337—1338

只罕帖木儿　1338

速来蛮　1338

察合台系诸汗承袭表

察合台　1227—1242

哈剌旭烈兀（妃斡儿乞那）　1242—1246

也速蒙哥　1246—1251

斡儿乞那　1251—1260

阿鲁忽　1260—1265/1266

木八剌沙　1266

八剌　1266—1271

捏古伯　1271

秃花帖木儿　1272

笃哇　1272—1307

宽彻　1308

塔里忽　1308—1309

也先不花　1310—1318

克别克　1318——1326

燕只吉台　1326

笃哇帖木儿　1326

塔儿马失林　1326—1334

布赞　1334

成失　1334—1338

索 引

限正文中之人名、地名及部分专有名词;页码为原书页码,即译文之边码。

Abachi,	阿巴赤(拔都后王,忙哥帖木儿子)	109
Abachi,	阿八赤(合丹曾孙,斡鲁黑帖木儿子)	28
Abai,	阿伯	116
Abaqa,	阿八哈	3,20,23,98,105,123,124,129,136,139, 140,142,152—154,175,265,270
Abaqai,	阿巴海	315
Abarqūh,	阿巴儿忽	49,307
ʿAbbāsids,	阿布思朝	42
ʿAbdallāh,	阿不都剌(木额秃干子拜住孙)	138
ʿAbdallāh,	阿不都剌(察合台第八子拜住孙)	144
ʿAbdallāh finjan,	暗都剌平章	322
ʿAbd al-Raḥman,	奥都剌合蛮	177,183,271
Abish,	阿必失	307
Abishqa,	阿必失哈(不里子)	138,150,224,248,253,254,262
Abishqa,	阿必失哈(兀都儿孙)	115
Abishqa shükürchi,	阿必失哈速古儿赤	315
Abishqa,	阿必失哈(阿鲁忽臣属)	257,258
Abjiya-Köteger,	阿不只牙阔迭格儿	256

Abkhaz, 阿卜哈支   43

Abū Bakr, 不别(即伯颜平章)   300

Abū Bakr, 布伯(投石机制造者)   291

Abū Bakr, 不别(法儿思统治者)   50,51,69,92,193,253,307

Abū Sa'īd, 不赛音   5

Abyssinian, 阿比西尼安   87

Achīq, 阿赤黑   116

Adam, 亚当   7

Ādharbāijān(Azerbaijan),阿哲儿拜占(今阿塞拜疆)   4,43,74,181,183,218

'Ādil, 阿的勒(尤赤第十三子脱帖木儿曾孙)   116

'Ādil, 阿的勒(西利亚埃及之统治者)   50

'Aḍud al-Dīn, 阿杜丁   306

Afrāsiyāb, 阿弗剌昔牙卜   63,80

Afrīdīs, 阿佛利的思   234

Aḥmad, 阿合马(伊利汗)   305

Aḥmad, 阿合马(忽必烈之一大臣)   295

Aḥmad (Tegüder), 阿合马(迭古觯儿)   139,306

Aḥmad Fanākatī, 费纳干人阿合马   12,288—292

Aḥmad, 阿合马(不里第四子)   139

Aḥmad, 阿合马(拔都孙,也不干子)   110

Aḥmad, 阿合马(尤赤第七子孛阿勒曾孙)   113

Aḥmad, 阿合马(察合台孙,莫赤也别子)   136

Ai-Beg, 爱亦伯   234,235,304

Ajïqï, 阿只吉(不里第二子)   139,262,283,286,287,300,326—328

Ajïqï, 阿只吉(阿里不哥孙)   313

Ajis, 阿吉思   201

Aju, 阿尤   271,272

Ajur-Pariya-Batra, 爱育黎拔力八达   242

Akhlāṭ, 阿黑剌特   44—46

Akhtachi, 阿黑塔赤(忽必烈之速古儿赤)   298

Akhtachi，　阿黑塔赤(辛忽儿孙)		114
'Alā al-Dīn，　阿老丁(鲁木也速丁之兄)		233
'Alā al-Dīn，　阿老瓦丁		282
'Alā al-Dīn Altun-Bars，　阿老丁阿勒敦巴而思		232
'Alā al-Dīn finjan，　阿老丁平章		282
'Alā al-Dīn Kai-Qubād I，　阿剌丁		45,50,68
'Alā al-Dīn Muḥammad Ⅲ，　阿剌丁		49,181
'Alā al-Dīn Ṣāhib，　阿老丁撒希卜(尤外尼)		66
'Alam-Dār，　阿兰答儿		28,204,248—251,254,263
Alamūt，　阿剌模忒		49,181,184
Alans，　阿兰人		43,56,74
Alaq，　阿剌黑(伯颜祖)		270
Alaqa，　阿剌哈		314
Alchi noyan，　按陈那颜		107,224,241,243
Alchi Tatar，　阿勒赤塔塔儿(塔塔儿之一部)		110
Alchïqa，　阿勒赤合		56
Alchu noyan，　按出那颜		164
Aleppo，　阿勒波		45,86,181,183,192,218,233
Alexander，　亚历山大		212
Alfī，　阿勒菲		305
Alghu，　阿鲁忽(察合台孙,拜答儿子)		142—144,150,151,251,
		253—261,264,265
Alghu(Alqui)，　阿鲁忽(即阿勒灰)		124
'Alī，　阿里(不里孙,不忽子)		139
'Alī，　阿里(合丹曾孙,斡鲁黑帖木儿子)		28
'Alī Beg，　阿里别		283
'Alī of Chargh，　察儿黑之阿里		87
'Alī Khwāja，　阿里忽察(合丹曾孙,也孙帖木儿子)		28
'Alī Khwāja，　阿里忽察(叶密立人)		179
'Alī Malik，　阿里蔑里		218

Alichar， 阿里察儿 263

'Alī-Shāh,(Tāj al-Dīn 'Alī-shāh) 阿里沙 5

Almalïq， 阿力麻里 94,259,260

Alqui， 阿勒灰(即 Alghu) 109

Altachu， 按塔出 307

Altai（mountains）， 阿勒台山 145,217,251,256,260,310

Altaju， 按塔出 101,102

Altalun， 按坦仑 198

Altan Debter，《金册》 10,11

Altan-Kere， 阿勒瓃克列 39

Altan-Khan， 阿勒瓃汗 32,34,35,166,167,270

Altun chingsang， 安童丞相 320

Altun-Buqa， 按檀不花 243

Ambai， 暗伯 297,320

Āmid， 阿米忒 48

Amogo， 阿木哥 242

'Āna， 阿纳 192

Ananda， 阿难答(云都儿曾孙) 115

Ananda， 阿难答(忽必烈孙,忙哥剌子) 243,283,286,300,320,
322—326,328

Anatolia， 阿那托利亚 4

Anbarchi， 按巴儿赤 116

Anda， 安达 140,152

Ankūrīya， 安库里牙 233

Aq-Balïq， 阿黑八里 323

Aq-Buqa， 阿黑不花 144

Aq-Köpek， 阿黑阔帛 105

Aq-Tai， 阿黑塔亦 235

Arabs， 阿剌伯阿拉伯 8,218,233,234

Ara-Temür， 阿剌帖木儿 313

Arbaraq,　阿儿巴剌黑　　70

Arghiyān,　阿儿吉颜　　53

Arghun(tribe),　阿儿浑人(部族名)　　101,106

Arghun,　阿儿浑(伊利汗)　　98,101,105,124,129

Arghun,　阿鲁浑(合丹曾孙,斡鲁黑帖木儿)　　28

Arghun aqa,　阿儿浑阿合　　73,94,98,177,181,183,190,218,230,309

Arghun-Tegin,　阿儿浑的斤　　106

Ariq Böke,　阿里不哥　　13,22,27,138,139,143,150—159,161,198,204,
224,230,248—265

Arïq Böke noyan,　阿里不哥那颜(乃蛮部人)　　314

Arïqachi,　阿里合赤　　110

Arïqan-Chaidan,　阿里罕扯丹　　311

Arïqlï,　阿力黑里　　116

Aristotle,　亚里斯多德　　212

Arjumaq,　阿儿尤马克　　60

Armenia(ns),　阿儿明尼亚　　43,49,218

Arqasun Tarkhan chingsang,　阿儿哈孙答剌罕丞相　　320

Arrān,　阿儿兰　　74,124,130,218

Arslan,　阿儿思兰　　113

Arslan-Buqa,　阿儿思阑不花　　243

Arulat(people),　阿鲁剌惕　　36,314

Ās,　阿思　　57—59,184,201

Ashïqtai,　阿失黑台　　313

Ashraf,　阿失剌夫(阿黑剌特之蔑力)　　44—46,50

Ashraf,　阿失剌夫(埃及与西利亚统治者)　　305

Asichang,　阿昔彰　　55

Aṣīl al-Dīn Rūghadī,　阿昔剌丁　　74

As'ila u Ajviba,　《问题与回答》　　7

Asraf,　阿思剌夫　　70

Astarābād,　阿思塔剌巴德　　53

Asutai，阿速台 138,139,198,224,228,249,251,254,
256,257,259,260,263—265,287

Ateş，阿迭思 8

Ayachi，爱牙赤（忽必烈子） 244

Ayachi，爱牙赤（斡鲁朵孙，忽里子） 104,105

Ayachi，爱牙赤（昔班子） 111,112

aznaur，谷儿只人之一种等级 44

Baalbek，巴勒别克 290

Baba，巴巴 139

Babuch，巴不失 110

Bachin，巴陈 313

Bachman，八赤蛮 58,59

Bachqïrtai，巴只只台 101,103

Badach，巴塔失 71

Badai，巴歹 320

Badakhshān，巴达哈伤 25,165,329

Badam noyan，八丹那颜 297

Badaqul，巴答忽勒 111

Bādghīs，巴德吉思 51,213

Badr al-Dīn lu'lu'，巴德剌丁鲁鲁 50,68,181,191,233,304,308

Badraqa，巴德剌哈 320

Baghdad，八哈塔 42,78,91,92,102,103,130,190,191,
232,233,308,309

Bahā al-Dīn of Qunduz，巴哈丁（剌桐长官） 282,294

Bahā al-Dīn，巴哈丁（忽必烈大臣） 295

Bahā al-Dīn，巴哈丁（速鲁克之菽力） 52,53,72

Bahā al-Dīn Bahā'ī，巴哈丁巴哈伊 295

Bahā al-Dīn Juvainī，巴哈丁尤外尼 53,231

Bahadur，霸都鲁（木华黎之后） 227,229,248—250

Bahadur，拔都儿（昔班第二子） 111

Baḥrī Turks， 巴黑里突厥人 234,235

Baidaq， 拜答黑 294

Baidar， 拜答儿 135,143,144

Baidu， 伯都 141,306

Baighara， 拜哈剌 313

Baihaq， 拜哈黑 53

Baiju， 拜住(从蒙哥南征将军) 224

Baiju， 拜住(察合台第八子) 135,144

Baiju， 拜住(察合台孙、木额秃干子) 138

Baiju， 拜住(驻西亚之蒙古将军) 190,304

Bailo Acmat， 阿合马 Bailo 12

Bainal， 拜纳勒 111

Baiqa， 伯哈 312

Baiqu， 拜忽 114

Bairam， 拜剌木 114

Bai-Temür， 别帖木儿 116,262

bakhshis， 法师 302,303

Bakhtiyar， 巴黑的牙儿 116

Balagha (Balaqan)， 巴剌罕 127

Bala， 巴剌(贵由大臣) 215

Bala， 巴剌(蒙哥大臣) 216

Balaqan， 巴剌罕 111,122,123,127

baliq， 八里(城) 64,137

Balghasun， 巴剌哈孙 271

Baltu， 班秃 197

Baqīrcha， 巴乞儿察 111

Bāmiyān， 巴米延 137,149

Banākat(即 Fanākat)， 费纳干 146

Baraka Khan， 巴剌喀汗 192

Baraq， 八剌(拔都孙,也不干子) 110

Baraq，八剌　　　　　　　　　　　20,23,24,28,136,139—141,
　　　　　　　　　　　　　　　　　151—153,175,265,300

Baraq Hājib，巴剌黑哈只卜　　　　　　　49,50,68

Bārin(people)，八邻部　　　　　　　　　270

Baritai，巴里歹　　　　　　　　　　　313

Barqu(people)，巴儿忽部　　　　　　　293

Barquchin，巴儿忽真　　　　　　　　101,104

Bars-Buqa küregen，巴而思不花古列干　312,313

Barthold，巴托尔德　　　　　　　　　　4

Barulas(people)，巴鲁剌思部　　　　145,229,311

Basar，巴撒儿　　　　　　　　　　　113

Bashghīrd(people)，巴只吉德　　　　55—57,107,118

Bashmaq，巴失马黑　　　　　　　　105

Batu，拔都　　　　　　9,30,51,55—57,59,60,69,74,99,100,
　　　　　　　　107—110,119—122,138,170,180,181,185,
　　　　　　　　200—203,213,231

Batuqa，拔秃哈　　　　　　　　　　314

Bāvard，巴瓦　　　　　　　　　　　26

Bayalun，巴牙伦(帖木儿不花妻)　　　106

Bayalun，伯雅伦(蒙哥女)　　　　　197

Bayan，伯颜(钦察部异密)　　　　　57

Bayan，伯颜(八怜部人忽必烈之丞相)　　270,271,290,291,297,320

Bayan，伯颜(辛忽儿孙)　　　　　　114

Bayan，伯颜(火你赤子)　　　　　　24,100—103,200,329

Bayan，伯颜(阿里不哥孙)　　　　　313

Bayan，伯颜(尤赤第十三子脱欢帖木儿子)　116

Bayan Ebügen，伯颜额不干　　　　　313

Bayanfinjan，伯颜平章(赛典赤瞻思丁孙)　279,283,288,300,301,322

Bayanchar，伯颜察儿(赛典赤之后)　　　330

Bayanchar，伯颜察儿(海都子)　　　　103

Bayanchar， 伯颜察儿（昔班子） 111,112

Baya'ujin， 巴牙兀真（蒙哥妾） 198

Baya'ujin， 巴牙兀真（忽必烈妻） 245

Baya'ut（people），巴牙兀惕部 198,245,311,312,319

Beg Khocha finjan Tūsī， 别火察平章秃昔 282

Begdüs， 别都思 113

Beg-Temür， 别帖木儿（昔班孙，拔都子） 111

Beg-Temür， 别帖木儿（八剌子） 20,139,175

Beg-Temür， 别帖木儿（昔班孙，拜纳勒子） 111

Beg-Temür， 别帖木儿（昔班曾孙,忽惕鲁黑帖木子） 112

Bekchin， 别克真可敦 321

Beki， 别姬（即唆鲁和帖尼别姬） 231

Beklemish， 别乞里迷失 267

Bektei， 别歹 162

Bek-Tutmīsh Fujin， 别秃忒迷失兀真 99

Belgeshi， 别勒格失 135,143

Berke， 别儿哥 30,59,99,110,121,122,123,181,202,204,205,207,
217,251,252,255,258,261,265,304

Berkecher， 别儿克怯儿 30,99,110,111,181

Besh-Qurtuqa， 别失忽儿秃花（尤赤后王,斡勒忽都子） 106

Besh-Baliq， 别失八里 94,121,136,149,185,214,215

Beuts（people）， 别速惕 102,315

Besütei Bahadur， 别速台拔都儿 314

Bībī Salghum， 比比沙勒忽木 307

Bichqa， 必失哈 198

Bi-Jiu， 邳州 165

Bilge-Temür， 必勒格帖木儿 139

Bilgütei， 别里古台 30,204,225,251

Bilig， 必力格（格言） 13,18,155,156,321

Bīlïqchī， 必力黑赤 110,124

Bīnī-yi Gāv，　比尼亦格夫　123

Bīshkīn，　必失真　47

Bitikchi，　必阇赤（察合台汗国异密）　139,151

Bitikchi Qoridai，　必阇赤豁里台　55

Blackcaps，　黑帽人　69

Bo'al，　孛阿勒　99,113

Böchek，　拨绰　56,59,69,70,107,159,161

Böjei，　孛泽　138

Bolad Aqa，　孛罗阿合　292

Bolad chingsang，　孛罗丞相　11,262,273

Boladchi，　孛罗赤　21

Boqshi，　孛黑失　59

boqtaq，　故姑　185

Bora，　孛剌（即尤赤子摩诃末）　115

Borachar，　孛剌察儿　113

Boralghï，　孛阑奚（昔班曾孙,忽惕鲁黑帖木子）　112

Boralghï，　不阑奚（拨绰曾孙）　162

Baralghï，　孛阑奚（昔班曾孙,脱古思子）　113

Boralqï，　孛阑奚（哈剌旭烈兀孙）　142

Boralqï，　孛阑奚（土门孙）　105

Boralqï，　孛阑奚（尤赤第九子辛忽儿孙）　114

Boraltai，　孛剌勒台　112

Boralun，　孛剌仑　104,105

Boraqchin，　孛剌黑臣（巴牙兀惕部人）　245

Boraqchin，　孛剌黑真（窝阔台妻）　18

Bora'ujin，　孛剌兀真　114

Borcha，　孛里察　252

Borghuchin（Borghuchi Yarghuchï），　孛儿忽真　36,314

Borji，　孛儿只　522

Börlük，　孛儿鲁　109

Boroldai，孛罗勒台	56,57	
Boroqul noyan，孛罗忽勒那颜	244	
Börte Fujin，孛儿台兀真	17,97,98,135,159,242	
Boz-Buqa，孛思不花	109	
Bozma，卜思巴	139,142	
Browne，布朗	7,9	
Buda-Öndür，不答温都儿	310,314	
Bughra，卜哈剌	314	
Bughu，不忽	139	
Bujir，不只儿	225	
Bük-Buqa，不克不花(莫赤也别孙,脱欢子)	137	
Bük-Buqa，不克不花(莫赤也别第五子)	136	
Bukhārā，不花剌	20,73,78,87,94,151,165, 175,200,258	
Bulaghan Khatun，不剌罕可敦	102	
Bulaghan，不剌罕(钦察汗国脱脱妻)	109	
Bulaghan，不剌罕(土蔑坚妻)	104	
Bular(people)，孛剌儿人	55—57,69,107,118	
Bular，不剌儿(拔都孙,也不干子)	110	
Bülengü mountains，不连古	64	
Bulgha，孛鲁合	207,263,264	
Bulghar，不里阿耳	33,56,57	
Bulqai Qalcha，不鲁海合勒察	229	
Bulqan-Qaldun，不儿罕哈勒敦(佛山)	228	
Bültecher，不勒迭彻儿	162	
Bulughan，卜鲁罕	319	
Bunduq-Dar，奔都黑答儿	305	
Buqa，不花(察合台孙,合答海子)	144	
Buqa，不花(不里孙,合答黑赤子)	139	
Buqadai，不花台	61	

Buqa-Temür， 不花帖木儿(朮赤后王，帖木儿不花子) 106
Buqa-Temür， 不花帖木儿(斡亦剌部人) 110
Buqa-Temür， 不花帖木儿(昔班孙，蔑儿坚子) 112
Buqa-Temür， 不花帖木儿(朮赤后王，斡勒忽都子) 106
Buqa-Temür， 不花帖木儿(察合台孙，合答海子) 144，154
Buqa-Temür， 不花帖木儿(不里孙，合答黑赤子) 139，141
Buqu， 不忽(察合台第七子合答海子) 144
Buqu Khan， 不忽汗 47
Buqu küregen， 不忽古列坚(亦乞列思部人) 197
Buqulun， 不忽隆 101，103
Burhan al-Dīn， 不儿哈丁 258
Burhān al-Dīn Bukhārī， 不儿罕丁 294
Büri， 不里(忽必烈部将) 254
Büri， 不里(察合台孙，木额秃干子) 59，60，69，138，203，213
Bürilgitei， 不怜吉解 179，214
Büritei bitikchi， 不里台必阇赤 150，258
Burqan-Qaldun(Bulqan-Qaldum)， 佛山 228，322
Burtaq， 不儿塔黑 315
Burtas， 不儿塔思 59
Burunduq， 不隆秃黑 313
Buta Egechi， 不塔额格赤 312
Cairo， 开罗 234
Caliphate， 哈里发 7，10，43，44，184，190，191，231—233
Caliph al-Nasīrei-Dīn Allāh， 哈里发纳昔儿里丁阿剌 308
Caraunas， 哈剌兀纳 139
Chabat， 察八 20，140，152，153，175，264
Chabui， 出卑(蒙哥妻) 228
Chabui， 察必(忽必烈妻) 229，241—243，245，248，288
Chaghan noyan， 察罕那颜 225
Chaghan-Balghasun， 察罕八剌哈孙 165

Chaghan-Buqa, 察罕不花		101,104
Chaghan-Jang, 察罕章		246
Chaghatai, 察合台		9,13,16,18,30,31,51,55,65,74,75
		77,98,118,134—136,145—149,
		154—156,165,166
Chaghatai dynasty, 察合台汗国		9,149—154
Chalun Khatun, 察隆可敦		311
Chaluqan Aqa, 察鲁罕阿合		311
Chamchiyal, 察马赤牙勒（居庸关）		275,292
Chanet, 察捏特		43
Chaghan-Na'ur, 察罕脑儿（在上都附近）		283
Chaghan Na'ur, 察罕脑儿（在今鄂尔多斯）		286
Chapar, 察八儿		20,24,27,28,102,103
Chaqula, 察忽剌		224
chaqurchi, 察忽儿赤		314
Charaqu, 察剌忽		262,266
Chargh, 察儿黑		87
Charuq, 察鲁黑		104
Cha'uldar, 察兀勒答儿		314
Cha'ur Sechen, 察兀儿薛禅		121
Cheche, 彻彻		137
Chechektü, 怯怯都		110
Chechen-Qa'an, 薛禅皇帝		321
Cherik, 怯里克		111,112
Cherkes, 薛儿克思		60,107,118,201
Chichektü, 彻彻克图		137
Chigin-Temur, 赤斤帖木儿		144
Chigü-küregen, 赤驹古列坚		164
Chila'un, 赤老温国王（木华黎后）		227
Chila'uqun, 赤老温（木赤子）		99,113

Chilge Bahadur，　乞勒格拔都儿　　　　　　　　　　　　314

Chimtai，　赤木台　　　　　　　　　　　　　　　　　99,114

Chinas，　赤那思　　　　　　　　　　　　　　　　　　322

Chin dynasty，　金朝　　　　　　　　　　　　　　　　　11

Chin-Bolad，　陈孛罗　　　　　　　　　　　　　　　　28

Chin-Ch'ih，　金齿（见 Zar-Dandān）　　　　　　　　247

Chingiz-Khan，　（见 Genghis Khan）

Chingqai，　（见镇海）

Chingqur，　钦忽儿　　　　　　　　　　　　　　　　261

chingsang，　丞相　　　　　　　　　　　　　　　278,279

Chingtüm，　昌童　　　　　　　　　　　　　　　　162

Chingtüm，　镇土木　　　　　　　　　　　　　　101,104

Chīn-Kalān(Canton)，　辛喀兰　　　　　　　　　283,284

Chinqai，　镇海　　　　72,74,155,156,176,184,185,186,189,215

Chīn-Temür，　陈帖木儿（合丹曾孙，斡鲁黑帖木子）　　28

Chīn-Temür，　真帖木儿（呼罗珊统治者）　　　51—53,72,73

Chïqu，　乞忽　　　　　　　　　　　　　　　　　　57

Chirtaqu，　乞儿塔忽　　　　　　　　　　　297,324,327

Choban küregen，　却班古列干　　　　　　　　　　311

Cho-Chou，　（见 Jo-Jiu）　　　　　　　　　146,164,276

Choqbal，　绰黑班　　　　　　　　　　　　　　　209

Chormaghun(general)，　绰儿马罕　　　　　　33,46,51,74

Chormaqai，　绰儿马海　　　　　　　　　　　　100,106

Christians，　基督教徒　　　　　　　　　184,278,294,295

Chübei，　出伯（察合台曾孙，阿鲁浑子）　144,153,265,286,299,300,326

Chübei，　出伯（那颜妻）　　　　　　　　　　　127,129

chubivan，　枢密院　　　　　　　　　　　　　　　280

Chula village，　出剌村　　　　　　　　　　　　　289

Chunju，　（?）　　　　　　　　　　　　　　　　281

Circassians，　薛儿克思人　　　　　　　　　　　　　24

Constantinople，　孔士坦丁堡　304

Dabīr Siyāqī，　达比尔西雅奇　8

Daidu，　大都　274—276,288,289,292,293

Dai-Liu，　大理　247

Damascus，　大马司　45,233,291

Damietta，　答密塔　234

Dāmghān，　答木寒　295

Dānishmand Hājib，　答失蛮哈只卜　28,77,85,91,215

Dānish-Pazhūh，　达尼失拔祖黑　8

Daqūq，　答忽黑　190,191

Daqūqā，　答忽合　110

Darband，　打儿班　107,111,122,123

Daritai，　答里台　135

Dashman，　答失蛮(忽必烈大臣)　279,282,283,295,297,320,330

Dashman，　达失蛮(木赤第十三子脱欢帖木儿孙)　116

Dashman，　答失蛮(拨绰曾孙)　162

Dashman，　达失蛮(土门子)　105

Dā'ūd，　答兀得　144

Daulat-Shāh，　倒剌沙　192,325

Davids，　大维德　181,183

Dei Noyan，　特那颜　17,97,135

Delger-Buqa，　迭里哥儿不花　242

Delhi，　底里　142

Derek，　迭烈克　106

Derekei，　迭列客古列坚　223,225,252,256

Deresü，　迭烈速　103,162,197,244

Dhu 'l-Qarnain，　杜勒哈儿纳音　139

Dihistān，　的失斯坦　104,122

Diyar Bakr，　的牙儿巴克儿　47,50,68,94,102,130,193,218,235,304

Dizbaz，　的兹巴思　232

Dizmār， 的思马儿　　　　　　　　　　　　　　　　　46

Do Li Shang， 钓鱼山　　　　　　　　　　　　　　226,248

Dödei Bahatur， 朵歹拔都儿　　　　　　　　　　　　　102

Döngür， 东古儿　　　　　　　　　　　　　　　　　110

Doqdai， 朵黑台　　　　　　　　　　　　　　　　　110

Dörbejin， 朵儿别真(海都妻)　　　　　　　　　　　　25

Dörbejin， 朵儿伯真(忽必烈妻)　　　　　　　　　　244

Dörben(people)， 朵儿边部　　　　　　　　　　244,312

Dörben， 朵儿班(阿里不哥孙)　　　　　　　　　　313

Dörbet， 即 Dorben　　　　　　　　　　　　　　313

Dörbetei， 朵儿伯歹　　　　　　　　　　　　　　262

Dorchi， 朵儿赤　　　　　　　　　　　　　　　　112

Dorduqa， 朵儿朵哈　　　　　　　　　　　　　327,328

Dorji， 朵儿只(阿里不哥部属)　　　　　　　248—251,263

Dorji， 朵儿只(兀都儿孙)　　　　　　　　　　　115

Dorji， 朵儿只(忽必烈长子)　　　　　　　　　　242

du， 都　　　　　　　　　　　　　　　　　　　277

Du'a， 笃哇　　　　　9,24,27,102,139,141,142,285,298—300,
　　　　　　　　　　　　　　　　313,322,326—329

Dujail， 都扎亦勒　　　　　　　　　　　　　　233

Düküles， 杜库勒思　　　　　　　　　　　　　144

Duratu， 笃剌图　　　　　　　　　　　　　　113

Durchi， 睹尔赤　　　　　　　　　　　　28,251,253

Dzabkhan(Jabqan Mören)(river)， 扎布罕沐沦　　　　260

Ebügen， 爱不干(察必所遣使者)　　　　　　　　230

Ebügen， 也不干(拔都子)　　　　　　　　　108—110

Ebügen， 也不干(扎剌亦儿部)　　　　　　　　314

Ebügen， 额不干(不里第五子)　　　　　　　　139

Ebügen， 额不坚(尤赤第七子字阿勒孙)　　　　　113

Ebügen， 也不干(木哥子)　　　　　　　　　162

Ebügen küregen，　额不坚古列坚　112

Ecbatana，　厄克巴塔那　3

Edgü-Temür，　额迭古帖木儿　72—74

Egypt，　埃及　50,68,191,233,234,255,304,305

Ejil，　额只勒　252

Ejil-Buqa，　额只勒不花（出伯子）　144

Ejil-Buqa，　益智礼不花（奥鲁赤子）　244,320

Ejil-Temür，　额只勒帖木儿　110

Ekü-Buqa,(?)，　也苦不花　25

El-Basmïsh，　额勒巴思迷失　113

El-Buqa，　额勒不花（昔班孙,蔑儿坚子）　112

El-Buqa，　额勒不花（土蔑坚孙,木八剌子）　104

Elchidei，　按吉歹（合赤温子）　30,32,180,204

Elchidei nayan，　按吉歹那颜（扎剌亦儿部人）　66,89,211,224,264

El-Chïqmïsh，　额勒乞黑迷失　311

Elchitei，　按吉歹（即 Elchidei）　256

Elet，　额列惕　257

Eljigidei，　野里知吉带　183,213

Elijigidei's Spring，　野里知吉歹之泉　26

Eljigin(people)，　溺儿斤部　198

Eljigitei，　即野里知吉带　183

El-Temür，　额勒不花（土门子）　105

El-Temür，　额勒帖木儿（灭里帖木儿女）　312

El-Tutmïsh，　额勒秃惕迷失　115

Emegelchin Tayichi'utai，　额蔑格勒赤泰亦赤乌歹　55

Emegen，　额蔑干（灭里帖木儿女）　313

Emegen，　额蔑坚（兀都儿孙）　115

Elil，　叶密立　19,30,170,178,180,184,185

Emil-Qochin，　叶密立—霍陈　120

Erdish(Irtysh)(river)，　也儿的失河　117,118,267

Erke， 额儿克 229

Erkegün， 额儿克昆 150,258

Erkene， 业里讫纳 27

erke'ün， 也里可温 220

Ernük Egechi， 额儿奴克额必赤 107

Ershil küregen， 额儿失勒古列坚 139

Er-Tegin， 额儿的斤 313

Erzerum， 额儿哲鲁木 45

Esen-Böke， 也先字哥 144

Esen-Fulad， 也孙字罗 142

Esen-Temür， 也先帖木儿(忽哥赤子) 244

Esen-Temür， 也孙帖木儿(合丹孙) 28

Esen-Temür ba'urchi， 也孙帖木儿宝儿赤 314

Eshige， 额失格 320

Eshitei， 额失歹 311

Eskebe， 亦思克别 28

Etil(Volga)(river)， 额的勒河 58,122,126,127

Fakhr al-Dīn， 法黑兰丁 181

Fakhr al-mulk， 法黑剌木勒克 222

Fanākat， 费纳干 12,73

Fang Cheng， 樊城 226

Farghāna， 费儿合纳 218

Fārs， 法儿思 50,181,193,218,235,306,307

Fātima， 法梯马 176,177,182

Favā'id-i Sultāniya， 《王的推论》 6,7

Fêng-chou，（见 Fung-Jiu)

fida'is， 亦思马因阿昔新 73

Fīla， 费剌 89,90

finjan， 平章 278,279

Franks， 法兰克 7,8,57,181,191,234

fu,　府		277
Fujin Beki,　福真别姬		97
Fu-Jiu(Fu-chou)，武州		146
Fu-Jiu(Wuchai)，武州		146
Fa-Ju(Foochow)，福州		282
Fung-Jiu(Fêng-chou)，丰州		146
Gambo Dorji,　敢不朵儿只		144
Gau finjan,　高平章		12,288—292
Gegen-Chaghan,　揭坚察哈		63
Geikhatu,　乞合都		3,141,306
Genghis Khan,　成吉思汗		9,16—18,29,79,97,117—119,137,138,
		145—147,154,159,163—166,168,169,
		216，225,228,241,260,274,322
Georgia(ns),　谷儿只、格鲁吉亚		4,43,44,136，181,183,218
getüsün,　格秃孙		297
Gharcha,　哈儿察（即哈儿赤斯坦）		26
Gharchistān,　哈儿赤斯坦		142
Ghazan,　合赞		4,9,11,24,26,102,103,124，129,130,
		141,142,168,329,324,329
Ghazna(Ghaznīn),　哥疾宁		8,26,123,142,144,154
Ghiyāth al-Dīn,　加秃丁		48—50
Ghiyāth al-Dīn Kai-Kusrau,　基亚丁凯忽思剌兀		304
Ghiyāth al-Din Kai-Kusrau Ibn Qïlïj-Arslan,　基亚丁凯忽思剌兀伊本 吉力支阿儿思兰		304
Ghiyāth al-Dīn Mas'ūd,　基亚丁马思兀惕		304
Ghiyāth al-Dīn Yazdī,　加秃丁牙思的		50
Ghoruq,　大禁地		310,314,322
Ghulām sam-ling,　忽难参政		299
Ghūr,　古儿		26,142
Gia Dau,　贾(似)道(?)		229

Gilte, 吉勒忒 312

Gim-Jim, 真金 242

ging, 京 277

Gīrān, 吉兰堡 46

Godon, （见 Kötan）

Golden Horde, 金帐汗国 9,10,119—130

Goli(Kao-li; Korea), 高丽 274,282,284

Great yasa, 大法令,大扎撒 74,77

Great yurgi, 大玉儿吉 59

gün, 军 278

Guvāshīr, 古瓦失儿 49

Güyük,Great Khan,贵由汗 9,19,32,55,56,59,69, 107,108,
120,121,143,169,170,174—193,
176—186,187—188,201

Ḥabash ʿAmīd, 哈八失阿密德 154,156

Hābīl-Temür, 哈必勒帖木儿 139

Hakkār(mountains), 哈合儿 48

Hamadān, 哈马丹 3,89

Ḥamīd al-Dīn, 哈密德丁 295

Ḥamīd, 哈迷忒 325

Hantum, 安童(阿速台子) 198

Hantum noyan, 安童那颜 23,248,262,266, 269,279,292,297

Harqasun, 哈儿合孙 204

Ḥarrān, 哈儿兰 193

Ḥasan, 哈散左丞 282

Ḥasan, 哈散(剌真兄弟) 283

Ḥasan, 哈散(阿合马子) 293

Ḥasan finjan, 哈散平章(赛典赤瞻思丁孙) 283

Ḥātim, 哈惕木 93,222

Herat, 也里 26,139,165

Heretics， 赫里梯克(即亦思马因)   183

Hïla(Ili)(river)， 亦列河   259

Ḥims， 希木   192

hin， 县   278

Hindu， 欣都(尤赤孙,赤木台子)   114

Hindu， 欣都(阿难塔从属)   325

Hindū zo-cheng， 忻都左丞   294

Ḥisn Kaifā， 希申凯法   233

History of the Franks，《法兰克的历史》   8

History of the India，《印度的历史》   8

History of Oghuz and the Turks，《乌古思与突厥的历史》   8

Höbegedür， 豁字格秃儿   35

Hö'elün Eke， 诃额伦额格   169

Hojanfu Balgasun(Ho-chung,Puchow)， 河中府城   34

Hoqatur， 斡豁秃儿   55

Hoqolqu， 火豁勒忽   136

Hoqotai， 晃豁合   297

Hoqu， 禾忽   20,25,175,264

Horqadai， 斡儿合台   142

Hügechi， 忽哥赤   224

Hujan， 兀苫   100

Hujïr， 忽只儿   44

Hulachu， 兀剌出   198

Hulachu， 忽剌出   311

Hulan-Degeleten， 服红袄之人   34,166

Hulaqur， 忽剌忽儿   256,262,264

Hülegü， 旭烈兀(伊利汗国创建者)   9,104,122,123,136, 159,161,198,
                                        204,223,251,252, 261,262,
                                              265,305,308,312

Hülegü， 旭烈兀(斡鲁朵子)   100,106,107

Huludai，兀鲁歹 198

Ḥulwān，兀勒完 232

Hungarians，匈牙利，见 Malar，keler

Ḥusām al-Dīn Khalil，忽萨木丁合力勒 231,232

Ḥusain，忽辛 293

Ḥusām al-Dīn Qaimarī，兀撒木丁海马里 46,233

Ḥusām al-Dīn Sam-Jing，参政忽撒木丁 282

Hüshijin，旭失真 244

Hüshin(people)，旭申部 244

Hushyār，失失牙儿堡 233

Hwai Ho(Khui Kho；Quiga Mören)(river)，淮河 229,248

Ibaqa Beki，亦巴合别姬 65,66,99

Ibir-Sibir，亦必儿失必儿 107

Iblīs(Satan)，伊比力思 213

Ibn Ḥajar of Ascalon，伊本哈扎儿 6

Ibn Ma ‘ ālī，伊本马阿里 294

Ibrāhīm，亦不剌金 291

ïdï-qut，亦都获 215

Ika(Oka)(river)，亦喀 59

Ikibüze，亦奚卜薛 272

Ikires(people)，亦乞列思部 197,223,256

Ilaq-Temür，伊剌克帖木儿 111

Ïla'udar，亦剌兀都儿(拨绰曾孙) 162

Ïla'udur，亦剌兀都儿(西征将领) 71

Ïla'ut，伊剌兀惕 70

Il-Buyan，伊利不颜 25

Ilgen，亦勒坚 101,102

Il-Qutluq，亦勒忽惕鲁黑 313

Ilyās，亦勒牙思 105

‘Imād al-Mulk，伊摩德木勒克 222

India，　欣都　　　　　　　　　　　　　　55,83,183,285,305

Indian(s)，　欣都(印度)　　　　　　　　　　7,85,247,272

Indus(river)，　欣都河　　　　　　　　　　147,165

injü，　领地　　　　　　　　　　　　　　156

Injü，　引住(阿合马妻)　　　　　　　　　　293

Iraghui，　亦剌灰　　　　　　　　　　　　311

irakhta，　骑兵　　　　　　　　　　　　　163

Iran，　伊朗　　　　　　　　　　　　　　4

Iraq，　伊拉克　　　　　　　　　　　　　4

'Irāq，　伊拉克　　　　　　43,47,74,89,181,183,218,220

Irbīl，　亦儿必勒　　　　　　　　　　　50,191,192,233

Ireznn(Ryazan)，　也烈赞　　　　　　　　　59

Irqai，　亦剌灰、亦儿海　　　　　　　　　　323

Irtysh(river)，　也儿的失河

'Īsā Tarsā kelemechi，　爱薛迭屑怯里马赤　　　294,330

Iṣfahān，　亦思法杭　　　　　　　　43,53,48,218,306

Isfarāyin，　亦思法剌音　　　　　　　　　141

Ishal，　亦萨勒　　　　　　　　　　　　137

Ishten，　亦失田　　　　　　　　　　　　113

Ismā'īl，　亦思马因(忽必烈之速古儿赤)　　　　297

Ismā'īlīs，　亦思马因(制炮手)　　　　　8,10,183,223

It-Buga，　亦忒不花　　　　　　　　　　267,268

'Izz al-Dīn Kai Kā'us，　也速丁　　　　　191,233,304

'Izz al-Din Ai-Beg，　(即 Ai Beg)　　　　234,235,304

'Izz al-Dīn Ai-Beg，　也速丁爱别　　　　　44,46

Jabal Ḥamrïn，　扎巴勒哈木林　　　　　　　191

Jabqan Mören(river)，　扎布罕河　　　　　　260

Ja'farīya，　扎发里牙　　　　　　　　　　233

Jagambo(Ja-gambo)，　扎合敢不　　　　　　99,159

Jaghan，　察罕　　　　　　　　　　　　183,216

Jaghatu(river)， 扎哈图 123

Jahn， 约翰 7,8

Jājarm， 扎扎儿木 53

Jajirat(tribe)， 扎只剌部 101,104

Jalāl al-Din， 扎阑丁算端 33,43—48,147,305

Jalāl al-Din Khujandi， 扎阑丁(哈的) 220

Jalāl al-Dīn Soyurghatmïsh， 扎阑丁莎余儿哈忒迷失 305,306

Jalayir(people)， 扎剌亦儿部 66,98,145,312,314

Jalayirtai， 扎剌亦儿台(八剌部将) 140,141,152,153

Jalayirtai， 扎剌亦儿台(尤赤台曾孙) 114

Jamāl al-Dīn Qush-Temür， 扎木丁忽失帖木儿 190,191

Jamāl aqa， 扎蛮阿合 325

Jaman(river)， 扎蛮河 57

Jāmi'al-Tawārikh，《史集》 4,7—13

Jand， 毡的 269

Jangi， 畅吉 211

Jangqï Küregen， 章吉古列干 314

Jangqut， 章忽 106

Jaqurchin， 扎忽儿陈 197

Jaqutu， 扎忽都 114

Jasa'ul， 扎撒兀勒 312

Jaugan， 赵官 224

Ja'uqan， 扎兀罕(昔班曾孙,脱黑台子) 111

Jauqut， 扎忽惕 225,246,248,249,251,273

Ja'utu， 牙忽都(拨绰孙) 162,224,249,252,262

Ja'utu noyan， 爪都那颜(速勒都思部人) 312—314

Java， 爪哇 272

Jawād， 扎瓦忒 308

Jebe， 者别 108,315

Jelingü(mountains)， 折林古 64

jen，镇　278

jerge，猎圈阵形　34,35

Jews，犹太人　3,7,8

Jibik-Temür，只必帖木儿(阔端子)　21,250,252,262—264

jihik，扎什实　64

Jim-Gim，真金　242,288,292,293,299,301,319

Jimingu(Japan)，日本国　284

Jing-Din-Fu，真定府　165

Jingju，扬州　245

Jiretei，吉烈歹　104

Jirghudai，只儿忽台　144

Jirqalan(Jirghalang)，只而合郎　297,320,324

jo，州　278

Jochi，尤赤　9,16,18,97—131

Jochi-Buqa，尤赤不花　111

Jochi-Qasar，拙赤哈撒儿　55

Jöge，绰格　113,127—129

Jöge Khatun，主客可敦　100

Jo-Jiu(Joju；Cho-chou；Chohsien)，涿州　146,164,276

Jörike，绰里哥　159,160

Jüke Khatun，(见主客可敦)　101

Jumqur，祖木忽儿　253,259,312

Jungdu(Peking)，中都　34,227,249,251,274

Jungqur，床兀儿　286,326

Jungshan，松山　242

Jūrbad，主儿巴忒　53

Jürchit，主儿扯　33,39,281,282,284

Jürchin，女真　270

Juvain，尤外音　53

Juvainī(historian)，尤外尼　10,66

Kabūd-Jāma， 喀布忒扎马 52

Kafje-Guh， 交趾国 272,285

Kai-Ming-Fu， 开平府 276

Kamala， 甘麻剌(真金子) 242,320—322

Kambala， (即甘麻剌) 285

Kāmil， 喀密勒 50

Kanba， 坎巴 302

Kandar， 犍陀罗 244,272

Kao Ho-chang， 高和尚 12

Kāshghar， 可失哈耳 94,254,259

Kashmir， 怯失迷儿 38,55

Kāzarūn， 哈扎隆 307

Ked-Temür， 克忒帖木儿 116

Kehetei， 克额台 314

Kehetei， 怯台(兀鲁兀部人) 65,225

keler， 见克烈儿(匈牙利国王之义) 57

Keler， 克烈儿 70,71,129

Keles， 克烈思 101,102

Kelmish-aqa， 克勒迷失阿合 109,124,160,216,312

Kelüren(Kerülen)(river)， 怯绿连河 200,202,204,286,322

Kelüren(Onan-Kelüren)， 怯绿连 29,30

Kemin-Fu(Kai-Ming-Fu)， 开平府 252,276,277,301,321

Kem-Kemchi'üt， 谦谦州 214,254,322

Keng(Qa'an-Keng；yangtse)(river)， 江(长江) 12,226,227,229,248,272

Kerei ba'urchi， 怯里宝儿赤 296,297

Kereiche， 克烈怯 116

Kereidi， 克烈歹 314

Kereit(tribe)， 克烈部 97,103,104

Kerimbu， 江陵府 55

Kermane， 客儿马捏 279

Kerülen(river)， 怯绿连河（见 Kelüren）

Kesege， 克薛杰   207—209,217

Ket-Buqa， 乞忒不花   305

Khabiṣ， 哈必思   68

khaftān， 袍   44,269

Khainam， （?）   285

Khaishang， 海山（阿速台子）   286,287,327

Khaishang， 海山（元武宗）   242

Khalajan， 贺兰山   323

Khalīl， 哈力勒   105

Khan Siman， （汉水南?）   226

Khanaqin， 哈纳斤   232

Khan-Balīq(Peking)， 汗八里   249,274—276,281 288

Khar-Banda， 合儿班答   25,26

Khartabirt， 哈儿塔必儿特   45

Khingsai(Hangchow)， 行在（杭州）   275,282,330

Khitai(North China)， 契丹   21,23,33—42,78,94,145,146,
164—167,181,183,189,216,220

Khitayans(North Chinese)， 契丹人   78,89,288,289,291,292,323

Khoi， 豁亦   46

Khoja， 火者（从阿里不哥叛乱者）   263

Khoja， 火者（甘肃省长官）   283

Kho-Si， 河西   323

Khotan， 和阗   259

Khucha-Baldaq， 忽察亭勒答黑山   256

Khulanjān， 曲兰赞   232

Khuming， 怀孟   146

Khurāsān， 呼罗珊   25,26,28,51—53,72—75,89, 105,139,141,
152,165,177,181,183,218,220

Khutan， 和阗   94

Khūzistān， 忽即斯坦 48,49

Khwājā， 忽察(贵由子) 20,175,186,200, 204,213,214,216

Khwāja， 忽察(忽里孙、木速蛮子) 105

Khwāja Nasïr， 忽察纳昔儿 308

Khwāja sami， 火者参议 322

Khwāja Temür， 忽察帖木儿 114

Khwārazm， 花剌子模 51,104,118,122, 126,146,147,218,258

Khwārazmī， 花剌子迷(辛忽儿孙) 114

Khwārazmīs， 花剌子模人 192

Kichik-gonichi， 乞赤克火你赤 113

Kines， 乞捏思 112

Kinjanfu(Sian)， 京兆府 283,323

Kirdi-Buqa， 乞儿的不花 113

Kirmān， 起儿漫 49,68,181,183,191,192,218, 235,305,306

Kisa， 乞萨 228

Kitāb al-Aḥyā wa'-l-Āthār， 《动物与遗迹》 7

Köbek， 阔别 313

Kobuk(river)，

Köchü， 阔出 21,55,180

Köchü Khatun， 阔出可敦 109

Kökechü， 阔阔出(尤赤第十三子脱欢帖木儿孙) 116

Kökechü， 阔阔出(尤赤孙,别儿克怯儿子) 110

Kökechü， 阔阔出(晃豁台部人) 314

Kökechü， 阔阔出(速不台子) 225

Kökejin， 阔阔真(真金妻) 299,301,319—321,324,325,329,330

Kökejin， 阔阔真(帖木儿不花妻) 106

Kökelun， 阔阔仑 103

Köke-Na'ur， 阔阔脑兀儿 63,180

Köketei， 阔阔台 33

Kököchü， 阔阔出(忽必烈子) 244,266,286,320,322,326

Kököchü,　阔阔出（伯颜父）　270

Kökteni,　阔克帖尼　104

Kölgen,　阔列坚　34,59,201,254—256

Könchek,　宽彻（尤赤第十三子脱欢帖木儿曾孙）　116

Könchek,　宽彻（脱豁罕孙、塔儿都子）　109,124

Könchek Dorji,　宽彻朵儿只　144

Köndelen-Mangqutai,　空迭连蒙忽台　114

Kongi,　（?）　283

Körgüz,　阔里吉思　53,72—75,177,189,190

Körgüz,　阔里吉思（忽惕鲁黑不花父）　105

Körgüz küregen,　阔里吉思（汪古部首领）　268,322,326—328

Köse-Dagh,　科色答黑　304

Kosel-Iske(Kozel'sk),　阔薛勒亦思客　60

Köten,　阔端（钦察王子?）　71

Köten(Ködön;Godon),　阔端　21,169,170,177,181

Kö'ünen,　阔兀捏　198

Küch-Temür,　库失帖木儿（合丹曾孙,斡鲁黑帖木儿子）　28

Küch-Temür,　库乞帖木儿（唐兀惕孙）　113

Küchügür(people),　古出古儿氏　311

Küchük,　古出克（昔班曾孙,脱黑台子）　111

Küchük,　古出克（土蔑坚子）　104

Küilük,　贵裕（帖木儿不花子）　24,100,102,106,329

Küilük,　贵裕（辛忽儿孙）　114

Küiteni,　贵帖尼　198

Küje'ür,　库者兀儿　74

Kül-Bolat,　库勒孛罗　51—53,72,73

Kurds,　曲儿忒人　48,234

Kürdünjin,　曲儿屯真　306,307

Küresbe,　库列思别　28

Kürk,　库儿克　113

Küshlüg，　古失鲁克　　　　　　　　　　　　　　　　311,312

Küyen，　库延　　　　　　　　　　　　　　　　　　　20

Lachīn finjan，　刺真平章　　　　　　　　　　　　　283,297

Lahore，　刺火儿(今拉合尔)　　　　　　　　　　　　7,123

Lahūrī，　刺呼里　　　　　　　　　　　　　　　　　28

Lakz，　勒格司　　　　　　　　　　　　　　　　　　43

Lang-Ten，　凉亭　　　　　　　　　　　　　　　　　276

lais，　(中央政府之一署名)　　　　　　　　　　　　280

lanjun，　郎中　　　　　　　　　　　　　　　　　　279

Laujang，　老章　　　　　　　　　　　　　　　　　245

leng-qish，　廉使　　　　　　　　　　　　　　　　　330

Linqum Khatun，　领忽木可敦　　　　　　　　　　　160

Linqun Khatun，　(即 jinqum)　　　　　　　　　　312

Liu Pan Shan(mountains)，　六盘山　　　　　　　　225

Lizun，　理宗　　　　　　　　　　　　　42,67,189,303

Lochak，　(?)　　　　　　　　　　　　　　　　　　285

Lukin，　(?)　　　　　　　　　　　　　　　　　　299

Lukin-Fu(Lung-hsing fu；Nanchang)，　(?)　　　　283,285

Lūr，　鲁尔　　　　　　　　　　　　　　　　　　　181

Luristān，　罗耳斯坦　　　　　　　　　48,181,183,218

lusa，　(中央政府之一署名)　　　　　　　　　　　　280

Māchīn，　蛮秦　　　　　　　　　23,39,42,55,67,189

Madrasa-yi 'Adudīya，　马德刺沙亦阿社的牙　　　　307

Magas，　麦各思　　　　　　　　　　　　　　　56,60

Maghrib，　马黑里卜　　　　　　　　　　　50,235,306

Mahārāz，　摩合罗　　　　　　　　　　　　　　　　247

Maḥmūd，　马哈木(灭里帖木儿子)　　　　　　　　　313

Maḥmūd，　摩诃末　　　　　　　　　　　　　　　　8

Maḥmūd,Shāh of Sabzavār，　马哈木沙　　　　　　72

Maḥmūd yalavach，　马哈木牙刺瓦赤　　68,83,88,94,177,183,206,212,218

Majar（Magyar），马扎儿人　　　　　　　　　　　　　55,56,70

Majar，马扎儿(昔班子)　　　　　　　　　　　　　　111,112

Majar，马扎儿(赤木台孙)　　　　　　　　　　　　　　114

Majar，马扎儿(唐兀惕孙)　　　　　　　　　　　　　　113

Maji，马只　　　　　　　　　　　　　　　　　　　　127

Makar，马喀儿　　　　　　　　　　　　　　　　　　　59

Malik，蔑里(尤木台后王)　　　　　　　　　　　　114,217

Malik，蔑里(摔跤手)　　　　　　　　　　　　　　　296

Malik ʿĀdil，蔑力阿的勒　　　　　　　　　　　　　　192

Malik Muʿaẓẓam，蔑力木阿扎木　　　　　　　　　　233,234

Malik Ṣāliḥ，蔑里沙力黑　　　　　　　　　　　　191,233

Malik Temür，灭黑帖木儿(阿里不哥子)　　　　　　　103

Malikī idechi，蔑力乞司膳　　　　　　　　　　　　　315

Mamlūks，马木鲁克　　　　　4,5,10,234,235,304,305

Manbij，漫必支　　　　　　　　　　　　　　　　　　192

Mangqala，忙哥剌　　　　　　　　　　　　　　　　　243

Mangqut(people)，忙兀部　　　　　　　　　　　118,225

Manṣūra，门苏剌　　　　　　　　　　　　　　　　　234

Manzi(Polo's Mangi;Chinese Man-tzǔ;Southern China)，蛮子　　　183

Manzitai，蛮子台　　　　　　　　　　　　　　　287,321

Maqabalin，麻合巴伦　　　　　　　　　　　　　242,319

Maqudai，马忽台　　　　　　　　　　　　　　　　　101

Mārdīn，马儿丁　　　　　　　　　　　　　　　193,233

Maruchuq，马鲁察黑　　　　　　　　　　　25,153,165

Maski，麻思契　　　　　　　　　　　　　　　　　　209

Masʿūd Beg，麻速忽别　　　　94,177,181,183,218,260,261

Masʿūd lanjun，马速忽郎中　　　　　　　　　　　　　322

matau，码头　　　　　　　　　　　　　　　　　　　278

Maʾu-Qurghan，恶堡　　　　　　　　　　　　　　　137

Māzandarān，马扎答兰　　　　　50—52,68,104,141,192,218,235,306

mazim， 村庄 278

Mekrüti， 蔑克鲁惕 60

Melik， 蔑里（窝阔台第七子） 28,178,207,217

Melik， 蔑里（赤木台后） 114

Melik-Temür， 灭里帖木儿 161,266—269,310—313

Mengeser， 忙哥撒儿那颜 138,207,209,211,215

Mengli Oghul， 明里斡兀勒 178

Mengli， 明理 325

Menglik Echige， 蒙力克额赤格 169,314

Mengü-Temür， 忙哥帖木儿 23

Men-Kermen， 明克儿漫 69,201

Mergen， 蔑儿坚 111,112

Merkit(people)， 蔑儿乞部 97,101,103,243,314

Merv， 马鲁 152,165

Meshed， 蔑设（今迈谢德） 8,176

Meyadin， 梅亚丁 4

Miftāḥ al-Tafāsīr， 《注解之钥》 6

Mihtar Ḥasan akhtachi， 迷黑答儿哈散阿塔赤 323

Mindor， 明朵儿 43

Mingqan， 明罕（灭里帖木儿子） 313

Mingqan， 明罕（忽里之后） 104,105

Mingqadur， 明合秃儿 113

Mingqutai， 明忽台 111

Mingtash， 明塔失 144

Minqa-Temür， 明合帖木儿 267

Minquli， 明忽里 92

Mīrān-Shāh， 米兰沙 5

Mishlav， 密失剌夫 70

Mochi， 莫赤 144

Mochi-Yebe， 莫赤也别 135,136

Mö'etü，木额秃 136

Mö'etüken，木额秃干 23,135,137,138,149

Möge，木哥(扎剌亦儿部人) 145

Möge，木哥(拖雷第八子) 159,162,202,204,209,224,241,249,251

Möge Khatun，木哥可敦 81,176

Möge Noyan，木哥那颜 214

Molaqai，摩剌海 109

Möngedü，（即 Möngetü）

Möngetü，蒙哥都(阔端子) 20,204

Möngke，蒙哥 9,11,21—23,54—56,58—61,
99,107,108,121,138,143,149,150,
159,170,191,196—237,246—248

Möngke-Qalja，忙哥合勒扎 225

Möngke-Temür，忙哥帖木儿(拔都孙) 108,109,123,124,160,197,266

Möngke-Temür，蒙哥帖木儿(宗王) 306

Mongols，蒙古人 4,7,8,46—48,84,190—193,216,231—233

Mosul，毛夕里 50,68,181,191,218,233,304,308

Mu'aiyid al-Daula'Urdī，木爱义德杜剌 308

Mu'aẓẓam，木阿赞木 50

Mubārak，木八剌(忽里后王) 104

Mubārak，木八剌克(忽必烈之速古儿赤) 297

Mubarāk-Shāh，木八剌沙(担寒人) 295,327

Mubārak-Shāh，木八剌沙(莫赤也别孙) 136

Mubārak-Shāh，木八剌沙(合丹孙) 28

Mubārak-Shāh，木八剌沙(哈剌旭烈兀子) 139,142,151,153,154,265

Mudarrisī，木达里西 8

Mūghān，木干 47

Muḥammad，摩诃末(法而思统治者) 306—307

Muḥammad，摩诃末 7

Muḥammad，摩诃末(巴剌喀汗子) 192

Muḥammad， 摩诃末（尤赤第十一子） 99，115

Muḥammad， 摩诃末（合丹曾孙，斡鲁黑帖木儿子） 28

Muḥammad， 摩诃末（投石机制造者） 291

Muḥammad Aqtachi， 摩阿末阿黑塔赤 325

Muḥammad Shāh， 摩诃末沙 297

Muḥammad Shāh， 摩诃末沙 89，90

Mu'in al-Dīn Parvāna， 木亦纳丁帕尔瓦纳 304

Mujāhid al-Dīn Ai-Beg， 木扎希丁爱别 192，232

Mujīr al-Dīn， 木只剌丁 44，46

Mukātabāt-i Rashīdī，《剌失德丁通讯集》 4

Multan， 摩勒丹 123

Mu'min， 摩门 139

Munkar， 木喀儿 44

Muqali guyang， 木华黎国王 223，248，326

Muqbil finjan， 木黑必勒 297，330

Murīd-Toqdai， 摩里德脱黑台 111

Mūsā， 木沙 308

Musalmān， 木速蛮 104，105

Mūsh(Muṣ)， 木失 45，305

Muslims， 穆斯林 78，84，92，220，283，294—297，323—326

Muṣṭafā， 木思塔法 200

al-Mustanṣir bi'llāh， 木思坦昔儿 43，46，68，190，191

Mustanṣirīya College， 木思坦昔里亚 68

al-Mustaʻṣim bi'llāh， 木思塔辛 191，231—233

Muẓaffar al-Den Ḥajjāj， 木扎法儿丁哈扎只 305，306

Muẓaffar al-Dīn Kök-Böri， 木咎法儿丁 50

Muẓaffar al-Dīn Saʻd ibn Zangī， 木咎法儿丁撒惕伊本赞吉 5

Nachin küregen， 纳陈古列坚 224，245，252，256

Naimadai， 乃蛮台（塔察儿子） 250，251

Naiman(people)， 乃蛮人 105，145，241，311，313

Naimas， 乃马思 47

Nairaqu-Buqa， 那剌忽不花 311

Naira'u-Buqa， 乃剌不花 161,310—313

Naishi， 纳亦失 143

Najaf， 纳扎夫 232

Najm al-Dīn Gīlābādī， 纳只木丁 231

Nakhshab， 那黑沙不 165

Nalīghu， 纳里忽 139

Naliqo'a， 纳里豁阿 144

Nalïqu， 纳里忽 297,320

Nambui， 南必 245

Namging(Namgin；Nan-ching；Kaifeng)， 南京（即汴京） 34,39,40,166,
249,282

Nangiyadai， 囊加台 286,326

Nangiyas， 南家思 22,29,39—41,55, 223—230,246—248,270—273

Nangkichar， 南乞察儿 111

Naqu， 脑忽 20,175,186,200,204,207,209,213,216

Narin， 纳邻 266

Narin-Qadan， 纳怜合丹 224,249,250—253

Nariqi(?)， 纳里乞 25

nasīj， 纳赤思 63,85,206

Nāṣir al-Dīn， 纳速剌丁（赛典赤瞻思丁子） 279,288

Nāṣir al-Dīn Malik Kāshghari， 纳速剌丁灭里 294

Nāṣir al-Dīn Tūsī， （即 Khwaja Naṣīr） 308,309

al-Nāṣir li-Dīn Allāh， 纳昔儿 42,43,48,49, 308,309

Nāṣir Ṣalāḥ al-Dīn Yūsuf， 纳昔儿沙剌黑丁玉速夫 305

Nauruz， 纳兀鲁思 24,28,141

Naya， 纳牙 144

Nayan， 乃颜 286,298

Nayan Khatun， 纳颜可敦 312

Nayan Küyükchi，那颜贵由赤 286

Nayanqa küregen，纳颜合古列干 311

Negübei，捏古伯(朮赤第十三子脱欢帖木儿曾孙) 116

Negübei，捏古伯(察合台孙，撒儿班子) 140,143,153,154,257

Negüder，捏古迭儿(亡走欣都之朮赤后王部将) 123,154

Negüder，捏古觩儿(灭里帖木儿妻) 311

Nendiken，捏的斤 104,105

Niqīya，尼乞亚 304

Nishapur，你沙不儿 51,165,218

Nisibīn，你昔本 191

Nom-Dash，那木达失 144

Nomoghan，南木罕(却班妻) 311

Nomoghan，那木罕(忽必烈子) 23,162,197,243,244,266,299,313,323,

Nom-Quli，那木忽里(出伯子) 144

Nom-Quli，那木忽里(莫赤也别孙，脱欢子) 137

Nom-Quli，那木忽里(莫赤也别第四子) 136

Noqai，那海(kongi 省长官) 283

Noqai，那海(土蔑坚孙，察鲁黑子) 104

Noqai，那海(字阿勒孙，塔塔儿子) 102,113,123,125—130,160,269

Nosal，那萨勒 51,72,73

Nūshīnravān，奴失剌文 93

Nusrat al-Dïn，讷思剌丁(喀布武扎马统治者) 52

Nusrat al-Dïn，奴思剌丁(昔思坦统治者) 308

Ödege，斡迭格 311,312

Öge khan，斡格汗 100

Ögedei，窝阔台 16—94,98,107,118,137,145—149,155,
156,165—169

Oghul-Qaimish，斡兀立海迷失(贵由妻) 20,175,185,186,199,
204,213,215

Oghul-Qoimïsh，斡兀勒海迷失(蒙哥妻) 198

Oghul-Tegin, 斡兀勒的斤 311,312

Oiradai, 斡亦剌台(阿鲁忽子) 26

Oirat (people), 斡亦剌惕 93,149,256,311,313,314

Oiratai, 斡亦剌歹 313

Oju(Ochou;Wuchang), 鄂州 12,229,240,250

Öki-Fujin, 斡乞兀真 107

Olduqur Noyan, 斡勒都忽儿那颜 312

Öljei, 完泽(土葭妾) 104

Öljei Khatun, 完泽可敦 198

Öljei, 完泽(不里曾孙,不花帖木儿子) 139

Öljei, 完泽(阿速台子) 198

Öljei, 完泽(即忙哥帖木儿妻完泽可敦) 124

Öljei, chingsang, 完泽丞相 279,297,320,322

Öljei-Buga, 完泽不花(阿速台子) 198

Öljei-Buqa, 完泽不花(哈剌旭烈兀孙) 142

Öljei-Temür, 完者帖木儿 311

Öljeitü, 完者都 4,7,25,303

Öljeitu Khatun, 完泽可敦(忙哥帖木儿妻) 109

Ölijetü Qa'an, 完泽笃合汗(见铁穆耳完泽笃) 170

Olqunut (people), 斡勒忽奴惕 198,313

Olqutu, 斡勒忽都(斡鲁朵孙,旭烈兀子) 106

Olqutu, 斡勒忽图(明罕子) 105

ölüg, 月鲁 320

Onan (Onon) (river), 斡难河 200,286,322

Onan-Kelüren, 斡难—怯绿连 121,246

Ong Sun, 王绰 41

Ongin (Onqī Mören) (river), 汪吉河 254

Ong-khan, 王罕 97,98

Ongqī Mören (river), 汪吉河 254

Ongqīn (region), 汪吉 22,64

Oqai， 斡海 314

Oqal Qorchi， 斡合勒火儿赤 177

Oqruchï， 奥鲁赤(忽必烈子) 244，320

Oqruqchï， 斡黑鲁黑赤(阿鲁忽孙) 144

Oradai， 斡剌台 139，256

Orda， 斡鲁朵 24，30，56，59，70，99，100，122，181，182，201，202

Orda-Tegin， 斡耳朵的斤 105

Orghana Böke， 斡儿哈纳孛可 89

Orkhan， 斡儿汗 48

Orkhon (river)， 斡儿寒河 62

Orman， 斡儿蛮 59

Or-Menggü， 斡儿明兀 110

Örmügetü， 斡儿木格秃 63

Orqïna， 斡儿乞纳 138，142，143，149—151，177，251，
252，257，258，260，261，265

Örüg， 斡鲁格(不里孙，阿只吉子) 139

Örüg， 斡鲁格(也孙脱孙，摩明子) 139

Örüg-Temür， 斡鲁格帖木儿(不里孙，阿只吉子) 139

Örüg-Temür， 斡鲁格帖木儿(不里曾孙，不花帖木儿子) 140

Örüg-Temür， 月鲁帖木儿(阿难答子) 326

Orur-Temür， 斡鲁帖木儿(海都子) 35

Örüg-Temür， 斡鲁黑帖木儿(合丹孙) 28

Orus， 斡鲁思(海都子) 24，25，55，56，59，60，118，125，184

Orus， 斡罗思(尤赤第七子孛阿勒孙) 113

Orutai， 斡鲁台 178

Otchi noyan， 斡赤那颜(即斡赤斤) 204

Otchigin， 斡赤斤 30，31，178，180，182，269

Ötegü-China， 斡迭古乞纳 123

Otman， 斡忒蛮 112

Otrar， 讹答剌 117，118，146，156，165，214，261

Outline of History，《世界史纲要》 13

Oxus， 阿母河 25,46,94,140,254,255

Öz-Beg， 月即别 113

Öz-Beg-Qurtuqa， 月即别忽儿秃花 113

Özkend，讹迹邗 269

Pādshāh Khatun， 帕忒沙可敦 305,306

Pahlavān， 摔跤手 296

Panjāb， 般扎布 25

Parāhān， 帕剌杭 306

Persia， 波斯 7,13,33,79,108,183,218,230

Polo， 波罗（马可波罗） 12

Pulad， 孛罗城 259

Pung-Yang-Fu（Pīing-yang fu；Linfen）， 平阳府 146

Qa'an， 合罕,见窝阔台 31

Qa'an-Keng(river)， 合罕江（长江） 226

Qaban， 合班（阿美尼亚地名） 47

Qaban， 合班（察合台曾孙,拜答儿孙阿鲁浑子） 144,153,265,300

Qābīl-Temür， 合必勒帖木儿 139

Qachi'un， 哈赤温 30

Qachir-Ukula， 哈赤儿兀库剌 58,59

Qada sengüm， 合达相公 35

Qadaghan， 合达罕（见合丹） 217

Qadan， 合丹（使者） 311

Qadan， 合丹（速勒都思部人） 314

Qadan， 合丹（尤赤后王,忙哥帖木儿子） 109

Qadan， 合丹（窝阔台第六子） 27,28,56,59,60, 69—71,
217,224,249

Qadan， 合丹（即 yeke Qadan） 256

Qadan， 合丹（忽里妻） 104,105

Qadan-Ebük， 合丹额不克 28

Qadaq， 合答(贵由大臣) 179,184,204,213,215

Qadaq， 合达(哈剌旭烈兀孙) 142

Qadaq， 合达(尤赤孙,昔班子) 111

Qadaqa， 合达哈 314

Qadaqach， 合达合失 215

Qadaqai， 合答海(察合台第七子) 135,144

Qadaqan， 合达罕(忽里妻) 104,105

Qadaqchi Sechen， 合答黑赤薛禅 139,224

Qahawur， 合哈兀儿 25

Qaidu， 海都 13,20,22—25,28,102,103,139—142,162,175, 244,255,266, 285,298,299,322

Qal'a-yi Sapíd (White Castle)， 白堡 50,307

Qalumtai， 合隆台 113

Qamju(Qamjiu;kanchow)， 甘州 283,323

Qamtai， 哈木台 311

Qan-Buqa， 汗不花 137

Qandahār(Yunnan)， 罕答哈儿 223,247

Qandar， 罕答儿 247

Qanghai， 杭海 214

Qankhitai， 刚疙疸 211

Qanqí Daban， 罕吉达班 254

Qanqlï(Turks)， 康里部 37,208

Qara-Buqa， 哈剌不花 259

Qaracha， 哈剌察 51,52

Qarachar， 哈剌察儿(巴鲁剌思部人) 145

Qarachar， 哈剌察儿(窝阔台第四子) 22

Qarachar， 哈剌察儿(尤赤孙,云都儿子) 115,251,253

Qara-Hülegü， 哈剌旭烈兀 138,142,143,149,177,180,182, 202,204,207,213,217

Qāra-Jang(Yunnan)， 哈剌章 223,244,246,283,285,287,288

Qara-Khitai， 黑契丹   51,315

Qara-Khacho(Qara-Khwāja；Qara-Qocha)， 哈剌和州 94,116,286,322,328

Qara-Khwāja， 哈剌忽察   116

Qaralju， 哈阑出   254

Qara-Mören(Yellow River)(river)， 黄河 34,38,146,166,249,283,290

Qarantās， 哈兰塔思   302

Qaranut(people)， 哈剌奴惕   311

Qara Oghul， 哈剌斡兀勒(即哈剌旭烈兀)   177,182

Qaraqīr， 哈剌赤儿   116

Qara-Qacha， (即 Qara-Khacho)

Qara-Qorum， 哈剌和林   61,62,82,84,86,89,205,214,253,
                                   254,258,321,322,327

Qara-Tash， 哈剌塔失   88

Qarauna(s)， 哈剌兀纳   139,142,144

Qara'un-Jidun， 合剌温只敦   247,255

Qara-Ulagh， 哈剌兀剌黑   70

Qarshi(Ögedi's prlace in Qara-Qorum)， 和林宫殿   62,63,85

Qarshi(Qubilai's palace in peking)， 北京宫殿   274,275

Qashi， 合失(河西)   22

Qata noyan， 合答那颜   135

Qata-Kürin， 合答曲怜   210

Qataqīn(people)， 合塔斤部   314

Qayaliq， 海押立   30,94,214,322

Qazan， 合赞(忽里孙,爱牙赤子)   105

Qazan， 合赞(尤赤第十三子脱欢帖木儿孙)   116

Qazaq-Taq， 哈扎黑山   69,70

Qīla， 乞剌   71

Qïpchaq(people and country)， 钦察   30,33,43,44,55,58—60,
                                    71,78,89,106,201,312

Qïpchaq， 钦察(晃豁台部人)   314

Qïpchaq， 钦察（合丹子） 28,140,151—153

Qïpchaq Steppe， 钦察草原 30,54,56,69,107，117,118,200

Qïran， 乞兰 60

Qïrïm， 乞里木 60,127,304

Qïrqïn， 乞儿斤 71

Qïrqïz(people)， 乞儿吉思 214,253,254，267,284,293,322

Qïyan， 乞颜 126

Qïyaq， 乞牙黑 126

Qïzïl-Buqa， 吉昔勒不花 51

Qïz-Malik(Queen Rusudani)， 乞思蔑里 183

Qobaq(Kobuk)(river)， 霍博 19,30

Qoduqai， 豁都海 109

Qoldaq， 豁勒答黑 114

Qongqïran， 弘吉阑 100,105,214

Qongqotan(people)， 晃豁台部 314

Qonichi， 火你赤（斡鲁朵孙） 24,101

Qonichi， 火你赤（昔班子） 111,112,269

Qonichi noyan， 火你赤那颜 266

Qoniya， 豁你牙 281

Qonqïrat(people)， 弘吉剌部 17,97,99—101,104，106,107，
109,126,135,311—313

Qonquran， 弘忽阑（见 Qonqïran） 214

Qonqurtaqai， 晃忽儿塔海 200

Qorchi-noyan， 豁儿赤那颜 224

Qori(people)， 豁里部 293

Qoridai， 豁里台（窝阔台任以主站驿者） 55

Qoridai， 豁里台（忽必烈第五子） 243

Qorïqchï， 火里黑赤 226

Qorïqtai， 火里黑台（莫赤也别孙,脱欢子） 137

Qorïqtai， 豁里黑台（莫赤也别曾孙,迭克失孙） 136

Qorqonaq Jubur，　豁儿豁纳黑主不儿　　　　　　223

Qorulas(Qorulat)(people)，　火鲁刺思部　　　311,315

Qorulat(people)，　豁鲁刺惕部　　　　　　　　315

Qorugchin，　火鲁黑臣　　　　　　　　　　　243

Qoshqar，　豁失哈儿　　　　　　　　　　　　43

Qotan，　火檀　　　　　　　　　　　　　　137

Qotai，　豁台　　　　　　　　　　　　　　228

Quatremère，　嘉特梅尔　　　　　　　　　　6,9

Qubilai，　忽必烈　　　9,13,20—23,103,139,150,159,161,
162,197,198,204,205,216,223,227,
229,230,241—315,321

Quduz，　忽都思　　　　　　　　　　　　　305

Quhistān，　忽失斯坦　　　　　　　　　165,181

Quiqa Mören(river)，　淮河　　　　　　　　248

Qulan Khatun，　忽阑可敦　　　　　　　　　19

Quli，　忽里　　　　　　　100,104,122,123

Qum-Sengir，　横相乙儿　　　　　　　　　214

Qundaqai，　浑都海　　　　　　　　　228,254

Qundagai Khizanechi，　浑答海司库　　　　　315

Qunduz，　浑都思　　　　　　　　　　　　282

Qunduz Egechi，　浑都思额格赤　　　　　　　312

Qunqan，　浑汗　　　　　　　　　　　　　32

gubchur，　忽卜赤儿(赋税)　　　　　　55,220

Quranmas，　忽兰马思　　　　　　　　　　60

Qurbagha，　忽儿巴哈　　　　　　　　73,177

Qurbaqa，　忽儿巴合　　　　　　　　269,313

Quril，　忽怜(海都子)　　　　　　　　　　25

Quril，　忽怜(合丹孙，钦察子)　　　　　　　28

Quril-Qochghar，　忽里豁失喀儿　　　　　　106

Qurtaqachi，　忽儿塔哈赤　　　　　　　　105

Qurtaqa, 忽儿秃花（云都儿孙）　　　　　　　　　　115

Qurtuqa, 忽儿秃花（昔班子）　　　　　　　　　　111,112

Qurtuqachuq, 忽儿秃花出黑　　　　　　　　　　114

Qurumshi, 忽林池（木华黎后）　　　　　　　　　224,252

Qurumshi, 忽鲁木赤（斡鲁朵子）　　　　　100,105,251

Qurumshi, 忽林池（合丹子）　　　　　　　　　　28

gushchï, 忽失赤（鹰人）　　　　　　　　　　208,297

Qushiqai, 忽失海（即忽失乞）　　　　　　　　　224

Qushïqï, 忽失乞　　　　　　　　　　　　　143

Qushman, 忽失蛮　　　　　　　　　　　　137

Qush-Temür, 忽失帖木儿　　　　　　　　　　104

Qushuq, 忽速黑　　　　　　　　　　　　154,155

Quṭb al-Dín, 忽惕卜丁（起儿漫八刺黑子）　78,235,305

Quṭb al-Dín Mahmūd shāh, 忽忒不丁马哈木沙　306

Quṭb al-Dīn samjing, 忽都不丁参政　　　　　322

Qutlu khatun, 忽惕鲁可敦　　　　　　　　　311

Outlu-Bai, 忽惕鲁别　　　　　　　　　　113

Qutlugh-Buqa, 忽惕鲁黑不花（阔里吉思子）　　105

Qutlugh-Buqa, 忽惕鲁黑不花（昔班孙）　　　111

Qutlugh- Buqa, 忽惕鲁黑不花（土门子）　　　105

Qutlugh-Temür, 忽惕鲁黑帖木儿（昔班孙，撒亦勒罕子）　112

Qutlugh-Temür, 忽惕鲁黑帖木儿（土门子）　　105

Qutluqan, 忽惕鲁罕　　　　　　　　　　114

Qutluqh-Shāh, 忽都黑沙　　　　　　　　　4

Qutluq-Buqa, 忽惕鲁黑不花　　　　　26,105,141

Qutluq-khwāja, 忽忒鲁黑忽察　　　　　　　28

Qutluq-khwāja, 忽惕鲁黑忽察（笃哇子）　　142,285

Qutluq-khwāja, 忽惕鲁黑忽察（察合台第八子拜住曾孙）　144

Qutluq-khwāja, 忽惕鲁黑忽察（合丹曾孙）　　28

Qutluq-Temür, 忽惕鲁黑帖木儿（莫赤也别曾孙，迭克失孙）　136

Qutluq-Shāh,　忽惕鲁黑沙　142

Qutluq-Temür,　忽都鲁帖木儿（忽必烈子）　245

Qutui Khatun,　忽推可敦　100,106,312

Qutui,　忽推（忙哥剌妻）　243

Qutujin,　忽秃真　106

Qutula,　忽图剌　223

Qutulun,　忽秃隆　101,102

Qutulun Chaghan,　忽都仑察罕　24,26,27

Qutuqa,　忽都合（阿里不哥子）　161

Qutuqa Beki,　忽都合别乞（斡亦剌部）　198

Qutuqta,　忽秃黑塔（阿里不哥妻）　311

Qutuqtai,　忽都台（蒙哥妻）　197,228

Qutuqtu,　忽睹都（拖雷第三子）　159,160,312

Qutuqu,　忽都忽（蔑儿乞部人）　243

Qutuqui,　忽秃灰　109

Qutuqu,　忽都虎（联阿里不哥之叛王）　255

Qutuqu,　忽都忽（拙赤哈撒儿子）　55

Qutuqu,　忽秃忽（斡鲁朵子）　100,106

Qutuqu Chingsang,　忽都虎丞相　320

Qutuqu noyan,　忽秃忽那颜　314

Rabʿ-i Rashīdī,　剌比剌失德　5

Rādkān,　剌梯堪　309

Raḥbat al Shām,　剌黑巴塔瞻　4

Raḍī,　剌的　301,302

Rashīd al-Daula,　剌失德杜拉　3,4

Ruha,　鲁哈　193

Rukn al-Dïn,　鲁克纳丁平章　283

Rukn al-Dïn Alā al-Daula,　鲁克纳丁阿剌都剌　307

Rukn al-Dïn Qutduq-sultan,　鲁克纳丁忽惕鲁黑算端　68,191,235

Rukn al-Dïn,Sultan,　鲁克纳丁　181,182,191,304

Rum，鲁木 43,50,68,90,94,181,183,191,218,233,304

Rus，罗思 107

Rusāfa，鲁沙发 309

Rassia，斡罗思 10,56—61,69

Ryazan，即也烈赞 59

Sabir，沙必儿 110

Sa'd，沙忒 306

Sa'd al-Dīn Sāvajī，沙德丁 4

Sadr al-Dīn Zanjānī，沙的儿丁 4

Sahr，沙黑儿 232

Sailqan，撒亦勒罕 111,112

Sainaq，赛纳黑 112

Sain-Malik-Shah，赛因蔑里沙 73

Saisi，小薛 106

Saif al-Dīn of Bākharz，赛甫丁 200,258,294

Saif al-Dīn Taghachar noyan，赛甫丁塔察儿那颜 282

Saiyid Ajall，赛典赤(即赛典赤瞻思丁) 279,322

Saiyid Ajall，赛典赤 287,288

Saiyidī Aḥmad，赛义德阿合马 232

Salghum，沙勒忽木 307

Saljidai küregen，撒勒只台古列干 109,126,127,160,312

Salji'utai，撒勒只兀台 102

Saljuq-Shāh，塞勒柱沙 307

Samarqand，撒麻耳干 94,118,146,151,165,258,259,276

Samarqand，撒麻耳干,即横桐乙儿 121,184,185

Samghar，桑哈儿 313

Sami，参议 279

sam-jing，参政 279

samqui，珊海 127

Sang Yang Fu，襄阳府 226

Sangbast，　三巴思惕　　　　　　　　　　　　　　　26

Sangin，　桑乾河　　　　　　　　　　　　　　　　276

Sangyambu，　襄阳府　　　　　　　　　　　　　　55

sanuisha，　宣慰司(?)　　　　　　　　　　　　　280

Saqïrchï，　撒黑里赤　　　　　　　　　　　　　116

Saqsïn，　撒黑孙　　　　　　　　　　　　　　　33

Saqtai，　撒黑台　　　　　　　　　　　　　　　314

Sarai，　撒莱　　　　　　　　　　　　　　　122,127

Sarai-Buqa，　撒里不花(尤赤后王,忙哥帖木儿子)　109

Sarai-Buqa，　撒里不花(尤赤后王,也速不花子)　111

Sarāv，　撒剌夫　　　　　　　　　　　　　　　47

Sarakhs，　撒剌黑思　　　　　　　　　　25,26,165

Sarban，　撒儿班(成宗大臣)　　　　　　　　　330

Sarban，　撒儿班(察合台第四子)　　　　　135,143

Sarban，　撒儿班(海都子)　　　　　　　　25,26,28

Sarban，　撒里蛮(蒙哥孙)　　　　　　197,267—269

Saricha，　撒里察　　　　　　　　　　　　　116

Sari-Keher，　撒里克额儿　　　　　　　　　　209

Sarir，　撒里儿　　　　　　　　　　　　　　43

Sartaq，　撒里塔(拔都子)　　　　　　108,121,122

Sartaq，　撒儿塔(扎剌亦儿部人)　　　　　　　98

Sartaq，　撒儿塔黑(伊利汗国人)　　　　　　　313

Sartaq，　撒里塔(阿难答臣属)　　　　　　　　324

Sartaq noyan，　撒儿塔那颜(忽必烈使者)　270,271

Sartaqtai，　撒儿塔台　　　　　　　　　100,101

sarta'ul，　回回人　　　　　　　　　　　　　301

Saruq Khatun，　莎鲁黑可敦　　　　　　160,241

sas，　撒思人　　　　　　　　　　　　　　　70

Sasan，　撒桑人(撒思之复数)　　　　　　　　70

Sasi，　撒昔　　　　　　　　　　　　　　　115

Sasïq，　撒昔黑　　　　　　　　　　　　　　　　113

Sati，　撒梯(不里孙,阿合马子)　　　　　　　　　139

Sati，　撒梯(出伯子)　　　　　　　　　　　　　144

Satuq，　撒秃黑　　　　　　　　　　　　　　　　327

Sati-Buqa，　沙梯不花　　　　　　　　　　　　102

Satïlmïsh，　撒梯勒迷失　　　　　　　　　　　104

Sayan-Fu(Sangyambu;Sang Yang Fu; Hs -iang-yang fu;Siangyang)，

　　襄阳府　　　　　　　　　12,55,226，290,291,299

Sayin-Bugha，　赛音不花　　　　　　　　　　　162

Sayin-Khan，　赛音汗　　　　　　　　107,126,202

Sebe，　色别　　　　　　　　　　　　　　　　　98

Sebilger，　薛必勒格儿　　　　　　　　　　　　161

Sebkine，　薛卜乞捏　　　　　　　　　　　　　22

Selenge (Selenga) (river)，　薛灵哥河　　　216,310,322

Seljuqs，　塞尔柱朝　　　　　　　　　　　　　8

Semeke Bahadur，　三哥拔都　　　　　　　　　271

Senge，　桑哥　　　　　　　　　　　　　　293,297

Shabānkāra，　沙班哈剌　　　　　　　　　　　307

Shādbān，　萨德班　　　　　　　　　　　　　137

Shādī，　萨的(火你赤孙,伯颜子)　　　　　　　102

Shādī，　沙的(阿鲁忽部属)　　　　　　　　150,258

Shādī Zo-Cheng，　沙的左丞　　　　　　　294,295

Shafi，　莎菲　　　　　　　　　　　　　　　7

Shāh，　沙(海都子)　　　　　　　　　　　　103

ShāhʿĀlam，　沙阿剌木　　　　　　　　　　　306

Shāh Chungtai，　沙纯台　　　　　　　　　　25

Shahrazūr，　沙黑剌祖儿　　　　　　　　　　232

Shahristāna，　萨黑里斯坦　　　　　　　　　51

Shams al-Dīn，　瞻思丁(亦思马因派使者)　　　181

Shams al-Dīn，　赡思丁(底里算端)　　　　　　305

Sams al-Dīn Arslan-Tegin， 赡思丁阿儿思兰的斤　190

Shams al-Dīn Kamargar， 赡思丁喀马格儿　73

Shams al-Dīn Kart， 瞻思丁喀儿惕　192,308

Shams al-Dīn Qunduzī， 丁思瞻　330

Shams al- Din Yulduzch， 赡思丁玉勒都思赤　46

Shāpūr Khwāst， 沙不儿忽思特　232

Sharaf al-Dīn Iqbāl Shārābī， 沙剌普丁亦黑巴勒沙剌比　190,232

Sharaf al-Dīn Khwārazmī， 萨剌夫丁　72,190

Shasgaba， 搠思班　244

Shechektü， 薛彻图　152

Shêng-wu ch'in-chêng lu， 《圣武亲征录》　11

Shibaghuchi， 失巴忽赤　116

Shiba'u chi， 失巴兀赤　322

Shiban， 昔班　30,56,57,99,111,112,181,202

Shiba'uchi， 失巴兀赤　322

Shīgān， 昔干　232

Shīghaldash， 失哈勒答失　23

Shigi Qutuqu， 失吉忽秃忽那颜　35,36

Shihab al-Dīn， 失合不丁　181

Shihab al-Dīn Ghāzī， 希哈不丁哈只　193

Shihab al-Dīn Qunduzī， 失哈不丁　330

Shilemün bitikchi， 失列门必阇赤　204,214

Shilügelig， 失鲁格力克山　257

Shimultai， 昔木土　256

Shin Chaghan-Buqa， 孙察罕不花　38

shing， 省　279,281—283

Shinggüm， 辛古木　99,100,108,116

Shingqur， 辛忽儿　71,99,100,114

Shīra， 失剌　179

Shiraz， 泄剌失　83,92,306,307

Shiregi, 昔烈吉 312

Shiregi, 昔里吉(蒙哥子) 103,197,198,262,266—269

Shiremün, 失烈门(绰儿马罕子) 184

Shiremün 失列门(阔出子) 19,21,120,121,170,180, 181,201,
204,207—210,213,216

Shiremün, 失烈门(辛忽儿子) 114,262

Shiremün noyan, 失烈门那颜(绰儿马罕子) 136

Shirgen-Na 'ur, 失儿干脑儿 257

Shirin, 失林 198

Shirin Aqa, 失林阿合 312

Shīrvān, 设里汪 123,181,183

Shose, 小厮 34

Shousü, 守绪 42,189

Shu'ab-i Panjgāna, 《五种谱系》 8

Shuju, 宋主(?) 303

Shükürchi, 速古儿赤 297

Sinali, 寻麻林 276

Sing-Ling, 新岭 276

Sirāj al-Dīn, 昔剌扎丁 231

Sira-Orda(Sira-Orda), 失剌斡耳朵 63

Sīstān, 昔思坦 52,192,235,308

Sodun, 宿敦 252,270,312

Sögetei, 岁哥台 159,162,266

Soghal noyan, 索哈勒那颜 104

Solanga(North Korea(ns)), 肃良哈 33,41,272, 281,282,287

Solangqa(s), 肃良哈(即 Salanga) 225

Soluqu Khatun, 唆鲁忽可敦 106

Sorghan, 锁儿欢(从贵由后王叛乱者) 211

Sorghan, 锁儿欢(尤赤妻) 99

Sorqa-Buqa, 锁儿合不花 25

Sorqadu Ba'urchi,	锁儿哈都宝儿赤	313
Sorqoqtani Beki,	唆鲁和帖尼别姬	39,51,56,99,120, 121,159,160, 168—171,178,180,183,185, 186,197, 199,200,202,215,231,241,310,311
Söse,	小薛（阔出子）	21,287
Söse,	小薛（合丹孙）	28
Sübedei(general),	速不台	33,56,57,107,183
Sübetei,	（即 Sübedei）	
Sübügetei,	速不格台（尤赤孙、唐兀惕子）	112,113
Sübügetei,	雪别台（拖雷第十子）	159,162,266
Successors of Genghis Khan,		10,11,12,13
Suching,	速真	282,299
Sudaq,	速答克	55
sufinjan,	首平章	279,289
Sulaimān Beg,	苏黎曼别	257
Sulaimān-Shāh,	苏黎曼沙	232,233
Süldüs(people),	速勒都思部	114,169,170, 312,314,315
Sultan,	算端	127
Sulṭan Khatun,	算端可敦	109
Sulṭānīya,	算端尼亚	4
Suʻlūk,	速鲁克	52
sun,	村	278
Sunchaq,	松察	279,297,314
Sunzaq,	松扎黑	123
Suqa Mulchitai,	速哈木勒赤歹	56
Suq-Jiu(Shuo-chou；Shohsien),	朔州	146
Sürmish,	速儿迷失	104
Süt,	速惕	162
Sutan,	算端（那海将）	127
Süt-Köl,	速惕湖	259

Suwar al-Aqālīm，《诸地之形状》　　　　　　　　　8

Svan，　思凡　　　　　　　　　　　　　　　43

Syria，　西利亚　　　　　　43,50,68,192,304,305

Tabriz，　帖必力思(今大不里士)　　5,43,46,47,103,305,308

Tabudughur，　塔不都忽儿　　　　　　　　　136

Tacitus，　塔西佗　　　　　　　　　　　　6

Taghachar，　塔察儿　　　204,224—227,247,249—252
　　　　　　　　　　　　　　256,262,264,286

Tahamtan，　塔哈木丹　　　　　　　　　　92

Tai-Bakhshi(?)，　台巴黑失　　　　　　　　25

Taichi'utai，　泰亦赤乌台　　　　　　　229,248

taifu，　太傅　　　　　　　　　　　278,279

Taiju küregen，　太丑古列坚　　　　　　　198

Tai-Khu，　太后　　　　　　　　　　　242

Taiki，　答亦乞　　　　　　　　　　287,327

Tai-Wang-Fu(Tayanfu；T'ai-yüan fu；Yangku)，　太原府　81,146,164

Tāj al-Dīn Muḥammad Salāya，　塔兹丁摩诃未沙剌亚　192,233

Takfūr，　塔克弗儿　　　　　　　　　　304

Terken Khatun，　　　　　　　　　　305—307

Talan-Daba，　达兰达葩　　　　　　　　54

Tālaqān，　塔剌寒　　　　　　　118,147,165

Tālib，　塔里卜　　　　　　　　　　　290

Tama，　探马　　　　　　　　　　　　33

Tamachi，　探马赤　　　　　　161,310—313

Tama-Toqdai，　(即 Tama Toqta)

Tama-Toqta(Tama-Tqdai)，　塔马脱脱,即塔马脱黑台　111,124,127

Tan(Don)(river)，　丹河　　　　　　　127

Tanba，　胆巴　　　　　　　　302,329,330

Tangqut(county and people)，　唐兀惕　18,20—22,29,88,99,107,147,
　　　　　　　　　　　166,170,241,243,247,253,254,

	283,286,320,322—325
Tangqut， 唐兀惕（尤赤子）	30,56,74,112,181
Tangqut Bahadur(general)， 唐兀惕拔都儿	33
Tanha(river)， 天合	70
Taqachu， 塔哈出	114
Taqai， 塔海	262
Taqī al-Dīn， 塔乞丁	46
Taqut， 塔忽惕	70
Taran noyan， 塔阑那颜	312
Taraqai， 塔剌海	312
Ta'rīkh-i Ghāzāni， 《合赞汗纪》	8,13
Ta'rīkhi Jahan-Gushā， 《世界征服者史》	11
Tariyaji， 塔里牙赤	114
tarkhan， 答剌罕	217,252
Tarkhan， 答剌罕（即哈剌哈孙）	279,297,299,322
Tarmabala， 答剌麻八剌	242
Tatan,（即 Tatar）	46
Tartu， 塔儿秃	108,109,124
Tartar(people)， 塔塔儿、鞑靼	46,104,114,320
Tatar， 塔塔儿（昔班孙,字阿勒子）	113
Tatqara， 塔忒哈剌	60
Taunal， 答兀阑	211
Taunal the younger， 小答兀阑	211
Tayanfu， 太原府	81,164
Tayir Bahādur， 塔亦儿拔都儿	52
Tayir-Usun， 答亦儿兀孙	18
Tāzīk(s)， 大食人	23,90,117,118,146,165,183,223,230, 252,
	255,278,279,289, 296,299,315,322
tegin， 的斤	163
Tegüder， 迭古觯儿	136

Teke Finjan， 铁哥平章　　　　　　　　　　279,297,322,330

Tekne， 迭克捏　　　　　　　　　　　　　　102

Tekshi， 铁失　　　　　　　　　　　　　　162

Tekshi， 迭克失(莫赤也别子)　　　　　　　163

Temüder， 迭莫觯儿　　　　　　　　　　　136

Trmüge， 帖木格　　　　　　　　　　　　101,102

Temür， 帖木儿(阔里吉思属吏)　　　　　　74

Temür， 帖木儿(不里孙纳里忽子)　　　　　139

Temür noyan， 帖木儿那颜(贵由臣属)　　　200

Temür Öljeitü， 铁穆耳完泽笃　　　9,13,21,24,161,170, 242,276,279,
　　　　　　　　　　　　　　　　301—303,311,318—330

Temür Qa'an， 铁穆耳合罕,见铁穆耳完泽笃

Temür-Buqa， 帖木儿不花(斡鲁朵孙旭烈兀子)　106

Temür finjan， 帖木儿平章(忽必烈大臣)　　　279

Temür-Buqa， 铁木儿不花(奥鲁赤子)　　　　244,320

Temür-Qahalqa(Buzghala Defils)， 铁门关 (在河中)　165

Temür-Qahalqa(Darband)， 铁门关(打儿班)　61,71,107

Temür-Qahalqa(Talki Defile)， 铁门关(在伊宁北)　259

Temürtei， 帖木儿台　　　　　　　　　　　112

Terek， 迭列克河　　　　　　　　　　　　111,123

Tergen， 迭儿干　　　　　　　　　　　　288,292

Terken Khatun， 帖儿坚可敦　　　　　　　305

Te ülder， 迭兀勒觯儿　　　　　　　　　　136

Tibet， 吐蕃　　　　　33,34,38,55,166,244,247,302,385

Timür， 帖木儿　　　　　　　　　　　　　5

Tirmidh， 忒耳迷　　　　　　　　　　　　165

Tisa(river)， 的撒　　　　　　　　　　　　70

Tishi-Taishi， 德寿太子　　　　　　　　　242,319

Tobaqana， 脱巴合纳　　　　　　　　　　100

Töbetei， 脱别台　　　　　　　　　　　　110

Tödechü，　脱迭出　　114

Tödeken，　脱迭干(拔都后王,忙哥帖木儿子)　　109

Tödeken，　脱迭干(辛忽儿孙)　　114

Töde-Möngke，　脱迭蒙哥　　108—110,124,269,299,323

Töden，　朵登(木额秃干孙,拜住子)　　138

Töden，　脱丹(海都子)　　25,305

Töde-Temür，　脱迭帖木儿　　103

Töde'ür，　脱迭兀儿　　114

Tödüken，　脱都干　　113

Togan，　多根　　8

Tögeles(Tö'eles)(people)，　脱格列思人　　115

Tögen，　朵根(察合台妻)　　135,144

Toghan，　脱欢(从贵由后王叛乱者)　　211

Toghan，　脱欢(莫赤也别第十一子)　　137

Toghan，　脱欢(忽必烈子)　　245,282,285,320,322

Toghan，　脱欢(莫赤也别曾孙,迭克失孙)　　136

Toghanchar，　脱欢察儿　　112

Togrïl，　脱黑陵(速勒都思部人)　　315

Toghrïl(Toghrïlcha)，　脱黑怜　　124

Toghrïlcha，　脱黑怜察　　109

Tögüz，　脱古思　　286

Toina，　脱因纳　　322,330

Tökme，　脱克蔑　　20,25,175

Töle-Buqe，　脱列不花(昔班孙,合达子)　　111

Töle-Buqa，　脱烈不花(脱豁罕孙,塔儿都子)　　109,124,125

Töles，　脱列思人　　115

Tolui，　拖雷　　9,17,18,30,31,33—39,56,98,145—147

Tonquz，　通忽思　　72,73

Toq-Temür，　脱黑帖木儿(尤赤孙,别儿克怯儿子)　　110

Toq-Temür，　脱黑帖木儿(斡亦刺部人)　　313

Toq-Temür，　脱黑帖木儿（别速惕人）　102

Toqan，　脱欢（察必所遣使者）　230，250

Toqan，　脱欢（蔑里子）　28

Toqan akhtachi，　脱欢阿黑塔赤　315

Toqan-Buqa，　脱欢不花　28

Toqanchar，　脱欢察儿　116

Togashi，　脱哈失　213

Toqa-Temür，　脱哈帖木儿（尤赤后王，帖木儿不花子）　106

Toqa-Tomür，　脱花帖木儿（尤赤子）　30，99，100，115，116，181，202，217

Toqdai，　脱黑台　111

Toqïqonqa，　脱赤晃合　108，110

Toqlucha，　脱黑鲁察　113

Toqolqu cherbi，　脱豁勒忽扯儿必　36，38，167

Toqoqan，　脱豁罕　108

Toqta，　脱脱（拔都后王，忙哥帖木儿子）　9，24，100，102，103，109，
　　　　　　　　　　　　　　　　　　　　114，124—130，160

Toqta，　脱脱（窝阔台孙，哈剌察儿子）　22

Toqta，　脱脱（八剌子）　139

Toqta，　脱脱（出伯子）　144

Toqta Kö'ün，　脱脱古温　286

Toqta Beki，　脱脱别乞（蔑儿乞部人）　243

Toqtaq，　脱脱（木华黎后）　320

Toq-Temür，　脱黑帖木儿（别速惕部人）　102

Toq-Temür，　脱黑帖木儿（阿鲁忽子）　144

Toq-Temür，　脱黑帖木儿（昔班孙，怯里克子）　112

Toq-Temür，　脱黑帖木儿（拖雷孙，岁哥台子）　13，162，266

Toq-Temür küregen，　脱黑帖木儿古列干　313

Toqu，　脱忽　305

Toquch，　脱忽赤　113

Toquluqan，　脱忽鲁罕　101

Toquz， 脱忽思 263,264

Toquz， 脱古思(昔班孙,唐兀惕子) 112,113

Torai， 脱莱 113,127,129

Töre， 脱列 312

Törer Oghul， 脱列斡兀勒 287

Töregene， 脱列哥那 18,19,120,121,170
175,176,178,179,181,189,201

Törelchi küregen， 朵阑吉古列坚 149,313

Töre-Qutlugh， 脱列忽惕鲁黑 110

Töre-Temür， 脱列帖木儿(牙忽都子) 162

Töre-Temür， 脱列帖木儿(土蔑坚孙,木八剌子) 104

torghu， 丝绸 290

Toshi Khan， 木赤汗 51

Totag， 土土哈(钦察部人) 286

Totoq， 脱脱(哈剌察儿子) 22,207,209,224,264

totqa'ul， 脱脱禾温 297,330

toyïn， 道人 220

Transoxiana， 河中 67,156,177,181,183

Travels of Marco Polo，《马可波罗行纪》 10

Tübshin， 图不申(阿八哈之兄弟) 152

Tübshin， 秃不申(拨绰孙) 162

Tüge， 图格 113,127—129

Tügen， 图坚 111

Tükel， 秃克勒 115

Tükel-Buqa， 秃克勒不花 312

Tükel-Buqa， 秃克勒不花 110

Tükünche， 秃昆怯 109

Tümeken， 土蔑竖 104

Tümen， 土蛮(不里孙,纳里忽子) 139

Tümen， 土门(斡鲁朵孙,忽里子) 104,105

Tümen ba'urchi， 土蛮宝儿赤 314

Tümen noyan， 秃满那颜 263

Tümen-Teümr， 土门帖木儿 111

Tung-Cheng（Tung Shêng Tokoto）， 东胜州 145

Tungqan Qahalqa（Tunggon Tungkwan）， 潼关 35,167

Tunjinvan， 通政院 280

Tuqar， 秃哈儿 60

Tuqchi küregen， 秃赤古列干 312

Tuqluq-Buqa， 秃鲁黑不花 28

Tuqluq-Öljei， 秃黑鲁黑完泽 313

Tuqluq-Temür， 秃鲁黑帖木儿 28

Tūrāqū， 图剌忽 306

Türi， 图里 111

Turkish and Mongol tribes， 突厥与蒙古部族 9

Turkistan， 突厥斯坦 146,150,177,181,183,257,300

Turks， 突厥 7

Turmïsh， 土儿迷失 298

turqaq， 秃鲁花 41,248

Ṭūs， 途思 26,74,75

Tutar， 秃答儿 113,122,123

Tutluq， 秃惕鲁黑 142

Tutuch， 秃秃赤 110

Tuzghu， 图思忽 64

Tuzghu-Balïq， 图思忽八里 64,82

Tuzon， 度宗 303

uangshai， 元帅 278

Uazir， 瓦昔儿 154,155

Uchachar， 乌察察儿 257,258,279,297,320

Üch-Oghul-Üledemür， 兀失斡兀勒兀剌的迷儿 69

Üch-Qurtuqa， 兀乞忽儿秃花（昔班孙，爱牙赤子） 112

Üch-Qurtuqa， 兀乞忽儿秃花（尤赤后王，斡勒忽都子） 106

Üchüken， 兀出干 111

Udur， 兀都儿 99,100,115

Ügechi， 兀格赤 108

Uhaz-Merkit， 兀洼思蔑儿乞惕 18

Uighur(people)， 畏吾儿 87,126,218,278,279,286

Uighuristan， 畏吾儿斯坦 94

Uighurtai， 畏吾儿台 26,141

Ujin Egechi， 兀真额格赤 313

Uladai， 兀剌台（八剌子） 139

Uladai， 兀剌台（亦乞列思部人） 197

Uladai， 兀剌台（莫赤也别孙，亦萨勒子） 137

Ulakh， 兀剌黑 125

Ulagh peoples， 兀剌黑人 70

Ulaghchï， 兀剌赤 122

Ulai-Temür， 兀烈帖木儿 59

Ulaqut， 兀剌忽惕 71

Üledemür， 兀剌的迷儿 69

Ülirlik， 玉里儿里克 58,201

ulugh-ef， 长房 189

Ulugh-noyan(title of Tolui)， 兀鲁黑那颜 30,159

Ulugh-taq， 兀鲁黑答黑（大山） 214

ulus Taifu， 国之太傅（?） 229

'Ulus-Buqa， 兀鲁思不花 198,269,327

'Umar， 乌马儿（莫赤也别孙） 136

'Umar finjan， 乌马儿平章（赛典赤瞻思丁孙） 279,282

'Umar finjan Manzitai， 乌马儿平章蛮子台 282

'Umar Khitā'， 乌马儿乞答 283

'UmarKhwājaJ， 乌马儿忽察 25

'Umar Qirqizi， 乌马儿（忽必烈大臣） 294,295

'Umar yu-chin，乌马儿右丞 299

Ünegejin，兀捏格真 287

Un-Ui，云内州 145

Uriyangqadai，兀良合台 227,248,249,250

Uriyangqat（people），兀良哈部 108

Urmiya，兀儿米牙 47

Ürünge（Ürüggü；Urungu）（river），乌龙古 310

Urungqut，兀龙忽惕 71

Urughtai，兀鲁台 266

Ürüng-Tash，玉龙答失 197,224,251,260

Ürüng-Temür，玉龙帖木儿 116

Uruqsaq（people），兀鲁沙黑人 201

Urusaq，兀鲁撒黑 114

Uru'ut（people），兀鲁兀部 38,225

Ushanan，兀萨阑 106

Üshin（Hüshin）（people），旭申部 109,244,311,312

Ushnuya，兀失奴牙 47

Usun-Qol，兀孙豁勒 64

uzan，熟练之工匠 63

Uzï（Dnieper），兀支河 125,127

Vahār，瓦哈儿堡 232

Vazir，瓦昔儿 154—156

Wells，威尔斯 13

White Castle，白堡（即 Qala' yi Sapid） 50

Yachi（Ya-ch'ih；Yün-nan fu；Kunming），押赤 283

Yaghan Tegin，也罕的斤 283

Yaghan-Sonqur，牙罕桑忽儿 51,52

Yailaq，牙亦剌黑（忽里孙木速蛮子） 105

Yailaq，牙亦剌黑（撒勒只台古列干之子） 126,127

Yailaq，牙亦剌黑（那海妻） 129

Yalavach，　见马哈木牙剌瓦赤与马思兀别

yang，　王　　　　　　　　　　　　　　　　　　　　282

Yangichar，　养吉察儿　　　　　　　　　　　　　　24

Yangju (Jingju；Yangchow)，　扬州　　　　　　　245,282

Ya'qūb Beg，　牙忽伯　　　　　　　　　　　　　　283

Yāqūt Terken，　牙忽惕帖儿坚　　　　　　　　　　307

Yaqutu，　牙忽都（忽里孙，木速蛮子）　　　　　　105

yarlïgh，　诏旨　　　　　　　　　　　　　　　　　13

yasas，　扎撒　　　　　　　　　　　　　　62,77,78

Yasa'ur，　牙撒兀儿（从贵由后王叛乱者）　　　　　211

Yasa'ur，　牙撒兀儿（与 Töre Oghul 为兄弟）　　　287

Yasa'ur，　牙撒兀儿（出伯子）　　　　　　　　　144

Yasa'ur，　牙撒兀儿（也孙脱第三子）　　　　　139,153

Yauju (Yao chou)，　岳州　　　　　　　　　　226,227

Yebe，　也别（木额秃干孙，摩明子）　　　　　　139

Yebe，　也别（合丹子）　　　　　　　　　　　　28

Yeke，　也客（拖雷后王在河中之代表）　　　　　51

Yeke，　也客（火你赤孙）　　　　　　　　　　　103

Yeke-noyan (title of Tolui)，　也客那颜　　　　　30,59

Yeke-Qadan，　也可合丹　　　224,251,252,254,262,264

Yeke-Qoruq，　大禁地　　　　　　　　　　　　228

Yeke-Yurqu，　也客尤儿古　　　　　　　　　　60

Yekü，　也苦（忽必烈部将）　　　　　　　　　229,248

Yekü，　也苦（尤赤台孙，欣都子）　　　　　　　114

Yekü，　也苦（拙尤哈撒儿子）　　　　　　　　　204

ytshivah，　犹太法师学院　　　　　　　　　　　3

Yesü，　也速　　　　　　　　　　　　　　　250,251

Yesü-Buqa，　也速不花（尤赤孙，别儿克怯儿子）　111

Yesü-Buqa，　也速不花（昔班曾孙，尤赤不花子）　111

Yesü-Buqa，　也速不花（阔端孙）　　　　　　　20

Yesü-Buqa， 也速不花(昔班曾孙忽惕鲁黑帖木儿子)　112

Yesü-Buqa， 也速不花(木赤第九子辛忽儿子)　114

Yesüder， 也速迭儿(合丹子)　28

Yesüder Khatun， 也速得儿可敦　311

Yesülün， 也速仑　135—137

Yes-Möngke， 也速蒙哥　135,143,149,182, 186,203,204,216

Yesün noyan， 也孙那颜　145

Yesün Qahalqa， 九关　225

Yesüngge， 移相哥　204,224,226,249—253
255,256,262,264

Yesün-Temür， 也孙铁木儿(泰定帝)　242,320

Yesün-To'a， 也孙脱(灭里帖木儿子)　313

Yesün-To'a， 也孙脱(莫额秃干子)　23,138,139, 180,204,213

Yesü-Temür， 也速帖木儿　111

Yezd，也思忒　307

Yïghmïshfinjan， 亦黑迷失平章　279,299,330

Yïghmïsh， 亦黑迷失(速古儿赤)　298

Yïlqïchï， 亦勒吉赤　116

Yisün noyan， 亦孙那颜　106

Yobuqur， 玉木忽儿　161,266—269,310,311,327,328

Yoshmut， 岳失木　258

Yosun， 约速　18

Yüan dynasty， 元朝　10

Yüan Shih， 《元史》　11

yu-ching， 右丞　279

Yulduzchï Sharaf al-Dīn， 玉勒都思赤萨剌夫丁　43,46,47

Yuldz-Temür， 玉勒都思帖木儿　139

yurt， 禹儿惕　17,20,65,117,163,216

Yus(river)， 玉须河　254

Yūsuf-Shāh， 玉速夫沙　307

Zāhir，　扎喜儿　　43,309

Zaitum（Chuanchow），　刺桐　　282,284

Zar-Dandān（Chin-Ch'ih），　扎儿丹丹（即金齿）　　247,285

Zhen，　真　　282

zhushitai，　御史台　　280

zo-ching，　左丞　　279

Zulaikhā，　祖烈哈　　323

图书在版编目(CIP)数据

成吉思汗的继承者:《史集》第二卷 /（波斯）剌
失德丁原著;周良霄译注. —上海：上海古籍出版社，
2018.11

（西域历史语言研究译丛）
ISBN 978-7-5325-8993-7

Ⅰ.①成… Ⅱ.①剌… ②周… Ⅲ.①中国历史-研
究-元代 Ⅳ.①K247.07

中国版本图书馆 CIP 数据核字(2018)第 233369 号

西域历史语言研究译丛

成吉思汗的继承者

《史集》第二卷

剌失德丁 原著

周良霄 译注

上海古籍出版社出版发行

（上海瑞金二路 272 号 邮政编码 200020）

（1）网址：www.guji.com.cn

（2）E-mail：guji1@guji.com.cn

（3）易文网网址：www.ewen.co

启东市人民印刷有限公司印刷

开本 890×1240 1/32 印张 13.625 插页 2 字数 342,000

2018 年 11 月第 1 版 2018 年 11 月第 1 次印刷

ISBN 978-7-5325-8993-7

K·2556 定价：68.00 元

如有质量问题,请与承印公司联系